国家出版基金项目
NATIONAL PUBLICATION FOUNDATION

古代方言
文獻叢刊

華學誠 主編

歷代方志方言
文獻集成

曹小雲
曹嬿 輯校

第十一册

中華書局

索　引

篇名索引

說明：

1. 本索引收錄《歷代方志方言文獻集成》輯錄方言資料所屬方志篇名。

2. 所有條目按方志篇名中所含的地名音序排列；同地方志按時代先後排列。

3. 各篇目後括注編修時代和對應今省級行政區劃簡稱，標明所在冊以及具體頁碼。

重纂禮縣新志(民國;甘)	10	7293	靈山縣志(民國;桂)	8	5794
醴陵縣志(同治;湘)	7	4911	靈壽縣志(康熙;冀)	2	771
醴陵縣志(民國;湘)	7	4911	靈壽縣志(同治;冀)	2	772
醴陵鄉土志(民國;湘)	7	4951	重修靈臺縣志(民國;甘)	10	7253
荔浦縣志(民國;桂)	8	5603	榴江縣志(民國;桂)	8	5627
麗江府志略(乾隆;滇)	10	6823	柳城縣志(民國;桂)	8	5626
麗水縣志(同治;浙)	6	3981	柳州府志(乾隆;桂)	8	5606
連陽八排風土記(康熙;粵)	8	5302	隆安縣志(民國;桂)	8	5744
廉州府志(乾隆;桂)	8	5810	重修隆德縣志(民國;寧)	10	7318
廉州府志(道光;桂)	8	5811	隆化縣志(民國;冀)	1	371
林甸縣志略(民國;黑)	2	1470	隆山縣志(民國;桂)	8	5720
林縣志(乾隆;豫)	7	4716	龍川縣志(嘉慶;粵)	8	5299
重修林縣志(民國;豫)	7	4717	龍津縣志(民國;桂)	8	5775
臨江縣志(民國;吉)	2	1338	龍陵縣志(民國;滇)	10	6877
臨晉縣志(康熙;晉)	2	1179	龍門縣志(民國;粵)	8	5351
臨晉縣志(乾隆;晉)	2	1183	龍山縣志(嘉慶;湘)	7	4845
臨晉縣志(民國;晉)	2	1185	龍山鄉志(嘉慶;粵)	8	5400
臨清縣志(民國;魯)	7	4689	龍山鄉志(民國;粵)	8	5401
臨朐續志(民國;魯)	7	4639	龍勝廳志(道光;桂)	8	5589
臨潼縣志(乾隆;陝)	10	7109	龍陽縣志(光緒;湘)	7	4840
臨潼縣志(民國;陝)	10	7110	隴西縣志稿(光緒;甘)	10	7282
臨縣志(民國;晉)	2	1123	創修隴右分縣武陽志		
臨邑縣志(順治;魯)	7	4385	(光緒;甘)	10	7283
臨邑縣志(同治;魯)	7	4385	婁縣志(乾隆;滬)	3	1849
續修臨邑縣志(民國;魯)	7	4386	婁縣續志(光緒;滬)	3	1853
創修臨澤縣志(民國;甘)	10	7175	盧龍縣志(民國;冀)	1	384
凌雲縣志(民國;桂)	8	5633	蘆山縣志(民國;川)	9	6222
陵水縣志(康熙;瓊)	8	5840	續修廬州府志(光緒;皖)	6	4176
陵水縣志(乾隆;瓊)	8	5840	瀘水志(民國;滇)	10	6822
酃縣志(同治;湘)	7	4952	瀘溪縣志(乾隆;湘)	7	4891
靈川縣志(清;桂)	8	5591	陸川縣志(乾隆;桂)	8	5791
靈川縣志(民國;桂)	8	5592	重修陸川縣志(民國;桂)	8	5791
靈山縣志(嘉慶;桂)	8	5792	禄勸縣志(民國;滇)	10	6840

路南縣志(民國;滇)　　　10　6858
灤州志(光緒;冀)　　　　1　397
灤縣志(民國;冀)　　　　1　400
羅城縣志(道光;桂)　　　8　5649
羅城縣志(民國;桂)　　　8　5652
羅店鎮志(光緒;滬)　　　3　1589
羅定縣志(民國;粵)　　　8　5499
洛川縣志(嘉慶;陝)　　　10　7003
洛川縣志(民國;陝)　　　10　7004
洛寧縣志(民國;豫)　　　7　4774

M

麻城縣志續編(民國;鄂)　7　4812
麻江縣志(民國;黔)　　　9　6429
馬邊廳志略(嘉慶;川)　　9　6258
馬平縣志(乾隆;桂)　　　8　5630
滿城縣志略(民國;冀)　　1　579
茂名縣志(嘉慶;粵)　　　8　5555
茂名縣志(光緒;粵)　　　8　5556
孟縣志(民國;豫)　　　　7　4733
米脂縣志(光緒;陝)　　　10　6944
米脂縣志(民國;陝)　　　10　6948
密縣志(嘉慶;豫)　　　　7　4740
密縣志(民國;豫)　　　　7　4743
綿陽縣志(民國;川)　　　9　6076
冕寧縣志(咸豐;川)　　　9　6289
澠池縣志(嘉慶;豫)　　　7　4775
創修民樂縣志(民國;甘)　10　7174
岷州續志采訪初稿(光緒;甘)10　7287
名山縣志(光緒;川)　　　9　6213
牟平縣志(民國;魯)　　　7　4390

N

那馬縣志草略(民國;桂)　8　5719

南澳志(乾隆;粵)　　　　8　5340
南澳縣志(民國;粵)　　　8　5342
南昌縣志(民國;贛)　　　6　4360
新修南充縣志(民國;川)　9　6081
南川縣志(民國;渝)　　　9　6015
南海縣志(康熙;粵)　　　8　5398
南海縣志(乾隆;粵)　　　8　5398
南海縣志(道光;粵)　　　8　5399
南陵縣志(民國;皖)　　　6　4233
南寧府志(嘉靖;桂)　　　8　5717
南寧縣志(咸豐;滇)　　　10　6840
南皮縣志(民國;冀)　　　1　715
南平縣志(嘉慶;閩)　　　6　4318
南平縣志(民國;閩)　　　6　4319
二十年來之南通(民國;蘇)3　1926
南溪縣志(民國;川)　　　9　6271
內邱縣志(道光;冀)　　　2　917
寧海縣志(光緒;浙)　　　6　3896
寧河縣志(乾隆;津)　　　1　180
重修寧河縣志(光緒;津)　1　182
寧鄉縣志(康熙;晉)　　　2　1126
續修寧鄉縣志(同治;湘)　7　4897

P

重修彭山縣志(民國;川)　9　6194
蓬溪近志(民國;川)　　　9　6086
平壩縣志(民國;黔)　　　9　6547
平谷縣志料(民國;京)　　1　144
平谷縣志(民國;京)　　　1　146
平江縣志(乾隆;湘)　　　7　4834
平江縣志(同治;湘)　　　7　4835
平樂縣志(民國;桂)　　　8　5601
平涼縣志(民國;甘)　　　10　7249

平南縣志（光緒；桂）	8	5700
平南縣鑑（民國；桂）	8	5700
平山縣志（咸豐；冀）	2	774
平山縣志料（民國；冀）	2	775
平順縣志（民國；晉）	2	1147
平潭縣志（民國；閩）	6	4311
平陽縣志（民國；浙）	6	3979
平彝縣志（康熙；滇）	10	6839
平越直隸州志（光緒；黔）	9	6458
莆田縣志稿（民國；閩）	6	4338
續修浦城縣志（光緒；閩）	6	4312
浦江縣志稿（光緒；浙）	6	3920
普安縣志（民國；黔）	9	6588
普安州志（乾隆；黔）	9	6576
普安直隸廳志（光緒；黔）	9	6583
普寧縣志（乾隆；粤）	8	5346

Q

岐山縣志（民國；陝）	10	7107
齊東縣志（民國；魯）	7	4384
遷安縣志（民國；冀）	1	414
遷江縣志（民國；桂）	8	5672
乾州志（乾隆；湘）	7	4888
黔書（康熙；黔）	9	6413
續黔書（嘉慶；黔）	9	6414
巧家縣志稿（民國；滇）	10	6811
沁源縣志（民國；晉）	2	1139
青城縣志（民國；魯）	7	4676
青浦縣志（光緒；滬）	3	1812
青浦縣續志（民國；滬）	3	1819
青縣志（民國；冀）	1	612
清河縣志（民國；冀）	2	918
清平縣志（民國；魯）	7	4685

清水縣志（民國；甘）	10	7290
清溪縣志（嘉慶；川）	9	6220
清遠縣志（民國；粤）	8	5312
清苑縣志料（民國；冀）	1	590
清苑縣志（民國；冀）	1	591
晴隆縣志（民國；黔）	9	6587
慶城縣志（民國；黑）	2	1469
慶陽縣志（民國；甘）	10	7203
慶遠府志（道光；桂）	8	5659
邛崍縣志（民國；川）	9	6193
瓊山縣志（康熙；瓊）	8	5831
瓊山縣志（咸豐；瓊）	8	5831
瓊山縣志（民國；瓊）	8	5832
瓊臺志（正德；瓊）	8	5830
瓊州府志（萬曆；瓊）	8	5827
瓊州府志（乾隆；瓊）	8	5827
瓊州府志（道光；瓊）	8	5828
邱縣志（民國；冀）	2	1068
渠縣志（民國；川）	9	6068
衢縣志（民國；浙）	6	3949

R

熱河經棚縣志（民國；內蒙古）	2	1236
仁化縣志（民國；粤）	8	5056
增修仁懷廳志（光緒；黔）	9	6425
容縣志（光緒；桂）	8	5780
榮河縣志（民國；晉）	2	1178
榮縣志（民國；川）	9	6229
融縣志（道光；桂）	8	5617
融縣志（民國；桂）	8	5618
如皋縣志（乾隆；蘇）	3	1926
如皋縣志（嘉慶；蘇）	3	1928
如皋縣志（民國；蘇）	3	1931

蘇州府志(康熙;蘇)	3	2018
蘇州府志(乾隆;蘇)	3	2020
蘇州府志(道光;蘇)	3	2023
蘇州府志(同治;蘇)	3	2027
綏德州直隸州志(乾隆;陝)	10	6943
綏德直隸州志(光緒;陝)	10	6943
綏蒙輯要(民國;內蒙古)	2	1235
綏遠志(光緒;內蒙古)	2	1203
綏遠通志稿(民國;內蒙古)	2	1221
遂溪縣志(康熙;粵)	8	5579

T

續修臺灣府志(乾隆;臺)	10	7325
太倉州志(嘉靖;蘇)	3	2053
太倉州志(崇禎;蘇)	3	2060
直隸太倉州志(嘉慶;蘇)	3	2067
太倉直隸州志(光緒;蘇)	3	2076
太倉州志(宣統;蘇)	3	2084
太谷縣志(民國;晉)	2	1134
太康縣志(民國;豫)	7	4776
太平府志(康熙;皖)	6	4236
太平府志(乾隆;皖)	6	4237
太平府志(清;皖)	6	4237
太平縣志(嘉靖;浙)	6	3976
太平縣志(嘉慶;浙)	6	3976
泰順縣志(同治;浙)	6	3980
泰縣志稿(民國;蘇)	3	1935
泰興縣志(光緒;蘇)	3	1969
湯溪縣志(民國;浙)	6	3946
桃源縣志(道光;湘)	7	4842
桃源縣志(同治;湘)	7	4842
桃源縣志(光緒;湘)	7	4843
藤縣志(嘉慶;桂)	8	5695

藤縣志(同治;桂)	8	5697
藤縣志稿(民國;桂)	8	5698
騰越廳志(光緒;滇)	10	6872
天保縣志(清;桂)	8	5647
天河縣鄉土志(光緒;桂)	8	5655
天河縣志(民國;桂)	8	5656
天津志略(民國;津)	1	167
天水縣志(民國;甘)	10	7291
天台縣志稿(民國;浙)	6	3959
田西縣志(民國;桂)	8	5636
田陽縣志(民國;桂)	8	5640
鐵嶺縣志(民國六年;遼)	2	1299
鐵嶺縣志(民國二十二年;遼)	2	1300
通城縣志(同治;鄂)	7	4824
通化縣志(民國;吉)	2	1343
續修通渭縣志(光緒;甘)	10	7279
通縣編纂省志材料(民國;京)	1	161
通州直隸州志(光緒;蘇)	3	1923
同官縣志(乾隆;陝)	10	7039
同官縣志(民國;陝)	10	7041
同正縣志(民國;桂)	8	5771
潼關縣新志(民國;陝)	10	7038

W

完縣新志(民國;冀)	1	584
萬全縣志(道光;冀)	1	372
萬全縣志(民國;冀)	1	373
萬源縣志(民國;川)	9	6055
王家營志(民國;蘇)	3	1922
望都縣志(民國;冀)	1	593
威縣志(民國;冀)	2	921
維西縣志(民國;滇)	10	6820
濰縣志(民國;魯)	7	4462

條目索引

說明：

1. 本索引收錄《歷代方志方言文獻集成》各方志所錄、所釋條目，漫漶殘缺者不錄。

2. 原方志條目明晰，各條前有明顯標目的，收錄條前標目；各條先敘某詞在方言中作某，次屬之注釋分說的，收錄首句方俗語詞。原方志不分條的，依次收錄各句中方俗語詞，但不收錄小字夾注中的方俗語詞。以同音字注單字方音的條目，收錄本字。

3. 所有條目按筆畫順序排列，筆畫數量相同的按起筆筆形一丨丿、乛的順序排列，起筆相同的按第二筆筆形順序排列，以此類推。

4. 以下材料未收入：集中記載的單字方音及方音表中的例字；集中記載的方言俗字；集中記載的話語材料；民族語對譯材料；以注音字母或國際音標記錄的詞條（含以漢字與字母混合記錄的詞條）。上述內容頁碼附於本索引後。

5376,5404,5406,5468,
5479,5495,5566
一物不知　2-1008,1072
一秏　6-4306
一杓　9-5979,5984,6495
一佰　6-3708；8-5048,5050,
5053,5362,5366,5376
一併　10-7029
一侔樣　10-7140
一命二運　2-1281
一股腦兒　5-3217
一股龍總　2-1340
一股攏通　2-1320
一股攏董　2-1325
一洉　5-3206
一洉洉　5-3206
一泡　2-1179
一宗　1-666；8-5557,5576
一定不易　2-1008,1072
一胡桃　2-1124
一面　10-7000
一哇　10-7029
一星半點　1-391
一星星兒　1-589
一品碗　10-7020
一骨龍總　2-1338,1345
一骨攏董的　2-1323
一怎麼　7-4735
一科　7-4537
一重　7-4537
一竿　5-3418
一差牙齒　4-2476
一首落腳　5-3217

一客不煩二主　3-2191
一陣　7-4408
一班人　5-3108
一班多　1-145
一株　10-6749
一格把　2-846
一根　8-5404
一根槓　2-1076,1093,
1099；7-4729,4735
一根檁　7-4698
一砲　9-6495
一頓　3-2027,2031
一咭　9-6126
一晃兒　1-412
一晌　7-4754,4760,4764；
10-7023
一响亡　9-6239
一吟　8-5331
一畔　10-7030
一哼　9-6163
一造　6-4233；7-4536；8-
5048,5050,5357,5359,
5367,5376,5403,5405,
5545,5550,5551
一造二造　8-5554
一秤　3-1960
一透　4-2242
一條　1-475
一條串　7-4727
一條船　7-4714
一條椽　2-1112；7-4724,
4729
一條槽　7-4784,4800

一條藤　2-1278
一條纏　7-4716,4717,4741
一俟工夫　4-2216,2348
一個　6-3889；10-7312
一個火　9-6067
一個老錢　2-764
一個鼻子出氣　2-1152
一隻　6-4282；7-4838,4896,
4953；8-5469,5495,5548
一殺　7-4537
一託　6-4178
一高興　1-615
一座　10-7100
一料　2-1136
一流　9-6266
一流風　10-7180
一家子　7-4783
一展手　2-1231
一通　3-2140
一龔　7-4440,4443,4448,
4679
一乘　6-3692
一捵戲　3-1941
一端　2-1124；10-7286
一塡　2-1124
一堆　1-395
一堆兩堆　10-7148
一頂　10-7029
一捻　5-3206
一捻捻　5-3206
一掃光　4-2341
一乾二净　7-4796
一梱　6-4264

一爽　8-5414

一眼　5-3206；7-4961，4967；10-7029

一唻　7-4452,4637

一晚到亮　9-6419

一哱　10-7029

一圈　5-3418

一進　4-2242,2436

一兜　6-4306

一船貨　1-145

一脖　10-7029

一週遭　1-615

一麻腔　9-6493

一粒　5-3206

一粒粒　5-3206

一焌　7-4537

一涸　5-3206

一淥水　8-5227

一宿　1-436,450,453

一張　1-565

一焌　7-4440,4443,4448,4679

一終　7-4536

一搭　6-3889

一搭椽　7-4698

一搭裏　10-7024

一摘　6-3692

一摘貨　4-2511,2537

一揸　7-4445

一塊　2-1156；6-3889；7-4838,4896

一塊人　10-7263

一塊兒　1-158,408

一達　7-4536

一落頭　5-3210

一棱　3-2127

一遍　2-845

一哑　10-7000,7100

一跰　6-4306

一鈎子　1-395

一敦兩敦　10-7148

一勞　6-4291

一勞永逸　6-4330,4337

一湯　7-4536

一渡　7-4896

一渧　5-3206

一渧渧　5-3206

一結　8-5479

一絲一毫　5-3217

一遭畫　4-2216,2349；5-2886

一撮括之　5-3217

一墡堆　9-6495

一幕啦子　10-7291

一蓮　7-4537

一楠貨　4-2292,2374

一榧　1-615,667；4-2289,2425,2504,2529；9-6204

一概　3-1596,1708；5-3210；6-3889

一頓　1-395,441,453,667,721；2-764,845,967,1030,1038,1116,1120,1155,1182,1184,1186；3-1786,1820,1840,2175,2182；4-2489,2634,2650；

6-3691，3889，4282，4326，4333；8-5268；9-6065，6077，6203，6218；10-7180,7286

一頓飯　9-6183

一盞　6-4279

一歲　9-5880

一號號的　2-1318

一路　4-2489；6-4326,4333

一媔媔　3-1695,1750

一稜　4-2495；6-4291

一僀　1-647,666,721；2-1038；6-3691,3889

一像一　10-7027

一會　2-1030；7-4408；9-6244

一會兒　1-159,390,578；10-7163

一腰　8-5158；10-7029

一腳　3-2134；6-3889

一滅滅兒　1-589

一準　1-157

一窩蜂　3-1710,1820,2083,2108，2114，2119，2125，2142,2197；7-4794,4816

一窩撈子　10-7318

一窩囉　9-6495

一槳　5-3210

一擖　9-5979,5984

一擤臉　2-1279

一撒　5-3418

一模似樣　7-4728

一榾　6-4306

一遭　2-845

一對週　4-2340

一夥二夥　8-5554,5555,
5559,5561,5563

一團糟　4-2341

一嗆人　9-6239

一箍腦兒　2-764

一箇　10-7121

一鼻孔出氣　2-1201

一裹圓　5-2993

一裹腦　2-847

一齊　3-1705

一齊攏總　3-1712

一滴　5-3206

一滴滴　5-3206

一寧寧　10-7135

一寧寧兒　1-589

一瘡　3-1493,1779,1783,
1799,2132;6-3953

一綹　7-4440,4443,4448,
4679;9-6239

一綹綹　10-7181

一趟　1-156

一撲明　1-370;2-1109,1112

一撲亮　1-433

一撲亮兒　1-580,593

一撮　3-2190;4-2703

一椿　7-4536

一樣　3-2195

一樣能　3-2078,2105,2111,
2116,2122

一輩　7-4536

一輩子　6-4251

一暴　3-2127

一篕腦兒　1-578

一箭　2-967,1030,1074

一箭兒　10-7291

一鋪松　1-589

一潑　3-1517,1608,2065,
2074,2081,2094,2101,
2106,2113,2118,2124;
9-6077

一選　7-4537

一擔　6-3692,4306;8-5053,
5404;9-6204

一擔挑　1-452;2-1302,
1353

一輠　7-4440,4443,4448

一薄　6-4375

一頭　6-4304

一磔　7-4961,4967

一霎　2-763,1030;3-
1705;7-4408

一餐　8-5268

一餐飯　9-6186

一睞一睞　10-7144

一嘴兩舌　10-7099

一錯二禍　5-3218

一鍋煮　9-6127

一鍋漿子　10-7239

一鍬土上人　10-7094

一獨的　1-408

一擲　8-5362

一擦黑　1-433

一擦黑兒　1-580,593

一轄轄　2-1200

一嚀嚀耳　1-582

一點　3-1595;4-2492;5-
3206;7-4899,4956

一點兒　10-7029

一點點　5-3206;7-4759;
10-7135

一點點兒　1-589

一糟　7-4536

一繭柴　6-4265

一鹽腦兒　5-3217

一闖二禍　5-3218

一邊　8-5468,5495

一竅不通　1-438,441,453;
2-1031;3-1712;6-3701;
7-4816

一攀一敥　4-2646;6-3712,
3719

一羅兜話　9-6164

一韜　7-4537

一纂　7-4982

一纂纂　9-6066,6184

一纂纂子　10-7148

一歠　8-5159,5536

一麵　4-2295,2374,2517,
2544

一鷄　7-4961

一攢鎗　7-4460

一體括之　5-3217

一鬮人　8-5522

一籠　7-4967

一籠兜話　9-6127

[丨]

丨　8-5752;9-6100

丨　10-6791

丿　3-1893;6-3845

[一]

乙巴　2-1088;7-4535

二畫
[一一]

二　1-184;2-915;3-1566,
1581,1601,1609,1748,
1773,1791,1980;6-
3820,3954,3987,4291,
4348;7-4811,4812,4817

二十　1-138

二十七、四十一　7-4445

二十文　2-769,915

二十夜　4-2215,2348

二人　8-5323

二八月朋友　2-1152,1201

二大爺　9-6454,6459

二女子　9-6121,6247

二天　9-6219,6514

二天再來　9-6161

二五　9-6138,6170

二五八十的　1-178

二五眼　1-186,586,624

二五蘭單　3-1980

二不扔燈　2-1350

二公　9-6176

二丑花　10-7023

二末指　2-1233

二打六　2-1230

二古眼　1-583

二旦　7-4790,4794

二甲梁　9-6131

二禾　7-4963,4969

二瓜　7-4790,4794

二皮臉　2-1030

二老者　9-6120

二老爺　9-6120

二百五　2-1230;9-6138;
10-7315

二回來耍喲　9-6075

二先生　9-6120

二伍長　6-4192,4227

二宅先生　2-1224

二字　10-7293

二把　7-4795

二把虎　2-871,895

二更鼓　6-3950

二伯　8-5590,5591

二伯姆　8-5480

二弟　2-916;9-6303

二弟三弟　9-6454,6459

二其是　7-4688

二耶　9-6428

二叔　9-6303,6304

二虎　2-1265,1308,1317,
1319,1322,1337,1340,
1344

二門　1-437

二爸　10-7260

二爸三爸　10-7171

二性子　2-1319

二屍朝天的　2-1339

二姑夫　10-7260

二姑娘　8-5511

二姑孃　9-6121

二姐　9-6121,6247

二姆　4-2643;6-3710,
3717,3897

二胡　4-2262,2452;7-
4406,4701

二柳皮　2-1340

二急眼　7-4688,4694

二娃子　9-6121

二哥　2-916;8-5401;9-
6121,6303

二哥三哥　9-6454,6459

二氣　10-6857,6894

二參　2-1139,1224;9-
6303;10-7260

二家　8-5401

二家郎　10-7040

二娘　2-1139;9-6176,
6303,6304,6428

二桿子　10-7108

二混子　2-1312

二梁子　9-6184

二婭　10-7260

二婚頭　5-2899

二搭六　2-1324

二達　2-1224

二達三達　10-6954

二梧　2-1131

二爺　9-6117,6303,6304,
6428,6434

二道　2-1112

二腳　6-3889

二媽　2-1224；9-6303，6428；10-7260

二媽三媽　10-6954

二漢子　6-4190

二潑　3-1517,1608,2065,2074,2081,2094,2101,2106,2113,2118,2124

二憨頭　1-389

二舉人　9-6120

二膩八挣　10-7317

二糶　1-353

二簍　1-145

二嬤　1-386

二嬸　8-5480；9-6041

二鑼　7-4794

二　8-5736,5760

[一丨]

丁　4-2306,2428

丁一確二　3-2079,2086,2093,2100；6-4330,4338

丁丁　2-949,1020；6-4346；7-4814；9-5975,5990,6074,6088,6190,6192,6229,6253,6269,6300,6417,6423,6435,6464

丁丁兒　9-6129,6164

丁丁著役，戶戶當差　3-1509

丁丁貓　9-5980,6136,6168

丁丁當當　2-1074；9-6133,6171

丁丁點　9-6194

丁東　6-3892

丁相　8-5829,5831

丁相公畫一字　4-2295,2517,2543

丁香　6-3961

丁香柿　1-79

丁倒　3-1690

丁們　7-4727,4742,4744

丁當　1-231,500,603,665,719；2-1035；10-7250

丁獅子　5-3065

丁對　6-4351

丁寧　7-4810；9-6201

丁鞋　9-5918

丁頭虎　3-1920

丁鹹　10-7117

十　1-184；3-1790；6-3954,4348；9-5862

十八地獄　2-938,1073

十八層地獄　3-2189

十八變　3-1694；7-4816

十三塊六角　5-3418

十五　3-1748；7-4759

十月一　1-167,391

十月小春　4-2726

十月中,梳頭洒面當一工　6-3734

十月朝　3-2127

十外廿外　6-3732

十包　2-816

十有八九　1-445

十有九著　5-3221

十全　2-764

十全十福　5-3221

十字街　3-2191；4-2471,2473,2474,2493,2641,2657,2719；6-3694,3742

十字港　4-2719；6-3694

十里鼻　1-126

十足　5-3221

十姊妹　4-2321,2459

十來斤　3-1840

十咕嘟　2-879,904

十指有長短　2-1007,1071；4-2635,2652

十相已足　5-3221

十拏九準　1-410

十頭　5-2948

[一丿]

厂　7-4961,4967；9-6084

[一乛]

丂　6-4007

七　1-184；2-769；5-2948；6-3954,3987

七七　10-7232

七七八八　8-5206

七八九　2-1349

七八成兒　1-578

七八折　3-1477

七八家子搬一塊　2-1348

七大八小　5-3220

七上八下　7-4674

七个水桶上、八个水桶下

6-4262

七子八壻 2-923

七子八婿 2-1074

七手八腳 4-2341

七分婆 8-5553

七月七 1-167

七月半 5-2883;9-6246

七平八穩 4-2341

七立 7-4501

七老八嫩 7-4675

七折錢 6-4206,4228

七杈八蕨 5-3220

七姊妹 7-4961,4966

七姑星 6-3985

七夎八愸 5-3220

七高八低 5-3220

七菱八落 4-2728;5-3220;
6-3702

七剜八䣊 4-2282,2546

七處 6-4293

七塔 2-1229

七零八散的 10-7027

七零八落 2-787;3-2189;
4-2299;5-3220

七亂八糟 2-764

七頭 5-2948

七嘴八舌 5-3220

七錯八舛 5-3220

七錯八改 5-3220

七窺星 6-3959

七簇星 5-2859

七顛八倒 2-931,1074;5-
3220

七鰲八蹺 4-2341

七儱八跌 5-3221

七爛八糟 1-453

匸 6-3876

[丨丶]

卜 6-3986,4290

卜拉 7-4606

卜姑 3-1981

卜該 6-3986

卜箕 8-5708

卜籃 2-1125

[丨一]

冂浮子 6-4351

[丿丶]

人 1-150;2-769;3-1724,
1790;6-4273;8-5362

人不壓衆帽不壓風 2-
1302

人日 6-3734

人中 5-2956;7-4708

人手 10-7263,7285,7293

人兮 7-4831,4985

人心肉做 6-3801

人仔 8-5324

人主 2-781,799

人仰馬翻 7-4672

人多勢重 2-1281

人忙無智 2-1281

人奸地薄 2-1282

人青菜 7-4524

人事 1-615,676,729;2-
1013,1072;4-2703;5-
3015;6-3851;7-4703

人面獸心 2-921,1074;3-
2189;4-2471;6-4330,
4337

人看人 4-2721

人前一半，人後一半 7-
4445

人客 4-2227,2499,2523;
5-2904;6-3751,3952;10
-6733

人馬膻旗 10-7149

人情 8-5361

人們 10-7130

人家 1-155;5-3109

人情 1-676,729;2-785;
3-1654,1847,2136;5-
3015;6-3677;7-4703,
4815

人參 1-575

人傑地靈 3-2191;4-2471

人道我 3-1556,1564,
1578,1600,1635,1641,
1763;7-4820;8-5122

人微言輕 3-2189

人説我 6-4224

人熊 8-5181

人樣子 2-943,1073

入 8-5706;9-6244

入本 3-2094

入地坼 8-5112

入來 1-453

1998，2000，2002；10-
7180

刁靈　6-4241

刁鑽　4-2467；6-4241

[一丨]

了　5-3374，3377，3378；6-
3798，4006；7-4418；8-
5048，5050，5357，5359，
5559，5561，5563，5691，
5696，5697；10-6921，
6930，7001，7101，7103，
7104，7106

了了　6-4090；10-7107

了不了　1-408

了不得　1-579；9-6589；10-
7180

了弔　1-134，230，500；2-
813；9-5932

了且　10-7002

了利　6-4300

了哉　3-2112，2117，2123，
2139

了哥　8-5190

了家精　5-2930

了朗　6-4090

了掉子　10-7172

了鳥　1-700，738；2-856；
4-2701；5-3386

了俏　4-2234，2359

了藤瓜　5-3074

凵　5-3153；6-3781；8-5466

凵凵嗽　6-4301

卩　5-3100

[一丿]

乃　1-407，547；2-1123，
1230；7-4485，4955；8-
5504，5726；9-6090，6126，
6589；10-6785，7028

乃乃　7-4475，4479

乃今　3-2105，2110

乃末　3-1713，1755

乃者　10-6784

乃兒　7-4955

刀　8-5362

刀刀　1-412；9-6134

刀刀答答　8-5782

刀圭　7-4508

刀赤　1-171

刀郎　1-147，394，404，712；
2-855，880，905

刀削　6-3839；8-5276

刀耙　2-1194

刀菜　2-1299

刀魚　3-1984

刀握　2-1227

刀筆先生　7-4387

刀娘　1-161，418，437，515；
6-4174

刀螂　1-145，162，169，245，
611；7-4454，4638

刀鞘　1-564

刀頭　9-6096

刀鷄　8-5789

力　5-3016

力土　9-6272

力巴　1-172；2-1317

力行　9-5975，6417

力伯頭　1-410

力匱　8-5588

力錢　5-3016

[一、]

厶　2-968；6-3820；8-5753

又　3-1546，1561，1575，
1590，1625，1769，2149，
2152，2180；5-3212；7-
4413

又來了　9-6075

又是　3-1713

又朗個懶　9-6132，6164

[一一]

亅　1-59；2-839；4-2265，
2671；5-3341；6-3906，
4367；8-5755

亅二郎當　2-845

亅了　6-3891

乜　4-2281，2421，2626；5-
3233；7-4383，4444，
4811，4812；8-5389

乜乜眼　9-5985

乜西　8-5712

乜事　8-5327

乜底　8-5414

乜個　1-452；2-1351

乜眼睛　9-6035

乜斜　3-1827，1991，1993，

1996,1998,2000,2002;8-
5055,5362,5367,5370,
5371,5373,5376,5479,
5489

乜瞜眼　4-2221,2587;5-
2972

马　5-3078

三畫
［一一］

三　1-184,377;2-764,915,
968;4-2687;6-3661,3954,
3987;7-4892;9-6015;10-
7305

三十日夜　5-2884

三十六策走爲上　6-4331,
4338

三十年夜　4-2346

三十夜　4-2214;9-6246

三人　8-5323

三八　4-2348

三八時　7-4842,4843,
4844

三下五除二　1-418,647

三丈高兩丈低的　10-
7027

三女子　9-6121

三叉路　9-5974,6228

三叉路口　2-947

三王造反　3-1796

三不知　1-675,728;6-
4255;7-4854

三不動的　7-4446

三不象　4-2313

三不像　9-6192

三不靈四不巧　1-453

三日三夜　4-2347;6-3733

三日兩頭　5-3218

三本書　1-538

三兄四弟　5-3218

三老者　9-6120

三老爺　9-6120

三先生　9-6120

三伏　1-569

三色　5-2941

三州七縣　3-1502,1503,
1505,1509,2075

三花五轉　2-1320,1325

三花五繞的　2-1323

三更半夜　4-2347

三更鼓　6-3950

三見六面　5-3218

三住五頓　5-3218

三弟　2-916;9-6303

三長四短　4-2341

三門　1-617,704

三爸　10-7260

三朋四友　5-3218

三夜桶　5-3030

三姑夫　10-7260

三姑六婆　4-2229,2355;
6-3753

三姑娘　8-5511

三姑孃　9-6121

三姐　9-6121

三牲　9-6264,6281

三娃子　9-6121

三都一擔糞，九都正好盹
6-4263

三哥　9-6121,6303

三時八節　5-2887

三個老兒一員官　10-7173

三隻手　4-2235;5-2921;7-
4809;9-6275,6293

三爹　2-1139,1224;10-
7260

三消病　4-2246,2441

三浪頭　5-2949

三娘　2-1139

三桶　5-3030

三眼一板　3-2133

三蛇六鼠　6-3703

三婭　10-7260

三絃　4-2262,2452

三琯套　2-1134

三塔子　2-1197,1198

三達　2-1224

三朝酒　9-6058

三爺　9-6117,6434

三愣包竅　10-7318

三楞八甲的　2-1322

三頓　4-2249,2444

三稜八甲　2-1320

三稜八角的　2-1347

三稜草　7-4461

三腳貓　3-1693,1834,
1873;4-2289,2483,2503,
2528;5-2926;6-3699

三媽　2-1224;10-7260

三駐兩歇　7-4675

三撮毛　7-4809

三塔子　2-1200

三鉰　1-301

三犖人　9-6120

三禮拜六點鐘　5-3418

三雙指頭扣粒螺螄　3-
　1612

干　6-3990

干口　9-6102

干兒　1-549

干爹干娘　7-4898

干涉　2-1002,1071

干娘　8-5323

干崽干女　7-4898

干鍼草　1-318

干瘯　3-1557

干鷄子　9-6165

[一丨]

土　3-1923;5-2978;6-
　4033;7-4407;9-5981,
　6019,6094

土工　5-2912;7-4705

土王　7-4821

土公子　9-6120

土巴條　9-6034

土由　6-3740

土包　1-29,353,580,583;
　2-1312

土老肥　9-6130,6163,
　6177,6253,6260,6274

土地爺　10-7204

土豆　2-1195

土作　1-208,476

土谷蛇　3-1980

土角　1-587

土抹札　3-1981

土坯　10-7131

土苴　6-3742

土苞　8-5182

土狗　6-4173;7-4808;8-
　5195,5296;9-6050,6264

土疙蚤　10-7236

土宜　3-1655

土茴香　1-308

土荒原　7-4976,4979

土虺蛇　6-4171

土星　5-2956

土骨堆　1-572,581,641;
　2-782

土骨蛇　3-1980

土俗　9-6515

土客子　2-1339

土財主　9-6057

土氣　3-1690;4-2640,2655,
　2697;5-2978;6-3913

土庫　9-6264

土著　3-1786

土蚱　2-820

土猪　9-5947

土塊　10-6725

土棍　1-580,594,641

土酥　1-308

土蜂　1-93

土蜂洱　9-6252

土裹刨食　2-1281

土溝　2-1189

土窠子　2-1349

土箕　5-3045

土餅子　9-6136,6169

土豪　1-29,353

土撥勒賀　1-137

土窰　7-4776;10-7021

土墼　3-1937;10-6995

土頭土腦　10-6820

土頭命　2-1278

土築　9-6279

土轍　7-4530

土鱉　2-1317;7-4808

土鱗甲　7-4900

土鼈　1-396;2-1267,1308;
　7-4531

工　5-3095;10-6724

工夫　1-668;2-860,885,
　1002;4-2707;7-4435

工仔　8-5478

工匠　6-3752

工作　6-4341

工盌　10-7164

工將　7-5013

工課　6-3681

工頭　1-387,695;9-6274

工錢　5-3016

工騙工　10-7228

才　7-4841

才(與纔通)　7-4413

才個　6-4155

才情　1-168;7-4816

下　1-163,184；5-2868；6-3956,4022，4050；7-4435,4436,4579,4751,4771；9-6028,6100；10-6998,7030,7101,7205

下人　1-168；6-4275

下八　6-3736

下八腳　5-2910

下了　9-6128,6131

下力　7-4429

下三亂　1-404；2-1309

下三爛　1-624

下才　7-4429

下下　1-154；9-5983,6031

下小茶　2-1322

下口　7-4436

下山紅　4-2339

下山爛　1-186

下井　10-7292

下元　6-3733

下不去言　7-4736

下瓦　6-4211

下水　1-204,472；9-5883

下午　9-6273

下手　1-725；2-1041；5-2906,3276

下巴　1-168,418,649,710,745；5-2959；7-4775

下巴克　2-1057

下巴骨　5-2959；7-4449,4635

下巴單　5-2993

下巴頦　2-873,897

下功　6-4198

下旦　7-4977,4979

下田撒秧　9-6063

下包　7-4898

下半天　9-6055,6174,6273

下半日　7-4961,4966

下半眠　6-4308,4322

下半晡　6-4308,4322

下半彎　6-4270

下地來　9-6294

下年　6-3960

下色濫　2-1312

下弄上　5-2950

下把日　7-5013

下花　2-1197,1198,1200

下足　4-2694；5-3165；6-3913

下作　1-172,412；2-839；5-3165

下妒　6-4318

下苦的　10-7094

下杷　4-2695；5-2959；6-3672

下雨　1-167

下夜班　9-6067

下沾　6-4210,4229

下定　5-3318

下房　1-224,492

下茶　2-1121,1149

下胡　6-4120

下洼　2-1230

下耙　4-2365

下馬　10-7172

下晌　7-4465

下殺著　6-4263

下海　8-5053,5366,5376

下流　2-997,1071；3-2190；4-2230,2694；5-3165；6-3671,3755；7-4429

下雪花兒　1-390

下處　1-136；3-1534

下晚　7-4408,4435

下得去　1-158

下祭　9-6058

下淋蛋　7-4714

下晝　3-1653,2082,2088,2127,2166；6-4155；7-4815

下蛋　2-1124

下間　6-3985；8-5402,5406

下崽　9-6494

下黑　2-1317；7-4435

下飯　1-353；4-2251,2243,2503,2528,2649,2698；5-3004；6-3714,3720,3914；9-6065,6184

下廂　3-1497

下道　2-1302

下道無公　2-1321

下道無功　2-1325

下跐子　2-789

下圓房　7-4636

下腳　3-1497；5-2910

下誕　7-4962,4968

下意　3-1983

下塗蛋　9-6104

下溺　1-32

下臺　7-4435；9-6233

下輔　3-1656,1727

下裳　3-1970

下鼻　1-573

下橫頭　5-3212

下頦　7-4490

下頭　1-194,460；9-6204

下䐉　8-5754

下瀚　6-3733

下霜　1-570

下擺　1-220；5-2999

下瞼　8-5263

下翻人家　2-1228

下䠶　9-6032

下襬　1-488；4-2253,2456,
　2591；5-2999；6-4141

下竄　5-2913

下鬱　9-6033

寸　1-170；2-1233

寸地王　1-624

寸金地　4-2218

寸徑之路　10-7124

[一丿]

丈　1-378；3-1918

丈一丈二　6-3709,4291

丈人　1-160,168,185,212,
　386,394,398,402,417,
　436,439,451,481,591,
　614,648,692,733；2-781,
　799,876,900,914,972,
　1024,1047,1066,1068,

1076, 1087, 1093, 1099,
1103,1137,1191,1353；3-
1492, 1533, 1780, 1782,
2191；4-2691；5-2895；6-
3668, 3746, 3748, 3897,
3952,3960,4104,4341；7-
4387, 4395, 4431, 4450,
4458, 4476, 4697, 4714,
4724, 4727, 4729, 4738,
4740, 4743, 4776, 4783,
4791,4800,4841,4956；9-
5891, 6074, 6077, 6273,
6426； 10-6994, 7017,
7034, 7036, 7093, 7281,
7284,7292

丈人丈母　7-4684,4806,
4897； 9-6247, 6260,
6303, 6429, 6454, 6457,
6459

丈人公　7-4948；8-5426

丈人老　8-5064,5292,
5527

丈人阿伯　5-2895

丈人哀　8-5292

丈人家　7-4677

丈人婆　7-4948；8-5426,
5527

丈丈紅　4-2464

丈夫　8-5528,5544

丈公　9-6181

丈母　1-386,398,402,439,
451,591,614,694,735；2-
876,900,914,973,1024,

1049, 1066, 1068, 1076,
1087, 1093, 1099, 1103,
1137,1353；3-1786,2191；
4 -2471, 2691； 6-3668,
3746, 3748, 3897, 3952,
4105；7-4387,4395,4431,
4450, 4458, 4476, 4697,
4724, 4727, 4740, 4743,
4776,4841,4956；9-5892,
6074, 6077, 6273, 6426；
10-6994, 7017, 7034,
7036,7093,7281

丈母娘　1-160,168,185,
394, 417, 436；7-4714,
4729；10-7292

丈母孃　7-4783,4791

丈尾哀　8-5064

丈尾婆　8-5064

丈青　2-1228

丈姆　3-1533；6-4341

丈姥　6-3960

丈嫂　7-4784

丈孃老　8-5260

丈孃哀　8-5260

大　2-1231,1238；3-1474,
1566, 1580, 1601, 1609,
1641, 1686, 1746, 1773,
1826, 2201, 2202； 4-
2643, 2661, 2687； 5-
3204； 6-3641, 3661,
3875, 3958, 3960, 4009,
4109, 4273, 4294； 7-
4705, 4731, 4735, 4811,

4812, 4817, 4834, 4835,
4839；8-5054， 5413,
5810, 5812, 5813；9-
5862, 6039, 6056, 6092；
10-6930， 7033， 7036,
7116, 7117, 7171, 7310

大二老子 10-6936

大二媽媽 10-6936

大二嬸子 10-6936

大十五 9-6246

大人 1-139, 147；4-2225；
7-4385, 4386, 4974；8-
5323, 5829, 5830；9-
6056, 6116

大人不責小人過 3-2189

大人公 8-5051, 5322,
5357, 5361, 5365, 5371,
5373, 5374, 5408, 5426,
5478, 5481, 5504, 5510,
5539, 5541, 5543, 5554,
5556, 5691, 5696, 5697,
5699, 5812, 5814

大人物 10-6856

大人婆 8-5051, 5357,
5361, 5365, 5371, 5373,
5374, 5426, 5510, 5543,
5691, 5697, 5699, 5812,
5814

大人嫇 8-5696

大八仙 9-6516

大土 9-6272

大士婆 4-2234, 2359

大大 1-397, 401, 402；2-

1139； 3-1809, 1813,
1821, 1845, 1847, 1920,
1981, 1983, 2015；4-
2237, 2361, 2590；5-
3428；6-4098, 4242；7-
4726, 4794, 4980, 4983；
8-5590, 5591；9-5885,
6195, 6247, 6259, 6273,
6434；10-6941， 7118,
7178, 7289

大大大 10-7133, 7205

大大方方 5-3162；9-6133,
6172

大大伯 1-451

大大伯子 1-436

大大娘 7-4799

大大樣樣 7-4735

大小 5-2946；9-6181

大小妗 1-614

大小姨 1-614；7-4743

大小姨子 1-433

大小姨夫 6-3952

大小娘 4-2227, 2354；6-
3952；8-5051, 5360

大小溲 9-6195

大小業 5-2949

大小舅 1-614, 734；7-4743

大巾 1-282；7-4829

大巳牌時 7-4735

大女子 9-6121, 6247

大叉藥 8-5204

大天白亮 5-2881

大夫 1-136, 695；7-4387,

4450, 4480, 4636, 4706,
4735；9-6083；10-7112,
7201, 7202

大木柑 9-6281

大不給給 9-6132

大不然 7-4414

大不瞧 7-4408

大少奶 8-5323

大日頭 7-5013

大水紅 4-2339

大水蚊 8-5197

大水椿 4-2342

大水櫢 6-3726

大水頭 5-2865

大手 2-1045

大乏 1-142

大公 6-4380；9-6176

大月初一 5-2883

大欠每 7-4701

大方 4-2470；5-3162；7-
4759；9-6218

大火閃 2-1200

大戶 9-6086, 6182

大及 9-6001

大末指 2-1233

大本事 7-4731

大丕丕 6-4064

大兄哥 2-1125, 1224；10-
6936

大白 5-3198

大仔婿 8-5791

大冬瓜 6-4357

大半 1-722；2-1040

大半前晌　2-787,823

大半晃　7-4735

大母子　10-7129

大吉　4-2706

大老　1-440;3-1650;6-3750;7-4814;8-5793,5794;10-7171

大老人　8-5348

大老火　9-6128

大老佛　6-3947

大老者　9-6273

大老官　3-2130;4-2232,2358

大老家　1-596

大老婆　3-1795

大老殻　9-6427

大老爺　9-6016,6056,6085,6116,6120

大地　1-572

大早朝　8-5413

大肉　7-4730

大年　9-6031

大年三十　1-167

大年下　1-391

大年初一　1-167,391;4-2215,2347;9-6246

大先生　9-6120

大舌頭　5-3142

大仰　6-3961

大米　1-592;2-1105,1112;7-4730,4755,4762

大米乾飯　7-4762

大江東　1-438

大好老　3-1499;4-2229;5-2922

大好佬　3-1612

大把　7-4790,4795

大把式　2-1200

大芥　1-307

大車　1-617;7-4397

大豆　6-4162

大奄奄　10-7133

大邑　10-6726

大估堆　7-4682

大伯　1-168,184,212,397,401,417,428,480,613,691,733;2-768,773,914,916,1024,1047,1068,1102,1353;4-2691;5-2896;6-3669,3747,3960;7-4459,4724,4726,4741,4789,4790;8-5427,5481,5511,5543,5590,5591;9-5889;10-7302

大伯二伯　9-6457

大伯小叔　10-7215

大伯子　1-160,386,394,398,402,413;2-856,1066,1076,1087,1093,1099,1125;6-4103;7-4743,4783;9-5974,6228,6260,6273,6417;10-7211

大伯公公　1-386,394,402

大伯伯子　2-773

大伯姆　8-5480

大伯哥　7-4724,4727

大伯爺　9-6536

大伯嫂　2-1353

大肚　5-2978,3063,3202;6-3829

大肚子　2-1192

大角角　2-1132

大亨　3-1750;5-3394

大冷戰　10-7158

大汪汪　7-4410

大阿福　3-1497;5-3394

大姈　1-398,402;8-5051,5361,5365,5375,5403,5406,5408,5428,5478,5483,5512,5540

大姈子　1-418

大姊　3-2190;10-6730

大耶　9-6428

大雨淋漓　8-5223

大态态　6-4060;10-7133

大叔　9-6303

大叔二叔　9-6454,6457,6458

大門　1-223,491

大佬佬　10-7205

大供　2-1227

大所　10-7270

大爸　10-7260

大炕　2-1263,1308

大河　9-5882,5974,6272

大官　6-3986,4341

大郎　7-4980;8-5062

大房　3-2191;4-2692;6-3670,3751

大衫 2-1226

大妹二妹 9-6523，6536，6559

大姑 1-212，429，451，480，591；2-1024，1049，1068，1102；4-2691；5-2897；6-3669，3747；8-5413，5427，5481，5543；9-5889，6181

大姑子 1-160，386，398，436，451；2-1076，1353；7-4431，4783；9-6273

大姑夫 10-7260

大姑姐 7-4727

大姑娘 1-436；5-2905；8-5478，5511

大姑孃 9-6121

大姐 5-3393；6-4111；7-4685；8-5293；9-6119，6121，6247，6419

大姆 3-1649，1725，1813，1822，1845，1847，2090，2097；4-2643；6-3710，3717，3897；7-4814；8-5413

大挂 7-4724

大相公 4-2229；6-3751

大相娘 8-5323

大頁 2-1341，1345

大拇指 6-4277

大便 5-2968；8-5438，5485，5546

大很 9-6426

大後 1-164；7-4742，4744，4801

大後天 6-4155

大後日 4-2719；5-2879；6-3694，3732，3917，3950；8-5118，5223，5332，5531，5552

大後年 1-433；5-2880

大後隔 7-4728

大後箇 1-433

大盆盆 9-6132

大猪 8-5539

大計 6-4290

大度 5-3202

大前 1-164；7-4742，4744

大前日 5-2879；6-3949；8-5223，5552

大前年 5-2880

大前年箇 1-433，580

大前夜隔 7-4724，4728

大前前日 2-822

大前前年 2-822

大前隔 2-1076，1093，1099

大前箇 1-433

大炮 8-5333

大洗 6-4251

大眉癞 4-2634

大院子 9-6084

大娃子 9-6121

大姥 6-3960

大姨 1-398，402，436；2-1076；3-1533，1725，2082，2089；7-4714，4727；9-6181

大姨子 2-1076；7-4784，4800；9-6273；10-7281

大姨姐姐 10-7307

大姨娘 6-3951

大架子 2-789

大紅 5-3114

大紅臉面 3-1876

大約 5-3211；7-4415

大約莫 5-3211

大約摸兒 10-7000

大班 3-1497；9-6064，6120，6274

大捈拷 3-1787

大馬留 4-2636，2653，2725

大起大臥 10-7099

大哥 2-916；7-4395，4431，4724；8-5401，5665；9-6121，6419；10-7210

大夏 8-5270

大致 6-4347

大財主 2-769，915

大哼 3-1612

大臭 3-1887

大師 8-5414；10-7282

大師傅 2-1224

大爹 1-397，401，591；2-1139；3-1610；7-4445；9-6176，6303，6304，6589，6627；10-6957，7171，7175，7201，7202，7259，7307，7316

大爹二叔　9-6455,6459
大爹二爹　9-6454,6458
大胯　9-6195
大酒　3-2198
大海門　7-4671
大海撈針　2-1281
大家　3-1700;6-3956,
　3986,4274,4341;7-
　4815
大案司　9-6274
大扇車　2-789
大被　6-3853
大孫頭　8-5051,5357,
　5361,5365,5371,5373,
　5375
大娘　1-160,184,417,613;
　2-748,769,773,914,
　916,1023,1068,1076,
　1077,1102,1112,1123,
　1125,1130,1135,1139,
　1224,1353;3-2182;4-
　2223;6-3951,4099;7-
　4387,4395,4697,4714,
　4716,4717,4723,4726,
　4729,4740,4741,4743,
　4763,4799,4805;8-5051,
　5357,5360,5413,5414;9-
　6086,6176,6273,6303,
　6304,6428;10-6936,
　6941,6957,7260,7278
大娘二娘　9-6454,6457,
　6459;10-7212
大現前日　2-1225

大排場　7-4952
大教　10-7308
大菜瓜　6-4357
大麥　9-5959
大麥熟　1-169
大票　9-6063
大堂　6-3833
大堂上　7-4409
大堂子　10-7147
大眼賊　7-4454,4638
大過了明　7-4714
大假貨　1-581
大猫　6-3984
大猫魚　6-3984
大猫蒼蠅　6-3985
大婆　6-4380;8-5293,5512,
　5544,5552,5565
大婆子　9-6056,6176,
　6260,6273
大婆婆　1-386
大宿兒　10-7029
大婭　10-7260
大細　3-1608,1649,1725,
　2074,2081,2088
大塊　6-4344
大達　10-6954,6994
大董子　7-4446
大雁　1-169;2-1105
大帽子　3-1709;7-4816
大黎膏　7-4693
大儌夥　1-434
大街　6-3665
大街上　7-4409

大爺　1-144,160,168,
　428,691,733;2-748,
　768,1023,1047,1068,
　1076,1077,1078,1102,
　1112,1125,1130,1135,
　1224,1299,1300,1328,
　1353;3-1825;6-4098;7-
　4387,4394,4430,4431,
　4697,4714,4716,4717,
　4723,4724,4729,4740,
　4743,4756,4782,4788,
　4789,4791,4794,4799,
　4805;8-5414;9-6056,
　6086,6117,6176,6303,
　6304,6305,6428,6434,
　6454,6459,6591;10-
　6936,7278
大爺二爺　9-6454,6457,
　6458,6459
大爺大孃　1-413
大爺爺二爺爺　10-6954
大脾氣　7-4775
大腔　6-4344
大猶　7-4739
大道　1-201,469;9-6181
大道上　7-4409
大窖　10-6766
大嫂　7-4395,4962,4968;
　8-5478,5665;9-6074
大嫂子　10-7212
大嫂兒　1-413,436
大發發的　7-4428
大結果　6-4348

上街 2-1226

上番 1-544

上釉 9-6495

上道 10-7138

上歲 2-1156

上當 1-395,404,420;2-
1264,1317;3-1535,1680,
2087;5-3299;7-4815;9-
5869, 5983, 6033, 6061,
6077, 6165, 6179, 6261,
6279,6293

上路 10-7138

上腰會 9-6085

上臺 9-6233

上臺錫鑼 5-2927

上算 5-3190

上墳 1-581,616;2-1104,
1193, 1201;7-4892;9-
5975, 6228, 6417;10-
7138

上蕩 9-6127

上橫頭 5-3212

上窰 2-1341,1345

上擋 3-2139,2194

上髭 3-2183

上頭 1-30,133,181,182,
194,369,445,460;2-995,
1070,1275;3-1552,1563,
1577, 1631, 2148, 2151,
2180,2184;4-2314,2348,
2430, 2468, 2472, 2474,
2491;6-3733,3741,4264;
7-4450,4636

上學 1-551,616;2-1227;
6-3681;7-4386

上鍋 2-1227

上燈夜 4-2719;5-2883;
6-3694,3917

上燈時 1-433

上澣 6-3733

上檔 3-1973,1976,2081,
2112,2117;4-2302,2467

上嶺 8-5205

上糞 2-1075;7-4755,
4762;9-6063

上縞 3-1680

上瞼 8-5263

上穤 9-5963

上麵 2-1226

上黨 3-2123,2196

上竈 5-2913

［丨丿］

少 5-3278;6-3826

小 1-548;3-1487,1490,
1778,1782,1798,1807,
1824, 2081;4-2661;5-
2890;6-3641,3751,3903,
3947,3958,4102,4273;7-
4705;8-5067, 5427;9-
6039

小二聞 9-6062

小丁當 9-6036

小人 1-30,126,402;4-
2225;5-2900

小八怪 2-1339

小三 1-161

小小 2-1130

小小子 1-387

小小渺渺 9-6133,6172

小小蟲 7-4709

小丫頭 1-387,436,614;
7-4395

小子 1-160,184,209,398,
416, 436, 477, 549, 593,
614;2-749,773,875,900,
1024, 1066, 1068, 1076,
1087,1093,1099,1125;7-
4394, 4697, 4806;10-
6941,7017

小子娃 10-7093

小女 3-1824

小女子 10-7039,7201,
7202

小牙子 6-4101

小少午 9-6136,6169

小尐伶伶 3-1697,1751

小水頭 5-2865

小手 8-5403,5406

小月子 7-4791,4798

小火子 9-6136,6169

小心 1-420,726

小孔明 10-6857

小巴戲 3-1500

小末兒 6-4255

小打扮 1-186

小禾子 10-7116

小瓜 6-4159

小瓜子 10-6997

小奶官 2-1105
小老 7-4805
小老老 6-4248
小老婆 3-1795;6-4102
小老婆子 1-433
小老耦 5-2890
小老儂 5-2890
小老頭 5-2905
小耳朵皮 5-2955
小吕 2-1308
小团 3-1611,1973,1975
小年 1-391;6-3734;9-6246
小舌頭 5-2957
小份子 2-1320
小伙 3-1917
小伙子 1-588,594;2-1317;9-6130,6419
小名 1-449;2-867,891
小名子叫什麽 10-7235
小衣 4-2701;6-3678;7-4898,4986;9-5975,6228,6250,6417
小米 1-134,234,304,355,503,592,630;2-913,1064,1084,1091,1097,1105,1112;7-4730,4755,4762;9-5958
小江 9-5883
小收子 1-413
小奼 6-3748
小把戲 3-1659,1785;6-4101,4248
小花臉 5-2925
小李 1-614,697;2-867,891,982,1263
小車 1-617;7-4397
小豆腐 7-4396
小犽 3-1875
小利 1-136
小孚 7-4483
小弟 3-1780,1782,1825;7-4756
小弟弟 7-4799
小沙彌 4-2234
小妗 1-398,402
小妗子 1-418;7-4784
小姊 9-6016
小妞 2-1301
小押當 10-6856
小奈溝 3-1983
小妻 8-5482
小叔 1-168,212,394,428,451,480;2-1024,1068,1102,1353;4-2691;5-2897;6-3669,3747;7-4459,4716,4717,4724,4727,4738,4741,4743,4789,4790,4980;8-5427,5481,5511,5543;9-5889,5974,6228,6417;10-6956,7178
小叔子 1-160,386,398,402,436,451;2-856,1066,1076,1087,1093,1099;6-4103;7-4783;9-6260,6273;10-7034,7036,7263
小乖乖 3-1873
小兒 10-7213
小兒醫 3-2190
小的 1-603;2-1276;3-2184;4-2236,2693;5-3381;6-3754,3912,4190,4275;9-6016,6120
小店 6-3667
小底 1-694;2-974,1069;3-1786;4-2483;5-3381;6-3671
小法事 9-6036
小河 9-5883,5974,6272
小官人 3-2040;4-2222,2353,2501,2525,2721;5-2902;6-3918
小郎 3-1492,1780,1782;8-5062
小房 3-2191;4-2692;6-3670,3751
小房子 3-1498;5-3398
小衫 10-7095
小妹 6-4111
小妹妹 7-4799
小姑 1-212,429,440,451,480,591,693,734;2-1024,1049,1068,1102;4-2691;5-2897;6-3669,3747,4104,4379;7-4727,4738,4741,4743;8-5427,5481,5526,5543,5817;9-5889;10-6730

小姑子　1-160，386，398，
　436，451；2-1076，1353；
　3-2015；7-4431，4783；9-
　6273；10-7215
小姑娘　10-6894
小姐　1-386，614，694；2-
　974，1069；3-1492，1501，
　1533，1780，1782，1825；
　4-2226；6-4380；7-4685；
　9-5897，6085；10-6856
小妊兒　6-3985
小妮　7-4806
小妮子　2-1106
小相　8-5829，5831
小柳葉　1-394
小則　2-1123
小便　1-554；4-2698；5-
　2968；6-3914；8-5438，
　5485，5546
小鬼　3-2190；4-2470
小鬼頭　3-1539，1559，
　1573，1599，1618，1731，
　1768
小後生　5-2905
小舢板　5-2930
小差遣　4-2476
小屋　6-3666
小孩　2-1112；5-2900；7-
　4756
小孩兒　10-7213
小娃　7-4806；10-6994
小姨　1-398，402，436；2-
　1076，1087；5-2895；7-

4714，4727
小姨子　2-1076；7-4784，
　4800；9-6273；10-7221，
　7281，7307
小姨則　2-1123
小姨娘　6-3951
小班　9-6120
小桃花　7-4734
小桃紅　7-4731
小晌午　1-613
小哨馬　2-1139
小氣　2-1228；3-2044；5-
　3201；7-4759；10-6857
小秧子　2-1317
小倅子　2-1230
小息　6-3748
小脂麻油户　7-4794
小酒　3-2198
小家　8-5829，5831
小家子　3-1538，1559，1573，
　1599，1617，1768，2149，
　2151，2180，2185；4-2300，
　2427，2467，2479，2493，
　2641，2657，2721；5-2925；6-
　3918，3958，4329，4336；9-
　6192，6218；10-6733
小娘　5-2900；6-3952，
　4361，4362，4379；8-
　5051，5357，5360
小娘子　3-1659；6-4341
小娘店　4-2314，2430
小娘姑　8-5062
小娘婢　5-2900

小教　10-7308
小撘　7-4450
小菜　3-1728；7-4962，
　4968，4977；9-5970，
　5972，6072，6251
小菜碟　5-3006
小麥　9-5959
小麥熟　1-169
小區區　1-409
小雪子　7-4800
小雪爽　7-4681
小雀　2-1105
小堂名　5-2951
小唱　5-2951
小唱班　2-1231
小帳　5-3397
小鉢子　2-1321
小偷　7-4387；10-6856
小貨　5-3017
小産　4-2697；5-2979；6-
　3675，3829，3913
小婆　7-4705，4714，4782；
　8-5293，5512，5528，
　5544
小婆子　2-1106；7-4387，
　4799；9-6056，6177，
　6260，6273
小婆養的　10-7215
小陽春　5-2885；6-3694，
　3734
小婦　10-6730
小細　6-3710，3717
小細孩兒　4-2643

小細細　6-4063
小達　10-7103,7105,7106
小葷　9-6130,6163
小開　3-1497;5-3393
小買賣　6-4142
小崽子　7-4396
小猶　7-4739
小道　1-201,469;7-4388
小媒媒　4-2227;6-3952
小摸魚　9-6131
小填倉　1-391
小勢　2-1339
小蒜　9-5961
小業　5-2949
小當家　7-4717,4718,
　　4727,4741,4744
小路　9-6055,6175,6246
小舅　1-213,398,402,
　　481,591,593,692;2-
　　1066,1179;7-4714,
　　4727,4729,4776,4784,
　　4788,4789;10-6956
小舅子　1-418,436;2-
　　856,1076,1093,1099,
　　1102;7-4724,4800;10-
　　6936,6941,6955,7222,
　　7281,7307
小舅則　2-1123
小僂儸　4-2226,2353
小嫛　2-976
小腹　8-5071
小腿　5-2965;6-4122
小解　5-2968

小話　9-6058
小意思　5-2949
小意智　5-2949
小媽　9-6176
小媳婦　1-436;3-1876;
　　10-7294
小媳婦子　10-7179,7308
小蒗　7-4585
小夥　1-208,477;9-5896,
　　6016
小夥子　1-433,436,580;
　　2-917;3-1533,2141;4-
　　2467;5-2905;7-4395;
　　10-6994,7040,7094,
　　7117,7173,7179,7282,
　　7308,7316
小夥計　10-6856
小漢子　10-6894
小漢兒　2-1170
小盡　1-201,469,570;9-
　　5880;10-7039
小綹　1-387;2-1224
小綹子　2-1193
小眥頭　4-2226,2354
小樣　2-1317,1339,1349
小輩　8-5829,5831
小儂兒　6-3985
小廝　7-4430,4445;9-
　　6304,6454,6459
小獎　5-3397
小嬌嬌　7-4444
小燕　1-169;2-1105
小燕王　1-623

小餐　10-6753
小器　1-435,461;2-1045;
　　3-1973,1975;5-3201;6-
　　3958,4344
小骹　5-2965;7-4494
小霧雨　7-4800
小覷　2-1229
小蟲　7-4730,4776
小糧食　1-624
小嬸　1-160,436;2-1191,
　　1353
小嬸兒　1-413
小辮朝南　2-1302
小爐匠　4-2234,2358;10-
　　7018
小钁　5-3021
小鷄　1-437
小癲癲　2-1339
小龕　2-1298
小罐　2-1298

[｜一]

口　2-769;5-2868,3096;6-
　　3990;7-4892;8-5469,
　　5495,5545
口口摸摸　9-6134
口子　2-1225
口子上　9-6173
口天　3-1855,1877;9-6138
口水　6-4119
口水幗　9-6219
口水褔　8-5384
口巴巴　9-6192

口打人 2-1152,1192,1201

口吻 6-4084

口快 1-556

口岸 9-6281

口岸錢 9-6131

口勁 6-4376

口信 5-2938

口條 3-1875

口臭 3-2190

口案錢 9-6294

口袋 1-618;9-6137,6169

口嘎 9-6083

口喎喎 8-5489

口談 5-2938

口頭 1-205,473

口頭語 7-4701

口頭禪 1-197,465

口磣 1-534

口甕 5-2957

口翰 5-2957

口儹肚挪 2-1282

口鑊 6-3985

山 1-224,492,617;2-958,1074,1179;5-2872;6-4156;7-4892;8-5053,5544;9-5981,6019,6257

山土鱉 2-1339

山口 10-6837

山子 8-5052

山子石 1-204,472

山叉 9-6417

山巴土獠 9-5992,6253,6270,6301,6424,6465

山巴獠 9-5898

山芎 8-5479,5492

山卡卡 10-6837

山包 9-6056

山包包 9-6247

山主 9-6067

山芋 1-169

山尖尖 9-6247

山羊 2-816

山足 9-6175

山串 2-1341,1345

山利樂 2-1342

山汪 7-4393,4436

山長 9-5893,6086

山坳 8-5226

山板地座 10-7022

山門 4-2241;9-5920

山咋 9-6264

山岰 4-2350

山岡 6-3737;8-5226

山和尚 7-4454,4461,4638

山底下 10-7024

山底紅 6-3985

山油 2-1226

山毒 8-5566

山荒鷄 6-3984

山峧 6-3736

山耗子 9-6185

山根 1-203,471;7-4761,4764

山柴 8-5414

山氣 9-6193

山脅 5-2864;6-3737

山現 10-6946,6950

山頂 6-3737;8-5226;9-6056,6175

山頂頂 9-6247

山帶帽 9-5992,6270,6301,6424,6465

山場 1-203,472;9-5881

山道士 7-4454

山裡紅 2-1135

山椿 1-330

山鈴鐺 7-4638

山會 7-4393

山腳 9-5881

山腳腳 9-6247

山裹紅 1-161

山鳳凰 6-3984

山窪窪 9-6247

山槽槽 9-6247

山嶼 4-2218

山窖窠子 10-7023

山薯 8-5582

山頭 1-203,471;2-1342;3-1517,1534,1608,1924,2065,2074,2081;7-4814;9-5881,5922

山嘴 10-6837

山嶺 6-3737

山牆 7-4636

山藥 1-452

山藥豆 1-169

山藥蛋 2-1131

山鯉魚 7-4900

山顛顛 9-6247

山鷄　4-2460

山巄　6-4271

山蠻　8-5436,5484

巾　3-1608,2074

巾梭　9-6253,6257

[丿一]

千　5-3102;6-3954,3986

千一千二　6-3709,4291

千丈公　7-4948

千千　9-6134

千犯　9-5975,5983,6032,
6070

千年老鼠屎　7-4900

千年調　4-2641,2656,
2723;5-2926;6-3697,
3918

千里眼　6-3776

千佛一炷香　4-2313

千定萬定　5-3223

千缸千色　5-3222

千差萬差　5-3223

千章絲子　10-7019

千張　9-5979

千萬　1-527;5-3223

千腳蟲　9-5952

千煩　10-7117,7118,7316

千錯萬錯　5-3223

千鍼萬鍼　5-3223

千變萬化　2-1008,1072;
4-2728;5-3223

毛　6-4290

乞巧　2-1187

乞刻　5-3412

乞塔　1-382

乞養仔　8-5568,5571

[丿丨]

川　1-186;2-1130;7-4631;
8-5783;9-6415

川主　9-6266

川地　10-6935

川換　2-1261

川將　7-5012

川壩　10-6840

[丿丿]

彳亍　8-5582

彳彳亍亍　8-5206,5240

[丿丶]

个　2-966,1125;3-1713;5-
3096,3377

个轉　6-3714,3720

[丿㇖]

宁　5-3096,3377

丸　3-1795;4-2687;6-
3662,3849,3910

丸丸　2-1226

久　6-4352

久日以後　10-7101

久後　10-7029

久闊　6-3683

凡百　6-3684

凡雷哥　5-3409

勺　5-3030;7-4397

勺勺　10-7109

勺鐸　3-1984,1991,1993,
1995,1998,2000,2002;
9-5867

及　8-5103,5173;10-6923

及溜　10-7318

爻　3-1943

夕　3-1979;6-4030

夕陂　7-4561

夕膳　9-6186

[丶一]

亡　3-2033;7-4453;10-
6773

亡八蛋　9-6261,6275

亡聊賴　3-1555,1634

亡賴　3-1537,1558,1572,
1592,1615,1642,1767,
2190;4-2470,2489;6-
4326,4333

[丶丿]

丫　3-1792

丫口　3-2198;10-6837

丫角郎　3-2082

丫爬　7-4453

丫姑　6-4255

丫雀　6-4255

丫頭　1-184,394,397,
398,401,416,440,452,
586,591,698,736;2-
749,782,975,1050,

也許　1-408;7-4415
也許是　2-849
也罷　1-156

[乛丿]

女　5-2891;6-4101,4342;8-5231;9-5888,6219
女人　2-910,974;3-1729,1876;5-2889,2898;10-6894,7293
女人家　9-6057
女人頭　5-2905
女子　2-910,1157;10-7017,7214,7281
女生外向　3-1787;6-3755
女老太　7-4805
女匠　1-108,123
女弟　10-6730
女兒　1-353,641;10-6957,7307
女郎　10-6730
女客　3-2026,2030,2173,2184;4-2501,2526,2692;5-2904;6-3751,3912,3961
女娃　7-4756;10-6930,7032,7033,7039,7093,7104,7105,7106,7109,7110
女娃子　9-6057;10-7117,7118
女姪　10-6731
女息　10-6957
女孫　5-2893;10-6731
女娌　6-4380
女聓　1-482
女菜　4-2465
女猫　1-388,449,452;2-773,911;7-4728,4742,4744;9-6066,6185;10-6952,6997,7023,7097,7288
女眷　3-2182
女壻　1-168;2-856,910,1048;7-4697,4717,4784;9-6057,6177
女崽　7-4986
女婿　7-4806
女嘾　5-3078
女鷗　1-347
卪　3-1488,1489,1646,1771,1778,1783,1797,1802,1805,1818,1846,2195

[乛丶]

叉　1-554;3-1791;4-2417,2667;5-2998,3033,3149,3258;6-3803,4250;7-4834;9-5983,6032
叉口　3-2199,2201
叉叉　9-6064
叉牙　5-2973
叉手　6-3673;7-4636
叉袋裹釘自矗出　3-2132
叉麻子　10-7316
叉路　9-6246
叉媽　2-1307

[乛乛]

幺　2-966,1029;3-1688;6-4101;7-4813,4820,4824,4834;9-5887,5992,6039,6088,6190,6194,6255,6270,6301,6418,6424,6428,6465
幺二　3-1498
幺子　1-547
幺女　9-6247
幺幺　1-413;9-6056,6177,6213,6259,6273,6419,6426
幺司　9-6274
幺老者　9-6120
幺弟　9-6235
幺門　9-6137,6169
幺兒　9-6235,6273
幺兒幺女　9-6082
幺爸　9-6015
幺妹　9-6305,6589,6591
幺姑　9-6274
幺姐　9-6121
幺咡　9-6247
幺哥　9-6273;10-7118
幺師　9-6016,6119,6173
幺師甫　9-6119
幺嫂　9-6523,6536,6559
幺臺　9-5998,6557
幺麼　5-2967

2196；4-2340，2342；5-
2881；6-3726，3950；7-
4408，4754，4760；9-
5969，5971，6071，6136，
6169，6305，6522，6535，
6559，6588，6590，6626；
10-7176

天亮了　9-6055

天亮飯　4-2642；5-3002

天亮頭　5-2881

天亮曉　4-2339；6-3959

天亮邊　4-2340

天氣舒　10-6721

天氣慘　10-6721

天師府　6-4186

天倉滿　8-5184

天高皇帝遠　3-2191；4-
2305，2637；6-3919

天家　5-2863

天陰　9-6627

天頂地泥　8-5665

天掃帚　10-7023

天黃　4-2340

天黃亮　4-2342

天棚　1-557

天晴　9-6055，6174

天開　4-2212，2342

天開眼　4-2342；6-3730

天黑　4-2340，2342；9-
6588

天皓　8-5547

天爺　9-6055；10-7023

天爺爺回宮　10-6935

天然　3-1832

天窗　1-226，494，559；3-
2093，2099；4-2241，2243，
2435；6-3833，4128，4346；
9-5922

天塌了　10-7168，7169，
7229

天慁　5-2986

天曉日夜　4-2214，2347

天曉得　3-1611

天鴨子　8-5190

天瘴雨　7-4393

天燒　2-1169

天閽　8-5119，5532

天螻　2-1115，1119，1153，
1181

天螺　7-4992，5020

天膽地大　5-3200

天鵝　1-169；7-4992，5021

天羅細　6-3985

天爆　8-5552

天蘿　4-2463

天變　9-6055

天壩　9-6246

天釀　6-3960

天靈骨　4-2236，2365

天靈蓋　2-1134，1169；5-
2958；9-6275

夫　6-4273

夫人　3-2190；6-3750；7-
4821；8-5322

夫子　9-6016

夫主　8-5067，5427，5481

夫仰　7-4974

夫君　3-2191；4-2471

夫肥　8-5500

夫核　3-1971

夫爹夫娘　1-84，129，360

夫娘　3-1538，1617；6-
4328，4335；7-4956；8-
5045，5051，5355，5360，
5364，5374，5408，5409，
5417，5419，5428，5483，
5528，5552，5556，5558，
5566，5570，5576，5578，
5694

夫娘肥　8-5478，5554

夫塊　6-4271

夫婿　10-7039

夫貼兒　1-413

元元　6-4370

元宵　1-186，388；4-2215；
7-4519，4808；9-5975

元孫　3-2082，2118，2124，
2196

元寶　1-648，698；2-952，
1073；9-5930

云三造五　2-1320

云頭喝馬　3-1711

[一丨]

扎　5-3263；8-5479，5490，
5500；9-6417；10-7135，
7181，7305

扎十　9-6130，6163

扎什　9-6191

五兩　7-4828

五明頭　2-1227

五的　8-5299

五郎神　7-4671,4810;10-7259,7262

五姑孃　9-6121

五逆不孝　3-2189

五洋四海　7-4675

五架屋　4-2719;6-3694,3830

五馬六羊　7-4672

五哩　2-1124

五脊六獸　1-453,625;2-1325;7-4675

五脊六獸的　2-1323

五奥金　7-5013

五種　10-6766

五箇一花　3-1661

五頭棍　7-4735

五顏六色　5-3219

五鷄六獸　2-1320

五蠻刺　7-5013

市　7-4439,4442,4447,4678

市家　10-7292

市該歹　10-7292

支　5-3100;7-4980

支支節節　6-3965

支支蔗蔗　8-5786

支巧　7-4429

支老　2-1196

支吾　7-4459;9-5870

支沙蟲　2-821

支拉　6-4178

支注　7-4831

支持　2-1003,1071;3-1596

支查　3-1991,1993,1995,1998,1999,2002

支背　2-1232

支楞　3-1991,1994,1996,1998,2000,2003

支遮　6-4317,4318

支蟟蟬　3-1659

支離　6-4072

支難　3-2194

［一丿］

卅　6-3954

不　5-3213;6-4005;7-4385,4752,4755,4761,4772;9-6093

不二無眼　2-1340

不丁兌　9-6128,6166

不入行　1-533

不了　9-6043;10-7181

不了失口者　10-7317

不三不四　10-7291

不下臺　7-4733

不大　3-1708

不大回　1-184

不大好　7-4411

不大利　2-1322,1345

不大點兒　2-863,887

不大離　1-578,583,615;2-863,887,1277,1302,1308,1319,1325,1339

不上不下　3-1712;7-4816

不上緊　7-4899,4956

不及　1-442,648

不子嗎　10-6999

不元泛　9-6128,6166

不歹　2-1200

不中　1-190,404,418,456;2-1311;7-4764,4775

不中用　1-185,441,452,666,720;2-760,787,918,943,1028,1037,1069,1104,1115,1120,1124,1137,1154,1192;3-1556,1564,1578,1599,1635,1771,2026,2030,2044,2161,2174,2182,2184;4-2470,2477,2493,2641,2657,2723;6-3764,4329,4336;7-4688,4693,4755,4760,4761,4764,4910;8-5332;9-6061,6180,6192,6202,6293,6589;10-7229

不中喫　7-4755,4762

不中意　6-3764

不斤不鏊　2-1317

不反道　3-2117,2123

不介意　7-4793

不分　1-443;2-1116,1120,1154

不打徐　2-915

不打徐過　2-770

不打單兒　1-585

不打緊　7-4899,4956

不正經 7-4731,4736;10-
　6936
不可靠 9-6001
不北 6-4261
不占 2-1133
不占絃 2-1106
不乍的 10-7172
不用 1-150;2-863,888
不用功 10-7230
不犯于 9-6188
不出好錢 10-6936
不出奇 7-4724,4728,
　4736
不出頭 7-4445
不耳乎 1-410
不耳食 7-4401,4430
不耳識 10-7316
不在 1-685；3-1921,
　2134;9-6200;10-6936
不在了 1-585
不在乎 1-578
不在行 7-4963,4969
不在被中眠,安知被無邊
　4-2635,2652
不有 10-7030
不列 10-7098
不成 1-526
不成人 3-2191
不成器 1-196,435,443,
　464;7-4760
不至於 1-158
不光 10-7102
不吃硬 2-1124

不吃渣兒 1-408
不自在 9-6192
不行 1-185,443,456;2-
　1319;7-4725;9-5875
不行了 10-7172
不行走 10-6941
不行忽 10-7270
不合式 9-6305,6591,6627
不合作 6-4348
不多心的話 9-6128
不多點兒 1-391
不色骰 3-2112,2117,
　2123,2196
不亦樂乎 5-3420
不忖 10-7026
不安分 9-6059
不那等 7-4797
不如人 1-196,443,464
不如那頂手巾片哩 7-4795
不如意 1-721;2-1037
不好 2-1138;7-4759
不好天 8-5413
不好看 10-7179,7308
不好過 9-6435
不走時 2-1321
不走點 2-1349
不孝子 10-7214
不抖藪 9-6203
不見天日 3-2191
不牡 9-5874
不利索 7-4445
不伸長 7-4809
不伸眉 9-6036

不作 6-4215,4231
不近人情 3-2191;4-2470
不含胡 7-4693
不含糊 2-1319
不言喘 10-7316
不言傳 10-6936
不忘本 1-671
不沙 10-7028
不泛于 9-6129
不泛於 9-6163
不快 2-995,1070;3-1478,
　1491,1548,1627,1816,
　1845,1847,1854,2148,
　2151,2179,2185;4-2469,
　2478,2489,2711
不快活 1-195,415,463;
　3-2191;4-2467;6-4330,
　4337
不快當 1-405
不牢蓋 7-4729
不即早晏 5-2886
不即伶 3-1973,1975
不即溜 3-2023,2025,
　2029,2044,2178
不長進 1-196,443,464,
　723;2-1000,1116,1154;
　3-1917
不拘早晏 5-2886
不拉條 2-856
不幸 7-4416
不招弔 1-371
不直錢 8-5101
不來三 3-1684

不來到　3-2139

不來過　10-6999

不事産業　8-5588

不奇特　2-1130

不到頭　2-930,1073;6-4330,4337

不非輕　7-4959

不肯　1-190,456;9-5874

不肯認　6-4262

不卓樣　7-4736

不咂的　10-7099

不知丁董　3-2182

不知天日　9-6514

不知好歹　1-615

不知利害　2-1011,1072

不知阿有　3-2107

不知阿肯　3-2107

不知風路　8-5055,5357,5363,5368,5372,5373,5377,5548,5567

不知蕭董　3-2026,2143,2174,2184;4-2493;6-4330,4337

不知蕭董　3-2030,2044,2161

不迭的　7-4639

不乖　2-1124;10-7180

不的麼　7-4445

不忿　6-4297

不服藥爲中醫　6-3919

不沾絃　7-4390

不怕　9-6305,6456,6460

不怕嗄　2-1076,1094,1100

不郎不秀　4-2306,2484,2637,2654

不相干　1-370,398,403,415,435,582,647,666,721;2-757,927,1028,1037,1066,1073,1087,1094,1100,1107,1109;4-2287,2485,2499,2524,2723;6-3764,4342;7-4701;9-6198

不相看　9-6036

不要　2-863,888

不要的　10-7121,7313

不要面皮　7-4809

不要緊　1-438,606;7-4899;9-5985;10-7180

不要嘆　9-6457

不要鼻子　7-4794

不要歇　9-6429

不要臉　7-4387,4790,4794;9-6059;10-6857

不耐煩　1-415,444,538,588,606;2-871,896,997,1037,1071;3-1478,1491,1555,1563,1577,1599,1634,1637,1771,1816,1846,1853,1971,2026,2030,2045,2148,2151,2161,2174,2179,2182,2184;4-2468,2472,2474,2478,2485,2493,2723;6-3764,3887,4329,4336;7-4854,4952,4992,5020;9-

6218

不是　1-648,685

不是人　2-1104

不是老意思　1-625

不是好乾糧　2-1348

不是東西　7-4810

不是味兒　1-408

不是嗄　7-4755,4761

不是樣子　2-1028

不昭　7-4720

不咱　9-6126,6162

不咱著　1-405

不怎的　1-435

不怎們　1-582

不怎著　1-371;2-1067,1088,1094,1100,1110,1113

不怎麼　1-606

不怎樣　1-452

不便　3-2189;4-2707;9-6218

不便當　1-674

不待見　1-528,578;7-4688,4693

不律　3-1971

不風騷　6-4348

不恤工本　5-3194

不逗頭　9-5985,6036

不配　1-395,462;9-5874

不時有　8-5242

不啊你　9-6129

不峭利　7-4445

不值一錢　3-2191;4-2470

不值三　2-1106

不值錢 9-6218

不條直 6-4239,4241

不保 3-2026,2031,2044,
    2161,2175,2184;6-4215

不徐顧 1-370;2-1066,
    1076,1087,1094,1100,
    1107, 1109, 1113; 7-
    4724;10-7099

不准溜 9-6457

不效和 9-6427

不消 3-1705;7-4816;9-
    5874,5995,6042,6262,
    6279,6293

不浪 2-1231,1238

不害羞 1-606;2-1041

不害賴 7-4794

不害醜 7-4790

不害臊 1-410,616

不家歡 10-7252

不朗兒 2-1131

不通脾 10-7026

不能成 10-7179

不能彀 1-588,615,647,
    666,720;2-756,787;3-
    1708;4-2284,2483,2504,
    2529;6-3796,3967

不理 7-4813;9-5989,
    6267,6298,6418,6421,
    6462,6516

不理會 1-435,438,452,
    578

不頂點 1-159

不採 1-671;9-5874,6126

不接撐 10-6930,7040,
    7103,7105,7106

不乾不淨吃了癆病 2-
    1328

不梱 3-1979

不爽 3-1811

不爽快 9-6516

不眼 9-6089

不倈 10-7025

不圍 7-4724

不過 3-1713;7-4414

不做好事 6-4330,4337

不做聲 1-540

不偢不睬 4-2239;9-6060,
    6207

不偢採 9-6256

不徠 2-1231

不得 7-4701;9-6305,
    6589,6591,6627

不得了 1-185;9-6253,
    6589

不得下台 9-6130,6165

不得行 9-6192,6218

不得行了 9-6060

不得勁兒 1-585

不得辦 6-4341

不彀 2-1117,1120,1155,
    1182,1184,1186,1196,
    1198, 1199; 3-1919,
    1925,1928,1930,1933;
    4-2483, 2651; 6-3715,
    3721, 4293; 8-5055,
    5357,5362,5367,5370,
    5376,5405,5479,5566,
    5571,5691,5693,5696,
    5697,5699;9-6009

不够人 10-7027

不够成色 10-7315

不章 9-6493

不着調 1-177;2-1319

不清爽 10-7261

不惜工本 5-3194

不敢定 2-862,887

不敢欺 6-4329,4337

不敢當 1-415,677,723;
    2-756, 1012, 1072; 4-
    2484,2723

不敢攀 1-539

不張 9-6557

不張識 9-6060

不細 7-4445

不細顧 2-1156

不堪 6-3986;9-5874

不搭撒 1-178,412

不散恬 10-6941

不落 2-1149

不落子 1-624

不落蓋 7-4758

不菔 1-535

不棒 6-3986

不厥面 9-6127

不開眼 2-1094,1100;7-
    4388,4725,4809

不遇幸 10-7027

不喘 10-7201,7203

不答應 1-408

不順眼 1-158
不順稍 9-6036
不須會 1-585
不舒坦 2-1319
不舒服 1-389
不脤湯 3-1917
不然 7-4414
不善 1-647,666,721;2-1038,1269,1302,1319,1322,1345;7-4636
不道路 10-7252
不滑頭 1-585
不愀不睬 9-6179
不割授 7-4458
不强 1-404;7-4736
不登 1-562
不結局 7-4790,4794
不結實 1-405
不遠一點點 10-7237
不彀一句 1-412
不斟 7-4829
不幹 6-4348;9-6130
不幹活 1-389
不禁 6-4343
不當 1-381;10-7107
不當人 10-7316
不當家呼拉的 1-582
不當滑滑的 2-848
不當價 1-42
不當擅道 1-383
不睬 3-1699,2182;7-4816;9-6089,6126,6162
不暗 9-6166
不照 10-7030
不照閑 10-6857
不跟綹 9-6036
不像景 10-7026
不愛動 1-389
不腫 2-1200
不新鮮 7-4952;9-6036
不趕蹚 2-1322,1337,1340,1344
不厭煩 2-1200
不爾 9-5874
不爾識 9-6060,6179
不對 1-418;7-4814;9-6083,6089,6179,6279,6292,6426,6435;10-7282,7308
不對牡 9-5992,6271,6302,6425,6466
不對近兒 1-408
不對路 1-158
不對頭 9-6061,6257
不辡 10-7204
不算 1-448,452
不算吓 2-1107
不管閑 10-7316
不管閒 10-7308
不管閒事 10-7282
不貍 6-4285
不疑 9-6003
不説謊 2-764
不認的北了 1-392
不曁 6-3888
不嫩 9-6131
不蕩子 9-6131
不慮徐 2-770
不慮論 1-585
不慮顧 2-915
不罷 9-6304,6455,6458,6460
不靠稍 1-405
不價 1-133
不懂 9-6492
不懂王化 10-7108
不懂事 9-6061
不審 7-4986
不慰着 2-1319
不彈 2-1177
不賴 1-408;2-1038
不醜 3-1921
不霑絃 7-4725
不興 1-408;6-4216,4231
不學好 9-6305,6429,6456,6458,6461
不錯 2-1319
不諳 9-6128
不尷尬 3-1924,1928,1930,1933;9-6435
不點 1-168
不黏絃 7-4810
不魏 6-4368
不鮮禿 7-4725
不應該 9-6045
不濟 1-685;2-769,915;7-4566
不覷顧 1-582

不雜的 9-6060

不雜樣 7-4712

不離 1-404, 441, 452; 2-1319, 1339; 7-4687, 4692, 4701

不戳撐 10-7110, 7111

不礙事 2-787

不礙的 1-438, 452

不願意 10-7316

不識一丁 2-980

不識丁 2-1070

不識丁董 3-1711

不覺 2-1319

不覺捏 1-583

不囉 6-3889

不癩 1-171

不爛 2-1231

不顧人 3-1921

不顧局面 10-7262

不顧信義 9-6058

不籠箇 7-4639

朩 4-2547

冇 4-2547; 8-5208, 5401, 5403, 5406, 5518; 10-6932, 6933

冇冇 10-6937

冇吃嚄 10-6942

仄 6-4364

仄陵 2-1120, 1128

太 1-404; 3-1602, 2094, 2101; 4-2687; 5-3204; 6-3661, 3875, 3936, 3951; 7-4818; 8-5791; 9-6303, 6304, 6305, 6428, 6454, 6457, 6458, 6459, 6512, 6513, 6514, 6523, 6591; 10-7000, 7029, 7100

太又太 3-1533

太子細 9-6098

太子登 9-6137, 6138

太夫人 6-3750

太太 1-132, 138, 151, 386, 397, 401, 417, 693; 2-972, 1069; 3-1492, 1780, 1782, 1825; 6-4099, 4234, 4379, 4380; 7-4818; 9-5896, 6016, 6304; 10-6856, 7029, 7178, 7189, 7190, 7250, 7278, 7281, 7307

太太平平 9-6133, 6172

太太們 4-2225

太公 3-1533; 4-2223; 5-2888; 6-3744, 3897, 3951, 4255, 4257; 7-4820, 4954, 4980, 4986; 8-5321, 5402, 5406, 5408, 5478, 5480, 5552; 9-5975, 6057, 6180, 6417

太平菜 6-4148

太史椅 4-2257, 2448; 6-3953

太白星 5-2860

太奶 1-386; 2-1353

太奶奶 9-6434

太老祖 7-4799

太老爺 6-4114, 4239, 4241; 8-5322

太先生 4-2232, 2358

太字號了 2-1318

太好太壞 7-4410

太爸 7-4805

太姑 1-168

太姐 7-4897

太保 3-1820

太很 9-6061, 6179

太紅火 9-6589

太師椅 1-700, 738; 3-1842; 7-4397

太爹 7-4897

太陰菩薩 5-2859

太虛險 9-6427

太婆 3-1533; 4-2223; 5-2888; 6-3951, 3960, 4255, 4257; 7-4818; 8-5321, 5402, 5406, 5408, 5478, 5480; 9-6180

太陽 1-436; 3-2042, 2050; 5-2859; 6-3949; 8-5686; 9-5877, 6055, 6136, 6169, 6174, 6227, 6419, 6434, 6514; 10-7281

太陽打傘 9-6627

太陽包 9-6272

太陽花 9-6265

太陽紅 9-6281

太陽落坡 9-6136, 6169

太細 9-6061

太爺 1-386, 397, 401, 417;

2-1157,1353;7-4805;9-6016,6056,6085,6117,6120,6304,6454,6455,6459,6460,6512;10-7178,7189,7190,7206,7250,7278,7281,7307

太爺太太　9-6455,6459

太尊祖　6-3960

太婆　7-4954

太謙　3-1831

太糧　2-1227

犬熊　6-3984

厷　4-2366;6-3802

友二　8-5054

友友　8-5054

友兄　8-5838

尤賴　7-4824,4834,4835,4839,4952,4953,4958,4959

歹　1-686,731;2-863,888,944,1045,1073,1351;3-1979;4-2369,2602,2675;5-3165;6-3650,3759,4219;7-4445,4702;8-5728;10-7173,7292

歹人　6-4357

歹住了　1-409

歹所在　6-4358

歹命人　6-4357

歹怪　6-4249

歹毒　10-7120,7172,7285,7302,7310

歹哈哈　10-7319

歹迷　10-7317

歹哩太　2-1200

歹飯　2-1339

歹鬪　1-542

匹　1-219,488;5-2967,3082;9-6242

匹兒　6-3986

匹脫　9-6127

匹蘇　9-6138

[一丶]

立　6-3961

[一乛]

巨　3-1871

牙　2-797,1131,1177,1179;3-1720;7-4824;8-5231;9-6074,6512;10-7300

牙人　4-2354;8-5784

牙子　1-589;6-3753;7-4451;10-6856

牙叉大口　10-7273

牙叉骨　10-7040

牙牙　6-4328,4379,4380

牙尐　7-4948

牙巴　9-6041,6275

牙母　10-7287

牙肉　5-2957

牙行　6-4191

牙車骨　2-1169

牙豆　10-7265

牙果　5-2974

牙門　1-704

牙兒　6-3952;7-4986

牙狗　1-253,437,522,574;2-817;7-4389,4454,4728,4744;9-5945,6066,6104,6185,6264,6281,6494;10-6997,7023,7097,7315

牙郎　4-2296,2427;6-3753,3952

牙牀　5-2957

牙牀肉　5-2957

牙紀　1-418;7-4435

牙部　9-6195

牙猪　1-253,437,449,452,522;7-4728;9-6104,6494;10-5996,7022,7096,7287,7288

牙猪子　10-7315

牙祭　9-5975,6076

牙殼　7-4394

牙鈍　3-2112,2117,2123

牙屋　9-5991,6270,6301,6423,6464

牙溜　9-6281

牙齒　8-5263

牙齒瘊　4-2282

牙齒瘋　4-2422

牙齒斷　6-4276

牙骹　8-5069,5178,5437,5485,5546,5818

牙骹硬　8-5069

牙儈　6-3753

牙幫　7-4394

牙嚌　6-4208,4229

牙斷　3-1660

牙齔　9-6182

牙齩　8-5264

牙齦　9-6058,6178

牙籤　6-3961

牙齻　9-6058,6178

屯　5-3303;7-4459;8-5094;9-6060,6126,6164

屯不差兒　2-1302

屯不錯　2-1277,1309,1320,1322,1325,1339,1349

屯槽　7-4758

比　5-3085,3346;6-3841

比比幫幫　8-5206

比方　3-1597;6-3791,3898

比余　1-563

比股　5-2964

比校　3-1597,2190

比箇　4-2453;5-3031

比鍼　5-3040

互隆　7-4456

切　6-3852;8-5085,5173,5234

切夠　7-4516

切齒　3-2191;4-2470

切磨　10-7025

切糕　1-186

切麵刀　10-7021

瓦　1-54,121,285;3-1898

瓦刀　1-229,499

瓦片　5-2986

瓦爿　4-2593;5-2986

瓦匠　10-7018

瓦甌　3-1653,1979,2168;4-2254,2438,2593;5-2986;6-3840

瓦甌翻身　3-2130

瓦查　1-565

瓦剌姑　1-30

瓦剌骨　3-1516,2072

瓦剌國　3-1539,1618

瓦剌貨　4-2493

瓦屋　9-5921

瓦烏子　10-7318

瓦雀　3-1984;9-5939

瓦崽崽　7-4986

瓦腔　5-3072

瓦滅　10-7266

瓦甋　10-6790

瓦燒豬　8-5333

[丨一]

止　6-4006;8-5711

止田　3-1509

止在　6-4006

止管去　9-6429,6457

支　6-3808

[丨丿]

少　1-440;6-3991;7-4959;10-7177

少人力　9-6062,6180,6427

少天没日頭　1-438

少不瓦瓦　9-6162

少不經事　3-1787

少午　9-5974,5983,6031,6130,6136,6169,6174,6228,6416,6419

少欠　10-7205

少奶奶　4-2226

少形　1-142

少見多怪　6-3701

少的　9-6165

少哚子　9-6164

少姤　8-5581

少許　5-3205

少掌櫃　9-6057

少爺　1-386,614;4-2226;9-6016,6085,6118;10-6856

少敁　5-3205

少微　3-1533

少禮　6-4296,4309,4312,4323

尐　6-3876

尐尐　5-3205

尐尐一點　4-2280,2611

[丨ㄱ]

日　1-586;3-1790;4-2686;5-2859;6-3910;10-7288

日了　10-7267

日子　3-1507,1512,1540,1559,1573,1619,2062,2070,2079,2093;4-

内　1-407；6-4029
内人　1-548；2-973
内才　4-2369
内兄　1-213,436,481；2-917,1093,1099,1102；7-4724,4784
内兄弟　1-213,481；7-4677；9-5892
内行　5-3181；6-4094
内行人　4-2357
内弟　1-213,436,481；2-917,1093,1099,1102；7-4724,4784
内姊妹　7-4677
内侄　4-2225
内姪　1-614；9-5974,6057,6228
内姪兒　9-6177
内訌　8-5175
内教　5-3181
内當家的　1-436
内邊的　9-6273
水　2-1341,1345；3-1566,1580,1601,1609,1720,1772,1918,1923,1989；6-3951,4158,4169,4271；7-4892,4972,4973；8-5053,5222,5366,5376,5504,5824,5830；9-5981,6019
水大　8-5053,5366,5376,5504,5540,5541,5545,5824,5830
水口　4-2352,2690；5-

2865；6-3665,3741,3911
水已巴光亭　2-1107
水天　7-4954
水夫　1-387
水水蜓　2-1105
水水湯湯　9-6133
水手　6-3754；8-5569,5571
水牛　1-101,129,362
水毛子　9-6228
水孔　4-2352；6-3741
水打棒　9-5984,6034
水功德　4-2722；6-3696
水平　5-3148
水半頭　10-6894
水奶　6-3986
水皮襖　4-2723；6-3918；9-6137,6169
水老鴉　3-1984；5-3061；6-4167；9-5940,6184
水老鴰　1-609
水地　7-4762
水花　4-2352
水車　4-2253,2446；5-3043；6-3844；9-6186
水利穀　7-4909
水汪汪　4-2278,2379,2608
水尾殺　8-5588
水底工　5-2909
水底攻　5-2909
水勃　6-3740

水骨　4-2546
水牟　6-4157
水食店　9-6063
水洪　2-1229
水狄　4-2340
水津　4-2352
水紅　7-4453
水莎　4-2160
水蚆蟲　9-6186
水呂　3-1981,1983
水烟　9-6274
水案版　9-6137
水通蟹　3-2088
水菜　3-2034
水乾　8-5053,5366,5376,5504,5540,5541,5545,5824,5830
水梘　4-2240,2434；6-3953
水跋　8-5197
水過地皮濕　1-418,647
水淋水淥　8-5223
水貫　10-6935
水葫蘆　4-2460
水落石出　4-2726；6-3700
水棉襖　4-2251
水蜓蜓　2-1094,1100
水單　9-6060
水飯　7-4748,4768
水道眼子　2-1102
水港　4-2340
水淘淘　4-2381
水裙　7-4737

58

四畫[丨一]至[丿一]

水統蟹 3-2083,2114,2119,2125,2142,2197
水塘 10-6837
水蓬科 1-394
水蓬蓬 1-169
水碓 4-2260,2450
水節 1-322
水腳 1-205,473;5-3017
水煙 4-2250,2444
水溜 5-2985
水溜溜 2-818
水滾 6-3985
水蔓蒿 10-6750
水筻 3-1907
水銀 9-6165
水銀哦 9-6128
水漬漬 6-4062
水滴溜 3-1984
水漩 8-5413,5552
水漲 8-5545
水碼頭 9-6055,6175
水鵠鵠 1-389
水鴨 4-2460;6-3948,3984;9-6282
水鴨子 1-160
水鮓鮓 9-6132
水環 7-4436
水壕 2-1190
水霜 9-6055
水爵黎 7-4963,4970
水甕 6-4318
水蠆 6-4172
水櫃 2-1341,1346

水雷 5-2985
水瀉 9-6059
水蘇 1-319
水襪 7-4977
水灌子 9-6187
水鷄 3-1981,2082,2088;5-3062;8-5414
水礶子 2-1151
水灘 4-2340
水罐 9-6174
水鬢 4-2364
水灣 4-2340

[丿一]

午 6-4053
午時花 4-2464
午飯 2-1106
手 6-3802,4277;7-4963,4969,4977,4979
手下 1-552;2-1002,1071;3-2189;4-2295,2426,2641,2657,2693;5-2906;6-3670,3755,3912,3989,3991
手巾 2-962;4-2701;6-3853;9-6186,6250;10-7020
手丫 7-4492
手厄 8-5211
手手 5-3423
手爪 2-992;6-4120
手本 1-649,699;2-753
手印 1-554

手把子 7-4898
手長衫袖短 8-5161
手拐子 9-6195
手杍 9-6063
手板 9-6195
手帕 6-3855
手肱 4-2219,2362,2585;5-2963
手衩 10-7095
手指 6-4278,4308,4323
手指籠 8-5546
手挣拄 5-2963
手挣注 4-2720;6-3695
手挣撒 4-2220,2362,2586;5-2963
手挣撒頭 5-2963
手骨 5-2963
手段 3-2191;4-2707;5-2939
手迹 4-2706;6-3682
手帛子 6-4140
手捍 9-6195
手倒拐 9-6275
手記 3-1479,1543,1567,1581,1622,1641,1854,2019,2021,2024,2028,2036,2037,2038,2046,2052,2056,2064,2069,2079,2086,2104,2111,2138,2152,2157,2173,2177,2181,2186;4-2259,2457;6-3990,3991
手梗 4-2585;5-2963

今兒　1-367，390，593；2-762，918，1052；7-4786

今兒格　2-862，887

今兒個　1-181，183，395，737；10-7316

今兒箇　1-370，580

今昏　8-5583

今個　1-145，167；2-769，774，915，1112，1352

今哺　8-5223

今晚夕　9-6055

今晚西　9-6174

今過　10-7291

今朝　5-3392

今暗哺　8-5223

今裏　7-4701

今箇　1-433

今綱　8-5054

凶　1-201，469；8-5252；9-6217

凶的狠　10-7180

凶險　6-3986

分　3-1532，2034；5-2943，3086，3346；6-4286；7-4437；8-5610

分子　3-2136；5-2943；6-3677；9-6194

分斤撥兩　7-4673

分付　2-931；3-2189；4-2488，2500，2525，2708；6-3790，4326，4333；7-4910

分外　1-674；3-2190；4-2641，2658，2709；5-3209

分拍　6-3954

分破散　7-4962，4968

分家　1-616；2-1229

分粧貨　5-3018

分歲　5-3318；6-3733

分福　7-4459

分數　3-1945

分頭　5-3422；6-3896

分爨　6-3667

乏　1-142；2-1228；7-4635

乏物　1-142

乏的很　10-7204

公　2-1118；6-3744，4169，4382；7-4959，4986，5006，5041；8-5285，5499，5509，5543，5576，5793，5794，5823，5829，5836；9-5970，5972，6040，6072，6074，6077，6175，6259，6303，6419，6425，6428，6435，6454，6457，6458，6512，6513，6514，6523，6536，6559；10-6927，7117，7118，7260

公大　8-5060

公子哥　1-545

公太　8-5258，5291，5500，5525；9-6040，6303，6454，6459

公中　2-1227

公公　1-152，168，212，386，428，436，439，451，480，591，613，733；2-856，875，899，917，1024，1047，1066，1068，1076，1087，1093，1099，1103，1272；3-1492，1533，1610，1780，1782，1821，1876，1920，2039；4-2224，2642；5-2894，2896；6-3710，3716，3897，4102，4380；7-4395，4431，4478，4717，4718，4724，4738，4782，4789，4790，4807，4839，4926，4962，4968，4974，4978，4979，4980，4982，4986，4988，4992，5020；9-5889，5970，5973，6056，6072，6176，6195，6247，6273，6434，6457；10-7034，7036，7204

公公婆婆　9-6070

公出　6-4345

公母　10-7286

公母倆　1-159

公羊　2-816，911

公低　8-5048，5049，5051，5322，5408，5418，5543，5549，5550，5556

公門　2-1013，1072

公兒　2-911

公服　8-5274

公底　8-5400，5408，5416

公祖　8-5556，5576，5577，5836，5837

公妗　8-5734,5735,5757,
　　5758
公爹　8-5051,5260,5500,
　　5565
公猪　2-817
公猫　2-817
公婆　1-600；2-975；3-
　　1492,1533,1780,1782,
　　1810,1813,1822,1845,
　　1847；6-3668,3897,4361,
　　4362；7-4727,4741,4743；
　　8-5370,　5400,　5408,
　　5416；9-6015,6303；10-
　　6856
公婆龕　6-4280
公爺　9-6138,6170
公然　4-2471
公道　1-530；3-1875；8-
　　5347；9-6062
公墥　9-6077,6454,6459
公館　1-704；2-957,1073；
　　6-3666；9-5919
公醸　3-1683,1744,2122
公鶏　1-169,253,388,
　　437,523；2-817,879,
　　904,911,1025,1067,
　　1094,1100,1112；7-4725

[丿一]

月　7-4519
月工　9-6274
月子　2-1010
月子婦　2-1072

月牙　6-4298；10-6839,
　　6840,6859,6860
月月紅　3-1984；4-2464
月月開　9-6265,6281
月生　10-6722
月半　3-1507,1512,1534,
　　1539,1559,1573,1593,
　　1619,1757,1768,1786,
　　1811,1817,1836,1845,
　　1848,2061,2068,2079,
　　2093,2100,2104,2110,
　　2116,2122,2138,2166,
　　2195；4-2491,2689；5-
　　2883；6-3664,3734
月奶　8-5312
月奶奶　7-4757
月母子　9-6127,6165
月老娘　7-4388,4681,
　　4702
月光　8-5499
月芽　7-4681
月初　4-2346
月尾　6-3664
月忌　1-569；2-787
月明　2-1130,1151,1158；
　　7-4392,4729,4790
月明地　7-4698
月明爺　2-1137
月底　3-1811,1845
月建　5-2948
月姊　4-2366；6-3828
月栅　3-1657,1727
月亮　1-167,184,198,370,

390,436,466,570,613,
736；2-753,769,814,881,
905,915,1051,1066,
1076,1087,1093,1099,
1109,1112,1158,1201,
1224；3-1818,1845,2082,
2088,2106,2112,2117,
2123,2196；4-2688；5-
2859；6-3663,3725,3910,
3950,4153；7-4392,4714,
4729,4757,4761,4764,
4774,4785,4801,4891；8-
5413,5457,5491,5547,
5552,5694；9-5878,6055,
6136,6168,6174,6246,
6419,6434,6514；10-
6859,6860,7180,7281,
7294,7316
月亮牙兒　1-390
月亮打傘　9-6492,6627
月亮地　1-613
月亮光　9-6272
月亮菩薩　5-2859
月亮戴笠　9-6492
月活　9-6177,6228,6260,
　　6427
月家　5-2968
月晦　6-3734
月涼　2-1011,1187
月婆　8-5185
月黑天　1-613
月皓　8-5547
月爺爺　10-6935

亢了　10-7316

方　6-4208,4229;9-6188

方丈　7-4807

方方　9-6134

方方正正　9-6134,6171

方瓜　6-4159

方物　6-4339

方柂梗　3-2193

方便　1-370,674;2-1109;
　7-4728;10-7180

方客　10-7282

方圓　9-6033

方頭　4-2479;7-4552

方纔　1-527

[丶丿]

火　3-2032,2045,2164;6-
　3951;7-4407;9-5981,
　6019;10-6777

火二　9-6274

火工　5-2943

火叉　5-3023

火手　9-6082

火火　5-3424

火斗　7-4962,4968;8-5211

火功　5-2943

火仔　8-5052,5361,5365,
　5375,5409,5478,5544,
　5568,5571,5578

火皮子　9-6191

火老鴉　5-2953

火死　8-5828

火色　6-4213

火米　9-6184

火汗　8-5131,5533

火弄　4-2471,2473,2475

火把　6-4198

火把魚　7-4900

火伴　1-414,443,639,675,
　728;2-1135,1275;9-6197

火囱　5-3031

火沖　9-6185

火拉　2-1337

火苗　7-4436

火枕　6-3837,3900

火兒　6-3987

火沿蟲　8-5198

火房　2-1225;9-6062,
　6119,　6136,　6168,
　6260,6274

火勁　1-142

火食　3-1816,1840,1846;
　5-3005

火急　7-4410

火計　2-865,890,926,1043,
　1124,　1135,　1333;3-
　1875;5-2910;6-3754;7-
　4480;9-6045

火紅　7-4411

火垺氣　5-3139

火栝　5-3023

火連圈　9-6031

火閃　2-1187,1196,1198,
　1199;7-4892;9-6136,
　6169,6227,6246

火疢病　5-2978

火跑　6-4376

火拵　5-3023

火掀　5-3023

火桶　7-4962,4968

火脣　7-4490

火啦　2-1269,1322,1339

火魚　6-3985

火壺盧　1-86

火葱　9-6066

火桥　5-3023

火軸　7-4735

火喇　2-1344

火晱　9-6081

火焰焰　3-1493;6-3945

火窗　8-5211

火睒　9-5982,6031

火鳩　6-4168

火煤　4-2306,2428

火㶿㶿　6-4062

火煇　4-2631;5-3361

火熄　6-3954

火漂漂　9-6132

火熱　5-3187;6-3663

火膚　8-5056,5335,5337,
　5339,5340,5344,5347

火熜　4-2258,2449;5-
　3031

火線　8-5547

火櫷　6-4199

火頭　5-2915;6-3754,
　4322;8-5068,5435,5483,
　5515,5544

火燋　6-4152

火鐝　5-3023
火餤餤　3-1781,1784
火龍啦　2-1320
火燒　1-187,618,623,
　708,743;2-1122,1125,
　1139,1145;7-4424,4637
火燒天　9-5974,6227,6416
火燒旋餅　7-4518
火燒雲　1-200,390,468,
　613
火熾　1-142
火螢頭　5-3066
火螢蟲　6-4173
火臉貌　9-6036
火燭　5-3361;6-3742
火蟲　1-161
火鎌　1-702
火鏟　9-6186
火爆　1-142;4-2258,2433
火爐牀　7-4892
火爐屋　9-6063
火爐頭　7-4908
火攘　4-2258,2433,2546
火鐮　1-617,739
火籠　7-4962,4968

[丶丶]

斗　5-3289;6-3947,4055,
　4280;7-4538,4892;8-
　5548;9-6066
斗子　2-749,879,903
斗手　6-4359
斗底　8-5402

斗枕　7-4501
斗朋　7-4497
斗底　8-5406
斗戽　9-6300
斗叟　7-4603
斗盐　4-2259,2449
斗起了　9-6128
斗筐　9-6074,6136,6169
斗然　7-4824
斗截幫　9-6086
斗蓬　7-4962,4968
斗頭　10-7040,7096,7201,
　7203
斗篷　2-1135;9-6082,6136,
　6169
斗篼　7-4497
斗擻　6-3768
斗藪　2-946,1073

[丶一]

户　7-4526,4763;9-6084;
　10-6726
户户　9-6134;10-7124
户汁子　10-7138
户低　8-5413
户頭　8-5413
户檢　8-5270
冗挖　10-7267
冗過　7-4668
冗纏　10-7026
心　2-769
心上心下的　10-7027
心口　9-6195

心子　5-3033
心不分　8-5382
心不在馬　9-6131
心内愨　10-6926
心水　8-5415
心欠欠的　10-7318
心心　9-6134
心心定定　9-6134
心布　8-5335,5344,5348
心白　8-5259,5292
心坎　1-168
心肝　3-2137;4-2308;6-
　3801
心肝心肺　5-2961
心肝寶貝　10-7318
心恢　9-6179
心抱　6-4352;8-5051,
　5357,5360,5364,5371,
　5373,5374,5402,5404,
　5478,5482,5566,5570,
　5691,5696,5697,5699
心到神知　2-1280
心兒曼　10-7318
心便　10-6780
心狠　3-1828
心疲　4-2245
心疼　9-6077
心曹　3-1589,1777
心眼不端　2-1192
心焦　7-4458
心舅　8-5185,5287,5526
心裏美　1-434
心窩頭　6-3799

巴竭　7-4459

巴撅子　7-5013

巴臂　5-2942

巴爛個積　10-7150

巴爛駭怪　10-7150

巴攬　6-4329,4336

[一丿]

夃　4-2222, 2364, 2508, 2534,2663;6-3903,3925

夃母　9-6177

夃嗣　9-6181

办　6-4037

及　6-3648

及底　7-4404,4434

[一、]

以　6-4317

以八　7-4389,4454

以後　10-7000

以前　10-7000

允許　5-3295

叉　6-3803

予給若　7-4820

刘　5-3261;9-6234

五畫
[一一]

玉　1-139,379;6-4280;9-5862

玉荌　2-1075

玉荌荌　7-4734

玉菽　2-1075

玉麥　9-6136, 6169; 10-6894,6997

玉蜀黍　6-4162

玉蔓菁　2-1132

玉穀　2-1194,1201

玉稻黍　2-1152,1170

刊板　5-3211

未　3-1641;6-4292;7-4828

未丸　5-3422;6-3896

未必罷　9-6305,6455,6458,6460

未彼　9-6131

未滿月　9-6062,6180,6426

末　3-1714；6-4295；7-4627，4832；9-6262；10-7157

末子　5-3014

末末　9-6172,6176,6187,6259,6273,6426

末末孫　10-7216

末同同　3-2140

末事　3-2202

末殺　1-10,128;9-6103

末碎　5-3014

末豁　1-270,582,667;9-5870

丼　1-732;2-1046;3-1518,1799, 1802；4-2217；6-3921,3934,3935,3947,3950

[一丨]

打　1-399,403,619;2-969;

3-1527, 1533, 1987, 2027,2031,2163,2175;4-2640,2656,2671;5-3261,3301,3336,3409;6-3805;7-4405, 4428, 4432, 4854;8-5366,5375,5544;9-6214,6217

打八叉　1-409

打了瓦　7-4809

打了和尚滿寺熱　7-4809

打大鑼　9-6076

打口詌　9-6211

打山橫　6-4295

打子　8-5357

打幺　2-1266,1319,1337

打天天　9-6177

打木枝　7-4963,4969

打牙祭　7-4962,4968,4976;9-6071,6078,6228,6277,6417

打牙撩嘴　10-7154

打比　9-6131

打瓦　7-4792,4820

打瓦片　9-6164,6173

打瓦打鍋　7-4791

打瓦偏　9-6127

打水　1-448;2-785,866,890;3-1679;10-7315

打手　2-1133

打手指甲花　1-395

打手勢　1-726;9-5902

打化　5-3295

打心錘錘　10-7319

打巴式 7-4389

打巴勢 4-2310

打打 1-154；9-6134

打打拌拌 9-6133,6171

打夯 5-3352；10-6952

打平火 1-370；2-1067,
1087,1094,1100,1109；
7-4725

打平伙 1-177；2-1227,1320,
1338；10-6894

打平和 2-1113；7-4755,
4761

打平和肉 7-4776

打平偣兒 1-581

打平夥 1-399,403,434；
2-1278,1339,1345；9-
6084

打田 7-4892

打田婆 6-4172

打失茶 8-5553

打仗 1-615；7-4432,4585；
10-7025

打白 9-5979,5984

打白虎 6-4263

打白唥 7-4974

打白醭 4-2285,2424；6-
3969

打仔 8-5052,5361,5365,
5375,5405,5478,5544,
5553,5571

打瓜 9-6001,6127,6165,
6173

打瓜皮 7-4759

打瓜皮匠 1-412

打瓜精 4-2298；6-3957；
8-5183

打包裹 1-409

打主意 9-6062,6130,6162,
6515

打加補 9-6294

打皮科 1-412

打扛 9-6589

打圪堰 7-4762

打地孔 7-4977,4979

打耳巴 9-6041

打耳巴子 9-6059

打耳卦子 3-1876

打耳刮 2-1125

打耳使 9-6248

打耳擦子 3-1919,1926,
1931,1935

打匠 9-6274

打尖 1-615,678；6-4145；
7-4627

打光棍 2-1339

打光棍兒 1-409

打同年 8-5610

打竹眼 9-6131,6163

打伙計 2-1229

打合同 9-6192

打各市 9-6078

打交 4-2301,2427,2467；
8-5403,5406,5479,5484,
5578,5711

打米 7-4958,4959,4974

打忙工 2-1137

打赤肋 8-5486

打赤軃 8-5699

打折 10-7025,7098

打折鼓柄 6-4358

打扮 1-195,418,463,539,
648,689,725；2-762,866,
890, 1003, 1026, 1041,
1071,1136；3-1492,1679,
1771, 1780, 1782, 1797,
1800, 1803, 1806, 1820,
1833, 1926, 1931, 1935,
1984, 1991, 1993, 1995,
1998, 2000, 2002, 2135,
2193；4-2302,2376,2486,
2705；5-3316；6-3681,
3898,3915,4249；7-4704,
4815；9-5867,6061,6179,
6187

打坎子 6-4239,4241

打把式 1-463

打把勢 1-411；6-3765

打劫 2-866,891

打劫了 10-7179

打杖 2-866,891

打字 3-1682,1744

打更 1-389

打夾 7-4958,4959,4974

打呃 4-2646,2697；5-
3249；6-3675,3712,3718

打吵子 1-371,412,725

打吷害 9-6427

打你灣三斤 9-6128

打岔 6-4124；9-6131,6188

打肚皮官司　9-6129

打冷凓　9-6191

打冷噤　9-6248

打冷鱗　9-6291

打没頭　5-3205；6-3695；
　9-6492

打快拳　2-1279

打社官　8-5183

打屁　9-6059，6179

打局　7-4450

打阿翠　6-3986

打壯　3-1980；7-4611

打壯子　3-1876

打卦婆　9-5985，6035，6164

打卦婆　9-6126

打抽豐　3-1684，1745；5-
　3313；7-4388；9-6078，
　6085

打拍肋赤　8-5440

打抱工　9-6057

打抱不平　9-6294

打杵　9-6033

打歿　3-1979；7-4627

打虎　1-140；3-1875

打呵欠　2-872，896；3-
　1685；7-4815

打呵咳　9-6030

打呵害　9-6262，6276

打呵嚏　7-4428

打呵邊　9-6035

打呼　3-1973，1975，2052，
　2152，2181

打響抖　7-4428

打迭子　1-410

打和聲　10-7317

打和襯　7-4976

打爬　1-171

打斧頭　8-5183

打忽閃　7-4714

打狗看主面　6-4262

打油　3-1917

打油火　7-4974；8-5610；9-
　6277

打波　10-6998

打定子　9-6059

打官司　1-418，421，444，
　551，616，681，726；2-759，
　826，871，895，980，1042，
　1070，1318；3-1684，2045；
　7-4389，4815；9-6076；10-
　7179

打官事　9-6059

打空快　6-3986

打郎唐　10-7314

打郎當　10-7314

打降　7-4585

打春日　1-391

打挍　9-6131

打拼夥　2-1076

打某處來　8-5708

打草　1-238，508

打草驚蛇　2-1007；3-2191；
　4-2471，2480；6-4330，
　4337

打茶圍　1-136；3-1497；5-
　3402

打茶會　5-3402

打胡盧語　2-1281

打柳　6-4178

打歪子　9-6275

打歪歪　3-1975

打歪歪行濕地　3-1973

打盹　1-389，678，725；2-
　857，1107；7-4402，4703

打哇哇　5-3276

打品壺　2-758

打哈亥　9-6058，6178

打哈哈　2-1278，1319，
　1322，1337，1340，1344

打哈欸　9-6187

打骨突　6-4251

打秋風　1-127，399，403，
　411，586；2-825，872，897，
　955，1073，1230；3-1820，
　1833；4-2298，2309，2722；
　5-3313；6-3696，3765，
　3957；7-4388，4451；9-
　6191

打秋豐　1-195，444，462；
　7-4588

打保符　9-6078

打佲　5-3306

打徇　10-7025

打風舊　8-5384

打觔斗　9-6060

打急慌　1-410

打眉　6-4120

打娃娃　5-3276

打架　1-418，588；2-866，

891,1106,1307;5-3309;
6-3964,4251；7-4701,
4791,4792,4956,4962,
4968；9-5970, 5972,
5979,5984,6059,6072,
6228,6261,6278,6426
打起發　9-6192
打換　2-1228
打苤　3-1958
打苤苤　7-4504
打莫　8-5175
打菭　7-4398,4437
打連相　9-6012
打破句　3-2081,2088,2113,
　2118,2124,2140,2196
打破鬼　3-2107
打破飯碗　7-4809
打破鑪缸璺到底　9-6238
打破鑼　6-3987
打柴禾　1-389
打哮齁　7-4892
打閃　1-390,613,664,736；
　2-1052, 1011, 1124,
　1130,1134,1137,1151;3-
　1877;7-4435,4700,4800
打筊　5-2912
打條　2-1228；9-6089,
　6129,6165
打個梯息　1-435
打侾　5-3306
打豺狗　9-6275
打飢荒　1-371,452
打凍　2-1270,1337,1340,

1344
打拳蟲　3-2082
打酒　1-389
打溲頭　9-6006
打理　7-4670
打捶　9-6076,6078,6173；
　10-6930, 6955, 7003,
　7025,7031,7033,7103,
　7105,7106,7112
打頂板　7-4809；9-6085
打梯息　1-178
打碎　3-1964
打雪孔　4-2298;6-3957
打堂媒子　8-5568,5570
打晗肫　5-3288
打眼　7-4962,4968
打眼眼　9-6294
打野鷄　3-1498
打啞謎　1-543
打呢呢　5-3276
打唶　3-2052
打唶墶　3-1495, 1508,
　1555, 1567, 1581, 1607,
　1633, 1636, 1763, 1773,
　1798,2152,2181
打貨　7-4837
打兜嘴　2-1228
打魚　1-242,512,573
打麻子眼　9-6136,6165,
　6169,6173
打麻子眽　9-6128
打麻煩　1-588
打清水網　4-2726；5-

3389；6-3702
打清醮　9-6076
打張致　1-615
打蛋　9-5979,5984
打鄉里親　4-2311
打場　1-235,505
打搕　10-7282
打惡　3-1682
打落水狗　5-3308
打落水麀　5-3308
打棒　3-1498;5-3306
打棚　5-3306
打硬　10-7315
打癈　1-411
打雄　3-2027,2031,2175
打掌　7-4611
打掌子　9-6279,6294
打量　1-725;2-866,890
打閆　1-410；7-4451
打買買　9-6062
打圍　1-725；2-1337,
　1340,1344
打短兒的　10-7018
打短的　1-593
打短爾　2-1227
打順風旗　7-4704
打遊飛　1-409
打渣滓　7-4791,4792
打渴睡　3-1973,1975；5-
　3288
打滑岔兒　2-1228
打滑塌　3-1973,1975
打滑澾　3-1516, 2077,

2086,2134
打游飛 1-176
打渾 3-1973,1975;5-3248
打惛塗 3-1515
打雇 9-5975
打補丁 1-434,581
打補靪 1-222,437,490,725;2-999,1026,1042,1071;10-7239
打祀掌 3-1941
打强勁 10-7290
打發 5-3317;7-4791,4986;9-5983,6034,6077,6193
打鼓子 9-6035
打勢 5-3369
打搶 6-4198
打夢痕 6-3948
打幹 9-6061
打槌 10-7179
打雷 7-4837;9-6055,6136,6168
打毷 1-566
打嗄嗄 9-6188
打照會 5-3402
打跧 1-696
打跟頭 1-725;2-871,896
打嗌 3-1919,1923,1927,1929,1932
打圓場 4-2297;6-3957
打亂竄 9-5985,6036
打飽餕 9-6106
打腰 2-1308,1318,1322,1324,1339,1344
打腰脹 9-6261
打腳骨輭 5-3282
打話 2-1005,1071
打溷 9-6253
打滚 5-3248
打滚龍 9-6260,6426
打摶 8-5152
打臺級 5-3313
打摭 10-7316
打摺 10-6998
打模糊眼 1-169
打槍 9-6062
打輒 10-7108
打緊勾當 1-417
打夥 9-5979,5984,6228,6281,6293
打踉 6-4318
打箕 2-785
打算 1-530,592,638,670,727;2-756,868,893,946,1026,1042,1073;3-1477,1491,1492,1495,1683,1780,1782,1798,1818,1846,1971,2032,2044,2165;4-2295,2426,2484,2708;5-3214;6-3687,3802,3989,3991;8-5140;9-5867
打鼻頭銃 4-2239
打歍 9-6004
打僜 9-6006
打膗欠 1-730
打膀胱 10-7205
打敲 9-6181
打敲耳 9-6294
打齊鷄 10-7039
打旗旗 9-5984,6034
打警 7-4725
打漉 3-1921
打劃 10-7001
打墜突魯 1-409
打嫩顛 9-5980,5985,6036
打網 7-4725;9-6062
打駒 3-1877
打撲克 3-1497
打撞 5-3214
打撤 9-6062
打穀子 9-6063
打撥剌 8-5098
打蕩 7-4973
打椿 5-3214
打樣 5-3325,3402
打磕蹵 3-2132
打瞌欠 1-615,682
打瞌充 5-3288
打瞌盹 5-3288
打瞌蹵 5-3288
打噴嚏 3-1684;10-7224
打罷刀 2-1338,1342
打憥 1-399,403
打盤 7-4792
打皺 9-6058
打糊亂說 9-6060
打窨 2-1341,1345

打燕　8-5699

打樹　10-7040,7098

打頭　6-4340

打頭子　10-7040

打頭的　1-394,402;2-1318

打頭風　2-956;3-1659;4-2344;6-3729

打霍頭　3-1494

打霍顯　3-1798

打喊　5-3249

打嘴　1-409

打嘴祀　2-1134

打戰　7-4454;9-6059

打鍋　2-1046

打鍋錘　2-1106

打餘　9-6004

打諢　3-1917;4-2281,2422,2626,2712;5-3248;6-3685

打諢帳　4-2308

打磨磨兒　1-411

打親家　9-5975,6036,6078,6228,6417

打燈　8-5357,5368,5377

打燈虫　5-3065

打燈迷　8-5699

打燈謎　8-5055,5363,5548

打燈題　8-5691,5696,5697

打幇　1-405

打轂轆　2-826

打輾　7-4638

打霜　9-6055

打嚏噴　2-824,872,896;6-4119

打點　7-4691

打點心　9-6065

打爆工　7-4899

打鼾睡　7-4428

打瞪瞪　2-1094,1100

打齋　9-6084

打糠登　1-179

打濫仗　9-6129,6163

打濕拉　1-410

打褟　5-3334

打總成　9-6062

打擺子　6-4251;9-6179,6248,6262,6276,6426,6589

打闍　7-4808

打邊鼓　4-2298,2318;6-3957

打邊爐　8-5055,5330,5357,5363,5368,5377,5405,5479,5490,5548,5691,5693,5696,5697,5699

打翻身　6-3962

打讚　5-3248

打譤譤　1-412

打雜　9-6136,6168,6274,6292

打濿　6-4369

打顆　3-2044

打戳脖　10-7318

打醮　8-5366,5375,5544;9-6057;10-7305

打礦子　9-6085

打關　1-566;7-4433

打繩　5-3333

打繳　6-4091

打餲　4-2401

打饑荒　1-438,588;7-4388;9-6098

打霹靂　4-2345

打儺儺　9-6277

打鐵　4-2705;5-2913

打聽　2-1131;3-1680,2194;7-4815

打驚打張　9-6253

打輻腳　7-4981

打鬪四　8-5209

打疊　1-530

打顫　7-4436

打攪　2-834,1302;3-2081,2112,2117,2123,2139;9-5983,6032,6062,6188;10-7118

打鹽　1-389

打鑼錘　10-6894

打鑽　4-2705;5-3313;10-7117

打鑽蟲　9-6428

巧　3-1648,1722;5-3213,3415;8-5582

巧夕　4-2215

巧欠嗎　10-7259,7262,7319

巧巴巴　9-6253

巧合　2-1104

巧娘　2-1187

巧婦　1-108,123,347

正　2-1130;10-7001

正月　2-957

正月十五　1-167

正正　7-4899

正正氣氣　9-6133

正正經經　9-6133,6171

正好　3-1533

正松　4-2465

正南正北　7-4410

正室　6-3670

正晌　7-4465

正氣　1-198,466;2-1012,
　1072;9-5873

正個　9-6074

正間　7-4433

正當　5-3179

正路　5-3179

正福　5-3069

正經　1-198,466;2-997,
　1071；3-1701, 2032,
　2045, 2164；4-2707；5-
　3179；6-3682, 4084,
　4340；7-4815；9-6305,
　6429,6456,6461

正經人　1-405;6-4275;9-
　6458

正經話　9-6429,6458

正龍田　9-6272

正禮　9-6126

玊　1-601

扑　6-3961

扑扡　10-6948

扑拉　10-6952

吉　1-369,384;9-6254;10-
　6932, 6933, 6942, 6953,
　6955

吉古　1-369, 384；10-
　6932, 6933, 6936, 6942,
　6953, 6955, 6957,7003

扒　3-1489, 1500, 1519,
　1784, 1797, 2195；4-
　2668；5-3271, 3275；6-
　3905, 3923, 3942, 4286；
　7-4402,4433

扒下　2-1301,1322

扒手　5-2921

扒扒抆抆　7-4809

扒灰　5-3316

扒坡子　9-6137

扒房　1-156

扒狼子　7-4796

扒創　1-171

扒穀堆　7-4742

扒頭　3-1510

扒糕　2-856

抖　9-6249

扣　3-1951

由　3-1870;5-3096

由用　6-4157

邛兄　8-5790

邛弟　8-5791

邛叔　8-5790

邛妹　8-5791

邛姐　8-5790,5791

邛娘　8-5791

邛婆　8-5790

邛婿　8-5791

邛嫂　8-5790

邛媽　8-5790

功夫　2-1002, 1071；3-
　1551, 1563, 1577, 1595,
　1630, 1764, 1770, 2062；
　4-2641,2657;7-4910

功加　8-5185

功勞　2-1016,1072

扐　6-4052;9-6244

扔　1-411, 615；7-4403,
　4432, 4646, 4810；10-
　7304

扔圪塔　2-1200

扔物蛋　2-1200

去　2-1121,1156,1298;3-
　1715, 1980, 2034；5-
　3373, 3377；6-4247,
　4285, 4317, 4318；10-
　7201,7202

去人屋　8-5414

去了補碗來個釘秤　4-
　2299

去也哥哥　7-4992,5021

去去　1-154

去年　9-6055,6174

去年箇　1-370,433

去吧　10-7205

去坐夜　9-6058

去板　2-769
去來　1-578;9-6181
去淵　2-769
払　4-2418;6-3821
甘　3-1747
甘心　1-688
甘自　2-769
甘查　9-5979
甘庶　9-6184
甘殼　2-1325
甘蔗　7-4992,5021;9-
　6252
世　6-3731,4289
世父　1-210,478
世兄　8-5837;9-6119
世兄弟　10-7307
世外子　10-6728
世母　1-210,478
世弟　9-6119
世長公　9-6427
世長公世長婆　9-6260
世長婆　9-6427
世故　4-2708;5-3306;6-
　3682
世常　10-7315
冊叉　6-3848
艾　1-267;6-4305;7-4980
艾公　6-4104
艾姐　6-4098,4188,4227,
　4233
艾蒿　9-6252
古　7-4576,4751,4771,
　4980;9-6493

古力　2-1261
古老　2-957;3-2167,2190;
　4-2314,　2430,　2641,
　2657,2711;5-2886;6-
　3686,3915;7-4992,5020
古老人　6-3747,4275
古老時代　5-2886
古年八百代　5-2886
古朵　7-4453,4638
古弄　2-835
古板　2-1229;7-4809;10-
　7252
古東　7-4456
古版人　4-2358
古怪　4-2340;6-4293
古怪的　10-7258,7262
古骨　7-5006,5041
古格格　9-6193
古時節　5-2886
古氣　8-5052,5361,5365,
　5375,5403,5406,5544
古隆　2-1177
古董　1-446,453;9-5983
古董客　9-6177;10-7262
古意　6-4344
古經　10-7024
古諾　2-835
古懂　2-840
古懂客　10-7259
古羅　8-5830
古邐　8-5828
芍　8-5048,5050,5053,
　5409,5578

本　5-3082
本分　1-198,466,673,728;
　3-2191;4-2491,2641,
　2657,2707;6-3684;9-
　5873,6218
本地老　8-5792,5794
本地獠　8-5566
本色　2-1010,1072;3-
　2190;7-4892
本色人　4-2232,2357
本來　5-3210
本事　1-168;3-1535,2080,
　2087,2107,2113,2118,
　2124,2140,2196
本音　6-3754
本家　3-1497
本頭　9-5983,6034
本錢　4-2713;6-3688
札　2-830;7-4405,4612;9-
　6242;　10-7186,　7246,
　7256,7287
札里些　10-7200
札固　7-4433
札兒　10-7135
札姑　1-411
札挖　10-7273
札剌　1-529
札針　1-616
札箍札箍　2-1340
札實　7-4731
札顧札顧　2-1320
札驚　9-6418
刊　7-4651

可　1-141；2-846；5-3213；
　　6-4317，4318；10-7001，
　　7123，7305
可口　1-444；2-1305；4-
　　2470；7-4908
可已　7-4764
可不　1-370，405，419；2-
　　757，919，1109，1113，
　　1302，1322
可不是　1-198，466，615，
　　647，666，721；2-862，
　　887，1037，1066，1087，
　　1094，1100，1106；7-
　　4701，4724，4808
可不是呢　1-435，582；7-
　　4714，4801
可以　1-185，418；2-1323；
　　7-4761；10-7252
可村　2-1302
可來的　2-851
可奈回　10-7282
可某　8-5054
可柳　2-841
可是　10-7120
可得　7-4989
可扈　8-5089
可喜　2-1126，1130
可惡　2-1115，1118，1153，
　　1181；7-4764，4892；9-
　　6126；10-6927，7120，
　　7172，7234，7251，7261，
　　7285，7301，7303，7305，
　　7308，7321

可惡的酷　10-7129
可就是　7-4414
可道了　10-7252
可嗔　2-1312
可節　10-7269
可愛　1-586
可領　1-684
可塵　2-917
可憐　4-2485；8-5233
可憐見　1-685；2-862，887
可憎　10-7108，7109，7110，
　　7261
可磣　1-534；7-4692
可蠢　2-1344
可鐵　5-3407
叵　7-4742
匠　1-537；7-4428；10-7030
匠羅　2-1131
匠籠　10-6947，6951
匝　7-4432
匝刻　7-4899
丙丙唧唧　9-6134
丙丙硼硼　9-6171
丙　6-3789

[一丿]

左　2-1117，1131，1155，
　　1182，1197，1198，1199；
　　7-4721；9-5978
左不過　1-158
左手邊　5-3212
左右　8-5174；9-6181
左近　1-572；2-882，906；

　　3-1832，2032，2164
左的　10-7252
左斯了　10-7278
左斯哩　10-7278
丕　7-4618
右手邊　5-3212
右客　9-5896
石　3-1601，1722；6-3947，
　　4134；7-4824，4899，4977，
　　4979；9-5862，6251，6516
石一石二　6-3709
石女　9-6059，6178
石中　5-2934
石花　5-3075
石夾泥　7-4964，4970
石禿　5-2864
石兒　9-6178
石狗　8-5582
石宕　4-2218；5-2864
石砘子　7-4460
石骨鐵硬　5-3186
石突　5-2864
石敢當　6-3835
石堪　4-2598
石塔　5-2864
石塔頭　5-2864
石鼓　7-4451
石蒜　8-5202
石蓮鷄　8-5189
石碈　2-1025
石滾　6-4133，4178
石磡　4-2239，2433
石榴　9-5967

石碩　3-1552,1631

石崙　8-5194

石種　6-4381

石隥陜　7-4473

石撞　4-2462;5-3062

石輥　9-6183

石磙子　5-3042

石窯　7-4776

石蕭牆　4-2243,2436

石檄子　3-1980

石頭　1-204,387,472;9-
　5882,6056,6136,6168,
　6175,6419

石頭星　3-1897

石頭碴子　6-4157

石磟　4-2598

石磋　5-2864

石螺　8-5194

石膽　8-5178

石灘　2-1189

布　2-1121；7-4722；8-
　5735,5758

布丁　5-3407

布代　3-2182

布母　3-1971

布狗狸　7-4964,4970

布衫　2-802;7-4432,4460

布政　3-1846

布施　1-536;2-937,1073;
　3-2190；4-2469,2473,
　2474,2712

布陰　2-1188

布袋　6-4106,4234；7-

4719

布節　1-400,404

布縢　4-2453;6-3840

布綾帔　4-2253

布綾帨　4-2592

布縠　5-3061;9-5940

布褲　6-3985

布攔　5-2995

布攤　2-815

布襉　5-2995;6-3985

布襠　7-4833

夯　3-1522,1919,1983,
　2143；4-2683；6-3656,
　3820,4382;7-4404,4431,
　4460,4842,4843;9-5851

夯市　9-6191

夯物　3-1502,1504

[一、]

平　6-4295;9-6084

平川　7-4754,4761,4764;
　10-7024

平平穩穩　4-2729；5-
　3163；6-3901,3964,
　3969;9-6133,6171

平白　2-1036,1066,1087,
　1107

平白地　1-665,720；2-
　996,1071;7-4701

平民　6-3750

平地　7-4762

平地起孤堆　1-587

平安　2-1001,1071

平均　1-31,119,124,264

平坦坦　10-7161

平和　7-4749,4769

平房　7-4431,4450,4636

平時不燒香,臨時抱佛腳
　9-6516

平展展　7-4760

平處　2-1133;7-4459

平常　9-6253

平場　6-4157

平復　3-1707;7-4816

平夥　9-5979,5984,6191,
　6218

平蕩蕩　8-5226

平頭　5-3421;6-3896

平穩　5-3163

[一乛]

戉斧　6-3839

[丨一]

卡　1-369,384;5-3409;6-
　4368；7-4844；9-5978,
　6005,6044；10-6837,
　6931,6934,6942,6947,
　6952,6957,6998,7104,
　7105,7106

卡子　9-6055

卡片　5-3409

卡著　6-4093,4262

卡睡　2-1299

卡跟頭　2-1318

北　1-62,379；6-3661；7-

田塍 5-2871;9-6175

田頭 3-1479,1488,1489,
1500,1797,1813,1845,
1847,2195；4-2492；5-
2908;6-3738,3990

田僮 7-4829

田螺 8-5194

田鷄 1-97;3-1535,1772,
1798,1801,1804,1807,
1984,2034,2082,2088;
5-3062；7-4808,4992,
5020;9-6282

田鼈 9-6051

由 1-2,117,259

由子 7-4532

由迪 3-1872

只 5-3099;6-3661;8-5391

只打 2-1177

只在前面 4-2476

只多 2-1177

只是 7-4414

只得 7-4414

只當 1-191,351,457,
582;2-787,1037,1110,
1113;9-5877

只筭去 9-6304

只裏 10-7180

只箇 10-7179

只箇晃晃 10-7181

只管 1-666,720;2-1037;
3-1492,1780,1783;5-
3372;9-5877

只管去 9-6455,6460

叭叭叫 2-1104

央 5-3284;10-7025

央亡 1-540

央子 2-1346

央甲 9-6127,6165

央敢 6-4373

兄 1-210,272,478;2-
1299;3-1547,1626;6-
4100,4274;7-4806;8-
5836；9-6213, 6513,
6514;10-7302

兄兄 6-4100

兄弟 1-149, 160, 168,
184,397,398,401,402,
591, 593, 613；2-768,
798, 914, 1023, 1066,
1068,1076,1087,1093,
1099, 1125, 1224；3-
1533, 2082;6-4359；7-
4395,4677,4705,4714,
4716,4717,4726,4743,
4782,4788,4789,4986;
8-5687；9-6016, 6057,
6419, 6513, 6514；10-
6936, 6994, 7017, 7093,
7179,7281,7307

兄弟家 10-6936

兄弟媳婦 7-4782

兄嫂 6-3669；7-4978,
4979

叱 7-4417,4620;8-5229,
5750;9-6216

叱叱 6-3932

叩 1-150;5-3243;6-3771

叩兒 8-5791

叩首 9-6082

叩頭 3-1745

叫 2-879, 903；4-2645,
2665；5-3248；6-3711,
3717, 3962, 3986, 4016;
9-6215

叫人死 2-1195

叫子 2-1109

叫化子 1-697；3-1534,
1661；5-2917；7-4387,
4482,4815

叫化兒 9-6074

叫叫 1-154;9-6134

叫花子 9-6137,6169

叫局 3-1497

叫油子 2-1132

叫姑姑 9-6185

叫春 9-5979,5984,6494

叫草 9-6238;10-7287

叫勁 10-7268

叫哥哥 3-1661

叫喚 1-169；7-4459;10-
7112

叫虛兒 10-6998

叫猪 2-911

叫量子 9-5975

叫街 1-552;7-4705

叫蜇蜇 2-1132

叫嘩 2-1226

叫號子 10-7035,7037

叫蟛子 2-1105

叫機子 9-6282

叫謹 1-418

叫驢 1-169, 253, 370, 388, 437, 522, 583；2-752, 816, 911, 1025, 1067, 1094, 1100, 1109, 1112, 1179；3-1877；7-4389, 4725；9-5946；10-5996, 7022, 7096, 7288, 7315

另 5-3207, 3271；10-7025

另日 4-2346；6-3664, 3732, 4271

另另 5-3154

另外 5-3209

另家 2-1229

另 6-3923

叨光 5-3325

呀 7-4737

呀呀 4-2322, 2459

冉鐮 6-4210, 4229, 4235

冉鑲 6-4075

叮 4-2296, 2427；6-3936, 3955

凹 2-1188；5-3159；6-3976；7-4982；8-5205, 5357, 5789；9-6025；10-6954

凹下去 8-5225

凹凸 2-956；8-5456, 5491, 5547

凹凹聲 8-5559, 5561, 5563

凹眼 5-2971

凹聲 8-5555, 5557

为炭 8-5413, 5499

囚皮 9-6130, 6163

囚合 10-7270

四 1-184；6-3954, 3987, 4291, 4348

四八老相公 4-2234, 2359

四山五岳 1-625

四不像 1-574；3-1873

四不像子 1-420

四日 5-2977

四日兩頭班 5-2977

四分五裂 6-4330, 4337

四四方 4-2341

四仙桌 6-3953

四老者 9-6120

四老爺 9-6304, 6455, 6460

四更鼓 6-3950

四門六親 8-5207

四岸子 10-7024

四季平安 6-3700

四姑孃 9-6121

四映 9-5992, 6271, 6302, 6425, 6466

四哥 9-6121

四時八節 4-2725；5-2887；6-3700

四通八達 3-2191；4-2470, 2728；5-3219

四眼人 9-6274

四散講 6-4358

四開 5-3399

四爺 2-1157

四椽房 10-7020

四稜八角 2-1325

四腳蛇 5-3063；9-5953, 6014

四親八眷 5-3219

凸 3-1887；4-2418；6-3810, 4048；8-5735, 5758

团 4-2280, 2382, 2611；5-3229；6-3794

図 3-1942；4-2416；5-3323；6-3816, 4029

図図 6-4217

[丿一]

乍 2-1302, 1322；4-2547；5-3078

乍固 2-1308, 1324

乍骨 1-395

乍搭嗎稀的 10-7028

乍渣飯 7-4425

乍雜子 1-395

生 3-1742；5-3182；6-4008, 4289, 4295；7-4757, 4947, 4953；8-5177, 5432, 5482；9-5977, 5992, 6031, 6091, 6190, 6256, 6270, 6301, 6424, 6465

生人妻 8-5610；9-6274

生口 1-618；2-879, 903；

3-2135；9-6185

生日　6-3680

生水　9-6067

生分　2-1121，1149；6-4084；7-4429

生分飯　9-6111

生心　6-3801

生布　7-4898，4956

生白殍　6-3963

生扯　9-6128，6166

生芽　7-4977，4979

生花　1-616；2-1121，1145，1156；10-7197，7308

生兔　9-6191，6193

生坏子　10-7018

生軋油　2-1325

生事　3-1597

生典故　10-7167

生版　9-6067

生命　5-2970

生受　4-2305

生泔　3-1658

生是非　8-5139

生骨頭　4-2301；6-3932

生活　1-192，458；2-962，1074，1121，1138，1152，1158，1194，1201；3-1492，1516，1528，1771，1779，1783，1798，1801，1804，1807，1875，2071，2078，2086，2190；4-2288，2424，2469，2473，2474，2502，2527，2706；

5-3397；6-3681，3852；7-4820；10-6930，6955，7004，7022，7040，7103，7105，7106，7109，7110，7172，7179，7258，7315

生活人　4-2467

生活篯　4-2263，2452

生客　3-1649；7-4814

生娜媄　4-2237

生怒　7-5006，5041

生配　6-4350

生財　5-3057

生氣　1-195，415，463，586，616，640，688；2-866，891；4-2485；5-3293；7-4401，4703；8-5140，5233，5819；9-5873

生秧兒　1-409

生豽　8-5181

生病　1-616

生書　4-2714；6-3682

生堵　8-5414

生菜　1-168

生菜蓮　7-4453

生梳　7-4513

生眼骨　10-7122，7167

生婆　8-5544

生蛋　9-6281

生期酒　9-6058

生疏　3-1703

生幾　8-5414

生嗔　6-4343

生意　2-1139；3-1609，

2075，2081，2088；5-2945；7-4784；9-6136，6169，6278

生意人　2-1201；5-2911

生意上　3-1497

生意仔　8-5402，5406

生意活動　4-2727；5-3390

生摘瓜　2-1279

生綠　7-4956

生儂婆　8-5824，5830

生儂溲　8-5838

生熟　3-2191

生頭　5-3182

生餷子　9-6209

生諱日期　5-2948

生親　9-6084

生點　2-1346

生臕病　4-2247，2441

生醭　8-5455

生鏽　7-4706

失　7-4606

失水　9-6033

失手　5-3276；8-5440，5486，5544

失本　9-6060，6179

失吉　10-6941

失色　3-1786

失迹　2-1124

失紅　9-6179

失格　9-6033，6131，6163，6173，6188

失笑　2-1231

失陪　7-4756，4762

失業　9-6060
失愛　2-841
失遺　10-7098
失錯　3-1831
矢　9-6059,6178
矢巴牛　10-6930,6957,
　7031,7033,7103,7105,
　7106,7109,7110
矢骨掘　10-7134
矢腤　8-5072,5179
矢窠螂　2-880,905
矢頭　1-367
乍　7-4525;10-7029
乍可　3-1708
乍呀　9-6293
乍哩　10-7292
乍魚　6-3984
乍蓬科　1-434,581,596
乍雷　7-4961,4967;10-
　7321
乍甕不來　10-7140
禾　6-4317,4318;7-4963,
　4969
禾上　8-5068,5184
禾老蟲　7-4900
禾把　8-5610
禾畢　8-5189
禾稈草　8-5547
禾猴　7-4928
禾頭蚊　8-5197
禾頭鯉　8-5192
禾薁　8-5494
禾鵪子　8-5283

禾鐮刀兒　10-7021
刊　4-2274,2409,2621;5-
　3339
刌　3-1541,1565,1579,
　1602,1636,1738;4-
　2252;5-3339;6-3661;8-
　5752;9-6495

［ノ丨］

仁　7-4727,4787
丘　3-1897,1977;6-4123,
　4290;8-5751;9-6041,
　6259;10-6724,6769
丘八　9-5983,6137,6169
丘丘　9-6273
丘里　3-1979;6-4076
付　5-3086;6-3812
伏　5-3091;6-3739
伏夫　7-4784
仗夫子　6-4341
仗庇　9-6062
代　5-3374;6-4246;7-4953
代王　2-1195
代付　7-4977
代共　10-7261
代見　7-4740,4753,4773
代東　2-1230
代勞　1-669;2-982,1070;
　3-1831
代蓋　10-7317
代詐　3-1955
代僻　7-4614
代調　4-2715

代凝　7-4989
代聽　7-4740
仙　7-4977,4979;8-5048,
　5050,5357,5359,5405,
　5479
仙人　5-2955;6-3775,
　3961
仙人掌　8-5203
仙人跳　3-1498
仙甲　7-4461
仙令　5-3408
仙毫　7-4389,4454,4638
仙巖　7-4961,4967
仟佰　2-965
仡　3-1977
仞　7-4643;8-5755
白　1-18,149,379;2-
　1137;3-1699,1747;5-
　2866;6-4291;7-4892;9-
　6093;10-6780
白丁　1-550
白刀　5-3024
白工　7-4487
白下　1-613
白大　4-2461
白小　9-5955
白子　6-3952
白天　1-167,390,737;2-
　769,915,1052;7-4408,
　4731
白天家　9-6514
白不渣　1-381
白瓦瓦　9-6132

白日　7-4435

白日鬼　4-2483

白日撞　5-2921

白水字　8-5210

白手興家　9-6515

白毛風　2-1225

白什卡兒　10-7173

白公　8-5051,5321,5360,
　5425,5504,5505,5539,
　5541,5543

白公白婆　7-4980

白文　10-6793

白打油　7-4671

白布　9-6066,6184

白生生　7-4760;9-6132

白白　7-4802,4804

白白浄浄　9-6133,6171

白瓜　8-5420

白地　2-1225

白吃　9-6277

白衣　8-5486,5544

白衣人　3-1506,1511,1539,
　1559,1573,1599,1618,
　1759,1768,2073,2079

白米　1-168

白字　9-6180

白花　5-2867,3014

白花氣　5-3139

白呆著　1-409

白足者　1-408

白身　8-5440,5544

白身人　5-2925

白役　8-5184

白肚皮　5-2931

白拉　3-1658

白苗穀　1-355;2-1091,
　1097

白苔　9-6050

白雨　9-6077,6588;10-
　7034,7036

白虎　5-2930

白虎星　5-2930

白果　1-79,162

白咀　9-6461

白咚咚的　10-6999,7027

白兒勒　7-4739

白兔　7-5013

白姑　7-4455

白茶茶　6-4058

白相　3-1503,1504,1608,
　2034,2065,2074,2080,
　2087,2094,2101,2106,
　2113,2118,2124,2140,
　2194;5-3401;6-4287

白相人　3-1498

白面　9-5947

白面鬼　2-1233

白吻吻　5-2881

白吻氣　5-2881

白俚　7-4728,4744

白食　3-1655

白迷迷　3-1694

白洗手　1-411

白浄子　1-605

白洋洋　5-3117

白哩　7-4742

白氣耗光　9-6294

白酒　10-6894

白浪子　1-127

白皙皙　6-3895

白菜　1-161,168,394;2-
　1131;4-2319,2465;6-
　3948;9-5961,6251

白乾　1-186;2-1302

白雪雪　6-3964,3969

白眼　5-2971

白眼公子　10-7317

白餅餅　4-2725;5-3116;
　6-3699,3895

白脖　7-4725,4728,4742,
　4744

白脖鴉　2-819

白猪肉　6-4358

白麻　6-4163

白淡　7-4956

白婆　8-5051,5321,5360,
　5425,5504,5505,5539,
　5541,5543

白搭　1-156;2-834

白項烏　10-6741

白森森　9-5985,6035

白皙皙　5-3117;6-3958

白殕　3-1541,1620;4-
　2293,2426;6-3900

白殕殕　4-2608;5-3116

白跑了幾蹄　1-391

白鈔邊　1-411

白勞力　5-3172

白滑　2-1224

白費心　1-158
白粥　1-595
白摸吃飯　4-2359
白摸喫飯　4-2234
白鼓丁　3-1901
白蒲沙　4-2636,2653,
　2725；5-3386；6-3700,
　3895
白皙皙　4-2284,2380
白業　2-1028,1069
白賊　8-5347
白話　2-1340
白痴子　10-7037
白説　6-3685
白撞　8-5402,5405
白撞賊　4-2236
白麴　1-168
白麴片子　10-7173
白皚皚　4-2377,2725；5-
　3116；6-3699
白樂天　6-4262
白薯　1-394；10-6894
白蕭魚夭　8-5716
白頭霜　9-6136,6168,
　6174
白頭疊雪　1-556
白嘴　9-6305,6429,6456,
　6458
白嘴喫肉，烏嘴當災　6-
　4262
白螞蟻　3-1497；5-3067
白錠　9-6136
白糖　1-218,487

白瞪眼　7-4693
白甈甈　5-3117
白礮礮　4-2607；5-3118
白樸棗　6-4163
白醥醥　3-2047,2205；5-
　3117
白癩子　10-7035
白蘭地　5-3407
白嚼　4-2277,2370；6-
　3948
白籃　5-3411
白礫礫　3-1493,1694,
　1750,1781,1784；4-2481,
　2646,2725；5-3117；6-
　3698,3712,3719,3933,
　3944,4058；7-4410
白蠟蠟　4-2723；5-3172；
　6-3697
白鐵匠　10-7018
白鶴洱　9-6252
白徽徽　4-2608；5-3116
白鱔　8-5193
白鱗　7-4462
白鱺　1-341
白纛纛　5-3117
仔　1-135；6-4273,4309,
　4310,4352；7-4895,
　4896；8-5045,5047,
　5049,5051,5312,5320,
　5350,5353,5355,5357,
　5359,5361,5365,5370,
　5371,5373,5375,5400,
　5404,5408,5409,5416,

　5429,5478,5482,5504,
　5513,5539,5541,5542,
　5544,5549,5550,5552,
　5553,5554,5555,5556,
　5559,5560,5562,5568,
　5571,5576,5578,5691,
　5696,5697,5699,5791,
　5794,5812,5814,5823,
　5824,5829,5830,5837,
　5838
仔細　1-727；2-1042；6-
　3898；7-4459；10-6941,
　7172,7180,7303,7311
他　1-140,148,162,185,
　374,614；2-860,884,
　910；7-4399,4454,4486,
　4755,4808；8-5791；9-
　6082,6248；10-7179,
　7255,7284
他大　10-7171
他子　2-997；9-5936,5989,
　6087,6189,6268,6298,
　6421,6462
他今天怎麼不來　9-6176
他他　1-145
他老　2-1224
他有名　3-1608,1731,
　2074,2081
他姊夫　10-7221
他拉　1-584
他來不來　9-6176
他們　1-149,394,398,
　402,614；2-910,1130；4-

2483;7-4399,4808

他爹　10-7171

他專有三錢　2-1106

他爺們　7-4431

他媽　7-4418;10-7171

他説他有客　9-6176

他説他明天來　9-6176

刉　5-3105;6-3803

[丿丿]

瓜　9-6078,6099;10-7026

瓜了　9-6168

瓜毛　9-6102,6103

瓜子金　8-5211

瓜不西西　9-6173

瓜瓜　9-6137

瓜瓜鈕鈕　9-6133,6172

瓜皮水　7-4445

瓜那　10-7273

瓜呆子　10-7262

瓜拉　1-613,664,737;7-
4700

瓜苦　7-4570

瓜兒　9-6253

瓜信　8-5401,5403,5406

瓜娃　10-7108

瓜殳　2-802

瓜帶爾　9-6085

瓜葛　1-575,709;3-1516,
1529,1538,1559,1573,
1593,1617,1644,1767,
1985,1991,1994,1996,
1998,2000,2003,2071,

2079,2086,2193;9-5893

瓜筒　9-6264,6279

瓜鉢子　10-7018

瓜蔓親　7-4459

瓜獸子　10-7018

瓜壅　7-4679

瓜齏　7-4440,4442,4448

[丿丶]

乎　7-4563

参　10-6742

个　6-4056;10-6743

令丁　3-1705;6-4280;7-
4506

令丁的　2-1351

令兄　1-548;2-916

令弟　1-548;2-916;3-
2191;4-2471

令妹　3-2191;4-2471

令堂　3-1786

令當　7-4506

[丿一]

用　5-3236;7-4411

用事　9-5975

用度　3-1843;4-2713;5-
3015;6-3689

用捉　3-2198

用場　5-2943,3015

用　3-2140

甩　3-1520,2140;4-2300,
2316,2415,2547,2621;
5-3274,3369;6-3821,

3924,3955;9-6126,6162

甩脆　1-171

甩痰吐沫　2-1323

印　5-3348;7-4598

印子賬　10-7022

印斗　5-3041

印印子　10-7022

印板話　1-448

氐惆　3-1874;6-4069;7-
4832

句　1-532

句吳　3-2145

句當　2-1256

咎　10-7304

匂　6-4033

卯　1-352;2-1135;3-1990;5
-3048;6-4044,4134,
4239,4241,4287;7-4976;
8-5554,5555,5557;9-
5979,6093

卯丹　9-6137

卯亦卯得,柳亦柳得　9-
6099

卯眼　2-958,1074;3-1944;
4-2242,2436;5-3048

卯期　2-1261

卯筍　1-702,740

卯榫　7-4668

犯　4-2398;6-3762

犯土禁　6-3770

犯夕　3-1872

犯不上　1-405,408;2-
1076,1094,1100;7-

4724

犯不著 1-370,398,403；
2-757,1066,1076,1087

犯不着 1-435,582；2-
1094,1100,1107,1109；
7-4724

犯战敩 1-404

犯思乎 1-410

犯较 6-4298

犯碰 2-1317

犭 8-5177

勾食子 10-6732

外 2-1121,1138,1156；3-
1747；5-2868,2882；6-
4291；10-7205,7292

外人 9-5897

外五行 2-802

外父 2-1224；7-4717,
4741,4788,4789；8-
5481,5554,5568,
5570；10-6936,7260

外父母 7-4743

外公 3-1876；4-2690；5-
2894；6-3668,3912,3960,
4104；7-4735,4838,4897,
4948,4956,4992,5020；8-
5260,5322,5365,5375,
5425,5478,5481,5504,
5509,5543,5554,5556,
5570,5578；9-5988,6228,
6247,6305,6429,6523,
6536,6559,6589,6591,
6627；10-6856

外公外婆 4-2225；7-
4980；9-6177,6297,
6303,6454,6513

外公外㜑 9-6070,6074,
6082,6087,6267,6420,
6457,6459,6461,6493,
6523,6536,6559

外奶 10-7307

外奶奶 6-4104；10-7281

外母 2-1224；7-4717,4741,
4788,4789；8-5481,
5554,5568,5570；10-
6936,7260

外老 8-5420,5481

外吒 8-5810,5812,5813

外行 1-185,197,436,465；
3-1706,1753；4-2309；5-
3181；6-3887；7-4816

外行人 4-2357

外江 8-5691,5693,5696,
5697,5699

外江佬 8-5514

外江猪 8-5500,5539,
5541

外江獠 8-5047,5049,
5357,5359,5365,5371,
5373,5375,5401,5403,
5404,5478,5482,5549,
5550,5554,5555,5557,
5559,5561,5563,5566,
5813,5814

外花東西 10-7316

外伯公 8-5823,5829,5837

外伯姘 8-5829,5837

外伯爹 8-5823,5829,
5837

外伯婆 8-5823,5829

外伯㜑 8-5837

外岸子 10-7024

外侄 9-6056,6176

外姐 8-5260

外城 2-1318

外後 7-4854

外後天 2-1225；6-4155；
9-6055,6246

外後日 3-1919；6-4330,
4337；7-4824,4839,4910,
4952；9-5880；10-7031,
7033,7205

外後兒 10-7172

外前 9-6204；10-6995,
6997

外前的 10-7032,7033

外祖 7-4477；9-5889

外祖父 1-436；2-917；7-
4806

外祖父母 2-1103；7-4677

外祖公 8-5539,5541

外祖母 1-437；2-917；7-
4477,4806

外祖家 7-4677

外祖婆 8-5539,5541

外姪 9-5888,5974,6181,
6228

外姪婿 9-6181

外套 3-1919；7-4961，

4967；10-7109,7110

外候　2-774

外爹爹　6-4104

外翁　6-3746

外家　3-1921

外孫　1-212, 398, 402,
　480；2-1353；6-3748,
　4107；7-4790, 4806；9-
　5888,6057,6177,6513

外孫女　7-4790；9-6513

外教　5-3181

外婆　2-1125；3-1823,
　1876,1982,1983；5-2894；
　6-3746, 3960, 4104；7-
　4735,4758,4948,4992；8-
　5322, 5365, 5375, 5425,
　5478, 5481, 5504, 5509,
　5543, 5554, 5556, 5570,
　5578；9-5890,6247,6305,
　6429；10-6856, 6994,
　7093,7260

外甥　1-398, 402, 440,
　452, 591；2-1076, 1093,
　1099；3-2082；4-2224；6-
　3748, 3952, 4107；7-
　4697, 4716, 4718, 4789,
　4790, 4992, 5020；9-
　6181；10-7281,7307

外甥女　7-4789

外甥女兒　10-7307

外爺　2-1125；7-4758,4763；
　10-6955, 6994, 7017,
　7093,7260,7281,7307

外爺外婆　9-6057

外廂的　9-6273

外媂　10-7017

外路人　5-2906

外舅　7-4898；8-5481

外傻則　2-1123,1137

外婆　4-2690；6-3668,3912；
　7-4838,4897,4956,5020；
　9-5988, 6228, 6523,
　6536, 6559, 6589, 6591,
　6627

外㪉　3-1653

外媽　8-5810,5812,5813

外㪉　3-1727

外頭　1-194,460；7-4395,
　4431；9-6204

外頭人　6-4102

外頭去了　10-7179,7308

外孃　10-6955

外櫃的　2-1317

外鵝　4-2320, 2458；5-
　3060；6-3948

外邊　2-1030

外邊的　9-6273

処　6-4054

冬天　1-167

冬月　9-6272

冬瓜當櫈坐　4-2313

冬至數九　6-3736

冬米　5-3003

冬豆　6-4162

冬茅　7-4963,4969

冬烈　2-1124

冬凍　7-4467

冬春米　6-3697

冬瘃　5-2979

冬輪　10-7039

夗專　3-1970

包　1-225, 494；3-1988；5-
　3010, 3081；6-4305；7-
　4503；8-5104, 5248,
　5444,5487,5546；9-6233

包巾　10-7020

包子　1-186, 434, 450,
　453,484,581,595,618；
　4-2700；6-3863,4151；7-
　4515, 4738, 4748, 4767,
　4774；9-5905,6208,6249

包心　9-6208

包包　9-6134

包包坎坎　9-6133,6171

包伏　7-4503

包米　2-1469

包庇　5-3305

包帕　9-6065

包兒　6-4050,4238

包服　6-4278

包荒　3-1679

包胡盧頭　1-409

包風　6-3985

包振瀹　9-6062,6180

包原　2-826

包畛瀹　9-6426

包貶　1-586

包得五奧金　7-5013

包袱　5-3000；7-4930；9-

2103, 2110, 2115, 2121, 2138, 2195；4-2732；5-3213；6-3707, 3919；7-4618；10-6758

弗三弗四 5-3218

弗上課 5-3202

弗反道 3-2081

弗弗然 10-6787

弗死猫 3-1873

弗色骰 3-2139

弗如 3-1714

弗但 5-3372

弗局 3-1704,1753

弗長毛 5-3202

弗要 3-2040, 2048；4-2518,2545

弗俅睞 4-2304；6-3900

弗涼兒 1-596

弗殻張 3-1498

弗落弗直 5-3199

弗單是 3-1714

弗曾 3-2040,2048

弗會 4-2518,2545

弗管三七二十一 5-3222

弗管三七廿一 5-3222

弗轉頭 3-1685

弗識頭 5-3400

[乛丨]

疋 3-1987

出 7-4385,4614

出山 9-6264,6280

出女子 10-6941

出天方 9-6272

出水 10-6936

出手 5-3276；6-3674

出公 5-3317

出世 3-2093, 2100；6-4275,4308,4312,4321；9-6060,6179,6262,6426

出世兒 8-5414

出田 3-1875,1979

出白殕 6-3969

出地 1-616

出尖 2-926, 1028, 1069；4-2271,2406,2497,2522

出年 8-5694

出劜 7-4404

出名 4-2286,2372,2498, 2522

出更 6-4251

出町 7-4955

出串 2-1075

出希拉 2-1322

出肛 5-3317

出坦户 7-4790

出拐 9-5869,6131,6188

出昔 9-6129

出來 3-1535

出事 9-6131

出門 1-616；7-4386,4962, 4968

出門人 7-4735

出門子 7-4798

出門子的 1-586

出使 9-6120

出店 3-1497

出房 6-4274,4309

出相 7-4797

出殃 1-135；2-1193

出風頭 3-1499；5-3403；10-6857

出客 3-1693,1798,1808

出神 4-2712；6-3685

出馬 10-7172

出恭 2-756；3-1678；4-2304,2428,2698；5-3317；6-3829,3913；7-4814；9-5904, 5992, 6083, 6088, 6271, 6302, 6425, 6435, 6465

出氣 1-586, 640, 688；3-1684, 1830；4-2485；5-3293；7-4401, 4703, 4798,4815；9-5873

出氣痧藥 5-2927

出息 1-155；2-1319

出息人 1-405

出海 5-2909；6-4359；8-5569,5571

出家 1-551；2-923,1072

出家人 5-2915

出堂差 3-1497

出脱 7-4404, 4434；9-6130,6165

出喪 4-2231；7-4892

出痘 4-2244

出絳 7-4681

出聘 2-1229

出屐　5-3361

出路　7-4388

出路由路　4-2313

出腳　8-5610

出痦子　4-2246

出溜　1-382

出寠娘　5-2914

出嫁　10-6936

出閣　1-169；9-5975

出鋒頭　5-3403

出魯魯　10-7318

出瘄子　4-2246

出頭　5-3305

出頭出腦　5-3305

出頭露面　7-4676

出錢捨主　5-2906

出籠　9-6049

出糞　10-7317

出殯　1-605；7-4451,4459

出壞盪兒　1-410

出孃肚皮　4-2312

出彎頭　3-1745

出蠱　2-825

出廳　6-4274

叐　6-4145

阡　2-1119

阤　3-1899,1964

氹　7-4957,4958；8-5402,
5405, 5409, 5459, 5492,
5521, 5545, 5552, 5557,
5576；9-6032

[一丿]

为　5-2961

奴　6-4360

奴娘　7-4837

奴爺　7-4837

奶　1-386,390,591,599；
2-797, 855, 873, 898,
1230；3-1500, 1981,
1983, 2034, 2081, 2088；
5-2961；6-3642, 3961,
3967, 4311, 4382；7-
4433, 4729, 4972, 4973；
8-5297, 5316, 5348,
5349, 5350, 5352, 5353,
5552, 5565, 5576, 5829,
5830；9-5970, 5972,
6015, 6056, 6072, 6077,
6303, 6428, 6454, 6457,
6458, 6523, 6536, 6559,
6627；10-6947, 6951,
7117,7171,7280,7284

奶子　7-4449；10-7022

奶厸　7-4948

奶旦旦　10-7317

奶奶　1-145, 151, 162,
168,181,182,184,369,
394,397, 401, 417, 433,
436, 451, 593；2-748,
768,797,874,899,914,
916, 1023, 1066, 1068,
1076,1077,1087,1093,
1099,1102,1112,1125,
1224,1238,1299,1300,
1353；3-1819, 1925,
1930, 1934；4-2226；5-

2961；6-4189, 4234,
4242, 4255,4379,4380；
7-4387, 4394, 4430,
4697, 4714, 4716, 4717,
4718, 4724, 4726, 4727,
4729, 4735, 4738, 4741,
4743, 4750, 4756, 4758,
4763, 4770, 4774, 4776,
4781, 4788, 4789, 4791,
4794, 4799, 4805, 4811,
4812, 4818, 4841, 4954,
4955, 4978, 4979, 4983,
4985, 4986, 4988；9-
5885,6074, 6121, 6134,
6168, 6176, 6273, 6304,
6454, 6459, 6589；10-
6856, 6955, 7033, 7036,
7178, 7179, 7189, 7190,
7200, 7202, 7207, 7259,
7278, 7281, 7286, 7302,
7305,7307

奶奶們　1-588

奶奶部　5-2961

奶奶蕭　5-2961

奶母　2-749；6-4341；9-
5893,6057

奶米米　9-5985,6035

奶花　5-2900

奶花香　5-3138

奶兒　6-3985

奶官　2-1104

奶娃娃　2-1230

奶娘　7-4807

奶猫　9-6119

奶粘　7-4948

奶姝　9-6219,6247,6514

奶結　9-6264

奶媽　8-5508;9-6136

奶剗子　10-7315

奶樵　10-7287

奶頭　2-1144;7-4758

奶頭兒　2-1131

奶嬭子　10-7217

奶歠　5-2900

奶甕　9-5946

奴　3-2144;7-4980;10-7099

奴才　2-974,1069,1274;4-2640,2656,2693;6-3755

奴子　10-6732

奴那　4-2340

奴材　3-1615

奴細仔　8-5365

尕　10-7168,7170,7234,7289

尕的狠　10-7181

尕哇　10-7170

尕娃　10-7168

疕　8-5413

加　10-7205

加一　6-3889

加四　9-6130

加加搖　10-7276

加級　7-4462

加哩囉　8-5056,5337,5348

加氣　5-3293

加懷　9-6103

召　2-1131,1225;3-2198,2199,2200

皮　3-1923;6-4276

皮二道溜　7-4809

皮子　2-1318,1322,1341,1345

皮毛骨髓　5-3201

皮打混五六　7-4809

皮皮灰灰　9-6133

皮皮絆絆　9-6134

皮皮翻翻　9-6133,6171

皮托　10-7273

皮匠　6-4173

皮拉　2-1319

皮兒　6-4100,4178

皮狐子　1-350

皮挑客　9-6128,6166

皮挑頭　10-6894

皮娃子　9-6137,6169

皮娃子叫　9-6427

皮酒　5-3407

皮浪頭　3-1499

皮袍　9-6250

皮麻撒眼　2-1308,1320,1324

皮淡話多　10-7318

皮厥皮　10-6772

皮傅　2-1118;10-6927

皮頑　3-1874

皮裏抽肉　1-556

皮鄧　10-7273

皮襖　10-7294

皮襖達糊的　2-1323

皮離蒲盧　8-5109

迈　7-4402

[一、]

圣　3-1523;6-3772

台　1-7,118,259;3-1871;8-5271

台子　10-7108

台門　4-2435

台基　3-1498

台階　1-224,493

癶　4-2627;5-3280;6-3803

癶刺　6-3891

矛務　6-4304

矛頭　5-2942

[一一]

母　2-1121,1156,1328;6-4169;7-4805,4972,4973;9-6121,6435;10-6729

母子　10-5996

母母　9-6259

母老　7-4992,5020

母羊　1-388;2-816,911;10-7315

母妗　8-5539,5541

母兒　2-911

母狗　1-253,388,437,522;2-911;7-4728,4744;10-

7315

母妤　7-4830

母略　6-4299

母豬　1-253,388,437,522；2-817，911；7-4728；9-6281；10-7315

母婢　2-1133

母量　1-678,730；2-1006,1071；7-4576,4703；10-7129

母舅　3-1823；7-4897,4956；8-5539,5541

母媽　7-4953

母寧兒大　10-7135

母蟒子　2-1105

母親　2-916；9-6039,6090

母鰵　3-1905

母鷄　1-169,253,388,437,523；2-911

幼　6-4294；8-5695

幼芒　5-2936

幼衍　7-4532

幼嫩　7-4964,4970

六畫
[一一]

匡　9-6025

匡牀　5-3034

匡烺　8-5159

匡當　3-1543,1599,1622,1643,1761；10-7225

耒陽蠱　7-4978

耒撲　9-6186

邦邦　1-663,719；2-1035；9-5875

邦肩　10-7261,7320

玎玎當當　10-7153

玎當　1-500

丟　2-998；5-3273

式老夫　5-3405

式煞　4-2429

迂迂酸酸　9-6134

刑名師爺　9-6056

井　1-369，384；10-6931,6933,6942

刉冰取火　2-1281

戎　3-1662,1732；7-4829

[一丨]

圩　3-1519,1609,2075；6-4131,4248

圩上　6-3947

扞　7-4403

扞得　7-4720

扞麪　10-7132

扛　1-374；2-1319,1324；3-1527,1665,1785,1990,2041,2048,2077,2085,2091，2098，2206；4-2303；5-3030，3252；6-3899；7-4815，4975，4979；8-5241；9-6071,6416,6434,6492,6522,6535,6559

扛水　9-5969,5971

扛者　1-410

扛抬　2-1340

扛具　3-1798,1808

扛活　1-616

扛嫁妝　9-6186

扛匱　3-2108,2114,2142

扛箱　5-3030

扛調　6-4089,4239

扛櫃　3-2083,2089,2119,2125,2197

寺　7-4763

扤　6-4018；7-4445

吉九子　8-5201

吉了　1-160，162，404，434；2-1105

吉了兒　1-388

吉了嘴　1-607

吉吉兒　6-3985

吉利　1-677,729；4-2706；5-3183

吉留　1-394

吉钁　3-2198

扣　3-1665,1796；5-3213,3243；7-4815

扣子　9-6065

扣索　1-169

扣襻　1-617，707，743；6-4138；9-6495

扦　4-2621；5-3339

圪六六　10-6936

圪斗兒　2-1132

圪凸　10-6934,6942

圪生生　10-6935

圪出　1-381

考金石　9-5985,6036

圳　6-4382；7-4957,4958；
　8-5205，5294，5409，
　5413,5459,5492,5499,
　5542,5545,5694

老　1-440，452，525；2-
　1066,1087,1093,1099；
　5-3203，3375；6-4007，
　4294,4359,4361,4362；
　7-4687，4690，4984；8-
　5401,5665,5792,5794；
　9-5978,6092；10-6941

老□　2-914

老○　9-6120

老二　2-1024，1106；9-
　5983,6032,6121,6260,
　6275

老人公　9-6057，6177，
　6260,6273

老人家　1-614；2-1135；3-
　1795；4-2467；9-6120，
　6247；10-6957

老人婆　9-6057

老八　7-4742

老八乾　7-4776

老了　1-616；7-4742

老刀　1-394

老三　9-6121

老土　1-137

老土地　3-2118；5-2923

老丈人　7-4795；9-6057，
　6177

老丈人老丈母　9-6419

老丈母　9-6057,6177

老丈母娘　7-4795,4800

老 大　2-1178；3-1503，
　1504,1506,1510,1534,
　2076；4-2230，2354；5-
　2900，2909；6-3754；7-
　4742，4776，4806；8-
　5294；9-6121

老大大　10-7133

老大老二　9-6457

老大娘　7-4395

老大爺　7-4395

老上師　9-6260,6274

老小　2-1024；3-1876，
　2197

老口　5-3206

老山大人　5-2936

老山農　9-6177

老己　6-4109，4366；9-
　6047,6260

老子　1-548，579；2-971，
　1069,1115,1120,1154；
　3-1821；6-3951,4097；7-
　4960，4974；8-5424，
　5480，5507，5543；9-
　5979,6015,6057,6074,
　6121，6177；10-6820，
　6957

老子娘　6-4255

老幺　6-4101

老天　1-598

老天爺　1-398，402；2-
　814,1137

老天爺爺　7-4681；10-6935

老夫子　7-4807；8-5838

老木柑　9-6265

老木㤪㤪　4-2279，2611；
　5-3198

老五　2-1238；9-6121

老太　7-4781，4794，4799，
　4805；10-6894

老太王　9-6034

老太太　1-417，436，593，
　613；2-1328；3-1876；7-
　4807,4818；9-6016

老太公　5-2904；7-4954；
　9-6303,6304,6454,6459

老太公老太婆　9-6454，
　6459

老太奶　1-386

老太奶奶　7-4794

老太婆　3-1533；4-2225；
　5-2905；9-6303，6304；
　10-7017

老太爺　1-386，417；3-
　1876；4-2227；7-4781；9-
　6016,6085,6118

老太婆　7-4954；9-6454，
　6459

老瓦　2-1152

老少　9-6120

老少無紿　5-3194

老少無欺　5-3194

老水　8-5053

老手　3-1650；5-2906；7-
　4814

老牛婆　2-1317

老牛筋　1-411;9-6130,
　6163;10-7252

老毛　10-7181

老爪　10-7180

老公　2-910;5-2890;6-
　4255,4357;7-4956,4959,
　4974,4980;8-5067,5292,
　5402,5406,5427,5481,
　5512,5528,5544,5582;9-
　5974,5979,6417;10-6893

老公公　5-2904;7-4962,
　4968;9-6260,6273

老六　9-6121

老火　9-5979,5983,5994,
　6032,6127,6165,6253,
　6262,6278,6292,6516,
　6557;10-7261

老火竈　5-3398

老斗　2-1228

老巴子　3-2015

老古董　9-6293

老本　4-2358

老凸子　2-1319

老由子　2-1350

老史　1-130

老兄　3-1819;8-5588

老四　9-6121

老外後天　2-1225

老冬狗子　2-1345

老司　4-2229

老奶　6-3985;7-4394,
　4726,4729;9-6074;10-

7033,7036

老奶奶　2-916;6-4099;7-
　4430,4714,4758,4763,
　4799,4955;10-7179

老奶㛋　9-6247

老奴　3-1616

老台　7-4974

老母地　1-184

老母兒　1-579,580,588

老母猪括打　7-4445

老考　6-4079

老老　1-132,144,147,162,
　398,402,417;2-1076,
　1093,1099,1139,1299,
　1323,1353;3-2015;5-
　3204;6-4099,4234;7-
　4716,4717,4725,4842,
　4843,4844;9-6076,6247;
　10-6941,7250

老老大大　6-3901,3964,
　3969

老老太　7-4781

老老太爺　7-4781

老老奶　7-4726

老老娘　7-4395,4430,
　4727,4741,4743

老老娘娘　10-6936

老老爺　7-4395,4430,
　4726,4727,4741,4743

老老爺爺　10-6936

老老實實　4-2341;5-3214

老西　9-6169

老在行　7-4809

老成　1-198,466;7-4762;
　8-5294

老成人　3-2190;5-2904

老肉頭　1-410

老年人　10-7179

老先生　2-970,1069;7-
　4395, 4807; 9-6304,
　6455,6460

老伙　9-6193,6257

老行家　9-6180,6426

老亥猪　2-817

老米嘴　1-86

老汗　10-7282

老宅　7-4763

老好　9-6058,6062;10-
　7258,7261

老好人　9-6180,6426

老好子　1-159,410;2-773

老抗　9-6169

老把　2-1307;7-4799,
　4800,4974

老把式　9-6062

老把勢　1-696

老把頭　2-1338,1340,
　1344

老扤　9-6137

老花眼　5-2972

老豆　8-5507;10-7265

老串　5-2907

老伻　4-2238,2361,2590;
　5-2907

老伯　5-2907

老伯伯　9-6273

老伴　2-1274；9-6016

老伴兒　1-413；2-1130

老佛仙　4-2340

老冷古　7-4963，4969

老弟　6-4379，4380；7-4841，4962，4968；8-5588，5823，5829；9-6434

老弟嫂　7-4963，4969，4980

老弟新婦　8-5063

老沙　9-6137，6169

老罕包　10-6894

老阿婆　10-7294

老妗子　2-1076，1093，1099

老姊　9-5885

老忍　9-6427

老青　1-86

老表　7-4806，4897，4956，4980；8-5687，5793，5794；9-6016，6056，6077，6121，6176，6177，6419，6429，6457；10-7118

老長長　4-2341

老者　9-6247，6273，6304，6454，6459

老苛　9-6188

老板　1-160，387；3-1649；4-2227；6-3952；7-4807，4835，4898；8-5484；9-5894，6057，6086，6119，6120，6177，6274，6419；

10-7118

老板娘　4-2358

老板娘子　9-6057

老到郎　5-2905

老叔　3-2015

老虎　1-250，519；7-4807，4900，4964，4970；9-5948，5970，5972，6071，6522，6535

老虎口　5-2963

老虎吃蝴蝶　4-2299

老虎刺　4-2319，2466，2546

老虎精　5-3426

老虎窟　5-3398

老門心　9-6058

老門檻　3-1499

老典　9-6056，6138，6170

老呱　2-1159；3-1978；7-4385，4386

老物　3-1538，1559，1573，1617，1767

老刮　1-145，147，160；7-4730

老使　9-6304，6455，6460

老兒子　1-145

老的　6-4102

老肥　9-6427

老狗　3-1616，2148，2150，2179，2189

老疙疸　2-1277，1299，1301，1309，1322，1338，1340，1344，1469

老庚　7-4835，4898，4956；9-5975，6228，6417；10-7118

老刻板　7-4809

老況　6-3951

老怕子　10-6937

老官　5-2907；6-3960，4274；7-4807；8-5408，5416，5810，5812，5814；10-6856

老妹　8-5526；9-6434

老姐婆　8-5428，5483

老姑　2-1023，1068，1102

老姑奶奶　1-386

老姑娘　1-145

老姎　8-5751

老姆　2-854

老馳　8-5785

老封君　9-6085，6120

老拱　9-6137，6169

老挑　9-6077，6247

老革　9-6047

老革革　9-5988，6247，6266，6297，6420，6461

老草　8-5130，5175，5244，5532

老相　5-3146

老相德　6-4255

老柳板子　2-1347

老面皮　4-2309

老爹　10-7017，7093

老是　1-157；9-6257；10-7275

老哇　2-1146, 1195；6-4255；9-6252

老哇哇　1-394

老骨頭　4-2237, 2720；6-3695, 3917

老香　7-4988

老皇帝　9-5980, 5984, 6034

老鬼三　5-3394

老後年　2-823

老窆　8-5751

老扁　1-394

老祖　9-6015

老祖太　9-6303, 6428, 6454, 6457, 6458, 6513

老祖公　6-4357；9-6303, 6428, 6454, 6457, 6458, 6512

老祖公老祖婆　9-6195

老祖宗　7-4805

老祖婆　9-6303, 6458

老祖爺　7-4714

老祖奠　9-6428, 6454, 6457

老祖媽　6-4358

老神仙　9-6120

老屋　9-5970, 5972, 5975, 6072, 6417

老娃　7-4735

老姥　1-386；2-1224, 1238

老姨　2-1023, 1102

老姪　8-5588, 5751

老飛　9-6138, 6170

老約　2-1230

老班　5-2904；7-4807

老班班　9-6493

老貢　9-6120

老耄隴東　5-3198

老華　9-6077

老莊頭　7-4807

老桓　9-6137

老格格　9-6193

老晌　2-1228

老氣橫秋　5-3191

老們一個　10-7154

老倡　7-4759

老佣　5-2907

老師　7-4395, 4727, 4735, 4784, 4789, 4790；8-5838；9-6056, 6086, 6118, 6176, 6304, 6455, 6460, 6514

老師乃　9-6304

老師爺　9-6304, 6455, 6460

老爹　2-1191；3-1780, 1782；6-4108, 4234, 4255；7-4805, 4822, 4823；8-5258；9-5970, 5972, 6072, 6074；10-6853, 6856, 6955

老爹爹　6-4099；7-4955

老飢荒　7-4742

老翁鞋　7-4734

老粉　9-6137, 6169

老酒　5-3011；6-3675

老酒氅　5-2930

老海膛　2-1025

老家　1-437；2-1130, 1135；3-2015

老家人　3-2191

老獎頭　1-607

老孫　6-4361, 4362, 4379

老娘　1-398, 402, 545, 579；2-748, 768, 876, 901, 915, 917, 1023, 1068, 1077, 1103, 1112, 1121, 1130, 1137, 1157；3-1820, 1860, 2081, 2088；4-2467, 2643, 2692；5-2914；6-3672, 3952, 4104；7-4387, 4395, 4430, 4450, 4636, 4697, 4714, 4724, 4727, 4729, 4740, 4741, 4743, 4800, 4806, 4974；10-6936

老娘子　1-387, 402

老娘們　1-386；2-1276, 1308

老娘娘　2-1123, 1130, 1156；10-6936

老娘婆　1-387；2-1224, 1322；3-1873

老琉璃　1-86, 135, 361

老捐捐　10-6894

老菩薩　6-4181, 4226

老桿　1-389

老梭　9-6137, 6169

老橐　2-1276

老崗子　2-1301, 1322, 1325

老偶　5-2889

老偷　8-5554,5566

老俚　5-2889;6-3670

老腄　8-5424,5480,5507,
5543

老婆　1-160,436;2-910,
1050,1103,1123,1238;
6-4102,4255;7-4395,
4782;8-5067,5292,
5402,5406,5427,5481,
5512,5528,5544;10-
7017,7039,7093,7260

老婆子　9-6119,6168;10-
7179,7282,7308

老婆兒　1-614

老婆馳　8-5785

老婆娘　5-2898

老婆紡花草　7-4734

老婆婆　5-2904;7-4962,
4968;9-6057,6247,
6260,6273

老婆傅　7-4797

老婆舅　4-2224

老將　3-1492,1780,1782;
8-5810,5812,5814

老陽　2-753,1076

老婢　8-5830,5838

老鄉　7-4807

老鄉臺　9-6176

老幫　5-2907

老落鴉　10-7293

老棒　10-6856

老奮　2-1276

老雲接駕　2-1282

老雲頭　7-4681

老雅　1-248,518

老睇　8-5526

老跑　9-6137,6170

老蛙　2-1105

老等　1-394;7-4776

老牌子　4-2226,2353

老傖　3-1985;7-4810

老焦　9-6137,6169

老傍　2-842

老耆　3-1979

老爺　1-48,134,136,139,
144,147,160,162,181,
182,184,369,386,393,
398,402,417,433,436,
580,591,593,613,694;
2-748,768,854,876,
901,915,917,1023,
1047,1066,1068,1076,
1077,1087,1093,1099,
1103,1112,1130,1137,
1139,1144,1157,1224,
1238,1271,1299,1353;
3-1825;4-2226;6-3753,
3952,3986,4104,4239,
4241;7-4387,4394,
4395,4430,4450,4477,
4636,4697,4714,4716,
4717,4723,4724,4726,
4727,4729,4738,4740,
4741,4743,4758,4763,
4783,4789,4791,4794,

4800,4806;8-5312,
5322,5481;9-5894,
6016,6056,6074,6075,
6085,6117,6176,6195,
6304,6429,6454,6457,
6459,6514;10-6856,
6936,6994,7017,7033,
7036,7039,7093

老爺子　1-387,394,402;2-
1302,1322,1328,1338,
1340,1344,1469;3-2015

老爺奶奶　9-6455,6459

老爺老姥　1-413

老爺老娘　7-4684;9-6070

老爺地　7-4681

老爺兒　1-433,579,580,
588

老爺們　1-386;2-1276,
1308

老爺爺　2-768,916,1121,
1123,1130,1156;7-
4430,4702,4714;10-
6936

老善友　2-1103

老尊年　9-6086

老媂　10-6994,7017

老媼　6-4379

老登　1-367;2-918

老結實　10-7251

老幾　7-4806;10-7093,
7178

老歪　7-4387

老遠　5-3156

老搬　9-6137,6169
老蓮　9-6252
老幹　7-4756
老當益壯　3-2191;4-2471
老當家　7-4717, 4718, 4727,4741,4743
老當家哩　2-917
老賊　2-1103
老喝　7-4714
老跳　9-6137,6169
老傳　9-6137
老舅　2-1047,1076,1093, 1099,1102
老鼠　3-1730;5-3059;7-4807, 4900;8-5148;9-5947,6186
老鼠枷　6-4132,4267
老亂　9-6260,6275
老鳩鳩　9-6132,6164
老婆子　9-6136
老婆兒　9-6120
老媽　1-160;2-1191;6-4357;9-6074,6273
老媽子　1-387,394;2-769, 915; 6-4111; 9-6119, 6273,6304,6454,6459
老瑣　2-1132
老趙子　7-4709
老境　3-2190
老蔴　10-6997
老槍　3-1499;5-3395
老監　9-6120
老酸　9-5983,6032,6138,

6169,6197,6274,6292
老僕　8-5824,5830,5838
老鼻子啦　2-1339
老鼻烟壺　2-1347
老領　2-1103
老詩　6-3686
老辣　5-3200;7-4410;10-7205
老精　7-4742
老漢　2-783,1103;3-1875; 9-5979, 5984, 6057, 6082, 6247, 6273; 10-6936, 6994, 7017, 7094, 7308
老漢家　10-7122, 7251, 7306,7314,7321
老慳　2-980
老實　1-185, 395, 404, 589;3-1534;4-2467;5-3214; 7-4406, 4759, 4764;9-6082, 6252;10-6857,7258,7261,7321
老實八腳的　2-1338, 1340,1345
老實把交的　2-1320
老實呵　9-6305, 6456, 6460
老實哩　9-6305, 6456, 6460
老實點　2-1340
老耦　5-2889
老橫　9-6169
老醋　1-134

老鴉　1-169; 2-1201; 5-3061; 7-4899, 4964, 4970;8-5189;9-5940
老鴉氣　5-2980
老鴉殤　5-2980
老輩子　7-4786
老儂　5-2889
老儂輩　5-2905
老鴇　2-978, 1069; 3-1497;5-2919
老鴇子　1-698
老摩摩　10-6894
老廢物　10-6857
老薩　6-4317,4318
老頭　1-208, 477; 2-917, 1112, 1328; 5-2904; 7-4395;9-5896,5979,5984
老頭子　2-1338;3-1533; 5-3394
老頭兒　1-436,614
老頭儂　6-3986
老篤郎　5-2905
老舉三　3-1499
老逢　10-7260
老龍窩　2-1190
老燈官　2-1347
老膿　5-2889
老幫子　2-1299, 1317, 1322,1338,1340,1344
老薰　10-6894
老闆　3-1497;5-2904;6-4102, 4250; 7-4814, 4956;9-6514

老鴰 1-389,394,609；2-773,784,879,904,1025；7-4807

老鴰子 6-4167

老爵 2-918

老臊胡 6-4116

老齋供 7-4735

老嫺 8-5258

老總 7-4807；9-6274；10-7094

老擺 9-6137,6169

老鞭 2-918

老蟲 3-1535,2034；7-4900

老雜毛 7-4444

老襟 8-5549,5550

老鴉 9-6078

老鵬 7-4461

老蟹 3-1497；5-3395

老圞子 9-6192

老魔魔 9-6589

老孃 7-4477,4783,4789,4791

老孃婆 1-614

老響 9-6137,6169

老骷口 4-2235,2360

老髒兒 1-412

老蘸 9-6138,6170

老彎 9-6137,6138,6170

老攪 2-918；7-4387

老鷁 7-4525

老鷹 7-4807；9-5942,6078

扱 7-4561

扚 3-1545,1571,1585,1603,1609,1624,1644,1663,1734,1765,2074,2081,2087

扱 3-1881,1912,2041,2048；4-2514,2541；5-3252,3351；6-3808,4027；9-5989,6189,6267,6280,6292,6298,6421,6462,6494,6516

扱起 8-5052,5361,5366,5544

扤 7-4646

圮 3-1870；5-3330；6-4041

圯 3-1971

地 2-1075；3-1918；5-3377；6-4271；7-4762；10-6930

地丁 8-5052,5824,5830,5838

地力 4-2349

地分 1-448,452

地方 2-1139；4-2689；5-2863,2914；6-3665,3741,3911；7-4467,4989

地孔鑽 9-6034

地巴 2-1226

地功 10-7020

地平 3-1534

地由子 10-7039

地仙 4-2227；6-3952；9-6057

地瓜 7-4453,4524；9-6184；10-7097

地出縷 2-1104

地皮 5-2863；10-6856

地皮風 9-5984,6034

地母奶奶 7-4681

地伏 5-2988

地羊 7-4900；9-6252

地匧鬼 3-1873

地把排子 1-581

地底 8-5402

地角 4-2349

地角頭 2-1151,1189,1201

地坪 4-2241,2435

地拉排子 1-437

地底 8-5405

地油子 2-1076；10-7097,7107

地胡椒 9-5984,6034

地昄 5-2865

地骨 9-6252

地段 5-2864

地活猻 5-2932

地客 8-5052,5361

地馬 9-6252

地楸 5-2988；6-3831

地栗 6-4159；7-4453

地氣 4-2349

地唐 8-5695

地理先生 9-6057

地理鬼 3-2128

地排子 1-251,520

地菜子 7-4900

地塔　9-6130
地猴　1-115
地道　1-164,174
地窨　9-6056,6175
地裡排子　1-433
地雷火礮　5-2932
地腳石　9-6279
地裏排　1-160
地榜　2-1226
地閣　4-2241,2435
地窨子　4-2243,2436
地樓　6-3832
地蝗　7-4637
地鋪　7-4467
地蝨子　9-6067
地蝨婆　7-4964,4970
地線石　4-2242,2436
地頭　1-203,471;4-2216,
　2349,2689;6-3664,3738,
　3947;9-6055,6096,6175
地頭鬼　4-2349;5-2930
地頭蛇　4-2277,2370;6-
　3947
地頭惡棍　4-2349
地頭腔　7-4721
地頭錢　4-2724;5-3384
地龍　2-1196;5-3067
地藏王菩薩　9-6138
地螻　1-340
地竃　4-2242,2436
地壩　9-6246
地蠶　1-169
地蠶　3-1984

扡　5-3270
扠　5-3258,3273;6-3817,
　4221；7-4438，4441,
　4447,4678;8-5783
去來去去　4-2276,2546
耳　10-6784
耳七　7-4632
耳刀　7-4758
耳公　8-5069,5178,5262
耳巴　9-5983,6032,6210,
　6261
耳光　5-3398
耳朵　1-206, 474, 552,
　595;2-872,897,1131;3-
　1728;4-2227, 2364;5-
　2955；6-3774， 3952,
　3961；7-4394；9-5983,
　6032,6058,6178,6261,
　6275,6419
耳朵大似猪頭　6-4263
耳朵爿　5-2955
耳朵皮　5-2955
耳朵皮鑴　5-3021
耳朵軟　4-2308
耳朵敏上　10-7162
耳朵瓣　5-2955
耳朵響　9-6058,6178
耳多　9-6429,6457
耳卦　6-4117
耳東　3-2199
耳門　9-6058
耳門叉　2-1169
耳使　9-6256

耳房　9-6250
耳垢　6-3774
耳挖　5-2992
耳背　1-555
耳耷　5-3398
耳根　7-4394
耳套　10-7020
耳柴　2-1131
耳聒　5-3398
耳帽　1-437
耳祀　9-6234
耳夢　7-4552
耳塞　3-2003
耳腄　5-2955；7-4489；9-
　5899
耳頭　1-552
耳墜　2-995,1071;9-6250;
　10-7121,7311
耳膣子　7-4438
耳穎塞　6-4262
耳膵　8-5381
耳璫　1-68
耳環　6-3774
耳擤　8-5708
耳邊風　2-1000,1071；3-
　1478, 1491, 1507, 1514,
　1531, 1555, 1563, 1578,
　1600, 1634, 1763, 1775,
　1778, 1783, 1816, 1832,
　1853, 1971, 2026, 2030,
　2045, 2071, 2078, 2086,
　2148, 2151, 2161, 2174,
　2179, 2182, 2184；4-

2308, 2375, 2469, 2477, 2492, 2721; 5-3421; 6-3696, 3896, 4329, 4336; 7-4809, 4952; 9-6514

耳聸 5-2955; 6-4117

耳聾 9-6182

芊芊 5-3231

芊芡 3-1657, 1729

芌 3-2133

芋子 8-5199; 9-6066

芋艿 3-1729; 5-3074

芋奶 5-3074

芋卵 8-5199

芋荷 8-5199

芋頭 1-169; 8-5199; 9-5960, 6184, 6251

共火 8-5174

共洞 3-2194

芇 3-1954; 6-4046

芇欠 7-4451

芉 2-1119

芒 6-3870; 7-4460, 4637

芒筒 7-4992, 5021

芒輪 8-5192

芝麻 4-2733; 5-3075; 6-3709, 3920

芓麻 1-576

扦 3-1948; 4-2620; 9-6101

扦烌 2-1333

朽 8-5141, 5174; 10-6788

朴 1-574

朴牛 2-1179

朴漉 3-1493, 1779, 1784

机 3-1479, 1487, 1778, 2032, 2165; 4-2272, 2407; 6-3929, 3989

朹 4-2316, 2415, 2620

丏 3-1668, 1736; 5-3229

亙板子 9-5980

臣 6-4233

再 7-4413; 10-7102

再行 1-370

再好就没有了 2-919

再邁 10-7002

再醮婦 2-1105

朿 6-4164

丙 1-575; 3-1524, 1924, 1927, 1929, 1932, 1959; 4-2249, 2513, 2539, 2647, 2665; 5-3236; 6-3713, 3719, 3904, 3925, 3941, 4044; 7-4599

西 2-769

西山 7-4974

西天 2-924, 1072

西北雨 6-4343

西仔 5-3405

西瓜皮 5-2990

西西哈哈 9-6133, 6171

西囝 5-3405

西杠 9-6131

西岸 10-6997, 7039, 7098

西席 1-547

西崽 3-1499; 5-3405

西番子 10-6728

西番蓮 2-1135

西頭 1-203, 471

[一丿]

戌 7-4591

在 6-4286; 7-4412

在以頭 9-6128

在外客 7-4756

在先 1-441, 452

在行 1-185, 398, 403, 581; 2-757, 1109, 1113; 3-1973, 1975, 2080, 2087, 2112, 2117, 2123, 2139, 2196; 4-2302, 2467; 5-3181; 6-3887; 7-4756, 4762, 4764, 4899, 4956; 9-5864

在行人 4-2232

在吼頭 9-6166

在室的 10-7017

在喏嗱 9-6162

在這點 9-6126

在家 5-2915

在家人 5-2915

在家出家 4-2234

在家在家 3-1938

在教 1-616

在處裏 4-2311

在場 9-6062, 6182

在莘你得 6-4256

在答 10-7123

在道 3-2080, 2117, 2123, 2196

在鼓裡 4-2301

在鼓裏 6-3932

在嚧 9-6126

在調事 3-2087

在曩時 7-4735

有 2-769，915；3-1928，1990；6-4293

有了 2-1301

有才情 3-1694，2131

有小子 2-917

有口才 1-724

有天没日 9-6514

有天没日頭 1-451

有天道 9-6514

有不是 2-759

有牙爪兒 1-409

有毛病 1-615

有分 6-3684

有分寸 1-169

有分無分 6-3889

有方 9-6589

有功夫 2-1193

有瓜葛 3-2190；4-2469，2473，2474

有出息 9-6172，6187

有皮絆 9-6166

有皮盤 9-6127

有孕 4-2590；5-2978

有囡 6-4124

有伊尹 10-7294

有多没少 5-3205

有好多出被 9-6129，6165

有折兒計 1-410

有把柄 8-5255

有助 8-5054

有何面目 3-2191；4-2470

有身 3-1550，1629，1764，1775，1785；4-2490，2697；5-2978；6-3675；8-5073，5430，5483，5528，5557，5576

有身己 8-5514

有身妊 8-5267

有身幾 8-5543

有拆兑 1-178

有東道 7-4734；10-7122，7314

有事 6-4124

有明堂 9-6127，6131，6165

有昂氣 1-186

有咖唎 10-7028

有使處 9-6058

有的是 2-1317

有始無終 3-2191；4-2471

有春 9-6494

有指望 1-579

有相 8-5180

有面子 1-727；4-2309

有勁 9-6060

有喺説的 9-6127，6166

有俴 3-1887

有泉眼 2-1188

有急惶 1-616

有神聖 6-4290

有氣力 4-2721

有倆錢 2-1106

有個老灰子 2-1348

有臭 10-7237

有拿手 1-178

有益因 10-7301

有酒食 8-5566

有娠 4-2222，2589；5-2978；6-4124

有能 2-1013，1072

有眼水 10-6857

有過失 10-7019

有偏 1-163；9-6126

有商 10-7121，7165，7261，7272，7299，7301，7312

有喜 1-551；2-977，1069；3-1492，1682，1780，1782；6-4125；7-4815；8-5543；10-6856

有落頭 1-587

有稍 6-4239，4241

有爲 6-4342

有飯 9-6165

有脾氣 1-616

有道 10-7201，7203

有湊頭 3-2101

有渣子 1-410

有湯 10-7258

有幹的 10-7179

有督氣 9-6294

有歇苦 7-4762

有意思 1-615，648，674，728；2-1010，1072

有裸積 10-7318

有福氣　1-461

有模分兒　1-588

有駒　9-6494

有數目帳　5-3216

有碴兒　1-179

有靠背山　9-6062

有調令　1-669

有緣　1-671,727

有學問　3-1921

有謂　6-3684

有禪　9-6128

有黏連　10-7138

有邊咧　1-578

有駒氣　9-6294

有歡喜　6-4352；8-5051,
　　5357,5360,5364,5374,
　　5403,5404,5409,5430,
　　5478,5483,5504,5514,
　　5539,5541,5553

百　1-379；3-1748；6-3954；
　　10-7119

百子炮　5-3020

百子爆　6-3954

百不咂　10-7027

百不怎的　2-1156

百不怎麼的　1-587

百不緣兒的　1-585

百日　5-2948

百日紅　7-4453,4461

百孔千瘡　2-1009,1072

百花生日　4-2216

百枝　2-1158

百姓　3-1558,1572,1592,
　　1615,1759,1767,2059,
　　2062,2068

百拜　2-927

百怎麼不怎麼的　1-452

百家衣　4-2264

百蛉　1-135

百鳥朝凰　4-2729

百鳥朝鳳　6-3703

百葉　2-1020；8-5148

百萬家財　5-3223

百勞　8-5296

百發百中　5-3222

百結　6-4163

百腳　3-1984,2034；5-
　　3067

百戲　9-6070

百靈　7-4730

存祖阿　7-4739

而　5-3417；6-3798,4232,
　　4292

而今　7-4752,4772

而且　5-3371；7-4414

而更　10-7250

而何　6-4216,4231；7-
　　4842,4843,4844

而侯　6-4246

而根　10-7127

匠　1-208,378,476；9-
　　5895

匠作行　7-4784

夸毗　9-6233

夸蘇　6-4371

夸纏　6-4365

夸蘭達　1-160

夵　5-3150

夼　7-4393,4439,4442,
　　4447,4678

灰　2-1231；3-1792；7-4449

灰不登　7-4760

灰毛草　7-4671

灰毛勃六禿　3-2129

灰包　7-4460

灰灰　9-6134,6173,6176,
　　6187,6259,6273,6426

灰灰草　7-4731

灰灰菜　2-1112

灰白　3-2129

灰色　7-4947

灰秀才　2-1132

灰妹　9-6137,6169

灰鬼　2-1231

灰圈子　10-7021

灰溥溥　9-6132

灰璞氣　5-3139

灰藋　3-1900

灰黰色　5-3118

灰礮礮　4-2607；5-3118

灰爛　6-3714,3721

达　3-1648；5-3091；6-
　　3824,4021

匠　5-3031

囡董客　7-4480

炮　3-1943；4-2274,2409,
　　2622；5-3279；7-4623,
　　4653；9-5854, 5977,
　　5982,5992,6270,6301,

[丨一]

峕 7-4417

峕扛峼煐 3-2141

峕峼 6-3892,4078

峕哼 7-4428

此 9-6099

此裏 8-5232

此邊 6-4309,4323

[丨丿]

尖 3-1920;6-3879,3991;
7-4552,4981;9-6024,
6058,6426,6492,6556;
10-6930, 6956, 7003,
7031,7103,7117,7137

尖子頭 9-6064

尖朶 3-1691,1748

尖尖的 10-7155

尖尖棍 10-7175

尖沿 3-1749

尖華 9-6061,6179

尖進 6-4367

尖稍 6-4241

尖鈎子 9-6293

尖滑 9-6087,6435

尖腦殼 9-5985,6035,
6274,6427,6515

尖膀 7-4387,4449

尖薄 7-4892

尖頭 1-605

尖嘴 3-1702;7-4816

尖憑 7-4946

尖贊 9-5871,5989,6082,
6189,6267,6298,6421,
6462,6516

尖鑽 3-1517,1535,1568,
1582,1607,1608,1774,
1973,1975,2065,2073,
2080,2087,2094,2101,
2105, 2112, 2117, 2123;
6-4287;10-7261,7286

尖豔 10-7274

劣 7-4978,4979

劣力劣得的 2-1340

劣生惡監 7-4757

劣劣 1-388

劣厥 2-941,1069

[丨丶]

光 1-77, 122, 325, 376,
664, 719; 2-846, 859,
884,1036,1230;3-1747;
5-3095;7-4455, 4636,
4699

光二 9-6516,6557

光片 3-1657

光火 3-1499;5-3402

光光 7-4434;9-6134,
6426;10-7252

光光生生 9-6133,6171

光光花 7-4461

光杆 1-405

光秃子 9-6248

光身漢 7-4742,4795

光屁股蟲兒 1-587

光坦坦 10-7161

光東東 9-6262,6276

光是 9-6128

光俊 7-4735

光矜 7-4482

光條條 9-6262

光旁 1-77,123,325

光矜 7-4666

光紗 1-569

光堂 10-7146

光堂堂 7-4410

光場 6-4071

光董董 9-5985,6035,
6132

光棍 1-418, 591, 614,
647, 697, 726, 736; 2-
868, 893, 1051, 1104,
1152, 1192, 1201, 1266,
1308, 1339; 3-1874; 4-
2228; 5-2902; 6-3710,
3897; 7-4387, 4459,
4482,4706,4728,4736,
4744, 4790, 4797; 9-
5983,6032,6260,6274,
6292; 10-7168, 7170,
7172,7180,7288

光棍子 2-1317

光棍什一的 10-7291

光棍多處 1-437

光棍多鋤 7-4389

光棍兒 1-587

光棍兒抗鋤 2-879,904

光棍奪鋤 7-4454,4638

光棍漢　1-418, 647；2-
　750；7-4727, 4744；10-
　7315
光景　1-571；2-815
光釉釉　3-1696
光幹　10-7252
光當　10-7291
光銅　9-6138
光辣撻　3-1531, 1694；4-
　2285, 2380, 2724；5-3386；
　6-3699, 3932, 3943, 3969
光漢　7-4790
光蕩蕩　3-1694；6-3944
光蟲　8-5583

[丨一]

吁　5-3225
吁吁　5-3125
吁還　9-6129, 6165
囝　1-369, 384；10-6931,
　6933, 6935, 6942, 6953,
　6955
早　8-5362
早半上　5-2881
早早晚晚　9-6133
早姊妹　7-4454, 4638
早明星　7-4801
早炤　2-1188
早紅霞　4-2344
早起　2-823；7-4435；10-
　7112
早起三朝當一工　6-3734
早起身　8-5665

早起飯　10-6995
早造　8-5550, 5551
早晨　1-167, 390；6-3732；
　7-4961, 4966
早得很　9-6136, 6169
早期　2-1130
早飯　2-1106；9-6228
早隔　2-1298
早勤　7-4386
早凝　7-4989
早燒　2-1124, 1137
早搗　7-4454, 4638
吒　6-4014
吒吒　2-1252；4-2268,
　2384, 2717；5-3120；6-
　3692, 3894, 3964, 3968；
　9-6216
吐　3-1923
吐口水　9-6058
吐血　9-6060
吐嘍　1-348
吐露　1-718
吓　2-1067, 1106, 1229；5-
　3227, 3229, 3375；10-
　7199, 7277
吓巴　10-7277
吓來　10-7277
吳　5-3230；9-6082
吷　10-7176, 7182, 7242,
　7254, 7304
曳　8-5708
曳落河　10-7035, 7037
曲　1-139, 292；6-3876；9-

6266
曲尺　8-5160, 5467, 5548
曲死　3-1498；5-3400
曲曲　9-6134
曲曲灣　2-1169
曲車　1-394
曲的很　10-7206
曲查　1-434
曲閃　7-4462
曲般　7-4449
曲脺彎　6-4122
曲話　7-5006, 5041
曲綢袍　2-1139
曲盤　7-4635
曲篤三　4-2228, 2365
曲蟮　1-713；3-1798, 1801,
　1804, 1807, 2034, 2082；
　5-3067；7-4708, 4807；9-
　6067, 6185, 6186
曲蟺　1-388；2-821, 880,
　905；3-1984；6-4250；7-
　4532；9-5948
曲辮子　3-1498；5-3400
曲欄　10-7021
曲鱔　2-1132；3-1978；7-
　4900
曲鱔子　9-6252
同　8-5177
同个娘　1-161
同子　1-161
同火　9-6239
同户　10-7017
同年　7-4963, 4969

吃輔子　6-4377

吃犒勞　2-1323

吃瘊蟲　2-1132

吃辣子　10-7173

吃醋　3-1786;10-6857

吃噠　10-6932,6933,6947,
6951,6954,6957,7032

吃噠話　10-7112

吃噆噆　1-131

吃靠勞　2-1301

吃餮糵　3-1876

吃糕　2-1230

吃虧　1-416,420,648,688;
2 -759;9-6061,6179

吃糧的　10-7316

吃礦炭多少　9-6067

吃儉　9-6495

吃嚼咕　2-1278,1301,
1323,1338

吃嚼沽　2-1320

吃嚼焐　2-1345

吒　6-4015;7-4742;8-
5810,5812,5813

吒異　3-2045

因（或因着）　7-4411

因此才　7-4415

因甚　6-3797

因流聲　10-7317

因循　9-6097

因爲　3-1714;5-3371;7-
4415

因噎廢食　6-3785

因頭　10-7024

吸　3-1989;6-4042,4238,
4240;7-4402

吸石　8-5205

吸吸　6-4301

吸哈　2-1076,1106

吸唃　4-2304,2376;6-
3900

叻　5-3134

吘搭　10-7290

吘麼不對　10-7290

吘麼呷　10-7290

吆　10-7031,7098,7290

吆牢牢　10-7290

吆喝　1-412,535,579;2-
1253

出　7-4385

出蟮　2-855

出彎頭　3-1685

岌乎　10-7160

岌岌乎　10-7160

帆　4-2687;5-3051;6-
3661,4281

辿　7-4402

回　1-166;3-1792,1923;5-
3097

回千　5-3005

回水沱　9-6228

回西　4-2344

回回　9-6134;10-7308

回回秫稭　1-75,129,357,
645

回杓　2-1228

回來　9-5970,5972,6072

回味　1-723

回門　4-2312,2430;5-
3319;7-4798

回門酒　9-6277

回查　2-1125

回風回風　10-7230

回殘　5-3006

回湯豆腐乾　5-2929

回煞　1-135

回遷　5-3005

回頭　9-6183,6264

回頭人　4-2235,2360;5-
2899

回蟲　7-4929

回　嚼　7-4813;9-5989,
6268,6298,6422,6462

回嚼撲　9-6087

屻　8-5205

夵　8-5176

肉　1-379,439;2-769;3-
1722;6-4149,4283;7-
4755,4892

肉不冷冷　9-6126

肉肉　5-3231,3425,3426

肉冷冷　9-6132

肉妳妳　5-3145

肉訥　10-7145

肉猪　5-3058;8-5824

肉疙疙　5-3145

肉痛　3-1705

肉墩子　7-4455,4638

肉膲　4-2250,2444

肉頭　2-1268,1309,1319,

6247, 6273；10-6918,
6947,6951,7034,7036,
7038,7039,7093,7120,
7126,7171,7192,7199,
7213,7251,7257,7263,
7281,7301,7302

先後子　10-6941

先後們　10-6994,7204,
7307

先前　7-4801

先前日　7-4824

先偏　9-5877

先辦後辦　7-4410

先纏　10-7128

牝　5-2967；6-3828,4123,
4379；9-6042

牝鷄　10-6741

牝鷄晨鳴、鷗鷄夜啼　2-
1152,1201

丟　2-829,1071,1230；3-
1512,1521,1919,1924,
1928,1930,1933,2140,
2204；4-2300, 2414,
2649, 2671；6-3658,
3714,3720,3811,3898,
3906, 3924, 4244；7-
4810,4842,4843,4844,
4958,4932,4937,4959,
4973, 4992, 5020；9-
5978,6007,6060,6078,
6104,6179,6305,6589,
6591,6627

丟人　1-395,725；2-867,

891, 1041；7-4810；10-
7168,7169

丟了　2-1138；10-7203

丟了東西　10-7180

丟下　10-7098

丟卡　9-6056

丟包　9-6275

丟包的　7-4387

丟尕　10-7275

丟丟　4-2322, 2460；6-
4233

丟交　2-1238

丟兒丟兒　10-7002

丟的鬆　10-7308

丟底　9-6131,6173,6188

丟盹　2-866,890；10-7204

丟堆　9-6556

丟搭　3-1992,1994,1997,
1999,2001

丟跌　3-1919

丟溜溜　2-1158

丟搭　3-2003

丟醜　1-410

丟謊　7-4756

丟臉　1-404；7-4388

舌次　7-4491

舌頭　1-205,473；7-4758

舌嬤　8-5178

竹升　8-5420

竹竹　9-6134,6426

竹孚俞　4-2320,2466,
2503,2528

竹挑　3-1654

竹筐　1-83,131

竹葉青　5-3011

竹葉清　5-3011

竹筒水　9-5974,6228,
6417

竹節餷　5-3010

竹頭　4-2471

竹頭木屑　3-2191

竹篙藠　8-5198

竹簿　3-2096,2102

竹籤　4-2240,2434

兙　6-3877

［丿丨］

代　7-4786

伝　8-5724

乒乓　3-1510, 1526；5-
3408；6-4087；10-6930,
6955, 6957, 7103, 7105,
7106,7109,7110

休　3-1471；7-4752,4755,
4772；8-5448；9-6011；
10-7272

休休　10-7316

休妻　2-1229

伎巧　7-4543

伎倆　7-4540

伏　4-2688；5-3285,3369；
6-3662, 3728, 4287；7-
4628

伏天　1-84；2-918

伏天弗涼兒　1-581

伏地　1-140

伏事 9-6179

伏侍 9-6061

伏底伏涼 1-609

伏涼 1-434

伏裏向 5-2884

伏羣 7-4454,4461,4638

伏鬧 8-5188

佢 5-3106

伐 5-3086;7-4597,4638,
4986

延 9-6113

延延 7-4663

延年益壽 3-2191;4-2470

延到六處 5-3219

延到四處 5-3219

延宕 6-4086

延適延 1-583

仲 3-1532

仲閭多 9-6128,6166

仵作 1-550

件 5-3098;6-3889

氀 6-4361,4362

氀氀 6-4379,4380

任 3-1532

份 5-2943,3086,3346

份子 5-2943

忪蒙 6-4347

仰 3-1987;5-3284;6-4272,
4317,4318;9-5858;10-
6942

仰人鼻息 6-3781

仰半子 10-7315

仰扇 6-4127,4178

仰給 10-7179

仰塵 2-1225;7-4737,
4745,4765

仰臉 7-4437

伉 4-2495,2521;5-3329;
6-4287

仿圈 1-617

伙七倘八 10-7149

伙仔 8-5553,5824,5830,
5838

伙伴 1-207,476

伙食 3-1811;5-3005

伙計 5-2910;10-7112

伙紀 7-4725

伙廂 6-3985

伙意 9-6129

伙頭 5-2915

自了類 5-2931

自大 3-1830

自己爺們 7-4431

自古 10-7205

自由 1-539,674

自由自在 5-3192

自在 2-1001,1071;3-
1596

自此 9-6070

自作自受 2-1007,1071;
3-2168

自來火 2-1317

自固不暇 5-3194

自哉 10-6894

自相矛盾 3-2190;4-2470

自料理 5-2931

自家 1-168;5-3109;6-
3956;7-4485

自家爺們 7-4386

自偢 2-931,1073

自從 3-1713

自答 10-7123

自然 1-526;3-1595,1713;
7-4415

自強 7-4636

自斟壺 3-1661

自覺不錯 2-1340

自顧不暇 5-3194

伊 3-1532,1610,1662,
1719,1787,2076,2085,
2096,2102,2103,2110,
2116,2121,2138,2195;
6-3956,4342;8-5750;
10-6733

伊父 10-7288

伊尹 10-7121,7165

伊奴 3-2192

伊拉 3-2188,2192

伊約 3-2015

伊哩烏盧 4-2301;6-
3933,3945,4323

伊娘 10-7288

伊帶娘 3-1610

伊帶爺 3-1610

伊唪 3-2188

伊塔墻 3-1610

伊儂 3-1662

伊優亞 1-606

由頭子 9-6192

4333；7-4435，4910；9-
6063

行衡 3-1552

行龍 2-1228；8-5182

行禮 2-1201；9-6057

行鞭筍 5-3080

行霸 3-2081，2087，2106，
2112，2117，2123，2139

行竈 3-1660；6-4280

甪姑 6-4182，4226

［丿丶］

全 9-6257

全夃 7-4451，4636

全完 7-4565；10-7156

全帖 9-6198

全桓 7-4565

全納 6-3987

全兜 1-145

全課 10-7286

合 4-2628；5-3324，3345；
6-3661

合子 1-186，618

合不著 2-848

合少成多 4-2493，2641，
2657，2727；6-3701，
4330，4337

合仆 3-1705

合式 5-3161；9-6062，
6103

合芝 9-6130，6162

合同 1-649，700；2-953；3-
1786；4-2305，2428，2714；

6-3689，3820，3916；9-
5930

合多 2-1126

合并 2-1014，1072

合面街 9-6084

合閃 9-6292

合朗 2-1227，1231

合婚酒 7-4450，4459，
4636

合搭 3-2087

合朝 6-4232

合量 9-6062

合絡 2-1122

合絡火燒 2-1150

合腰 1-622

合腮 3-1917

合煞 3-1992，1994，1996，
1999，2001，2003

合夥 7-4435

合算 5-3190

合適 2-1151，1233；5-
3161；6-3684

合搭 3-2080

合鬧 9-6198

合龍門 1-571

合竅 10-7200

合騷 3-2082

合攬 9-6045

合羅 7-4762

合饌 8-5414

兆 6-4012

企 6-4285，4378；7-5006，
5041；8-5102，5240，

5298，5449，5488，5520，
5530，5546，5691，5693，
5696，5697，5699

企年 6-4311

企住 8-5350，5353

企腳 10-6736

佘 3-1480，1488，1489，
1500，1518，1569，1583，
1603，1608，1642，1663，
1733，1774，1778，1784，
1797，1814，1845，1847，
1855，1925，1928，1930，
1934，1971，2074，2081，
2087，2106，2112，2118，
2124，2140，2144，2178，
2191，2195；4-2398，
2508，2534，2629，2651，
2684；5-3360，3363；6-
3659，3715，3721，3743，
3899，3909，3927，3960，
3967，3989，3991，4041，
4220；7-4405

佘江浮瓢 5-2928

佘物 7-4436

佘 5-3363

妥 6-4010

妥掉 6-4073

兜 3-2094，2101；4-2367；
6-3760；7-4579

兜兜暴暴 9-6134

［丿一］

肋巴 9-6041，6261，6275

米糝 3-1530,1541,1560,
　1574,1593,1620,1641,
　1646,1760,1768,2031,
　2046,2104,2111,2116,
　2122,2138,2163,2195;
　6-3864
米糷 6-4150
米麷 5-3004;6-3865
州官 9-6176

[、、]

汗 5-3353;6-3828
汗毛 2-1131;5-2958
汗欠 9-6493
汗他兒 10-7263
汗托子 2-1131
汗衣 9-5970,5972,6071,
　6250
汗卵 8-5179
汗板蟲 2-1132
汗衫 7-4898,4956,4961,
　4967,4981;8-5273;10-
　7315
汗祖 10-7121,7199
汗埳埳 4-2239
汗褂 9-5975,6228
汗袴 9-6065
汗撾子 1-413
汗褂 2-878,902;10-7312
汗褡 6-4344
汗褧褧 4-2301,2381
汗褟 10-7172,7186,
　7246,7287,7312

汗褟子 9-6183
汗襟 10-7294
汗 3-1534;5-2968;6-3986
汗的 10-7027
汙缸姑娘 5-2937
汙糟 8-5699
汙糟穀蜋 5-2927
汙濫雜碎 7-4672
汙濟濟 9-6132
江 3-1567,1581,1601,
　1609,1636,1720,1725,
　1773,2033;7-4986
江片子 9-6137,6169
江西老表 8-5793,5794
江米 2-993,1112
江良子 7-4730
江南 3-1502,1503,1505,
　1509,2075
江珧柱 7-4455
江猪子 7-4682
江猫 5-3062
江湖 1-438,452;3-1650;
　9-6274
江鮀 9-6083
汱 3-1480,1488,1489,
　1500,1535,1642,1663,
　1733,1778,1784,1797,
　1846,1854,2032,2133,
　2164,2206;4-2271,
　2406,2508,2533,2679;
　5-3204,3356;6-3806,
　3908,3937,3955,3989,
　3991,4151

汕 1-567
汕老 4-2476
汲汲忙忙 3-1711;4-2729;
　5-3172;6-3901,3965,
　3969
汲黍 9-6180
汛 3-1534
汝 3-1719,1732;6-4274
汝來 10-7127
汝則 2-1123
汝搭 3-1732
汊 5-3149;9-5988,6188,
　6267,6297,6417,6420,
　6461,6492
汊汊 9-6192
汊河洱 9-6246
忖 5-3291;6-3802;9-5977
伏 10-6783
代代 5-3166
代代動 4-2279,2379,
　2609
扚 6-3802
忙 1-376
忙三跌四 2-1317
忙工 4-2229,2354;5-
　2909;6-3671,3753
忙月子 3-1876
忙忙迫迫 9-6133
忙迫 10-7279
忙活 7-4459
忙溜 9-6039
忙慢 10-6894
守七 6-4193

守分　4-2707
守錢　7-4820
守錢奴　3-2133
宅　1-49,379
宅子　1-223,491;7-4433
乞　4-2616;5-3263;6-3644,
　3961;9-5991,6088,6190,
　6269,6276,6291,6300,
　6423,6435,6464,6492
字　5-3016;6-4207;7-4547
字幕　1-698,737;2-1055;
　9-5930
字號家　1-169
安　1-147;2-831,1000;3-
　1818,1981,1983,2080,
　2087,2093,2100,2105,
　2111,2117,2122,2139,
　2196;5-3328;6-4028;
　10-7277
安人　2-1233;8-5312,
　5322,5478,5481
安伏　1-533
安安一一　9-6134
安安耽耽　5-3170
安安逸逸　9-6172
安安端端　7-4407
安安穩穩　4-2729;5-3163;
　6-3965
安把　7-4383
安沙　10-7277
安牀　5-3320
安恬　8-5236
安耽　5-3170

安根　2-1341,1345
安席面　10-7225
安排　1-673,726;2-866,
　890,945,1042,1073;3-
　1786;4-2490;5-3328;6-
　4327,4334
安偉　3-2032,2045,2164;
　5-3224;6-3795,4068
安插　5-3328
安聑　8-5236
安登子　9-6130,6165
安登意　9-6164
安頓　1-672;2-1230;5-
　3328;9-5863
安置　4-2712;5-3328;6-
　3683,3764,3778
安意　9-6127
安媽　7-4992
安静　1-168
安樂　3-2015
安樂菜　6-4148
安慰　1-673
安禪態　9-6036
安穩　2-1071;5-3163;9-
　6240;10-7161
安矗　5-3187

[丶一]

肎　5-3237
扚　6-4034
扚下子　9-6005
扚家　9-6108
扚著　9-6108

扚錢　9-6108

[一一]

聿　7-4833
那　1-148,380,661,716;
　2-860,885,1129;3-
　1504,1506,1511,1526,
　1532,1536,1544,1558,
　1572,1614,1623,1641,
　1716,1988,2020,2022,
　2024,2029,2036,2037,
　2039,2040,2048,2052,
　2058,2059,2062,2067,
　2076,2080,2085,2087,
　2103,2105,2110,2111,
　2115,2117,2121,2122,
　2138,2139,2144,2153,
　2157,2173,2177,2181,
　2187,2192,2195,2196;
　4-2470,2487;6-3796,
　4113,4324,4332;7-
　4383,4399,4400,4755,
　4761,4764,4776;8-
　5048,5050,5728,5828,
　5830;9-5859,5992,
　6190,6243,6257,6258,
　6262,6270,6279,6301,
　6424,6465
那一陣　9-6128
那一般子人　7-4399
那一塘　9-6047
那人　9-6082
那山揸　6-4295

那馨　8-5414

那黨　10-7123

那纔離了哩　7-4390

艮　2-1350;7-4446,4563

艮古頭　4-2286,2424,
　2498,2522

艮氣　2-1350

艮頭　4-2230,2355,2476;
　6-3756

甿　3-1818,2081,2087,
　2107, 2112, 2118,
　2123,2140;5-3274

屄　8-5403,5406,5695,
　5788

屄蛋子　2-1131

异　6-3807

弜　5-3046

弜出頭　4-2637,2654,
　2722;6-3697,3918

弜頭弜腦　5-3190

[一丨]

孖　8-5402,5694

收　1-417

收了相　9-6127,6165

收水　9-6056

收生的　1-387

收收　2-769

收收嬌子　1-413

收拾　1-194,418,442,
　462,529,648,670;2-
　866,891,1003,1071;4-
　2491; 6-4087, 4328,

4335;7-4725,4731;9-
　5863,6061,6179

收拾幾下　10-6930,6957,
　7031,7033,7040,7109,
　7110

收科　1-410

收鬼期　2-1104

收溜子　2-1226

收寖　3-1877

收監　9-6056

收麼　1-407

收漿　9-6275,6292

收驚　2-952

收矖眼　5-2921

阪栗　9-5967

屯　5-3032

阮　1-204,472;5-2874;8-
　5228

防備　1-592

阧　5-3149

卼　8-5545

[一丿]

奸　1-399,403;3-1921;4-
　2367;6-3762

奸詐　1-404

奸滑　2-869,894

奸頑　9-6061

妖　7-4837

妭　6-4255

如　1-272

如夫人　3-2190;4-2226,
　2470

如今　2-860,885;7-4740,
　4752,4772;10-7205

如月　10-6722

如兄弟　8-5837

如式　5-3161

如非　5-3372

如果　5-3373

如的　7-4811,4812

如風過耳　6-3774

如許　6-4340

如絲過籤　7-4810

如意　2-981,1070;3-2191;
　4-2470;6-3684,3843;10
　-6782

如適　5-3161;6-3684

妊　4-2590

妊孫　5-2893

妊婚　4-2225,2353

好　1-168; 2-860, 885,
　1114,1118,1153,1180,
　1227; 6-4004; 8-5705,
　5726,5750;9-6039;10-
　6920,7001

好人　2-868,892,1152;4-
　2470

好人姜菲　3-2190

好八淺子　1-588

好了麼　10-7180

好工夫　2-1130

好大　10-7128

好大譜　2-1340

好小子　1-606

好口才　2-1039

好天　3-1534；8-5312，5413,5499

好不須多　3-2189

好少　8-5578

好日黃狗　5-2933

好中喫　7-4755

好心天雷打　4-2311

好心將養　9-6043

好世事　10-7026

好可憎模樣兒　10-7035,7037

好生　6-4329；9-6257

好生些　9-6304, 6455,6457,6460

好生着　1-435,582

好生點　9-6429

好主　2-1112

好老　5-2922；8-5793,5794

好老火　9-6128

好地　7-4755,4757

好死了　10-7129

好年成　2-1193

好多　10-7128

好好　2-918

好好生生　9-6133,6171

好好先生　2-944；5-2926

好好兒　10-7127

好好說　7-4410

好身手　2-1105

好角色　9-6192,6419

好長　8-5705

好東西　7-4755,4761；9-6304,6455,6460

好事人　2-1104

好些個　1-158,168

好物不在多　2-1007,1071

好的狠　10-7308

好的酷　10-7129

好妮　8-5504

好看　2-869,894；9-6061

好食葛　8-5200

好格　6-3956

好孬種　2-1104

好時好節　4-2726；5-2887；6-3700

好氣力　9-6060

好酒　9-5970,5972,6072

好家　7-4742

好容易　1-158

好排場　7-4790,4793

好接手　2-1112

好眼力　1-723；2-1039

好過　2-769,915

好過火　10-7317

好過主　2-800

好過來　7-4793

好得很　10-7179

好彩頭　2-1192

好捅擔　8-5241

好喪　2-1317

好硬雷　10-6935

好雄糾　9-6429,6458

好喫　7-4762

好短　8-5705

好儌伙山　2-773

好痛　8-5553

好幾個　2-764

好搗秩　2-1302

好嗎　9-6075

好像　1-157；7-4414

好腳色　2-1193；9-6057,6429,6458

好裏手　2-1112

好箇　4-2644, 2717；6-3711,3717

好說歹說　7-4410

好說咧　1-582

好麼　6-3956

好齊整　7-4755

好漢　2-868,892,943,1041,1073；4-2230,2304,2428,2694；6-3671,3755,3912；7-4458；9-6177

好漢子　1-606,725

好漢股　7-4389

好嬉子　4-2638, 2654,2721；5-3382

好賴人兒　1-410

好辦難辦　7-4410

好壞　8-5098

好攪行　10-7121

好麵河漏　2-1139

好攬幹　9-6515

她　8-5787

［一丶］

羽士　9-6177

牟　3-1871；6-4250

牟束　10-6744

牟牟　2-817；7-4428

[一一]

瓮　6-4285

糸兒　8-5695

巡梁　8-5583

七畫
[一一]

弄　1-620；3-1540, 1559,
　　1573, 1592, 1619, 1758,
　　1768, 1918, 1989, 2071,
　　2096, 2102；4-2274, 2409,
　　2468, 2472, 2474, 2487,
　　2619, 2638, 2654, 2660；5-
　　2871, 2984, 3302, 3379；6-
　　3640, 3903, 4052, 4272,
　　4308, 4312, 4320, 4325,
　　4382；7-4404, 4434, 4959,
　　4992, 5006, 5020, 5041；
　　10-7027

弄了　10-6936

弄巧成拙　2-922, 1074

弄把　7-4445

弄甚拉　7-4795

弄柄　6-4272

弄柄頭　6-4272

弄送　3-1983；5-3307,
　　3413

弄堂　5-2871, 2984, 3410

弄敨　3-1981；6-4094

弄塊子　9-6257

弄猴　6-4093

弄塴　6-4092

弄嗄　7-4731

弄嗄啦　7-4790

弄簡弄塊　9-6253

弄僵忕　3-1611

天　5-3366

匼　3-1666, 1736；4-2282,
　　2412, 2546；5-3277；6-
　　3825；7-4626；8-5107,
　　5255, 5328, 5449, 5531,
　　5546

形人　9-6032

戒指　3-2052, 2153, 2181；
　　7-4892

吞　3-1973, 1975, 2022,
　　2025, 2029, 2045, 2065,
　　2094, 2101, 2158；6-
　　3784, 3986

吞吐　5-3242

吞吞吐吐　5-3242

吞搜　1-411

吞槽　7-4756

远　4-2595；5-3033

[一丨]

抃　7-4403

扶　8-5048, 5050, 5054

扶力　9-6279

扶下　6-4129, 4260

扶子　2-1193, 1201

扶手　7-4636

扶正　7-4387, 4431

扶乩　6-3756

扶竹竿不扶井繩　2-919

扶某　8-5048, 5050

扶桐　8-5203

扶高　7-4401

扶娘　7-4980

扶梯　5-3038

扶搖　9-6006

扶鳩　8-5202

扶閭　8-5054

扶韏　8-5203

拂　3-1883

坏　3-1508, 1514, 1527,
　　1542, 1590, 1621, 1761；
　　4-2258, 2454；6-3841,
　　3899, 4046；7-4600；9-
　　5990, 6088, 6190, 6256,
　　6268, 6299, 6306, 6422,
　　6463, 6523, 6536；10-
　　6995

坏魄　6-4298

抔　9-5989, 6211, 6267,
　　6298, 6421, 6462；10-
　　7177, 7185, 7245, 7306

坺　5-3091

扤　6-3898, 4285

拒　6-3808

抝孩老婆　7-4735

坉　7-4405

抌　7-4648

找　1-399, 404；3-1926,
　　1931, 1935, 2045；4-

2674；5-3266，3324；6-
3648,3883；　9-6261,
6419，6435；10-7181,
7185,7245,7251,7255,
7287,7298,7305
找他　9-6131
找秀氣　1-176,408
找便宜　2-871,896
找個攔牢　2-1107
找岼　1-409
找麻煩　1-404
找麻噠　10-7251,7321
找補　9-6293
找蔴嗒　10-7319
找算　7-4435
找鑢兒　1-177
找價　2-1227
找鐮　2-812
批　3-1500；4-2621,2671；
　5-3082,3339,3390；8-
　5409,5553
批者　1-410
批評　9-6062
瓩　2-1016；5-3025；6-3845
㲊　10-6930
坯　1-370；2-1109；4-2677
扯　3-1665,1735,2188；4-
　2612,2614；5-3270；9-
　6044,6189；10-6947,
　6952
扯大攔　2-1308
扯斤版　9-6127,6166
扯布　9-6106

扯白　9-6077
扯皮　7-4973,4981
扯扯筋筋　9-6133
扯和　10-7179
扯沫　10-7166,7189
扯拽　3-1991,1993,1996,
　1998，2000，2002；6-
　4089,4239,4241
扯垛子　9-6035
扯秋皮　9-6557
扯風　9-5983,6031,6173
扯恍　9-6188
扯根菜　7-4900
扯閃　7-4808,4837
扯氣　10-6998
扯烏　9-6130,6162
扯捌　3-2193
扯埽　1-603
扯乾絞　9-6035
扯票　1-395
扯淡　1-171,405,418,420,
　640，682，718；2-1036,
　1317，1319；3-2182；4-
　2712；5-3247；6-3685,
　3915；9-5869
扯蛋　2-1341
扯紬緞　9-6106
扯揭　10-6999
扯閑淡　10-7175
扯閒淡　10-7204
扯筋　9-6061,6126,6162
扯經　9-6078,6089
扯誑　9-6062

扯精　9-6173
扯網網　9-6035
扯蕩　6-4250
扯談　1-528；3-2027,2031,
　2175
扯謊　7-4810；9-6085,
　6128；10-7258,7261,7321
扯謊三　9-6074
扯謊壩　9-6128
扯磨　10-7179,7308
扯臊　1-438
扯謭　1-399,403
扯攔　2-1319,1324
扯攔天網　9-6127
走　2-1131；6-3948,4285,
　4317；7-4892；8-5362
走一水　8-5557,5576
走人戶　9-6084
走水　1-136；2-1318
走作　1-669；2-945,1026；
　3-1493，1500，1680,
　1779，1784；7-4702；9-
　5864
走阿達去　10-6997
走者瞧　1-410
走使　8-5245
走的臭　1-410
走狗　10-6857
走油　3-1499
走草　2-1136；9-5979,5984,
　6014,6238,6267
走要　9-6062,6180,6261,
　6278,6427

走星照命　2-1280

走風　8-5187

走差路　10-7226

走洋　5-2978

走馬樓　6-4197；8-5171

走馬觀花　2-1282

走埋　8-5350，5353

走堂　4-2230

走陽　4-2245，2440；5-
2978

走路　9-6056

走衙門　6-4357

走溜了　9-6130

走線索　3-1921

走親戚　7-4728

走露　8-5187

抄　3-2074；5-3245

抄手　9-6249

抄者　1-409

抄風撲影　7-4694

抄莊　5-3017

抄掠　6-3815

抐　5-3346；8-5172

扨　3-1927；6-4286；7-
4403；8-5172

表　1-369，384；10-6931，
6933，6935，6942，6947，
6952，6953，6955，6957

扞　7-4438，4441，4447，
4678

扞凍　7-4448

坆　9-6292

抚　5-3275

抆斗　5-3029

赤　3-1566，1580；5-3158；
6-4291；10-6781

赤子　10-6731

赤父　8-5828

赤仔　6-4341

赤老　3-1497

赤赤條條　6-3961

赤豆　3-1728

赤泡茶　5-3013

赤骨立　3-1711，1754

赤骨律　3-1531

赤根菜　1-74

赤電子　1-67，129，356

赤腳　9-5902

赤膊　6-3827

赤蝦　8-5182

赤髁　3-1692，1749；7-
4815；8-5440，5486，5544

扗胹洱　9-6248

圻　8-5299

折　1-450，453；3-1987；4-
2674；5-3346；6-3648，
3887，4286；10-7305

折了　10-7204

折本　3-2080，2087；9-
6060，6205，6281，6427

折戾　7-4429

折倒　3-2182

折動　7-4434

折葉　10-7318

折散　1-405

折割　2-1230

折割了　10-6936

折閱　5-3312

折蹬　7-4444，4446

折騰　1-587，615，648，
679，730

折變　7-4404，4434

抓　1-380，587，681，730；2-
864，889，1044；3-1675，
1785；4-2294，2413，2515，
2541；6-3813，4241；7-
4445；8-5172；9-6007

抓子　1-169；7-4796，4961，
4967；9-6130，6162

抓扯　9-6261

抓拉　7-4388，4791

抓呢　10-7317

抓周　3-2016

抓挖　10-7266

抓哥　9-6293

抓疲　3-2193

抓晬　10-6952

抓腳肚子　9-6279

抓蓿草　3-1959

抓瞎　1-173

抓錢手　9-6515

抓臉　1-165

抓糞　10-7316

坂　6-3951

扳　2-773，784，832；3-
1527，2041，2049，2061，
2077，2085，2091，2097；4-
2269，2405，2415，2512，
2538；5-3261，3282；6-

3649,3898,4017；9-6178,
6187

扳腳後跟　4-2313；5-3308

扳談　9-6210

圿　3-1857；9-6067

圿圿　9-6185,6187

拎　7-4403；8-5699

坋　5-3195,3344

扮　5-3316,3344；6-3818,
4040

扮商　5-3049

扮商船　5-3049

拐　3-1535,1545,1565,
1579,1600,1609,1624,
1643,1663,1734,2074,
2081, 2087；6-3810,
4011, 4178；7-4403,
4631,4646；9-5854

孝　3-1724；6-4294

孝子　1-550；4-2225；5-
2901；6-3670

孝堂　4-2690；5-2983；6-
3666

孝兜　5-2991

孝帽　7-4460

孝順　1-168

孝帩　5-2991

坎　1-381；2-1138；5-2873；
8-5503,5738,5761；9-
6435

坎子　6-4048

坎囟　6-4276

坎坎　9-6246

坎肩　1-219, 592, 617,
706, 742；2-803, 878,
902, 1053, 1131, 1145,
1226；7-4396, 4432,
4460,4758,4774

坎肩兒　1-387,413

坎礒　8-5256

扷　4-2612；5-3274

均　1-31

均之匀之的　10-7027

坰　3-1518,2194；5-3235,
3330；6-3743

坰眼　3-1795

坰臺　3-1499；5-3296

坰檬　3-1707

抑　5-3268；10-6786

抑或　6-4340

抑酢　7-5006

抛　4-2266；6-3813；7-
4432；9-5978,6019

抛文　9-5979,5984,6197

抛皮　7-4810

抛抛撒撒　9-6134,6172

抛沙　9-6103

抛鬼　6-3985

抛棄　9-6007

抛撒　1-602

抛槃　7-4664

拘鉤　7-4452

投　5-3273,3291,3355；7-
4647；9-5981,6022,6493

投到　10-7102

投界　10-6768

投性　1-616

投標　10-6856

投機　4-2467

坑　1-493, 571, 613；2-
1151；3-1546, 1561,
1590, 1625, 1721, 1769,
1978, 1989, 2139；4-
2598；5-2865, 2874,
3274；7-4433；8-5205,
5413, 5479, 5492, 5499,
5552；9-5883

坑工　8-5171

坑下　2-1124

坑谷　1-582

坑空　8-5205

坑棚　3-1534

坑廁　5-2983

坑窩　2-1201

坑頭　5-2983

坑頭上　7-4409

坑騙　7-4430

抗　3-1812, 1818, 1836,
1846, 1848, 1979, 2134；
4-2612；5-3274, 3329；6-
3808, 3940, 3963, 3968,
4027；7-4405, 4435,
4621；10-7168,7170

抗年造　2-1302

抗年終　2-1322

抗長活　7-4435

坊　6-3738；10-7103,7104,
7106

抖　1-404, 587；2-1319,

1324，1350；5-3262，3289，3349；6-4287；9-6059；10-7269

抖水　7-4963，4969

抖甩蒂芭　2-1348

抖甩褥套　2-1348

抖羊皮　10-6894

抖抖病　4-2246

抖抖藪藪　9-6133

抖神　2-1264，1308，1350

抖起來了　2-1317，1321，1338，1345

抖搭子　10-7290

抖擻　1-174

抖精神　1-726；2-1042

抖聲口　10-6857

抖擻　1-604；2-1136，1258；7-4429，4460，4603

抖藪　2-1118；9-6203；10-6926

抖斷繮繩　2-1348

抖攏　6-3954

抖飄　1-173

売　5-3072

扰　5-3348，3351；6-4365；8-5327，5452，5489

扰坑　5-3352

扰帚　9-6007

志　7-4827；10-6773

志氣　9-6213

抉　2-1066，1087，1106

扭　2-769，832；6-4018；7-

4405，4431，4436；9-6059，6178；10-6894

扭扭業業　9-6134，6171

扭筋彎力　7-4672

扭搬　10-7179，7235，7258，7261，7320

扭業　9-6131

扭彎　7-4668

扭頭別膀的　2-1347

扭襟　9-6032

把　3-1979；5-3081，3275，3328；6-3805，4373，4381，4382；7-4411，4437，4452，4963，4969，4977，4979；8-5728；9-5925，6009，6049，6264，6268，6280，6299

把人打劫了　10-7308

把子賬　3-1874

把什　2-769

把兄弟　1-386；2-1191；7-4729

把式　10-7018

把守　5-3316

把抓　7-4445

把把　6-4124；7-4974；9-6049

把作　5-2908

把作老司　4-2340

把你能的　10-7316

把你勞動　10-7231

把茅　9-6279

把秉　5-2942

把兒客　10-7040

把持　1-592，670；2-946，1073；5-3316

把柄　4-2527，2595；5-2942

把信　3-1920

把連　9-5999

把師　1-160；7-4784；10-6994

把浪　8-5054

把着　10-7136

把細　3-2131

把堰　2-1075

把滑　1-533；9-5864

把勢　1-604，648，736；2-1051；5-2942；7-4723

把勢師父　1-614

把靠　1-141

把鋤的　2-749

把頭　2-1263，1308；7-4395

把戲　2-870，894；5-2949；7-4815；9-6061，6180

把總　2-1224

把穩　3-1705，2044，2131；7-4813；9-5990，6179，6189，6253，6268，6277，6299，6418，6422，6427，6429，6435，6463，6516

报起　8-5375

抒　6-4020

抒算　9-5927

劫劫波波　6-3965，3969

劫賊　5-2922

扚 5-3266

華 6-3843

芫荽 1-169；7-4453

芸 6-4162

芸頭 7-4959

茉 1-293；3-1892；7-4656

茉鍬 5-3042

苃 7-4833

苣 6-4283

苣蕒菜 1-356

苣藚菜 1-644

芽子 3-1978

芽瓜 7-4437,4444

苩頭 6-4202

花 2-881, 905；4-2366,
2685；5-2946,3076,3097,
3203；6-3758, 3869；7-
4429,4490；9-6516

花大姐 2-1132

花子 1-127,614；2-749

花牙圓 7-4451

花公 4-2320, 2458；6-
3948；8-5051,5361,5365,
5375,5478

花公爺 9-5984,6034

花旦 1-545

花甲 2-1001, 1071；6-
3731

花生 6-4159

花老 5-2919

花尖 9-6275,6292

花回 10-6727

花行 9-6086

花色 5-2943

花字 4-2305,2428,2714；
5-2954；6-3689, 3820,
3916

花艸 9-6103

花花 1-152；5-3424,
3425；9-6134

花花叫 2-1104

花花色色 5-2943

花花塔塔 9-6134,6171

花花綠綠 4-2729；5-3119

花花皺皺 3-1966

花花嚕嚕 9-6133,6171

花車 4-2260,2450

花言巧語 6-3785

花押 5-2954

花拉 7-4456

花兒 10-7121,7312

花的 10-7040

花油 6-4149

花衫 4-2263

花孤毒 6-4164

花咬 6-3987

花骨朵 6-4164

花骨突 7-4461

花脉 8-5054

花紅 3-1654；7-4815

花馬掉嘴 1-435,582

花桃 8-5054

花柴 7-4734

花蚊 8-5197

花息 5-2946

花粉香 5-3138

花消 5-3018

花浪 2-759

花宵 9-6277

花娘 1-126；3-1536,1593,
1615；4-2643

花菜 4-2319,2465；6-3948

花麥 6-3985

花奢 6-4299

花眼 5-2972

花眼圈 2-1319, 1338,
1345

花貨 2-1317

花脖子 1-387

花脖子四眼的 2-1348

花猫料嘴的 9-6458

花婆 8-5051,5361,5365,
5375,5478

花椒 9-5966

花黑錢 7-4388

花筵酒 9-6419

花瓶 5-3011

花費 1-536,675

花絮 5-3001

花鼓缸 4-2263,2452

花鼓婆 4-2236

花嗎掉嘴 1-180

花園酒 9-6228

花腳猫 7-4809

花嫠 5-2919

花綠紙 5-3055

花頭 3-1656

花錢 1-616；7-4982；10-
6894

1528,1778,1783,1797,
1801,1805,1807,1845,
1854，2145，2195；4-
2710；5-3401；6-3685

字窣　3-2063

字鷗　7-4526

字籃　3-1532

車　3-1676，1724，1741，
1775，1791；5-2870，
3043，3352；6-3948；7-
4732；9-6018；10-7171

車夫　1-387

車水星　5-2860

車牛　7-4992,5020

車把式　1-387

車科　1-30,181,183,370；
2-1275

車前　6-4160，4369；9-
5964,6252

車前菜　1-394

車倌　2-1224

車梯　1-702；2-1094,1100

車軲轤圓　1-434

車軸身　2-1009,1072

車軸漢　1-446,453

車黎　9-6137,6170

車廂　10-7171

車腳　1-565

車輞地　7-4457

車盤　9-6067

車頭　5-2870；10-7172

車輗　7-4505

車輇　7-4505

甫　8-5735,5758,5759；9-
6077

匣　9-6082

更　1-38,133,150,377；3-
1546,1561,1575,1590,
1625,1742；6-4294

更加上　7-4414

更兼　7-4414

更震　2-1231

束　5-3258；6-4039,4265

束修　1-536

束棄　3-1543,1565,1579,
1622

吾　2-1034；6-3750,3956,
4113，4303；7-4986；8-
5052,5186,5293,5324,
5361，5479，5517；10-
7140

吾子　8-5067,5186,5293

吾突　1-174

吾做　8-5479

吾媽　6-4361,4362,4379,
4380,4381；7-4985

吾離吾拉　10-7176

豆　3-1720,1918,1980；7-
4573,4892,4963,4969；
9-6252

豆子　1-161,168；2-1158；
10-7281

豆子饃　10-6995

豆芽菜　1-143

豆花　9-6249

豆豆　6-4099

豆沫子　7-4396

豆油　9-6249

豆前　4-2213,2347；6-3950

豆莢　5-3080

豆乾　9-6249

豆豉　9-5906

豆脯　2-998，1071；3-
1924,1928,1930,1933

豆粞　9-6184

豆筥　1-286；7-4830

豆鼠子　1-433

豆箕　6-4162,4262

豆腐　1-217,486；9-5906,
6065，6083，6184，6186，
6249

豆腐皮　1-143

豆腐絲兒　10-7019

豆腐腦　7-4521

豆腐灦　3-1961；7-4521

豆醋　1-709,743

豆罷　6-3950

豆羅班　9-6163

[一丿]

辰門樓　7-4714

辰時　7-4975

辰飯　7-4975

夾　8-5208

夾夾　9-6060

否　3-1715,1879,1990；4-
2384；5-3415；6-3722,
3991，4238，4240；9-
5974；10-7288

5547

步步高 4-2265

步苗 7-4755,4762

步郎 6-4296

步屈 2-1136;7-4462

步姑 4-2460;5-3061;6-3709

步馬 1-573

步梯 5-3038

步頭 4-2350,2690;5-2869;6-3665,3742,3911

步蟲 7-4892

步鷄 3-1534

刟剌 6-3934,3936

奻花 3-1942

[丨丶]

肖 7-4565;10-6927

肖活子 10-7250

[丨一]

旰 3-1518;4-2213,2347,2516,2543

旱地 7-4762

旱船 2-1229

旱龍 7-5007;8-5694

旱贏 3-1981

旱騾子 9-6137,6168

盯 4-2308,2664;5-3233;6-3776;9-6291

呈 7-4757

吳 3-1722,2033,2035,2052,2199,2201,2202;

5-3230;6-3790,4291;7-4986;8-5076;9-6170

吳二鬼 1-433

吳呼 7-4981

吳愭 10-6894

吳搭 10-7107

吳擺 2-1125

貝 10-6789,7116

貝母 9-6252

見 7-4563

見大頭鬼 5-3299

見上司 10-7308

見天日 6-3693

見火 9-6067

見外 2-996,1071

見在 1-662,717;2-1035;4-2469,2473,2474,2709;6-3685,3733,3735

見有做 3-2094,2101

見卵鬼 6-3987

見事 9-5868

見事風生 3-2191;4-2471

見面茶 9-6084

見面錢 5-3016

見風使帆 9-6085

見笑 1-721;2-1038;4-2470,2711;6-3763

見笑大方 3-2189

見猫鬼 7-4820

見錢 1-699;4-2491,2641,2657,2713;6-3688,4328,4334

見錢眼開 1-404

見識 1-169

叫 5-3234

助 8-5789

助十福 7-4962,4968

里 6-3796;7-4686,4690

里何 9-6239

里長 1-547;4-2242;10-7229

里舍 6-3956

呆 3-1921,2052;5-3196;6-3928,3987,4032;8-5546,5581;9-6022

呆人 6-4309,4310

呆大 5-2924

呆子 1-601

呆木大 4-2721;5-2924;6-3696

呆回兒 1-412

呆呆 1-145;2-1298;9-6074

呆板 5-3211;10-6857

呆徒 3-2143

呆著 1-175

呆笨 6-3962

呆剩貨 3-1609,2074,2081

呆頓頓 5-3196

呆傻 2-1027

呆鄧鄧 3-1493,1709,1780,1784;4-2301,2381;6-3944

呆頭搭拉 10-7318

呆礙 10-7026

2139,2196

串門　2-1227,1263,1308,
　1317,1319,1337,1340,
　1342,1344

串門子　1-410

串門則　2-1124,1138

串客　5-2916

串通　2-760

串通子　10-7018

串帶　9-6293

串親戚　7-4742,4744

串臂　4-2593;5-2992

甶　4-2254,2446,2593;5-
　3032,3274

吶　8-5546

吶吶　10-7276

吶喊　9-6197;10-6998

吶磴　9-6064

吽　10-7304

吽子　1-370

吒　5-3226

吃齕　6-4144

吡哩　10-7199

囦　4-2402;6-3785

听　5-3409

听听　3-1885

呕嗲　3-1938

吩咐　1-724;2-1073;7-
　4459;9-6201

吻　7-4469

吹　1-142,399,403;2-
　1351;3-1989;7-4401;8-
　5786;9-5974,6078

吹木屑　3-2107,2114,
　2119,2125

吹手　7-4735

吹牛　3-1846

吹牛皮　7-4809;10-7259,
　7262

吹牛拍馬　10-6857

吹牛屄　2-1339

吹牛腿　2-1339

吹毛求疵　1-444;2-922,
　1074;3-2191;4-2470

吹打　2-1046

吹叫鷄　7-4899

吹行　5-2917

吹吹　9-6134

吹法螺　4-2277,2370;6-
　3949

吹海角　7-4976

吹唱　5-2917

吹糖孩　5-2913

吹簫　5-3053

吹諒　7-4429

呶　6-4015

呶搭　3-1950

呶答　4-2625

呶諸　3-1846,1856

呴　10-7031

吭臟　3-1974,1976

吠　5-3225;9-5990,6082,
　6269,6276,6299,6422,
　6435,6463

吠欠　9-6493

呫　1-575;3-1676,1741;7-

4405,4436,4454,4633,
　4638

咿咿喔喔　6-4346

呾　7-4408

吧　2-1130;7-4737

吧呀　3-1917;7-4408

吧吧　1-724;2-1034;7-
　4407,4408,4428

吧吧哪哪　3-1712,1755

吼　2-1229;3-2197,2200;
　6-3986,4347;7-4383;9-
　5974

吼子　9-6032

吼哩　2-1106

吼肆　3-1794

吼駱駝　9-6261

邑屋　10-6725

囤　1-562,617;2-1004,
　1071;7-4397

別　1-619;4-2613,2622;5-
　3287;7-4417,4618,
　4686,4731,4834,4842,
　4843,4844;8-5173;10-
　7205

別日　6-4343

別古　7-4387

別加　7-4712

別列　7-4550

別伏　3-1978

別字　6-3820;9-6061

別別　8-5709

別虎　1-587

別亮子　2-1346

別架　1-171,408

別格　10-7303

別致　10-7120, 7180, 7199,7311

別家　10-7166

別梁子　2-1341

別愣　7-4683

別號　3-2190；4-2470

別趣　10-7270

別鍼　5-3040

別謬　1-418；2-840,1256

吭　4-2402；8-5786

岐嶷　8-5175

癹　3-1950

岑　8-5759

岑們　10-7282

兕　1-349

囧　1-574；4-2625；5-3314；6-4042；7-4526, 4842, 4843；9-6002,6207

囧子　9-6106

坐　1-369, 384；10-6931, 6933, 6935, 6942, 6953, 6955,6957

囫圇　1-418, 529, 592, 615, 648, 667, 722；2-1039, 1229；3-1612, 1690,1924,1927,1929, 1933, 1985, 1992, 1994, 1997, 1999, 2001, 2003, 2022, 2025, 2029, 2046, 2080, 2087, 2105, 2112, 2117, 2123, 2139, 2159,

2178, 2192, 2196；4-2481；6-3880, 4096, 4239, 4241, 4293, 4309, 4323；7-4691, 4731；10-7156,7317

囫圇吞　3-1917；4-2310；6-3963,3969

囫董董　9-6132

囷　3-1501, 1505, 1506, 1511, 1522, 1568, 1582, 1602, 1608, 1669, 1737, 1917, 1923, 1927, 1929, 1931, 1951, 1973, 1975, 2022, 2025, 2029, 2045, 2065, 2073, 2080, 2087, 2093, 2100, 2105, 2144, 2158, 2178；4-2268, 2404, 2612, 2648, 2683；5-3329；6-3657, 3713, 3719, 3886, 3899, 3909, 4287,4309,4323；9-6208

昃　5-3269；8-5756

昃互　7-4449

[丿一]

牡　1-41；9-6101

牡丹　3-1729

告　1-142

告了　3-2199

告化子　5-2917；9-5975, 6058,6228,6417

告示　3-2191；9-6056, 6176

告老　3-2190；4-2470

告花子　10-6856

告作　3-1919,1925,1930, 1934

告狀　9-5975,6228,6417；10-7282,7308

告送爾　9-6085

告訴　2-1124

告當　3-2140

告誦　2-1227

牤牛　1-437,452

我　1-28,133,147,185；2-860, 884, 910, 1200；3-1662, 1978；5-3106；6-3750, 3956, 4245, 4274, 4382；7-4398, 4808, 4813；8-5319, 5370, 5400, 5791；9-5992, 6057, 6082, 6088, 6248, 6270, 6302, 6418, 6424, 6434, 6465；10-6999, 7028, 7119, 7206, 7284, 7296,7305,7309

我去會人　9-6176

我地　8-5782

我呀　10-7261

我呀呀　10-7260

我吶吶　10-7121, 7167, 7200,7290,7313

我些　3-1972,1975

我的　10-7028

我的人　10-7017

我的光當　10-7250

我看着　7-4415

我計　6-4380

我屋裏　1-143

我屋裏人　10-6994

我屋裏的　10-7017,7093

我偌的留　2-852

我們　1-398,402;7-4399,
4808;10-7121,7130,
7199,7282,7303,7312

我們大爺　9-6121

我們太婆　9-6120

我們老達子　1-625

我們男人　10-7281,7307

我們的人　10-7179

我們後人　10-7281

我們婦人　10-7281,7307

我們掌櫃的　10-7307

我個　5-3108

我家　1-126;9-6226

我家裏　1-614

我娘娘　10-7290

我執　6-4380

我斬過你説裏　10-7282

我戛戛　10-7167,7251,
7313,7321

我過你説　10-7282

我得　10-7294

我隊　8-5751,5791

我就致哥伽　10-7282

我嗎　9-6126;10-7257

我儜　4-2231,2356;5-
3107

我媽　3-1648,1725

我臺　8-5751

我嘎嘎　10-7290

我説不　9-6305,6456,
6460

我適　10-7279

我輩　3-2189

我儂　3-1488,1732,1971,
2075,2145,2198,2199,
2200,2201;4-2340,
2472;5-3107;6-3947,
3976

我麼　10-7140

我類　5-3107

我類一班人　5-3108

利　7-4722;8-5420

利上生利　3-2191

利令智昏　2-1007,1071;
6-3701

利市　3-1511,1528,1553,
1563,1577,1595,1632,
1640,1686,1765,1771,
2022,2025,2029,2045,
2060,2067,2078,2085,
2091,2098,2106,2112,
2117,2123,2159,2178,
2196;4-2469,2473,
2474,2491,2706;5-
2946,3069;6-3688,
4327,4334;7-4814,
4910;8-5332;9-5979,
5984,5992,6083,6191,
6202,6271,6302,6425,
6427,6465

利市婆婆　4-2340

利夙夙　10-7152

利利　7-4983

利事　3-2192;7-4639

利索　2-1302

利莎　10-7156

利索　2-1264

利速　2-1319

利般　9-6131

利害　2-868,892,1124,
1137;3-2094,2101;7-
4639;9-6033,6191,
6305,6456,6461;10-
6941,7180

利梭　10-7205

利落　1-173,418,648

利錢　8-5687

利濟手　2-1192

利邊　9-6163

利灑　10-7156

禿　6-3976

禿　3-1787;10-7137

禿子　8-5068

禿奴　8-5436

禿舌　7-4762

禿參　4-2601

禿斯斯的　10-7318

禿雞雞　10-7133

禿儂　3-1991,1993,1995,
1998,2000,2002

禿瘡　7-4438

禿驢　2-936,1073

秀　7-4437,4824,4834,

4835,4839;10-7153

秀 才　　1-550;3-1609,
　　1819,2075,2083,2088,
　　2113,2119,2124,2141;
　　8-5346;9-6085

秀氣　9-6556

秀頂　3-1945

秀麗　3-1984

私　　2-1114,1117,1153,
　　1180;10-6921

私私　6-4217

私門頭　3-1498;5-2919

私放　7-4458

私 房　3-2168;9-5870,
　　6197;10-6763

私哇哇　9-6274

私科　4-2694

私科子　5-2919;7-4484

私屋　9-5924

私債　6-3690

私窠子　5-2919;7-4396

每人　10-7130

每日　7-4786

每有　9-6126

每良　7-4742

每遭　7-4728

每輩子　10-7130

每穰　7-4744

[丿丨]

伐　7-4787

休偬頭　4-2315,2606;5-
　　3205

佞　3-2202

兵之邦郎　10-7112

邱　　3-2034,2081,2088,
　　2113,2118,2124,2140,
　　2196

邱二　9-5983,6032,6173

邱根　3-1532

邱堷　10-6918

佉皮　1-173

佉僻　1-410

估　　3-1990;6-3986;8-
　　5055,5362,5367,5370,
　　5376,5403,5406,5444,
　　5479,5487,5545,5571;
　　9-6001

估工　10-7129

估子　9-6261

估計　6-4238,4240

估倒　3-1991,1993,1996,
　　1998,2000,2002

估堆　9-6046

估衡　2-836

估量　2-867,892;6-3888

估價　10-7129

体　　4-2495,2521,2644;5-
　　3195; 6-3711, 3717,
　　3898,4294;7-4814;9-
　　5847,5976,5989,6030,
　　6087,6253,6257,6267,
　　6277,6291,6421,6426,
　　6462,6516

何　　5-3416;10-7123

何二留　9-6131

何二流　9-6163

何犯於　9-6173

何必　5-3372

何弗　5-3373,3414

何至　7-4953

何苦　　1-443;2-1133;6-
　　4342;7-4952

何況　5-3371;7-4414

何郎骨　7-4449

何斟　7-4829

何樣　7-4981

何霎　10-7276

何曬　6-4276

佐　6-4288,4308,4322

佐來　10-7200

佐時哩　10-7282

佔　3-1743

佔了起手　9-6173

佔先　6-4342

佔香洋　1-176

佔欺頭　9-6173

佔勢　10-6857

但　7-4589

但是　3-1713;5-3372;7-
　　4414

但得個月亮　9-6130,6164

伸　　1-142;5-3260;9-5981,
　　6018

伸勻　6-4358

伸冤　3-1787

伸腿　7-4435

伸懶腰　9-6276

伸嬾腰　9-6262

伻 10-7100

佃 9-6241

佃丁 8-5052,5409,5544,
5566,5824,5830

佃人 3-1533

佃户 2-1104;4-2233;7-
4450;8-5836;9-5895

佃户子 10-7118

佃地 10-7295

佃客 8-5556, 5566；9-
5975,6228

佃頭 5-2908

佀 7-4582

佀怠 3-1874

作 3-1527;4-2397,2686;
5-2990, 3101, 3327; 6-
3660, 3821, 3910, 3991,
4050;7-4731

作七 2-1133

作人情 3-1476, 1491,
1814, 1845, 1851, 1858,
1971, 2032, 2044, 2164;
4-2493; 6-3990, 3991,
4329,4336;8-5338

作了嗄 10-7319

作了瘋子了 1-582

作土 7-4837

作大叱 8-5582

作夫 8-5581

作月子 2-1317;10-7168,
7169

作月子的 1-387

作田 7-4837

作死馬醫 2-982;4-2635,
2652

作成 3-1683

作弄 6-4238,4240

作坊 1-417；4-2243,
2436;5-2990;6-3667

作苟 4-2518,2545

作苟苟 4-2295

作事 9-6181

作乖 4-2467

作怪 6-4293;9-5870

作官坯子 10-7131

作南爲北 1-392

作面子 1-409,553

作活 1-208, 417, 420,
440,452, 476, 588, 648,
669, 727; 2-944, 1043,
1073,1253;9-5872,6218

作活的 1-387

作活路 9-6203

作馬 4-2242

作時哩 10-7121, 7167,
7200

作料 5-3005

作酒 7-4981

作害 2-1125

作家 6-4323;8-5117

作姉 8-5581

作梗 3-1820；4-2271,
2281, 2406, 2422, 2497,
2522, 2624; 5-3307; 6-
3686

作場 5-2990

作揖 9-6056

作揖打躬 5-3287

作買賣 1-445

作畲 6-4382

作爲 5-2941

作裙 5-2995

作肆筵 2-1124

作業 5-3299

作廈 1-399,403

作嘎 7-4444

作箇 8-5176

作麼箇 8-5176

作撻 1-725;3-1678,1743,
1856,1877;5-3299

作横 3-1855

作劇 8-5123,5177

作賤 10-7267

作踐 1-157；6-4211；7-
4389,4456

作嬌 5-3310

作頭 4-2229, 2354; 5-
2908;6-3752

作興 5-3327

作營生 10-6936

作聲價 3-2169

作蹋 5-3299

作孽 1-416,687;3-1498;
5-3299;9-6074

作獺 3-1985;4-2634,2650,
2716; 5-3299; 6-3687,
3713,3719,3874,4211

作癩子 1-176

作蠻牽 2-769

作嗀　3-1918

伯　1-184, 210, 212, 371, 478, 480, 593, 691；2-1078, 1191, 1299, 1300；3-1533；4-2661；6-3641, 3960；7-4431, 4677, 4719, 4740, 4756, 4758, 4763, 4775, 4794, 4953；8-5321, 5552, 5565, 5790；9-6255, 6513；10-6730, 7093, 7103, 7105, 7106, 7109, 7110, 7260

伯父　1-210, 436, 478；7-4805；9-6513, 6514

伯公　5-2897；8-5060, 5425, 5480, 5481, 5504, 5525, 5539, 5823, 5829, 5837；9-6181

伯母　1-210, 478；7-4805；9-6056

伯伯　1-168, 436, 600；2-773, 796, 1125, 1130, 1135, 1137, 1224；3-2039, 2089, 2107, 2207；4-2223；5-2893；6-3951, 4380；7-4726, 4740, 4818, 4955, 4962, 4968, 4974, 4980, 4986；8-5787；9-5877, 5885, 6015, 6039, 6056, 6121, 6175, 6219, 6247, 6419；10-6941, 7209, 7260

伯叔　9-6015

伯叔丈哥　8-5665

伯姆　8-5289, 5290, 5427, 5481, 5543

伯姘　8-5823, 5829, 5837

伯爹　8-5823, 5829, 5837

伯翁　6-3746

伯高　4-2310, 2429

伯娘　6-3951；7-4818, 4838, 4986, 4992, 5020；9-5886, 6513；10-7260

伯婆　4-2691；5-2897；6-3668, 3746；8-5061, 5425, 5480, 5481, 5504, 5525, 5539, 5823, 5829

伯棗　7-4963, 4970

伯爺　6-4099；7-4838, 4986, 4992, 5020；8-5787；9-5970, 5973, 6072, 6523, 6559

伯㜑　8-5837

伯孃　1-397, 401；8-5425, 5543, 5787

㖆　3-1523；5-3154；8-5391

伶　6-3761

伶干　9-6556

伶仃　3-1994, 1997, 2001, 2003

伶利　3-1973, 1975；9-6426, 6435

伶俐　1-185, 395；2-756, 1027, 1069；3-1611, 2193；4-2369；6-3962；7-4540；8-5581；9-6061,

6297；10-7280

伶俐人　2-1192

低水　8-5413

低瓜皮　7-4760

低低　7-4983；9-6066, 6185, 6188

低低點　9-6495

低鬼　10-7272

低桌　1-596；2-813

低詀　1-412

你　1-133, 140, 614, 662, 717；2-860, 884, 910, 1034, 1126, 1200；4-2483；5-3106；6-3751, 3956；7-4399, 4755, 4761, 4764, 4813；8-5319, 5370, 5400；9-5857, 6057, 6082, 6088, 6177, 6248, 6418, 6434；10-7119, 7127, 7179, 7296, 7309

你仔麼了　10-7262, 7320

你老　1-29, 181, 182, 579, 587, 614, 642；2-1224, 1274, 1305, 1308, 1325；7-4727, 4741, 4744

你老人家　9-6419；10-6854

你老輩子　9-6121

你忙着　10-7123

你那　4-2340

你那裏去　9-6176

你好嗎　9-6176

你弄嘎　7-4801

你呀 10-7261

你足者 1-408

你我 2-1152；5-3109；8-5665；9-6016

你每 9-5992，6270，6302，6424，6465

你作吓 2-1106

你作嗄 10-7250

你坐着 10-7123

你表去 9-6126

你些 3-1972，1975

你些些莫説的了 10-7181

你畓務哥伽 10-7282

你姐姐 10-6854

你南格 6-4233，4236

你咱行 9-6127，6165

你咱的摸塊沙 10-7291

你咱配 9-6131

你看 1-585

你看咋者 10-7181

你計 6-4380

你們 1-398，402，614；2-1130；7-4399；10-7121，7130，7199，7312

你們大爺 9-6121

你個 5-3108

你爹 10-6854

你家 9-6226；10-6856

你掩我 2-1322，1338，1345

你執 6-4380

你過好 9-6176

你做嗄 7-4714

你得 10-7294

你隊 8-5751

你趑奶 10-6894

你就惡們做 10-7279

你嫂 10-6854

你搗囊多少 7-4797

你想一想 7-4415

你嗎 10-7257

你嗎是的 10-7262，7320

你暗 9-6165

你跟坐 9-6176

你臺 8-5751

你説 1-585

你説嗄 2-1094，1100；7-4714，4801

你説説 1-585

你適 10-7279

你儂 3-2075，2145，2198，2199，2200，2201；4-2340，2472；5-3107；6-3947，3976

你緩着 10-7123

你諀 9-6129，6130

你嬢 10-6854

你麼 10-7140

你瀗 6-3750

你願釘就釘不願釘不釘 7-4798

你願搗就搗不願搗不搗 7-4798

你類 5-3107

你類一班人 5-3108

你覺謀 10-7252

佇 4-2546

住 5-3104；10-7001，7030，7101

住月 8-5403，5406，5478，5483

住地方 2-1307

住宅 2-1075；7-4763

住住的 10-7027

住舍 2-1145

住娘家 10-6936

住嬢家 1-616

位 5-3097

佷 6-4041；7-4810

伴 3-2022，2025，2029，2178；5-3345；7-4549；9-6238；10-7149

伴手果 5-3010

伴郎 8-5363

伴娘 3-2081，2088；8-5363，5413

伴當 10-6894，7018

伴嫁姨 8-5568，5570

伴種 2-1227

伴讀 4-2707；5-3382；6-3682

佇 10-6738

佗 3-1500，1586，1670，1776，1785；4-2366；5-3251；6-3799

佗背 6-4121；9-6261，6275

卓 5-3353；6-4135；10-6767

阜白　5-2941

身　6-4345；7-4757

身上痛　9-6060

身己　8-5439

身手　2-924,1072

身分　5-2939

身材　5-2969

身命　3-1517,2065,2074

身重　8-5430,5483

身架　5-2969

身條　5-2969

身家　5-2939

身戰　10-7158

皂　1-59,120,299；2-992；
　5-3353；7-4830

皂白　1-539；6-3890

皂皂業業　9-6133,6171

皂角　9-5968

皂底　5-3422；6-3896

皂得很　9-6127

皂嗎　9-6127,6164

皂燭　6-3954

皂鷄　9-5951

伺候　6-3885

伲　8-5401,5403,5406；
　10-7284

伲子　3-2182

伲吉　10-7296

佛　3-2083,2089,2107,
　2118,2124,2196；4-
　2272,2407,2613；5-
　3287；8-5174

佛豆　6-3985

佛事　2-936,1073

佛性　10-7180

佛面刨金　4-2313

囟　6-4128

佁　5-3196,3283；6-3757；
　8-5126

佁儢　4-2231,2356

佁儗　3-1516,1528,1551,
　1630,1815,2026,2030,
　2073,2077,2086,2143,
　2148,2150,2161,2174,
　2179, 2182, 2184；4-
　2469,2488

侐　4-2685；6-3762

[丿丿]

近身　1-617,707,742；8-
　5403,5406；9-5915

近便　2-1001,1071

近視眼　1-185

近睞　3-1826；4-2508,
　2534

近睞眼　4-2221,2363,
　2587；5-2972

近觀　6-3775；7-4429

近覷　7-4387,4403,4438,
　4441,4447,4678

近覷眼　5-2972

弦　10-7025

役人　10-6733

返潮　7-4635

[丿丶]

余　5-3416

希　1-30,119,263；2-1125；
　3-1699；7-4984

希巴五灅　9-6131,6163

希巴臟　9-6130

希矢　10-7138

希吼　10-7276

希罕　1-196,464,648,
　668, 722；2-862, 886,
　1036；3-2133；5-3292；6-
　3714, 3720, 4086；7-
　4459；9-5863；10-7150

希奇　3-1492,1779,1783；
　4-2376；6-3894；9-6096,
　6426

希兒　2-1136

希客　9-6075

希粑臧　9-6163

希飯　10-7138

希禍兒了　10-7206

希零薄拉　10-7150

希離花拉　10-7150

希髒　9-6127

希鷄瓦大　10-7138

希鷄鷄　10-7138

坐　3-1569, 1583, 1602,
　1608, 1741, 1774, 2065,
　2074, 2080, 2087, 2093,
　2100, 2105, 2111, 2117,
　2122, 2139； 6-4286,
　4288；10-7282

坐下了嗎　10-7317

坐大蠟　2-1107

坐上橫　6-3987

坐月　8-5051,5360,5364,
　5374,5409,5431,5478,
　5483,5500,5504,5514,
　5539,5541,5543,5553,
　5557，5566，5576；9-
　5983,6031;10-6856
坐月子　1-616;2-914,1227;
　7-4798;10-7231,7317
坐月婆　8-5554
坐冬雪　2-1225
坐地　10-6856
坐折板橙　7-4756
坐車　4-2260,2450；5-
　3038;9-6181
坐坐　7-4756,4762；10-
　6857
坐板瘡　5-2981
坐的直阬阬　10-7159
坐夜　1-167;8-5610
坐草　1-552;4-2480
坐胎　7-4437
坐洞老虎　5-2933
坐屋　9-5920
坐馬　3-1919
坐起　5-2983;6-3961
坐都　4-2235,2359
坐席　1-616；10-7121,
　7172,7176,7179,7312
坐家女　7-4387
坐腔　2-1231
坐歌堂　8-5363
坐蠟　9-6128
坐澄　7-4436

坐褥兒　2-1131
坐憩　4-2240,2434；5-
　2983
坐臀　9-6065
坐橙　9-6264,6281
坐臘　9-6165
坐廬帳　7-4450,4459
坐爐師　9-6067
坐蠟　1-137
半　6-3986
谷　1-63;10-6737
谷谷　7-4740
谷東谷東　3-2140
谷咄咄　2-1094,1100
谷裏　7-4952
谷　7-4490
孚　2-1017;3-1668,1737,
　1914，2171；5-3265；6-
　3808,4019;7-4621
孚捱乾　3-1962
孚　5-3362,3369;7-4633
孚雞　1-102
妥　2-1240
妥妥貼貼　9-6133,6171
妥帖　3-1476,1814,1845,
　1847,1851,1971,2078,
　2093，2099；4-2296,
　2368，2492；6-3990,
　3991，4328，4335；8-
　5236,5337;9-6061,6179
妥珥　3-2169
妥貼　3-1530,1858,2086
妥當　1-418,648,674,

　728;2-758,861,885
豸頭　6-4264
含　10-7276
含村　2-1302
含胡　1-529,684,723;2-
　867,891,1039;3-1479,
　1491,1550,1594,1629,
　1700,1770,1811,1815,
　1827,1845,1971,1991,
　1994,1996,1998,2000,
　2003,2019,2021,2024,
　2028,2055,2063,2078,
　2086,2092,2099,2138,
　2143,2152,2156,2177,
　2181，2185；4-2469,
　2488，2708；6-3990,
　4068,4264,4308,4321,
　4325，4333；7-4564,
　4691；8-5338；9-5866,
　6201
含散　8-5056,5337,5348
含磣　2-1130
含答忽疵　2-1320
含賑　2-1255
含賤　2-1107
含糊　2-1003,1071；3-
　1529,1562,1577,1847,
　1918,1985,2044,2069,
　2193；4-2296,2368；6-
　3991,4298;7-4815
刢利　2-940;6-3893,4300;
　7-4813；9-5867,5988,
　6082,6179,6252,6266,

6420,6461

刭敢　9-6492

凼泥　7-4437

坌　4-2515,2542;5-3195,
3344;6-3742;10-6781

坌著幹　1-177

岔　1-143;3-1518;5-3149;
8-5493,5784;9-6032;10
-6946,6950,6954

岔子　9-6137,6169

岔岔　9-6134

岔岔嘴　9-6062

岔路　9-6056

爺　7-4833;10-6757

[丿乛]

肝肝　9-6134

肚　4-2732;5-2960;6-
3707,3829,3919,4121;7-
4729;8-5071,5437,5546;
9-6248

肚子　5-2960;6-4121;7-
4394

肚子亮　10-7026

肚斗　5-2993

肚凹　6-3962

肚仙　5-2915

肚皮　5-2960;6-3829;9-
6195,6275

肚皮大　4-2308

肚皮眼　5-2961

肚肚　2-1131

肚兒圓　7-4445

肚臍眼　5-2961

肚帶　7-4397,4436;9-
6063;10-7172

肚兜　1-617;5-2993;7-
4396,4432;10-7205

肚量　5-2970

肚腸筋笑斷　4-2314

肚腹　9-6182

肚裏　6-3829

肚笵　5-2993;6-3853

肚臍　5-2961;9-6248

肚臍眼　5-2961

肚鱉　8-5708

肘　1-187;6-3803;7-4748,
4768;9-6024

肘子　5-3069

肘呼子　10-7096

肘挂　10-7274

肘架子　10-6857,6894

肘起來了　9-6128

肘葫蘆子　10-7022

肞牢隻　7-4758

肞落肢　7-4734

肞膊　2-1125;7-4729,
4758,4775

朋　6-3878

甸　9-6241

旭奋　7-4458

免忙　6-4300

免探　2-1302,1322

免貼　1-176

狂　8-5566

狂風　9-6055,6174;10-

6935

犴狗　2-911

犹　3-1569,1584,1603,
1609,2074,2080,2087

角　3-1724;5-3095;7-4453,
4637;10-7119,7305

角力　9-5995,6212

角子　1-130;9-5970,5972,
6072

角色　5-2938

角豆　8-5199

角角　9-6031;10-7108

角角子　10-7225

角角偏偏　9-6134

角莫兒　10-7166

角帶　4-2263

角落　1-561;3-1651,1875;
7-4409,4433,4668

角落頭　6-4126,4239;8-
5384

角觚　7-4428

角犛　9-6059,6173

狃　4-2605;5-3201

狃狃拙拙　5-3201

狃拙　5-3201

狃呢　9-6494

狐　3-2033

彤　7-4661

彤紅　5-3114;6-4374;7-
4568

夆　6-3739,4028

卵子　5-2966;6-3828;7-
4981

3944,3969;10-7156

冷淘 9-5975

冷淡 5-3307

冷蛋子 2-1126,1144,
1225

冷場 9-6055

冷落 5-3184

冷棒 10-7258,7261,7317,
7320

冷飯 9-6417

冷湫湫 6-3969,4323

冷漱漱 5-3186;6-4061

冷熱病 5-2977

冷糊塗 7-4444

冷瀧 7-4435

冷颼颼 10-7152

冷瀨 7-4448

冷瀼瀼 4-2725;5-3186;
6-3698

迣 8-5385

辛工 5-3016

辛苦 1-670;2-996,1071;
4-2709

宋 3-1889

泯縫 3-1975

肓 6-3799

冶由 6-4067

忘 1-377;6-4046

忘八 2-782;3-2189;5-
2919;6-4171;7-4809

忘八蛋 6-4081;9-6293

忘巴 1-389

忘魂失肚 7-4673

[丶丿]

羌 6-3793;7-4833;8-
5230;9-6262,6279;
10-7125

羌的 7-4982

羌們承 10-7179

羌堵 8-5414

羌馨 8-5414

羌纙 7-4466

判 5-3310

判命 3-1980

兒 3-1987,2205;4-2621;
5-3324;9-6047

兒半牛兒 7-4725

兒行 5-2945

兒換 2-834

炀爰 4-2315,2607;5-
3187

炕 2-1022,1072;9-5976,
5982,5989,5991,6031,
6087,6189,6267,6418,
6421,6424,6435,6462,
6494,6516,6523,6535

灼 3-1924,1928,1929,
1933;4-2630;5-3361;
10-7155

弟 1-136,210,478,591;
8-5063,5837;9-6219,
6513,6514,6627;10-
6956,7039,7191,7201,
7202

弟子 10-6732

弟兄 2-1224;6-3961

弟仔 8-5047,5049,5357,
5359,5361,5371,5373,
5404,5560,5562,5813,
5814

弟弟 1-211,436,479;3-
2040;4-2224;5-3423;6-
3951;7-4806;9-5979,
5984,6176

弟兒 9-6176

弟兒們 7-4782

弟的 9-6121

弟郎 8-5810,5812,5813

弟妹 1-211,397,401,
436,479,593;2-916,
1023,1068,1102,1121,
1156,1191,1300;7-4697

弟妹媳婦 9-6016

弟娃 9-6056,6121

弟婦 1-428;3-1533;7-
4756,4763;9-5970,
5973,6072

弟婦嫂 7-4978,4979

弟新婦 5-2891

弟媳 9-6303,6454,6459

弟媳婦 5-2891;10-6955,
7178,7281,7307

弟嬌 8-5413

[丶丶]

汪 6-3926

汪水 6-4158

汪住 4-2251,2445

汪汪　1-152,169；5-3159,
　3426
汪囊　7-4760
沐　6-4024
浾�　6-3742
汏　3-1924,1927,1929,
　1933,2045,2195
汏衣裳　3-1611
汏沙　7-4404
汏郎　3-2141
沏茶　1-389
沙　3-1791；4-2604,2659；
　5-2872,3013,3127；6-
　4271；7-4554,4596,
　4839,4984；8-5184,
　5547,5754；9-6418；10-
　7039,7272,7275
沙土地　2-1151,1201
沙子　4-2248
沙牛　8-5420；9-6013,
　6105,6264,6281
沙沙　2-1130
沙果　1-161；2-1135
沙法　5-3406
沙河灘　7-4764
沙柳　8-5182
沙垻　10-6836
沙浜　3-1534
沙塌　7-4448
沙盉　9-6264
沙喉嚨　9-6042,6105,
　6172,6187,6232,6262,
　6275

沙答　10-7128
沙温子　2-1121
沙發　5-3406
沙雷　10-7116
沙墋　6-4209
沙鼻牛　8-5183
沙銚子　9-6048,6264
沙潬　8-5392
沙鍋　6-4199
沙鍋子　10-7167
沙糖　9-6065
沙蟲　9-6185
沙羅　4-2454,2702；5-
　3385；6-3838
沙鷄　2-1226
沙灘　6-3741；7-4755,4761
沙鑼　4-2639,2655
沙鑽子　1-389
汩汩　8-5709
汩沱　2-1190
汩洞　3-1919,1985,1992,
　1994,1997,1999,2001,
　2003；6-4096,4239,4241
汩凍　3-2194
沖　7-4433,4803,4805,
　4842,4843,4961,4967,
　4976,4979；8-5694；9-
　5974,5978,6228,6272；
　10-6837
沖天礟　9-5985,6034
沖田　9-5969,5971
沖地　9-6492
沖客　9-6082

沖率　8-5582
沖喜　7-4892
沖殼子　9-5980,5985,
　6089,6126,6162,
　6173,6188,6557
沖臺子　9-6589
沃　4-2521；6-4343
沃土　7-4458
沃果兒　1-138
沃濁肥　9-6427
汳潮　7-4448
泛　4-2623；5-3240,3354
泛青　2-1228
沛　5-3265；7-4974
汭那兒　7-4723
次　3-1924,1927,1929,
　1932
次唖　5-2957；6-3781
次袼　6-3853
次葛拉　7-4499
次裹　7-4499
没　2-774,1121,1156；6-
　3884；7-4435,4814；8-
　5781；9-5884,5991,
　6269,6276,6300,6423,
　6464,6516；10-7128,
　7201
没下梢　6-4330,4337
没下場　9-6426
没下數　10-7026
没大臟干　7-4425
没王蜂　2-1094,1100；7-
　4725

没天良　9-6514

没孔　7-4389

没巴鼻　3-2149, 2151, 2180, 2185；4-2493；6-4329, 4336

没四至　1-179

没仔字　8-5299

没用處　3-1973, 1975

没出洗　10-6936

没出息　1-178, 418, 585, 592, 616, 648, 685；2-760, 1028, 1037, 1069, 1125, 1137；7-4389, 4728, 4736, 4793；9-6172, 6294

没皮丟　1-727；7-4671

没扠捉　8-5783

没在乎　10-7025

没有　3-1917；7-4755, 4761

没有打着排　1-585

没成色　2-872, 896

没向　10-7026

没爭敢　7-4446

没交閧　10-7321

没交線　10-7250, 7251

没收場　4-2467

没把鼻　2-843；4-2479

没把戲耍　10-7317

没材料　7-4731

没邱　7-4759

没你　2-1139

没汩　3-1991, 1993, 1995, 1998, 2000, 2002

没拉　2-1138；10-6942

没來頭　9-6127, 6165, 6191；10-7251, 7306, 7319, 7321

没事　3-1921

没奈何　2-801；3-1709

没法　2-1094, 1100, 1107；7-4725；10-7099

没要緊　1-727；2-1043；9-6191

没眨眼　7-4435

没信行　10-7027

没胎氣　10-6936

没前程　6-4331, 4336；8-5332

没時歇　7-4408, 4435

没笊兒撈　10-7318

没恁幹　7-4409

没殺　3-1875

没殺賣　7-4977

没料量　4-2467

没著落　1-579

没黄腸　10-7318

没眼色　1-585；7-4790, 4793

没啦　1-381

没過細　7-4446

没得　3-1978；9-5969, 5972, 6071

没得説　6-4251

没搭撒　6-4239, 4241

没搭霎　8-5414

没惹　8-5299

没落子　1-579

没量力　10-7026

没答煞　3-1514, 1925, 1930, 1934；6-4236

没答颯　3-1919；8-5141

没偏倸　3-1557

没偏僓　3-1567, 1582, 2136

没搞　10-7316

没嘎　7-4742

没愛　6-4348

没飽唊　9-6128

没腳蟹　3-1877

没腿　7-4387

没腦子　3-1920

没意思　7-4775；9-6191

没意頭　4-2635, 2652, 2721；5-3178

没煖氣　1-615

没説　7-4793

没養性　7-4977

没趣相　6-3963

没樣子　9-6305, 6456, 6460

没稿子　1-178

没價錢　1-404

没調當　3-2185

没彈　9-6201

没操心　10-7316

没頭　2-1231

没雕當　3-1517, 1555, 1609, 1634, 2023, 2025, 2029, 2074, 2105, 2112,

2118, 2123, 2139, 2149, 2151, 2159, 2180; 4-2479, 2633, 2644, 2721; 5-3202; 6-3695, 3764

没雕當聲　3-2081

没瞭瞧　7-4408

没點雨　2-1076

没講　7-4720

没醫治　10-7316

没關係　1-420

没攔筋　3-1917

没籠頭的野馬　7-4794

没籠頭馬　7-4790

汶　8-5694

沈　1-142, 199, 467, 615; 2-829, 1125, 1138; 7-4409

沈底　8-5392

沈著　5-3200

沈雷　1-390

沈意　2-1233

沁　5-3360; 7-4439, 4442, 4447, 4678; 8-5414; 9-6089; 10-7099

沁勢　8-5414

決　1-586

決脆　10-7099

汜　9-6589

忤逆　9-6062, 6180

忤逆子　9-6427; 10-7217

忻　6-3800

恨　8-5114; 9-6187

飲　3-1698, 1752; 9-6059,

6179, 6187

快　3-1517, 1608, 1983, 2065, 2074, 2083, 2088, 2107, 2113, 2119, 2124, 2141, 2199, 2201, 2202; 4-2634, 2650, 2732; 5-3023; 6-3707, 3800, 3919, 3958, 4042; 7-4434; 9-6027, 6060, 6077, 6243; 10-6923

快子　1-617, 636, 701, 739; 2-1053; 3-1860; 7-4509, 4892

快子敨　6-3861

快日囊　10-7317

快走慢走　7-4410

快快走　7-4410

快快的　2-1124

快快盪盪　9-6133, 6171

快些　2-1138; 9-6083

快些來　10-7180

快的丁兒　9-6126, 6162

快活　1-674, 728; 2-939, 1073; 3-1606, 1762, 2191; 4-2469, 2472, 2474; 5-3171; 6-4085; 9-5864, 6218

快活人　4-2721; 5-2922; 6-3695

快菜　6-4372; 8-5493, 5784

快票　2-1103

快慬　5-3172

快悇　4-2509, 2534

快發財　9-6494

快當　9-6033, 6039

快毯毯　7-4569

快蕩　9-6252, 6257

快樂　2-957, 1073

快霜霜　7-4569

快點吼　3-1611

快變　10-7112

忸怩　7-4831

忸捏　6-4298

完　3-1747

完了　1-435

完全　2-1005, 1071

完蛋　2-1318

宆　6-3877, 4030; 7-4601

宆縫　3-1692, 1749

宊　4-2515, 2542

宄　2-1006; 7-4404

宄匠　6-4192, 4227, 4235

牢　6-3878, 4374; 9-6266

牢户　10-6763

牢牢　2-1138

牢固　1-671; 4-2706

牢曹　3-1569, 1583, 1605, 1608, 2027, 2031, 2045, 2065, 2074, 2094, 2101, 2106, 2113, 2144, 2163, 2175, 2182, 2201

牢費　6-4230

牢實　3-1844; 6-4210; 9-6180

牢實頭　3-2140

4255；9-6436

尾把　1-712,746；2-1058

尾把莊　3-1876

尾把詐　10-7159

尾尾　10-7024

尾指　6-4277

尾脊骨　9-6059

尾骶骨　5-2964

局　1-139；5-3396；8-5389

局局面面　9-6133

局局促促　6-3902

局面　1-186；5-2944；7-4409；9-6253

局度　5-2944

局票　3-1497

局紳　9-6086

局掌　2-1051

局勢　5-2944

局裏　10-7022

局頭　7-4389

改　2-1156；7-4841,4976；8-5172；10-7316

改人　1-138,435,582,725

改女　2-1158

改日　1-395

改日再說　10-7233

改水　2-1229

改手　9-6126,6164,6427

改透了　1-176,435

改透咧　1-582

改透啦　1-438,452

改消子　9-6131

改常　8-5118

改嫁　2-1067,1088,1094,1100,1105；7-4459,4636,4725

改鼓子　9-6163

改頭換面　2-1007,1071

欢欢　5-3123

欢欢笑　4-2609

㳂㳂　3-1885

㳂㳂笑　4-2279,2379

忌日　5-2948

忌門　2-1227

忌俗　10-7204

忌嘴　5-3238

忌諱　2-1013,1299；3-2107

玫　1-130

［一丨］

阿　1-181,182,369,661,716；2-858,883；3-1479,1488,1489,1688,1715,1778,1783,1818,1846,1848,2170,2195；4-2469,2472,2474,2505,2530；5-3224,3376；6-3792,3928,3937,3966,4002,4114；7-4699,4984；8-5045,5055,5335,5338,5339,5340,5354,5360,5367,5376,5542,5749,5783；9-5860,6204,6213,6257；10-6786,7030,7123,7176,7181,7184,7205,7244,7260,7305

阿丁　8-5380

阿八　4-2482；9-6181

阿三哥　9-6120

阿干　10-7244

阿土生　3-1498

阿大　4-2230,2237,2354,2361,2467,2590；5-2910,3381；6-3710,3717,3747；10-6893,7289

阿与　2-1118；10-6926

阿小　5-2908

阿子　10-7305

阿木林　3-1498；5-3395

阿木鳥　7-4822,4823

阿太　8-5258

阿片　5-3407

阿公　5-2896；6-4357；7-4897,4980；8-5060,5185,5258,5291,5425,5478,5480,5525,5565,5817；9-6180；10-7017,7034,7036,7093,7260,7292

阿公阿婆　7-4992,5021；9-6070,6213

阿公阿溲　9-6074

阿公響　8-5552

阿六六　3-2135；4-2505,2530

阿巴　7-4822,4823

阿白　8-5360

阿他　7-4822,4823

阿包　7-4819,4822,4823

阿必幺　7-4819,4822,4823

阿奶　8-5565;9-6213;10-
6820,6893,7260

阿母　5-2888;6-4099;9-
6195

阿老　10-6893

阿而曼　5-3406

阿回　10-7288

阿团　3-1611

阿池　9-6264,6281,6426

阿芙蓉　5-3407

阿里烏都的　2-1323

阿 呀　4-2645, 2697；5-
3226;6-3675,3711,3718;
7-4819, 4822, 4823；10-
7261

阿何　9-6253,6257

阿伯　3-1492,1780,1782,
1810,1814,1819,1824,
1845,1847,2124,2182,
2196;5-2887,2896;6-
4255；8-5062, 5289,
5290,5425,5525,5543;
10-7034, 7036, 7039,
7178,7260

阿伯子　10-7034,7036

阿弟　8-5259,5291;9-
6181

阿阿　10-6894

阿阿則則　8-5206

阿姊　6-4177

阿妠　4-2353

阿妠　5-2896

阿姊　6-4098;8-5526;9-
6181

阿拉　5-3107;10-6894

阿拉烏都　2-1308

阿 耶　3-1717, 1756；5-
3224;6-3962

阿 叔　5-2893, 2897；8-
5062,5289,5290,5425,
5525,5543,5817;9-6181;
10-6957

阿呵　6-3966;9-6204

阿侑　2-790;5-3224

阿爸　1-160；3-1610；7-
4983； 8-5059, 5257,
5286,5287,5290,5424,
5524, 5565, 5815；9-
6039,6040,6090,6180,
6195,6226,6255,6259,
6273;10-7260

阿爸阿姐　9-6070

阿乳　8-5185

阿育　9-6262,6279,6292

阿育育　3-1973,1975

阿官　8-5565

阿 官 仔　8-5359, 5566,
5571,5782

阿郎　8-5289,5290,5566

阿孟　10-7288

阿妹　5-2891;9-6181

阿姑　5-2894;8-5291;10-

7281

阿 姐　2-1301；5-2890；6-
4255, 4311；7-4822,
4823,4909,4978,4979,
4985；8-5045, 5055,
5286,5291,5354,5424,
5565,5787

阿妮　8-5291

阿 姆　3-1822；4-2590；5-
2888, 2893, 2907；8-
5059,5289,5290,5335,
5524；10-6930, 7039,
7104,7105,7106,7109,
7110

阿姆支　8-5067,5186

阿馳　7-4988

阿某　8-5241

阿剌　4-2318,2361

阿威　6-4341

阿嘟　3-1492,1780,1783

阿是　10-7280

阿是醜　5-3400

阿星　8-5566

阿咪咪　3-1612

阿哪　6-3931

阿拜子　10-7263

阿訇　10-7308

阿姨　4-2224;5-2890,2895;
8-5291；10-7252, 7260,
7288

阿肥　8-5565

阿泰　8-5348,5349,5350,
5353

阿哥 2-1271；6-3747；8-5259，5287，5291，5526，5787；9-6181；10-6820

阿速 6-4294

阿哺 5-3423

阿哩 2-1124；10-7123，7292

阿哩呢 10-7200

阿哩烏都 2-1324

阿們 2-1130；10-7123

阿們俚 10-7278

阿們哩 10-7278

阿俏 3-1717；5-3224

阿爹 3-1813,1821,1845，2090，2097，2182；4-2482；5-2887；8-5059，5257，5258，5289，5290，5291，5335，5424，5524，5565，5787，5815；9-6226；10-6820

阿翁 2-1191；9-6255；10-7252，7285，7286，7301

阿家 2-1191；10-7017，7034，7036，7093，7120，7199，7252，7257，7263，7286，7292，7301

阿姬 5-2890

阿婦 8-5565

阿娘 1-385；2-1271；4-2340；5-2888；7-4910；8-5565；9-6181；10-7260，7289

阿堵 3-1699；9-6039

阿堆 9-6127

阿㖿 3-1831；6-3966

阿喈 6-4003

阿嫂 9-6194

阿㗛 4-2646,2697；5-3388；6-3712,3718

阿晚 8-5568,5570

阿唷 4-2383；6-3956；9-6108

阿唷唷 3-1718

阿假 7-4988

阿徘 7-4819,4822,4823

阿訏 5-3226

阿婆 3-1610；4-2467；5-2896；8-5051，5060，5185，5258，5291，5425，5478，5480，5505，5525，5565，5824，5830；9-6180，6195，6255；10-6930，7103，7105，7106，7109，7110，7260

阿婆纏 8-5384

阿婧 4-2632,2643

阿搭 10-7028,7101,7108

阿達 10-6994,7278

阿斯怪 10-7279

阿欺 10-7002

阿雅 5-3224

阿㾕 9-6293

阿跌多 10-6930,7031

阿答 10-7123,7292

阿答者 1-412

阿爺 5-2888；7-4910；8-5257，5290，5423，5505，5527，5565；9-6181，6213；10-6893,7260

阿爺阿娘 9-6070

阿敵 5-3224

阿歆 3-1925,1931,1935；4-2645,2697；6-3675，3711,3718

阿嫂 10-6957

阿絨盔頭 9-6089

阿嗎 2-1271

阿舅 3-1533,1823,2190；5-2895；6-3669；8-5292；10-6957,7118

阿腰 10-7276

阿詮 8-5087

阿裏 5-3110

阿裏去 10-7278

阿㜷 7-4974；8-5838

阿媽 1-138；3-1610,1725,2082,2089,2090,2097，2118，2124，2182；4-2340，2467；5-2888；6-4357；7-4985；8-5059，5424，5565，5590，5591；9-6090，6195；10-6820，6994,7289

阿娿 5-2890

阿臧 10-7289

阿夥 5-3413

阿慶 10-7288

阿實梗 3-2140

阿稿 10-7199

阿誰　10-7120,7278

阿盧　4-2658;6-3902

阿噲　5-3224

阿噲噲　3-2036,2037,2039,
　　2052

阿邍　10-7260

阿牆　3-2105

阿牆牆　3-2020,2022,2025,
　　2029,2064,2111,2118,
　　2124,2153,2157,2177,
　　2181,2187

阿藏　10-7289

阿曇　6-4349;10-6786

阿糟　8-5696,5697

阿懂　4-2638,2655

阿彌陀佛　9-6516

阿藎　8-5568,5570

阿嫺　3-1780,1782,1797;
　　4-2482;8-5059,5424,
　　5524,5816;9-6041,
　　6255,6259

阿嬡　4-2590

阿瘤　5-3224;9-6204

阿瘤瘤　3-1555,1634,
　　1642,1716,2173;4-2478

阿雜　2-769,915

阿嬸　3-2090,2097;5-
　　2894;8-5427,5543;10-
　　6893,6957,7260

阿糯　9-6090

阿嬰　3-2141;8-5257,
　　5787;9-6039,6074,6180

阿孃　8-5423,5527

阿嫺　3-1501

壯　1-40,119,328,542;2-
　　1114,1118,1153,1180;
　　3-1510,2076;5-3145;6-
　　4011;7-4444;8-5583;
　　10-6919,7026,7099,
　　7194,7272,7309

壯草　7-4461

壯胆　1-554

壯細　10-7026

壯棒　9-6305,6591,6627

壯腜腜　3-2047,2205

壯實　7-4406,4458

孜孜念念　6-3964

妝　8-5467,5495

妝扮　1-463;5-3316

妝伴　2-868,893

妝奩　5-3057;6-3680

妝匲　4-2704;6-3851

甶　6-3960

坒　5-3156

附近　3-2190;4-2469,2473,
　　2475

阺　5-3330

陀螺　3-1877

陂　7-4830,4985;8-5226,
　　5256,5548,5694

[一丿]

姅　1-25,119,256,627;2-
　　1058,1079;3-1948;7-
　　4643

妍　2-1114,1117,1153,

　　1180;10-6918

妓子孩　6-4238,4240

妚　8-5828,5830

妚某　8-5054,5824,5829,
　　5837

妙　8-5346

妙不可言　7-4808

妙不可圈　9-6131

妙不可圈一　9-6163

妙相　2-869,893

妠　6-3750;7-4758,4763;
　　8-5178

妠孫　5-2893

妖風　2-1188

妖婆則　2-1138

妖精　4-2355;6-3756

妖慣慣　10-7317

妖魔鬼　10-7018

妗　1-213,439,451,482,
　　694,735;2-799,1049,
　　1077;3-2065;6-4104;7-
　　4724,4727,4735,4751,
　　4758,4771,4775;8-
　　5413,5509,5578

妗子　1-160,185,386,
　　417,593;2-748,781,
　　876,901,916,1023,
　　1068,1076,1093,1099,
　　1103,1125,1157;7-
　　4387,4445,4477,4697,
　　4716,4718,4783;10-
　　6941,6957,6994,7034,
　　7036,7260,7281,7288

妗兄 7-4727
妗母 1-386,417;6-3749;8-5051,5361,5365,5375,5408,5425,5478,5481,5509,5543,5570
妗弟 7-4727
妗姆 3-1533
妗奸 8-5823,5829,5837
妗婆 8-5051,5361,5365,5375,5408,5478,5481,5509,5543,5568,5570,5578,5787,5829
妗𡣍 8-5837
妗媽 3-1533
妐 4-2661;6-3641,3903
妐妐 1-600
姊 1-136,211,479;2-1328;3-1567,1581,1609,1639,1646,1718,1773;6-3746;8-5062,5481,5526,5830;9-6513,6627;10-7302
姊丈 8-5544
姊夫 1-214,482;3-1824,2191;6-3749;7-4758;8-5544;9-6176,6181,6305,6513,6591,6627;10-6956
姊公 8-5568
姊姊 2-1224;3-2190;7-4983;9-6303,6454,6459;10-7211
姊妹 2-798,1224;3-2082
姊婆 8-5568
妒 6-4317
妒子 2-918
妞 1-130;7-4720,4723
妞子 7-4806
妞妞 2-1230
妞兒 1-138
妑角 7-4724
姒 7-4807
努 4-2616;5-3286;10-6941
努力 2-1116,1154
邵 6-4287
邵得里 10-7176
剠 4-2274,2621;5-3339
劭 6-4020
忍 6-3800,4288
忍窟 6-4318
忍頭 6-4317

[乛丶]

甬 1-278;5-2876;7-4829
甬道 4-2240,2434;5-2984
夋 3-1943

[乛乛]

甾 4-2265,2677;5-3039,3341;6-3651,3857,3907
災星 7-4496
災眚 6-4087

八畫

[一一]

奉 6-4020
奉行故事 2-980
奉侍 2-1072
奉承 1-418,421,615,648,672;2-758,923,1027,1072;3-1492,1678,1780,1782,1811,1817,1833,1846,1847,2190;4-2470,2709;5-3306;6-3683;9-5872,6096,6199;10-7181
玩 1-185;6-4049;7-4585;9-6162
玩不轉轉拉 2-1348
玩完 2-1321
玩侃子 7-4794
玩刷 7-4581
玩格 9-6261,6292,6417
玩貨稠 10-7318
玩假 9-6034
玩牌子 9-6035
玩獅子 9-5938
玩意兒 1-158
玩闊 2-1347
武 5-3160,3173;7-4605,4828;8-5518
武不善作 1-452
武技夾臺 5-3160
武氣 5-3160
武書 5-2951

武棒棒 9-6136,6169
武藝 10-7252
武斷鄉曲 3-2191;4-2470
武騷騷 5-3160
青 2-769;6-3958;7-4892;10-6930
青丹蠅 7-4964,4970
青皮光棍 6-3710
青早 7-4700
青衣 5-3077
青沙 5-3014
青沙氣 5-3139
青抹札 3-1981
青苔 9-5964
青果 1-169;9-6137,6265,6281
青岡 9-5967
青盲 6-4275
青刷刷兒的 10-6999
青幽幽 9-5985,6035,6132
青紅皂白 4-2341
青莊 1-113
青妭妭 5-3115
青黃不接 4-2728;5-2884;6-3702
青菓 9-6169
青菜 2-1132,1135;9-5961,6251
青眼河媽 1-581
青魚 6-4171,4372
青猗猗 6-3964,3969
青欄梡梡 9-6184
青須 8-5189

青猴 9-6078
青絲絲 7-4760
青蒿 1-507
青睛 6-4323
青餃 5-3007
青餅 5-3007
青鋪鋪 9-5985,6035
青頭郎 7-4455,4461,4638
青頭瘟 7-4900
青頭螟 7-4976
青頭蠓 7-4949
青鴨 7-4899
青黳 5-3077
青瞪眼 1-607
青簇簇 9-6035
青雞 2-1132
表 8-5054;10-5996
表子 5-2918;8-5213;9-5897
表公 9-6056
表兄 2-917;6-3749;7-4806;9-6514
表兄弟 1-214,417,437,482;2-1069,1102,1353;3-1823;7-4763;9-5890,6303,6454,6459;10-7219
表兄弟姊妹 7-4677
表老爺 9-6085
表伯 6-3947;7-4806;9-6514
表弟 2-917;6-3749;7-4806;9-6514
表弟兄 9-5970,5973,6072
表姊 2-917

表姊妹 1-214,437,482;2-1102;7-4806;9-5891,6303,6454,6459
表叔 6-3947;7-4806;8-5787;9-6056,6176,6514;10-7252
表叔姪 7-4806
表妹 2-917
表姑 7-4806
表姐表妹 9-6121,6457
表背 1-564
表背匠 2-951
表姪 2-976;6-3749;9-5891,6514
表哥 6-3947;7-4714,4800
表朙 9-6126
表假 9-6127
表眷 7-4963,4969
表甥 9-5891
表爺 9-6056
表爺表姪孫 7-4806
表爺爺 9-6176
表獎 9-6427
欣欣 5-3125
欣欣嗆 4-2279,2380,2610
扶兒 10-7149
忝 7-4599

[一丨]

抹 1-411;2-1227;6-3898;7-4601,4934;9-6210,6250

抹下來　7-4792

抹子　1-229,499

抹不開　2-1320

抹札　1-515

抹布　2-986;4-2596

抹拉　2-1094,1100

抹忽　10-7147

抹棹子　1-165

抹搬一切　6-4261

抹頭　7-4437

抹麗　1-142

抹鰍　9-6427

長　　1-375, 377; 6-4293,
　　4309, 4323; 7-4435; 9-
　　5853,6039

長三　3-1498

長工　　1-207, 446, 475,
　　695; 2-782, 951, 1068,
　　1075, 1094, 1100, 1137;
　　4-2354; 5-2908; 6-3671,
　　3753; 7-4744, 4835,
　　4898,4956

長子　6-3952;8-5357

長不大　10-7169,7170

長功　6-4190

長生　8-5403,5406

長仔　8-5051,5361

長年　3-1534; 4-2229; 5-
　　2908;6-3960;7-4898;9-
　　5895,5975,6057,6074,
　　6082,6120,6177,6205,
　　6228, 6260, 6266, 6273,
　　6417,6427;10-7118

長豆角　2-1195

長言短言　7-4854

長尾巴　10-7117

長者　7-4714

長命草　8-5203

長官　2-1179;8-5408

長衫　6-3854

長洋　9-6173

長冠　9-6137

長班　10-7126

長財　9-6033

長條兒　10-7136

長趹趹　6-4060

長進　　1-677; 3-2190; 4-
　　2491, 2641, 2657, 2707;
　　6-3683,3885,4327,4334

長魚　3-1984

長棗　7-4963,4970

長間　6-3985

長番　7-4735

長飯　6-4145

長隑隑　10-7133

長遠　3-1491,1706,1779,
　　1782,2166

長蒲　6-4319

長蛾子　9-5985,6035

長腳蝨　7-4964,4970

長腿蜘蛛　1-394

長壽天燈　4-2240;6-3953

長壽麪　1-568

長搧搧　6-4060

長夥　2-1075

長鼻子　7-4898,4956

長橫橫　4-2376

長價　9-6060

長鋏　7-4833

長頭髮　9-6137

長敠敠　4-2285, 2380,
　　2646;5-3144;6-3712,
　　3719

長敠篠　4-2646;5-3144;6-
　　3699, 3712, 3719, 3944,
　　3969

長錢　2-1230

長嫺　6-4274

長蟲　　1-134, 160, 169,
　　388, 394, 404, 413, 434,
　　450, 452, 596, 610; 2-
　　753, 773, 783, 819, 880,
　　904,1025;7-4730,4776,
　　4808; 9-6078; 10-7104,
　　7105, 7107, 7281, 7286,
　　7293

長蟲魚　2-820

長瘤子　9-6060

長騾　2-1226

卦　7-4497;9-5937

拔摸　1-263;2-1059,1080,
　　1092,1098;9-6102

坩　7-4397

拑　5-3254;6-4344

坷叭　1-155

坷拉　2-855

坷唐　6-4157,4178

坷　4-2417; 5-3257; 6-
　　3807;7-4608;9-6248

984,1055；3-1543,1560,
1574,1594,1622,1641,
1646,1762,1769,2063,
2070,2079,2086,2093,
2100；4-2490；5-3036

抽提 9-6063

抽腧 7-4503

抽臺 10-7181

抽橋板 4-2298

抽橋版 6-3957

抽頭 7-4503

抽擺 9-6131,6163

抽豐 1-536,648,675；2-
785；6-3991；9-5872

抽籤子 3-1874

坱黛 6-4367

刧固固 5-3151

拐 1-561, 700, 738；2-
1238；6-4048；7-4404,
4405, 4432； 9-5977,
6047,6078,6082,6192

拐了 9-6419,6627

拐子 1-390；2-874,898,
1075, 1131；4-2235；7-
4483,4756,4762,4992,
5006,5020,5041；8-5282

拐杖 5-3032

拐肘 7-4394

拐角 7-4409,4428

拐拐 5-3154；9-6078

拐挂 4-2260,2450

拐枕 7-4501

拐味 9-6293

拐兒 9-6078

拐孤 1-410

拐姑 1-172

拐骨 1-395；2-773,786,
839,1027,1069；7-4683

拐帶 7-4459

拐揣 3-1991,1993,1996,
1998, 2000, 2002；6-
4239,4241

拐棒子 2-762

拐棍 1-617；2-878,902,
1055；7-4730

拐棍兒 2-1131

拐腳 5-2975

拐嗗 6-4080,4233,4236

拐爐 8-5048,5050

拐騙 2-1257；7-4451；9-
6061,6179

抻 7-4602

抓 5-3278

坰 7-4957,4958

坰口 9-6056

坰頸 7-4961,4967

拃 7-4439, 4442, 4448,
4637,4679

拖 3-1675, 1785, 1919,
1925, 1931, 1935；5-
3250, 3253, 3369；6-
4017；7-4404；8-5238；9-
6067,6188,6210

拖有病 5-2930

拖扯 10-7253

拖車 1-617

拖尾 8-5197

拖拖沓沓 5-3177

拖拉 3-1985,1992,1994,
1997, 1999, 2001, 2003,
2193；7-4458

拖沓 5-3177

拖油瓶 4-2235,2359；5-
2930

拖泥帶水 2-986,1070；7-
4810

拖泥縠 6-4161

拖眼皮 9-6164

拖塌 6-3963

拖攃 7-4636

拖襟裊褲腿 7-4736

拖懶桿 10-7117

拖鷄豹 5-2934

垍 6-3739,3947；8-5330,
5694

拍 3-2042,2050；4-2296,
2414, 2611；5-3134,
3135； 6-3923, 3934,
3935, 3954, 4285；8-
5237,5490；9-6209

拍手揮腳 10-7099

拍出 2-1138

拍伏 1-412

拍宇 6-4358

拍拍打打 9-6134

拍拍話 7-4793

拍馬 3-1846

拍馬屁 7-4809

拍祀掌 3-1980

拍電　10-7141

拍撞　3-2193

拍膠揪　6-4358

者　1-447, 453, 524, 577;
2-1230; 3-1609, 1987; 6-
4232, 4290, 4340; 7-
4732, 4813; 8-5333,
5344; 9-5976, 5990,
6087, 6257, 6262, 6268,
6279, 6299, 6422, 6463

者式　6-4292

者回　9-6083

者里　3-1980

者者　1-417

者個　9-6061, 6179

者般　9-6212

者番　7-4735

者麼　6-3948

者樣　7-4573, 4669

拆　3-1566, 1580

拆　1-139

拆白黨　3-1499

拆老　5-2920, 3396

拆字　2-951; 6-3756

拆兑　5-2945

拆東牆補西牆　10-7233

拆空　3-1704

拆姘頭　3-1498

拆剥夫　3-1944

拆梢　3-1499; 5-3402

拆短　5-2909

拆夥　7-4435

拆蝕　5-3312

拆壁腳　5-3308

拆爛汙　3-1499; 5-3403

抓　3-2061; 7-4405

抓也　2-918

抓腳肚子　9-6261

抓　10-6946, 6950, 6955

抔　4-2547

抪布　6-4200

拎　3-1493, 1495, 1500,
1545, 1566, 1580, 1604,
1609, 1624, 1638, 1663,
1733, 1765, 1772, 1779,
1784, 1799, 2041, 2049,
2074, 2080, 2087; 4-
2270, 2405, 2419, 2515,
2542, 2614; 5-3251; 6-
3805, 3923, 3942, 3954;
8-5691, 5693, 5696, 5697

拎麻　9-6292

抑　6-3925, 3936

坻　1-95, 121

抵　2-1118; 6-3955; 9-6210

抵力　8-5576

抵肋巴　9-6128

抵抖　6-4300

抵押　6-4091

抵眼棍　6-4118

抵退　9-6130

抵當　3-1785

抵罪　3-1785, 2190; 4-
2470

抵椿　6-4212

抵瞎　9-6165

抵鍼　5-3041; 6-3856

抵讕　9-6000

拘　2-1230

拘巴　2-841

拘拘縮縮　6-3965

拘的很　10-7172

拘臯　10-7158

拘節　1-400, 404

拘簍　2-1119

抑　5-3344; 9-5854

抱　1-102, 121, 341; 2-
1019; 5-3369; 6-3811,
3871, 4209, 4285; 7-
4633, 4814, 4941; 8-
5048, 5050; 9-6627

抱大腳　8-5582

抱大腿　9-6036

抱如意　9-6137

抱佛腳　3-1846, 1855; 4-
2485, 2633, 2643, 2720;
6-3695, 3917

抱具　5-2994

抱怨　2-1228

抱胥　6-4278

抱兜　8-5504

抱粗腿　7-4693

抱蛋　9-6184, 6589

抱媸　7-4828

抱童子　9-6180

抱媦　3-1970

抱膀子　9-6127, 6166, 6173

抱頭　4-2237, 2365

抱鷄　1-254, 523

抱鷄兒　10-7155

抱鷄娃子　10-7194

抱纛腿　1-557

拄　10-6776

拄棒　7-4505

拄擦　3-1992,1994,1996,
　1998,2001,2003

垃圾　3-1570,1585,1605,
　1609,1612,1730,2042,
　2050,2074,2144,2163;
　4-2481,2598;5-2866

垃圾子　4-2246

垃圾馬車　5-3396

垃塌　10-6999

拉　3-1942,2041,2048;5-
　3253,3373,3377,3417;6-
　4265;7-4404,4604,4636,
　4841;8-5350,5353;9-
　6188,6210,6589;10-
　6947,6952,7276

拉上槽　9-6127

拉不伸　9-6138,6170

拉打兒　10-6941

拉古　2-913

拉皮條　3-1499;5-3403;
　7-4809

拉圾　3-1534,1775,2081,
　2087;4-2533

拉舌頭　7-4387

拉扯　2-1255;3-2193;9-
　6106,6261,6279

拉把意（尾）兒　10-7001

拉花樹　2-1345

拉村　2-1302;3-1877

拉努　10-6941

拉長工的　10-7316

拉拔　7-4401

拉拉　1-236,506;2-915

拉拉古　1-88,129,359,
　394,404,413,433,581,
　596

拉拉姑　1-161,243,437,
　512

拉拉菜　2-855

拉拉蛄　1-645

拉拉颯颯　7-4407

拉拉穀　1-145,147

拉虎傑　2-820

拉沓　1-409；8-5793,
　5794,5811

拉迭　10-6941

拉刮　7-4636

拉的癩　10-7316

拉肥　9-6062

拉肥猪　9-6180;10-6857

拉忽　2-1340

拉珍子　10-7154

拉柱　2-1341,1345

拉科　1-405

拉急荒　7-4435

拉屎　2-824

拉架　2-1307

拉架板　10-7259,7261,7319

拉馬　5-3315

拉捆子　10-7315

拉格篤　3-2182

拉倒　1-156,435,452,
　582;2-847;7-4670,4725

拉倒吧　1-578

拉倒算咧　1-408

拉倒撩貨　2-1322

拉倒罷　2-1302

拉飢荒　1-178,411;2-1302

拉胯　7-4429

拉蛄　2-783

拉聒　1-724;2-769,915,
　1036

拉根　7-4635

拉黑牛　2-1228

拉稀　2-1344;7-4792;9-
　6102

拉答　4-2287,2372,2498,
　2523

拉鈎　2-1229

拉裡拉忽的　2-1345

拉頑　10-7258

拉塌　1-418;2-760;10-7316

拉蓑衣唬熊　10-6894

拉話　1-371；7-4701;10-
　6942

拉裹　3-1533

拉裹拉忽的　2-1338

拉溝　10-7040,7098

拉溝兒　10-6998

拉撏　8-5785

拉廄　8-5128,5244

拉颯　4-2291,2425,2507,
　2711;5-2866;6-3915,
　3943;8-5179

拉綫 2-1345
拉撒 2-1319;3-2107,2113,2118,2124,2140;7-4445
拉横條 9-5985
拉麫 2-804
拉篇子 2-1341,1346
拉僱 7-4429
拉僻 7-4545
拉糊 10-7180
拉糊鬼 1-435,461
拉線 2-1341
拉薩 10-7108
拉嘴舌 7-4401
拉篤洛裹 3-2182
拉謊溜皮 10-7306
拉龍過 9-6492
拉縴 1-395
拉鬆了 2-1302
拉雜 5-2866
拉攏 1-142;7-4809
拉麵 2-1139
幸一個錢 9-6126,6163,6173
幸氣 1-412
幸虧 3-1872;7-4401
拌 3-1665,1919,1925,1931,1935;4-2400,2513,2539,2615,2649;5-3310,3345;6-3714,3720,3816,3899,4012,4249,4325;8-5090,5239;9-6024,6197,6236;10-7151
拌一骨轆子 7-4795
拌的 2-808
拌命 3-1681;9-6001,6236
拌嚼鍋吃 2-1340
抗 4-2622;5-3355
拕 4-2272,2417,2615,2649,2668;5-3251,3253;6-3645,3714,3720,3809,3899,3905;8-5135;9-6210
抝 3-1924,1927,1929,1932;4-2668;5-3346;6-3713,3719;7-4403,4832
抝拗 1-410
抳 3-2041,2049
抿 1-170;4-2614;5-3350
抵拘 2-1226
拂 1-50;3-2041,2049;5-3360,3369;9-6210
拙 2-863,888;5-3201
拙叚 7-4450,4635
拙笨 9-6058
拙婦登帳 3-1897,1916
掓 10-7025
抲 10-7025
招 1-191,457;5-3243;9-6064,6210
招了 9-6127
招女壻 10-7221
招不住 9-6129
招打 9-6131
招呀 9-6129
招招招 10-7319
招招搖搖 9-6134
招呼 1-168,540,604;4-2708;6-3790,4083;9-6061,6179,6215
招郎 7-4892
招急 9-6131
招活 10-7319
招架 7-4432;9-6127
招哦 9-6128
招飯 7-4984
招搖 2-980,1070;3-1985,1991,1993,1996,1998,2000,2002,2190;4-2470
招廟 1-605
招謡 3-1918
招蘇務桂 1-138
坧 6-4226
坡 1-202,470;7-4842,4843;8-5783;9-5881,5969,5971,5974,6071,6081,6228,6417;10-6839,6840,7098
坡口 2-1338
坡子 10-6859,6860
坡地 7-4762
坡坡 9-6246
披 4-2621;5-3339;6-4220;7-4561;8-5707,5708;9-6087
披水 4-2437;6-4266
披水牆 1-186
披肩 7-4396,4432;9-6130
披挂 3-1875

披樹　6-4273

披濕布衫　3-2183

披離儩賴　7-4899,4956

扨　5-3310;7-4810

坮　10-6954

抬　2-1238;3-1665;8-5783

抬火　2-1121

抬包袱　9-6192

抬扛　2-1308,1319,1322,
　1337,1344

抬杠　2-1265;7-4792

抬步　8-5367

抬身　2-1105, 1112; 7-
4725

抬居的好　10-7316

抬起來　1-588

抬啦　1-175

抬犁具　7-4397

抬腔　7-4792

抬愛　10-7261,7320,7321

抬脚　9-6274

抬槓　1-156,174;2-1307;
　7-4389,4704,4725,4791

抬輕　8-5784

抬舉　2-1026, 1133; 3-
1858

亞　5-3162,3285;8-5045,
　5055,5354,5360,5367,
　5370,5371,5373,5376,
　5400,5401,5408,5416,
　5552,5576

亞人　8-5401,5402,5543

亞太　8-5413,5500,5552

亞父　8-5413,5500

亞公　8-5051,5056,5297,
　5312,5321,5349,5350,
　5354,5357,5361,5365,
　5374,5400,5401,5402,
　5404,5408,5416,5425,
　5478,5480,5504,5539,
　5541,5543,5552,5554,
　5556,5568,5570,5576,
　5691,5693,5696,5697,
　5699,5780

亞包　7-4798

亞奶　8-5554,5555,5556,
　5577,5578

亞母　8-5508

亞伯　6-4097, 4233; 8-
　5312,5425,5480,5508,
　5687

亞姊　8-5687

亞叔　8-5312,5425,5478,
　5480,5508,5687

亞具　8-5344

亞爸　8-5297,5299,5312,
　5348,5349,5350,5352,
　5353,5424,5504,5506,
　5539,5541,5554,5555,
　5556

亞怙　8-5312

亞官　8-5413,5554,5555,
　5556

亞官仔　8-5047,5049,
　5357,5365,5371,5373,
　5375,5402,5404,5409,

5414,5478,5504,5539,
　5541,5544,5549,5550,
　5553,5555,5557,5559,
　5560,5562,5578,5812,
　5814

亞郎　8-5344,5554,5556,
　5576

亞姑　8-5414

亞姐　8-5299,5300,5301,
　5348,5349,5352,5353,
　5402,5406,5424

亞姆　8-5312,5344,5413,
　5480,5500

亞某　8-5824,5829,5837

亞荔枝　1-331

亞亮光　8-5413

亞姥　8-5297

亞粑　8-5554

亞泰　8-5056,5352,5353,
　5504

亞班　6-4359

亞哥　8-5286,5298,5348,
　5349,5350,5352,5353

亞爹　8-5297,5299,5300,
　5301,5344,5401,5402,
　5411,5413,5424,5504,
　5506,5539,5541,5554,
　5555,5556,5577,5578

亞家　8-5401,5402

亞脰　8-5553

亞陰某　8-5414

亞娹　8-5555,5556

亞娣　8-5544

亞娘　8-5297,5401,5402,
　5413,5504, 5539, 5541,
　5555,5556
亞粒　8-5414
亞婆　8-5051,5298,5312,
　5321, 5357, 5361, 5365,
　5374, 5401, 5402, 5404,
　5408, 5425, 5478, 5480,
　5500,5504, 5539, 5541,
　5543,5552, 5554, 5556,
　5568,5570, 5691, 5693,
　5697,5699,5780
亞細　8-5414,5500,5552
亞閙　8-5413
亞爺　8-5297,5312,5401,
　5402, 5423, 5506, 5541,
　5543,5554,5687
亞媼　8-5297
亞嫂　8-5286,5312
亞腰葫蘆　2-990
亞婆　8-5696
亞媽　8-5312,5350,5353,
　5401, 5402, 5408, 5411,
　5413, 5416, 5424, 5480,
　5504,5507, 5539, 5541,
　5552,5554,5555,5556
亞㜵　8-5552
亞媞　8-5553
亞嫺　8-5312,5424,5543,
　5687
亞嬸　8-5312,5413,5480,
　5481,5508,5687
亞嬢　8-5423,5507,5554

亞嬭　8-5298,5299
拇　6-3802;8-5783
坳　8-5413, 5458, 5492,
　5499, 5547, 5552; 9-
　6189;10-7288
坳斗　5-3029
坳田　9-6272
拗　3-1677, 1741, 2041,
　2049, 2182; 5-3159,
　3266, 3275; 6-3818,
　3898, 4017; 8-5172,
　5450,5488,5545;9-6210
拗木郎　6-4188
拗扼　4-2416
拗花　3-2026,2030,2160,
　2174, 2187; 6-3691,
　4308,4324;8-5133
拗拗　8-5709
拗猛　5-2936
拗撒　7-4692
拗䅘　3-1924,1928,1930,
　1933;4-2717
拗䅘　4-2647; 6-3713,
　3719
拗䅘　5-3387
肝膽　9-6252
刵刉　7-4632
其　3-2076, 2085, 2103,
　2110, 2116, 2121; 4-
　2296; 5-3106, 3109; 6-
　3956,4114;8-5231
其中有鬼　9-6516
其那　4-2340

其拉　5-3107
其能　4-2297,2356;6-3956
耶　7-4542;9-6180, 6259,
　6589,6627;10-6820
耶耶　1-352,641;2-1065,
　1086;7-4983
耶荅沒刺　2-1121
耶搭沒刺　2-1128
取　1-404;2-1240;5-3323;
　6-3883; 8-5324, 5691,
　5696,5697,5699
取叉　1-413
取生婆　9-6275
取便　7-4793
取笑　3-2080,2087,2106,
　2112, 2117, 2122, 2139,
　2196
取笑兒　1-389
取揜　9-6293
取登　7-4513
取標　1-163
取親　7-4892
取燈　1-161,618;2-1323
取燈兒　1-134
苦　1-259;3-1923;7-4580,
　4828
苦力　10-6856
苦打算　1-579
苦瓜　1-310;9-5963
苦瓜皮　9-6036
苦車　1-352
苦郎　8-5054
苦挣　1-411

直瞁瞁的　7-4444

直羅郭　2-1279

直籠統　3-1516,2064,2071,
　2077,2086,2096,2102

芺　7-4461

莆　10-6749

莆離杷拉　8-5109

苢　7-4453,4638

苢壯　5-3145;6-4091;7-
　4667

苢根　7-4437

苢硬　5-3145

苢實　6-4091

苢緻　5-3146

苕　9-5978,6556

苕果　9-6131,6136,6163,
　6168

苕帚　2-877,901

苕佰　9-6173

苕道　9-6164

苕搖　1-68

茄　2-1177;6-4160

茄子　9-6251

茄螞　9-6138

茄鵁兒　6-3987

苔條　5-3075

苔菜　5-3075

茅包　1-137

茅司　4-2438;5-2983;6-
　3834;10-7238

茅次　9-6240

茅尾　6-4161

茅草　7-4639

茅缸　3-1917

茅栗　1-239,509;6-4163

茅扇　9-6115

茅廁　1-617;5-2983

茅頭　6-4101

枉　7-4961,4966

枉得　6-4339

枉着　6-4340

枉淘神　9-6062,6180

枉然　6-4339

林　5-2872

林思　1-329

林琴　7-4550

柹　6-3871

柿　3-2104,2110;4-2651;
　6-3715,3721,4164

枝　5-3100;9-6023

枝花　9-6137,6169

枝枝　9-6134

枝挌　6-3888

枝詩　7-4614

杯　1-228,497;3-1792;4-
　2257,2448;7-4952;9-
　5928

杯杯　9-6134

杪　6-3869,4296;10-6921,
　7287

杵子　10-7172

杵頭　7-4397

杼　9-6182

枚　5-3085

枚人緣兒　1-410

枚四至　1-409

枚要緊　1-408

枚唎　1-407

板　7-4472,4909;8-5252;
　10-7252

板山　2-1341,1345

板方　5-3056

板豆　2-1125

板板　2-1137;5-3425

板板六十四　3-1712,
　2133;4-2289,2483,
　2504,2529;5-3222

板枋　5-3056

板兒　1-126

板油　6-4149

板定　5-3211

板牀　2-813

板骨　6-4084,4240

板差頭　3-1499

板栗　1-239,509;6-4163

板規　5-3211

板溝兒　10-7018

板漱　9-6130,6165

板凳　7-4397;9-6183

板鞋　7-4982;9-6136

板擔婆　2-1132

板橙　9-6064

板頭　10-7022

板頸　10-7288

板壁　4-2437

板欖　8-5333

來　2-850,1117,1120,
　1121,1130,1155,1156,
　1182;3-1714,1790;5-

3373, 3375, 3377, 3417;
6-3936, 3956, 4005,
4285, 4347; 8-5332,
5521, 5691, 5696, 5697,
5699

來子 7-4952

來歹 2-1124

來日 8-5552

來月 6-3736

來去 6-4261

來去乞桃 6-4358

來弗及 4-2467

來年 9-6055

來亥 9-6180

來其 9-6252

來茄 2-1304

來來 1-152;8-5786

來到 3-2106,2112,2117,
2123,2139

來些 3-1716

來根 5-2940

來根去脈 5-2940

來個 7-4981

來個歌 2-1322

來烙 2-769

來許 7-4981

來棄 10-7189

來裡 3-2106

來裹 3-2118,2124

來賓 1-81

來樣 7-4981

來頭人 5-2940

來戴 7-4558

來嚇人 8-5112

來釐 3-1504,2064,2096,
2102

來邊 3-2198

采 1-369,384;10-6931,
6933,6942

松 2-1231;8-5280

松子 9-5979,5984

松仁 8-5200

松花 1-138

松卵 8-5201

松林子 7-4461

松松黄 5-3115

松明 10-6839

松黄 5-3115

松閑 2-1230

松温 6-4238

松籠 7-4453

松籠子 7-4638

枺 3-2138;6-4281;7-4833

枕 2-1131,1135;4-2254,
2446,2593;7-4749,4769,
4774

枕臿 1-703

构 7-4656

杭 2-985;3-2020,2153,
2181

杭式 9-6278

杭育 5-3229

杭船 5-3049

枕 10-6779

枕頭 4-2701;6-3679,3848,
4279;9-5917,6136,6250

枕頭木 10-7171

枕頭地 7-4457

杷 5-3275;6-3848;7-4813;
9-5976, 5990, 6087,
6422,6463

杷柄 5-2942

杼 1-6,117,265,328

林 6-4306

軋 3-1970;4-2614;5-3343;
7-4404,4831

軋石 9-5979

軋舌 8-5318

軋車 1-596

軋姘頭 3-1498

軋惟 7-4434

東 1-149;6-4290;8-5362;
9-6263,6277

東川西川 9-6130,6165

東片白了 8-5224

東方亮 1-184;2-1076;7-
4754,4760,4764;9-6136

東北風 7-4800

東央 6-3985

東司 6-3985

東西 1-169, 417, 446,
453, 703, 740; 2-814,
985, 1052, 1070, 1124,
1138; 3-1654, 1841,
1917, 1974, 1976, 2045,
2113, 2140, 2182; 4-
2453, 2486, 2633, 2643,
2703; 6-3836, 3901,
3914, 3956, 4251; 7-

4684，4810，4815，4820，
4954；9-5924，　　5978，
5983，6033，6077，6136，
6168，6195，6251，6419，
6495；10-6856，7112，
7169，7170

東西白糟蹋了　10-7238

東走西走　7-4410

東君　7-4835，4898

東東　8-5203

東岸　10-6997，7039，7098

東是非　9-6043

東施　6-3961

東倒西歪　4-2340

東　家　2-927，1073；3-
1649；7-4395；9-6120，
6199；10-6856，7118

東家母　6-3751

東家婆　4-2232，2358

東張西歪　7-4674

東道　5-2949；9-6494；10-
7261

東道主　6-3751

東禍　9-6043

東亂　8-5256

東亂子　9-6043

東塗西抹　4-2341

東廚司命　6-4185

東頭　1-203，471

東頭西頭　4-2726

東邊開亮　7-4961，4966

或　7-4385

或者　3-1714；7-4414

或然　6-4339

或管　10-7002，7102

臥　2-1229

臥冬　10-7025

臥羊　2-1229

臥房　9-5921

臥蓆　9-6250

臥龍袋　1-453

臥襌　9-6250

事情　2-787；3-2190

事際　3-1471，1849，2020，
2022，2025，2029，2146，
2149，2152，2180，2185；
6-4309，4312

事頭　8-5052，5365，5375，
5402，5406，5417，5419，
5479，5484，5500

事頭公　8-5414

事頭婆　8-5414

事體　1-668，727；3-1660，
1973，1975；5-2941

黽　5-3274；8-5553

攷　4-2603

攷攷　5-3154

刺　1-411；2-1010，1072；3-
1983；6-4295；7-4433；
10-6922

刺玫菊　7-4453

刺拉蛤譏　2-1347

刺兒拉　2-1322

刺兒菜　1-434，581，596

刺猬　1-251，521，612

刺蓬　1-357，644；2-914，

1065，1086，1092，1098

刺嫌　1-413

刺撓　7-4667

刺蝟　2-1104；6-4167

刺薊芽　7-4734

兩　1-164，377；2-764；6-
3954；7-4727；8-5286，
5287，5348，5349，5350，
5352，5353

兩下　7-4486

兩大小　8-5427，5482，5544

兩公婆　5-2898；7-4895；
8-5665

兩公嫲　7-4896

兩老　5-2898

兩老頭　5-2898

兩先後　10-7252

兩更過　4-2340

兩岔氣　7-4809

兩長幼　7-4980

兩事夾攻的　1-145

兩挑担　10-7204

兩挑擔　10-7220，7300

兩面人　7-4387

兩面羌　3-1658

兩面響　10-7175

兩便　3-1597

兩姨　2-1123，1274；10-
6941，7286

兩姨兄弟　7-4756

兩造　2-979，1070；3-2190；
4-2470

兩個　6-3954

妻奶　10-7307

妻奶奶　10-7281

妻母　2-1123

妻侄　7-4714

妻姪　7-4705,4800

妻哥　10-6941,6955

妻翁　2-1123

妻爺　10-7281,7307

敀　9-6253

攽　6-4142,4220;8-5387

欿　4-2280,2382,2611;5-3228;7-4830

到　8-5048,5050,5052,5357,5359,5361,5417,5419,5444,5737,5760

到只　3-2203

到那邊　7-4796

到好　1-370;2-1109

到把兒　10-7001

到我　8-5782

到住　9-6131,6188

到明　7-4386

到明早　9-6304,6455,6460

到底　1-418,647,665,720;2-861,885,1036,1136;6-4342;9-5877

到底怎没一回事　7-4411

到居　7-4974,4977,4979

到則　3-2199,2201,2202

到屋　9-6523,6535

到時候　9-6304,6455,6460

到家　1-163

到處　9-6102

到得了　2-1317,1320,1337,1340,1344

到飯　9-6128,6166

到路　10-7026,7099

到窰腦　10-7315

到臟　9-6166

到賍　9-6127

郅　1-256

甌瓦　7-4451,4459,4636

甌望　3-1963

[丨一]

非　9-6093

非凡　9-6218

非但　5-3372

非辣　9-6065;10-7117

叔　1-184,210,478;2-748,1077,1112,1191;3-1533;6-3951,3960,4099,4246,4274;7-4431,4677,4697,4717,4718,4727,4740,4741,4743,4758,4782,4788,4789,4791;8-5321,5552,5565,5577,5671,5787;9-6056,6175,6303,6454,6459,6513;10-7017,7034,7036,7201

叔丈　1-439,451

叔丈人　9-5892

叔子　9-5970,5973,6072

叔父　1-210,436,478;2-1102;7-4805;9-6513,6514;10-7202

叔公　5-2897;8-5051,5060,5361,5365,5375,5408,5425,5478,5480,5481,5504,5525,5539,5543,5823,5829,5837;9-6181

叔公公　1-386,394,402

叔仔　6-4380

叔母　1-210,478

叔老　7-4980

叔伯　2-1274

叔伯姊妹　7-4677

叔伯表兄弟　2-1125

叔伯姆　4-2225;5-2897;7-4963,4969

叔叔　1-149,151,168,397,401,402,436,591,593,600;2-773,916,1023,1047,1068,1076,1137,1224,1300,1353;3-2039;4-2223;5-2893;6-3951;7-4394,4430,4714,4726,4729,4756,4794,4799,4818,4962,4968;8-5787;9-6121,6419;10-6941,6994

叔叔侄兒　10-7209

叔姆　8-5289,5290

叔爹　8-5823,5829,5837

叔翁　6-3746

叔娘 9-6513

叔婆 4-2691；5-2897；6-
3668，3746；8-5051，
5061,5361,5365,5375,
5408,5425,5478,5480,
5481,5504,5525,5539,
5543;9-6181

叔爺 7-4992,5020

叔嬸 9-6181

叔嬸 6-4361,4362；8-
5370,5400,5408,5415

叔嬸哥嫂 8-5576

茉鍬 6-3837

歧 5-2873

址 5-3280

址刺 7-4668

肯 5-3351;8-5105,5446,
5546

肯不肯 8-5246

肯吃 7-4989

肯那們著 1-408

肯刮 10-6935

肯要 7-4989

肯海草 2-1341

肯喫肉 7-4986

肯腹 2-1341

些 1-528, 665, 720；2-
1000, 1037；3-1474,
1477,1483,1485,1487,
1488,1489,1792,1797,
1818；6-4006；7-4566,
4691, 4833, 4985；8-
5711,5749;9-5974

些小 6-3954

些少 3-1699,1752

些些 7-4814；9-5875,
5990,6190,6269,6300,
6423,6435,6464

些些莫法 10-7181

些星 2-1201

些娘 3-1992,1994,1996,
1999,2001,2003

些許 10-7121,7180,7275,
7303,7305,7311

些須 2-1124

些微 2-1124, 1138；10-
7163

些微一點 10-7204

些微兒 10-7000

些微間 10-7029,7100

卓 4-2676；5-3036,3350；
6-3650, 3836, 3907,
4343

卓子 5-3036

卓凶頂 5-3326

卓相 10-7318

卓圍 5-3036

卓蜻蜓 5-3326

卓晏 8-5211

卓橙 5-3036

函 3-1924,1927, 1929,
1932

虎 6-3986；7-4407；10-
7116

虎人 2-1267,1308

虎牙 4-2696；5-3383；6-

3673

虎式的 1-387

虎拉八幾 2-1320

虎拉叭叭 2-1322

虎拉叭嘰 2-1324

虎兒賓的 1-178

虎的老 2-1302,1320,1324,
1351

虎淡 10-6930,7103,7105,
7106

虎情形 2-1317

虎將 6-4341

虎喇車 1-161

虎喇檳 1-81

虎勢 1-604

虎跳 5-2952

虎頭搔癢 4-2313

虎頭鯊 3-1907

虎擎 5-2963

[丨丶]

尚 1-378;5-3333;10-6930

尚了當 9-6426

尚孥捏 1-586

[丨㇇]

旰 1-17,118,257

旺 3-1687,1788,2033；5-
3156;7-4436,4815

旺七旺八 5-3221

旺子 9-6136,6169

具 7-4513

具牛頃地 2-1133

門根　3-1961

門楣　5-2987

門窩　3-1919,1925,1928,
1930,1934

門斡　8-5272

門楨　9-6062

門閭　1-704；4-2437；5-
2988；6-3831；9-6182

門閂　7-4470；9-6081

門管扇　7-4470

門鼻子　7-4455

門樞　10-6762

門樓　1-223,492

門樓弔　7-4688,4693

門擋子　7-4460

門頭　6-3833,3961；9-
6173,6188

門閫　10-6763

門闌　1-616

門檢　8-5270

門寰　5-2987

門檻　1-437；4-2241,
2434；5-2945,2990,3397

門轉子　9-6264,6280

門額子　9-6264,6280

門關　7-4460

門簿　6-3681

門擭　4-2241,2434

門鞾　5-2987

門櫺　5-2987；6-3831；8-
5272；9-5923,6062

門鑲　9-6250

門鷄　6-4200,4228

呵　1-374；3-1716,1988；4-
2625；5-3249,3364；7-
4416,4755；9-6187,
6493；10-7176,7183,
7195,7243,7254,7304

呵欠　5-2967；7-4628

呵代　10-7279

呵他　9-6129,6165

呵呀　1-185；10-7320

呵呵　1-681；4-2717；5-
3124；6-3692,3916；9-
6172

呵呵大笑　2-933

呵呵哄哄　9-6171

呵呵笑　4-2609

呵呵誅誅　9-6133

呵侈侈　5-3326

呵笒　9-6264

呵徐　6-4238,4240

呵雪　2-1225

呵唧　5-3224

呵嗤嗤　5-3326

呵駝　6-3961

呵盧　6-3716,3722

呵糟　8-5691

呵嚧　3-1919,1925,1928,
1930,1934

呵驢子　10-7135

咂　4-2625,2646；5-3239；
6-3712,3718；7-4402,
4433；10-7030,7101

咂酒　9-6072

咂壺子　10-7021

咂媽媽　1-131

咔　1-526；2-1032；3-1717,
1756；4-2611；5-3227；6-
3956,3968；7-4387,
4417,4428,4449,4686,
4690；9-5860,5974,
6002,6047,6227,6262,
6279；10-7168,7169,
7225

昕早　6-4343

明　1-164；2-1117,1120,
1155,1183；6-4293；7-
4408,4742,4744,4752,
4771

明人眼　10-6739

明子　10-6840,6859,6860,
6894

明天　9-6055,6174,6219,
6227,6246,6273

明瓦　4-2241,2435

明日　6-3949；10-6997,
7305

明分　5-3210；6-3684

明公　4-2231,2356；5-2922

明火　10-7104,7105,7107

明旦　6-4269,4308,4322

明白　4-2711；6-3890

明奶奶　2-1011

明光彩亮的　10-7027

明光較粲　10-7145

明早　10-7291

明早晨　10-7294

明年　1-395；5-2880；9-

和稀泥　7-4704

和道　10-7026

和煖　5-3187

和頭　4-2255, 2594; 5-3056; 6-3679; 9-6050

和頭夾腦　5-3164

和頭和腦　5-3164

和濕　2-1201

杓　6-4134; 9-5963, 5988, 6066, 6087, 6184, 6189, 6267, 6280, 6292, 6297, 6421, 6461, 6495

杓杓　9-6252

季　3-2035, 2052, 2199, 2201, 2202

秄　10-7116

委　10-6773

委佗　5-3180

委角　5-2985

委祖祖　8-5380

委菡　9-6253

委溺　9-6253

歪肖　3-2199

朸　8-5202

迤　8-5753

迤邐　1-535

[丿丨]

侜　7-4955

佳　6-3759, 4031; 9-5977, 6039; 10-6773

佳壯　1-145

佳家　10-7286

侍奉　2-925

侍者　5-3405

岳丈　2-973, 1069; 7-4992, 5020

岳父　1-185, 436, 451; 2-917, 1093, 1099, 1103, 1191; 4-2224; 6-4105; 7-4724, 4727, 4729, 4783, 4948, 4956, 4984; 8-5292; 9-6177, 6273

岳父母　6-3952; 7-4743

岳父岳母　7-4806; 8-5509; 9-6057, 6259

岳母　1-185, 436, 451; 2-917, 1093, 1099, 1103; 4-2224; 6-4105; 7-4724, 4727, 4729, 4783, 4948, 4956, 4984, 4992, 5020; 8-5292; 9-6177, 6273

岳家　7-4677, 4897

佬　8-5319, 5414, 5434, 5514, 5543, 5578

供　8-5174

供享　2-833

供桌　6-3953

供養　2-937, 1073

使　7-4411; 10-7206

使力量　7-4458

使小錢　2-1031

使不得　10-7200, 7315

使長公　9-5990, 6268, 6299, 6422, 6463

使長婆　9-6299

使長婆　9-5990, 6268, 6422, 6463

使的慌　1-585

使性磅氣的　7-4446

使勁　1-585

使喚　1-530

使得　10-7028

使得得　10-7319

使殢　1-410

使撚子　1-410

使頭　8-5052, 5361

伻　5-3224; 6-3795

伻子　3-1873

兒　1-154, 525, 577, 584; 2-858, 879, 883, 903, 969, 1298; 3-1546, 1561, 1575, 1591, 1625, 1718, 1978, 2020, 2046, 2052, 2149, 2152, 2180, 2201, 2202; 6-4255, 4274; 7-4686, 4690, 4788, 4789; 8-5414, 5691, 5693, 5696, 5697, 5699; 9-6039, 6090; 10-7119, 7127, 7279, 7309

兒子　3-1648, 1725; 5-2891; 7-4716, 4717, 4726, 4741, 4743, 4783, 4799; 9-6513; 10-5996, 7281, 7307

兒女　6-3747

兒狗　1-388; 3-1877

兒郎　7-4394

兒娃子　10-7117,7118

兒馬　1-252,388,437,522;2-752,773,783,815,991,1025,1070,1112;3-1877;9-6494;10-7022,7096,7315

兒根　6-4233

兒猫　7-4728

兒媳　7-4478,4741

兒媳婦　2-1076;7-4714,4716,4717,4726,4743,4783,4788,4789,4800

兒嬉　8-5331

兒騾　2-816

倿尸　5-3291

倿儙　4-2231,2356

版　6-3871

版牙　6-4119

版骨　6-4238

版涎　9-6131

欣　2-1017

欣槃　9-5926

侄　5-3201;7-4803,4804

侄女兒　10-7281

侄兒　10-7281

仳孔　4-2364

侗　9-6237

侃侃嗷　6-4301

侏　4-2277,2371,2604;5-3143

侏侏個　5-3143

侏斬斬　5-3143

侏儒倒縮　4-2305

俓　3-1976;6-3878,4052;7-4652,4829;8-5388

俓直　5-3148

侔　7-4617

侔弄　2-1303

佮　5-3324

佮夥　7-4451,4459,4636

佻　1-120,269,629;2-912,1060,1081,1332;7-4602,4603;8-5755;9-6210,6234

佻皮　7-4792

佻斉　10-7027

佻㒩　3-2193

佻纏　9-6238

侈　6-3814

侈誕　5-3247

佳　10-6740

佳子　9-6186

佳不得　2-1156

佳佳　7-4454

侁　6-4053

佽飛　3-1552,1631,2020,2022,2025,2029,2146

依　8-5750;10-7117

依未　9-6128

依托弗事　10-7306

依依　1-396

依裹　2-826

依模似樣　7-4721,4724

依還　9-6173,6188

佽事　3-2092,2099

佽倈　10-7294

佯　3-1699;6-3879

佯不知　1-675

佯風詐冒　1-534

佯掃地　5-2918

佯搭不睬　10-7317

佯答忽失　2-1325

佯誤　2-1229

佯憨　2-1200

併　10-7025

侏　10-6941

釓　6-4276

釓吕骨　6-4276

帛　7-4618

卑　10-6772

卑末　4-2641,2657

的　1-584,661,716;2-858,882,1033;5-3377;7-4418;8-5053,5357,5361,5691,5696,5697;9-5859

的(同底)　7-4413

的到説　9-5996

的兒　8-5750

的的　3-1885

的息　8-5710

的留　10-7288

的得　5-3136

的達　3-1918,1984,1991,1993,1995,1998,2000,2002;6-4239,4241

的厯都盧　3-1999,2001

的當　1-723;2-869,893

的腦　7-4723,4744

的歷突盧　10-7293

的歷都盧　3-1992,1994,
　1997,2003

的篤　5-3136

的檔　6-3961

的礫都盧　10-7143

迫　9-5977

迫不得　9-6210

迫雨　10-7321

迫脫　9-5979

阜　1-63;6-4375;7-4466

阜牙　3-1651,1726

劻　3-1545,1624,1640;4-
　2270,2403,2515,2541;
　5-3269;6-3819,3898,
　3962,3969,4034

侔莫　1-3,117,269,582

［丿丿］

欣　8-5052,5361,5414,
　5783

徂　3-1922

妯尬　9-6493

彾行　3-1992,1999

往　8-5054

往日　10-7029,7101

往年　2-1116,1154

往年間　10-7029

往往　1-532

往常　7-4786

殷　7-4434

爬　1-185;3-1787;4-2400,
　2648,2667;5-3275;6-

3713,3719,3900,3905,
　3929

爬瓜　2-801

爬豆　1-161

爬沙　2-1132

爬長　2-1229

爬拉孫　2-1230

爬坡子　9-6275

爬依草　3-1921

爬爬　5-3427

爬起　4-2228;6-3953

爬海　9-6264,6282

爬梳　9-6074

爬腳　10-7285

彼　1-185;3-1990;6-3986;
　7-4607

彼里　6-3956

彼格　4-2296;6-3956

彼期待我　8-5588

彼落　6-3956

彼裏　4-2296,2356

所　3-1794;6-4054,4292

所以　3-1713;7-4415

所以革落　3-1796

所以然　5-2943

所在　4-2467

所所然　10-6787

剈　3-2047;4-2270,2406,
　2496,2521;5-3355

［丿丶］

到　3-1664,1735

舍　1-371;2-1078,1193;3-

1532,1697,1724,1751,
　2170;5-2983,3416;6-
　3793,4005,4359;7-
　4620;10-6942,7284

舍人　7-4821

舍子　6-4365;9-5999,
　6047,6204,6279

舍不得　3-1709;7-4816

舍母娘　3-1661,1731

舍吉鈴　4-2462

舍利子　4-2477;5-3422;
　6-3896

舍弟　2-916,976,1069;8-
　5665;10-7211

舍東西　9-6047

舍呢　6-4380

舍狗　6-4361,4362

舍郎　9-6181

舍屋　9-6057,6177

舍個　3-2202

舍寠　2-1124

舍箇　3-2033

金　7-4407

金牛兒　1-101

金斗　5-2952

金玉　8-5346

金玉滿堂　3-2191;4-
　2470;6-3702

金瓜　8-5584

金瓜鑹　9-6136

金光大　9-6165,6173

金光大得很　9-6127

金花　6-3847

5374

受方　9-6034,6173

受卡　9-6293

受用　1-383,677,726;2-
1042; 3-1492, 1779,
1783;4-2707

受夾失　9-6294

受苦人　10-6936,7179

受苦的　2-1094,1100;10-
7018

受制　2-1230

受和　10-7108

受使　10-7032,7033

受侵　2-841

受記　3-1471,1683,1827,
1849,2019,2021,2024,
2028,2079,2086,2093,
2100,2138,2146,2149,
2152,2156,2173,2177,
2180,2186;4-2470

受業　3-2190;4-2470

受賄　9-6181

受福　9-6060,6075

受熱　1-137

受影響　1-421

爭閒氣　1-538

乳　3-1640,1646,1719;6-
4277

乳牛　1-252, 388, 437,
522;2-1179;10-7096

乳羊　8-5191

乳狗　8-5191

乳姑　8-5074,5178

乳鉢　5-3027

乳鉢　1-564;9-6064,6182

乳媽　8-5824,5830,5838

乳頭　7-4892;8-5191

㳄㳄　4-2384

念　1-543;2-965;3-1495,
1688, 1798; 4-2732; 5-
3216; 6-3708, 3919; 7-
4945

念巫　5-2915

念伴　5-2915

念念　6-4270

念秧　1-138

念書　1-552;2-1158;6-
4255;7-4386;10-7315

念書人　2-1151,1201

念書的　10-7316

念番　7-4735

念幾回　1-391

念經　7-4461

瓮　1-285;3-2193;5-3025,
3127; 7-4468, 4952; 9-
6064

瓮雷　9-6588

[丿一]

胖　3-1688;5-3144;6-3766,
3780,3967;7-4982

胖臭　9-6109

肺　8-5054

胚子　6-4110

肱　7-4385;8-5350,5353

胍　5-2967

肫　5-3071

胸　6-4296;8-5138,5441,
5486,5546

胸胸　8-5546

胸縮　8-5091,5180,5245

胜　8-5330,5386

胗　5-3157;8-5053,5357,
5361

朋　3-1607,1631;5-3304;
9-6029

朋友　7-4714,4800

朋鍋　2-1227

股　4-2547;5-3095;9-6195,
6259,6272

股堆　7-4682

胅胅食　6-4302

肥　1-202,470;5-3020

肥杵杵　9-6132

肥肥胖胖　9-6133,6171

肥柴　10-6894

肥臟　7-4667

肥料　5-3020

肥料機器　10-6857

肥桶　5-3030

肥猪　9-5983

肥賦　8-5269

肥腯腯　6-4064;9-6035

肥膥　9-6083

肥鮀　9-5954

肥膿膿　9-5985

肥鹹　7-4898

肥繁　9-6032,6177

服　1-139;5-3086;7-4827

服内你　9-6162
服事　7-4910
服毒　6-4298,4308
服便　5-2953
服匿　2-1120
服辯　5-2953
周　1-215,437,484;6-4042
周二　9-6138,6170
周子　9-6185
周月　2-1130
周正　3-1938;6-4091
周年　4-2705;5-2948;6-3680
周折　5-3149
周捉　3-1924,1927,1929,1933;4-2648;6-3713,3719,3899
周葛　7-4474
周歲　5-2947
周遭　7-4409
剁　6-4039
剁硰　7-4397
剁麵刀　10-7021
昏　2-1227;6-3733,4223;8-5727;9-6058
昏上　2-769,915
昏旦　7-4543
昏忉　9-6426
昏色　5-3119
昏沌沌　5-3167
昏忳忳　5-3167
昏昏　10-7252

昏昏月亮　9-6626
昏昏沈沈　4-2341;9-6133
昏昏沉沉　9-6171
昏昏濁濁　9-6133
昏黃　10-6935
昏憒　2-1020;9-5991,6269,6300,6423,6435,6464
昏憒憒　9-6493
昏董董　4-2377;6-3901,3964,3969
昏蜑　6-4367;7-4666;9-5996;10-7165
昏塗　3-1500
昏懂懂　5-3167
昏頭昏腦　5-3190
昏頭脫腦　5-3190
昏濁　9-6059
兔　9-6556
兔未在窠裏　9-6098
兔兒絲　1-236,506
兔龟　10-6742
兔崽子　1-521;6-4110
兔絲　9-6252
狨　7-4405,4633,4653
臽　9-5976
狙　9-6093;10-6926
咎　7-4661
狐　1-349
狐脂狗油　7-4672
狐狸　1-252,521
狐狸精　5-2930
狐假虎威　1-445
忽　5-3288

忽地忽山　2-844
忽地忽他　2-844
忽冷忽熱　4-2346
忽拉八兒的　1-585
忽拉扒　2-1308,1324
忽拉扒的　2-1322
忽些　10-7181
忽兒一下　10-6999
忽性　1-383
忽剌　3-1919,1985,1992,1994,1997,1999,2001,2003
忽剌八　1-570
忽星　2-1130
忽骨董　10-7261,7319
忽突　1-602;6-4213;9-5996
忽閃　3-1500;4-2339;6-3950;9-6191,6193
忽倫　7-4565
忽略　2-1228
忽禄　7-4630
忽雷　1-599;2-814,1052,1201
忽爾濱　1-408
忽漫　2-786
忽疊　2-1126
忽蘭　2-1233
忽騰　2-1231
忽顔　1-383
狗　1-166;2-1158;3-1722,1989;4-2321,2459;7-4407,4820,4892;9-

夜快 5-2881

夜快邊 4-2340

夜拉個 1-583

夜拉過兒 1-593

夜來 2-769,915,1130,
1225,1339;7-4386,4408;
10-7097

夜來科 2-762

夜來哥 10-7251,7321

夜來隔 1-580

夜來蓋 7-4487,4635

夜來箇 10-7179

夜明菜 4-2319,2466,
2546

夜明蟲 7-4892

夜兒 7-4739;10-7023

夜兒個 1-181,183;7-4786

夜兒箇 1-370,405;2-1225

夜昏 8-5339,5340,5344

夜狐子 10-7022

夜昨 6-4155

夜食鷹子 7-4808

夜紅霞 5-2861

夜格 2-862,887

夜眠鞋 5-2996

夜哩哥 10-7121,7294,
7298,7301

夜個 2-1112

夜個後响 2-1112

夜倌 2-1224

夜著鞋 5-2996

夜桶 5-3030

夜晡 7-4961,4966

夜眼 9-6066

夜晚 8-5694;10-7031

夜晚夕 10-7033

夜過 10-7291

夜猫 2-1132,1136;3-
1981;6-4168;7-4389

夜猫子 1-169,248,434,
437,517;7-4461,4638

夜婆 6-4345

夜壺 1-704;7-4510;9-
6136,6169

夜落金錢 7-4453

夜睏覺 8-5665

夜開花 5-3074

夜黑了 10-7031,7033

夜飯 4-2642;5-3002;9-
6228

夜裡 10-7039,7201,7202

夜裡個 10-7290,7313

夜隔 1-167,390,395;2-
787,1066,1076,1087,
1093,1099,1107,1298,
1339;7-4724,4728

夜裏 2-774,822,1029;7-
4759;10-6935,7172,
7206

夜裏各 10-7176

夜裏格 1-615,664,737

夜裏黑家 2-774

夜裏隔 1-587;2-917

夜箇 1-370,433;2-1052

夜鴉 5-3061

夜蝙蝠 1-121

夜賴蓋 7-4449

夜燒 2-1124

夜搗 7-4454,4638

夜鷂 5-3061

夜關門 7-4900

夜蘭 8-5204

夜颺虎 2-819

夜鸏 4-2243

杏 4-2673;5-3227;6-3647,
4003,4297;7-4428;9-
6002,6215,6291

扃 5-2870;6-3739

府大人 9-6176

府上 3-2190

府太爺 9-6176

府司 10-7020

底 5-2868,3377;6-3739;
8-5736,5759

底力 8-5546,5566

底下 6-4271;10-6997,
7024,7039,7098

底下人 1-207,475;2-782;
3-1659,1826,2184;6-
4190,4275;9-6119,6120

底衣 7-4981

底低下 1-396

底物 8-5327

底紅 5-3076

底根 1-142

底高 3-1972,1975

底裏 3-1596,1708,2191;
4-2470

底墊 2-1265

庖灰　9-6427

庖糟　7-4578

疝　6-3769

疝氣　6-3673

疙列　7-4739,4753,4773

疙禿　2-981；3-1917；5-2982,3174

疙固　7-4636

疙疙疸疸　5-3174

疙刺　2-1128

疙蚤　9-6185

疙捯　2-1128

疙疸　2-1258；5-3174

疙疸馬西　10-7108

疙疸湯　1-187,434,581,595

疙疸　2-753；5-2982,3174

疙瘩　1-647；3-1984,1991,1993,1996,1998,2000,2002；5-2982,3174；7-4438；9-6034,6060,6179

疙嫪　7-4739,4745,4765,4774

疙瘩　3-2193

疕　6-3767

疤　9-6178

疲　5-3404

卒光　8-5347

卒暴　3-1548,1627,2059,2062,2078,2086,2092,2099

郊　6-4272

劾　8-5052,5361

劾直過　5-3208

庚　3-1631,2020；7-4737

庚兄　7-4978,4979；9-5970,5973,6072

庚兄弟　8-5837

庚弟　7-4978,4979

瓬　9-5989,6182,6268,6298,6421,6462；10-7193

歆响　3-1542,1565,1579,1621,1638,1697

洛　6-3937

音　3-1939；5-3227；6-3788,4297；7-4417,4618；9-6112,6178,6187

盲湯　4-2249,2243,2600；5-3013

放　1-378,619；3-1666,2093,2100；6-4049,4285,4344；7-4435；8-5177；9-6066,6194,6241,6252

放刁　5-3310

放口　5-3318

放山　2-1270,1337,1344

放不嫋　2-919

放手　3-1549,1628,2019,2021,2024,2028,2045,2054,2062,2068,2085,2154,2156,2176,2186

放牛娃　9-6137

放心　2-761；3-1701；7-4816

放生　2-938,1073；3-2191；4-2470；6-3691

放白鴿　3-1685

放在一邊兒　1-391

放光　9-6061

放快　9-5983,6033

放屁　3-2189

放青　2-1228

放牲口的　1-387

放鬼期　2-1104

放亮子　2-1341,1346

放洋炮　9-6067

放紙鷂　8-5691,5693,5696,5698,5699

放黃　9-6128,6173,6188

放帳　1-616,675

放敢　6-4233

放稍　9-6034

放肆　1-539；3-1786,1830

放債　3-1786,2190；6-3688

放銅銃　5-3248

放蕩　6-4344

放賬　9-5873,6057

放潑　7-4954

放賴　7-4910,4992,5020

放賴放訛　1-409

放穩　9-5992,6271,6302,6425,6465

放學　1-551；6-3681

放雕　4-2308

放燈　2-761

放濫　7-4972,4973

放騙　7-4836

河漏　1-217，275，434，485，581，618，709，744；2-784，856，988，1061，1070，1082，1090，1096

河撈　2-804

河橋　10-6727

河頭　5-2869

河螞　1-434，596

河蟆　1-394，404

河蟆科特　1-610

河戲　4-2476

河邊腳　9-6056

河鯽魚　5-3063

河寶　9-6272

沰　3-1898；5-3087

沾　2-838

沾瓦瓦　9-6132

沾光　2-1040

沾沾瓦瓦　9-6133，6171

沾軟　9-6131

沾漬　6-4301

沾滯　1-192，458

沮　6-4317，4318

油　3-1989；4-2286，2495，2521，2682；5-3148；6-3655

油刁　4-2594；5-3025

油乃乃　10-7125

油大　9-6137，6170

油水　5-3028

油火郎　3-2082，2088

油弔　5-3025

油打鬼　7-5006

油包　5-3007

油光石　9-6272

油花　6-4238，4241

油灼粿　5-3009

油灼膾　5-3009

油果子　1-218，486；9-5907

油炒飯　7-4898，4956

油油緩緩　9-6133，6172

油鬼　2-805

油食　7-4748，4767，4774

油炥檜　5-3009

油炸鬼　1-437；2-856

油炸檜　4-2251

油炸膾　5-3009

油盅　5-3025

油柴　6-4192

油條　1-218，486

油著檜　3-1761

油菜　1-168；4-2319，2463，2546；6-3948；7-4900；9-5962

油閉飯　6-4265

油啄母　9-6252

油壺壺　2-1136

油葫盧　1-161

油葫蘆　1-86

油葱捲　10-7019

油鮖　1-608

油腔滑調　5-3191

油登　9-6066

油盞　3-2082

油煤果　5-3009

油銚　4-2255，2447，2594；5-3025

油餃子　9-6065，6183

油頭　4-2230，2355，2715；5-3191；6-3686，3756

油頭滑腦　5-3191

油餜　2-805

油糕　7-4734

油趖趖　9-6132

油燭　6-3954

油蟲　2-821

油饃　7-4734

油糍子　5-3009

油饊子　4-2248，2599；5-3009

油蘸子　5-3009

況　6-3797；7-4572

況且　3-1713；5-3371；7-4414

況倒來　9-6132，6163

洞涼　3-2127；4-2606；5-3186

泅水　3-2128

泅汙　6-4287

泔　7-4833

泊　6-4302；7-4393，4436；10-6778

泊坑　2-809

泊差　2-809

沿　5-2868；7-4774；10-7002

沿來　10-7277

沿脣　5-2996

沿臺　2-1225

泡　1-634；3-1666,1976；4-2587,2588，2629；5-2979，3353，3356；7-4659，4928；9-6067,6185,6426；10-6921

泡沙　9-6228

泡沙石　9-6272

泡泡蘇蘇　9-6133,6172

泡茶　9-6059

泡咧　1-175

泡浸　9-6056

泡舒舒　9-6132

泡飯　1-136

注　1-537；2-954,1073；3-1664，1735；4-2662；5-3100,3290,3327

注子　3-1609,2074

注鬼腳　8-5207

注箕　10-6924

泣　7-4539,4595

沱　9-5883,6247；10-7164

沱沱　9-6246

泌　3-1983；4-2629；5-3357；6-4054

泌清　3-1692,1748

泌瀄聲　8-5227

泥　1-539；3-1697,1751；4-2276，2410，2629；5-3013，3176，3347；6-3885，3951，4272；7-4600；8-5205

泥土地　9-6180,6428

泥水　5-2912

泥水佬　8-5543

泥勾　7-4455,4462,4639

泥巴　9-5983,6031,6136,6419

泥巴腦殼　9-6075

泥皮丟　1-409

泥肉　8-5205

泥泥　8-5709

泥歪　2-840

泥馬　6-3679

泥高頭壁　5-3307

泥堆　8-5225

泥菩薩過水　4-2299

泥豬　5-3058

泥渦　7-4457

泥笒　4-2261,2451

泥窗　7-4425

泥腿　1-395,405

泥腿子　10-7018

泥裹扎　7-4454,4638

泥搏　2-1130

泥楳　6-4281

泥幂　5-2986

泥漿　8-5227

泥鞔　5-2986

泥墼子　10-7021

泥頭　2-1238

泥磚　6-3832

泥螺　4-2461；7-4455

泥翻攪漿　8-5227

泥濘　2-1012,1072

泥鰍　9-5956

泥鯌　1-241,511；6-4171

泥鱔　7-5013

泯　7-4986

泯甜　10-7117

泯縫　3-1973

沸　4-2267,2404；6-3967；9-6276；10-6762

沸頭子　9-6129

沸翻搖天　3-2193

波　10-6726,6997

波池　7-4756

波波　1-137,217,276,486；2-1061，1082；3-2065,2075；7-4460，4514；9-6176

波俏　4-2290,2373,2506,2531

波菜　7-4523

波煩了　10-7316

波螺　7-4455,4639

波羅　3-1917，1978；7-4385

波羅牛　7-4531

波羅蓋　7-4494

治不的了　1-371

治酒　9-6066

治基業　10-7179

治魚　1-713；7-4709

治頭公　8-5407,5415

治頭婆　8-5407,5415

沴子　1-701,738

沴水　5-3028

怔松　6-4364

怯　1-170；8-5177；9-5976

怯力　5-3171
怯陣　7-4429
怙老山音　2-1345
体　3-1492,1690,1779,
　1782；4-2672；5-3195；6-
　3646,3906,3930,3967；
　7-4541；9-6179,6187,
　6202
怖　7-4579
怛怛　5-3155
快　4-2281,2422,2626；5-
　3292,3415
快快伴伴　10-7318
快躁躁　5-3166
悅的一下　10-7152
悅忽　7-4854,4952
性子　9-5899
性命　5-2970
性急　1-688；3-1596
怢　4-2277,2368,2602；5-
　3155；6-3802
怢怢　5-3155
怕　9-5978
怕大腦瓜兒　1-392
怕死鬼　10-7180
怕雨點淋到頭上　1-186
怕倒楣　4-2546
怕羞　6-3963
怕動彈　10-7204
怕醜　3-1973,1975
怕癢樹　9-6265,6281
怜利　9-6188
恂　7-4753,4773,4775

怪　3-1665；6-3802；7-
　4552,4577
怪大　10-7149
怪弗得　5-3371
怪多　10-7149
怪好　7-4759
怪到來　10-7262,7319
怪物　1-736；2-1051
怪家伙　10-7317
怪鳥　6-3687
怡　7-4475
宗　3-1990；5-3100
宗兄　2-976,1069
宗師　3-2191；4-2470
定　2-769,915；3-1787；5-
　3322；6-3961,4294；7-
　4434；9-5977
定甲　1-345；7-4830
定更　4-2213,2348；6-3950
定定宕宕　8-5206
定規　5-3211
定猛札　2-1230
定期　9-6055,6175
定童　8-5583
定解無挪　10-7027
定盤星　3-2131；4-2719；
　6-3693
定親　2-1151
宕　3-1835；5-3419；6-4016；
　8-5694
宕子　3-1972,1975
宕戶　4-2233
宕鑼　5-3053

家　7-4831,4985
宙哩　10-7199
官　1-380；6-4255,4359；8-
　5559,5560,5562,5576,
　5577,5828,5829,5830,
　5836,5837
官人　2-1115,1154；3-
　1492,1610,1780,1782,
　1819,2039,2207；4-
　2693；5-2918；6-3670,
　3751,3912；10-6732,
　7293
官公　8-5836
官司　1-648
官司由子　1-387
官長　3-2191；4-2470
官板兒　1-413
官虎　9-6136
官府　10-7201,7202
官官　6-4379；7-4806；9-
　6134
官姐　7-4821
官背　2-1189
官待　8-5414
官差　6-4342
官姉　8-5836
官爹　8-5836
官娘　8-5478,5481
官項　2-1322,1325
官項兒　2-1308
官婆　8-5836
官衙　1-544
空　1-442；3-1476,1491,

1810,1815,1845,1847,
1851;6-3989,　　4293,
4307,4320,4344;8-5256

空工　5-3421;6-3896

空口説　1-540

空子　9-6260,6274,6293

空手人　5-2920

空心黃龍　6-3958

空心菜　4-2463

空心湯團　5-3397

空白　6-4197

空空洞洞　9-6133,6171

空婁婁　6-4065

空淘神　9-6427

空唘可郎　10-7134

空棟　9-6081

空穿　　4-2304,2350;6-
3900

空彈琴　9-6035

空頭　3-1971;4-2492;6-
4328,4335

空頭白腦　5-3215

空廔廔　9-6012

空飄飄　4-2285,2380;6-
3969

帘帘子　10-7020

宛　3-1979

宛積　6-4133

[丶一]

郎　6-3948,4359,4361,
4362,4379,4380,4381;
7-4838,　4839,　4896,

4898,4926,4953,4954,
4956,4957,4958,4963,
4969,4978,4979,4980,
5006,5041;8-5335,5581

郎巾　2-1121

郎不郎,秀不秀　6-4331,
4338

郎中　　1-136;3-1534,
1650,1812,1819,1846,
2083,2089,2107,2113,
2119,2124,2141,2196;
4-2227;6-3952;7-4960,
4974;9-6086

郎公　7-5006,5041

郎瓜　6-4159

郎伉　6-4241

郎的郎當　10-7314

郎的當　10-7314

郎神　7-4760

郎哩郎康　1-435,582

郎哩郎當　1-179,435,582

郎哩郎糠　1-179

郎個　9-6075,6162

郎家　8-5055,5408,5413,
5416,5418,5420,5478,
5483,5500,5543,5553,
5695,5824,5830,5837

郎猫　1-253,388,437,522;
6-4166,4177;7-4744;9-
5946;10-7023,7097

郎康　1-587,637,667,721

郎筋筋　9-6248

郎湯勃磙　10-7291

郎當　1-231,447,500,
585,602;3-1473,1475,
1508,1514,1529,1552,
1631,1655,1850,1991,
1993,1996,1998,2000,
2002,2064;4-2491;6-
3942,4078,4327,4334;
7-4406,4458,4558,4687

郎當子　7-4694

郎罷　6-4307,4311,4321

郎頭　4-2255

戾　3-1674,1740;10-6744

肩　5-2962

肩甲　4-2585,2696;5-2962;
6-3673,3798,4276;8-
5070,5437

肩克　4-2219,2362,2585;
5-2962

肩克頭　5-2962

肩抹頭　7-4734

肩封　3-1876

肩胛　4-2585;5-2962

肩膊　7-4898

肩膀　1-206,474,595,
710,745;2-873,898,
1057;5-2962;6-3953;7-
4394

肩膀頭　7-4758

肩頭　1-206,474;6-4276

肩髆　2-1131

肩髆　5-2962;6-4120,
4376;7-4491

房　1-376;2-1117,1120,

4972,4973;8-5052,5361,
5365,5375, 5402, 5406,
5414, 5478, 5484, 5500,
5504, 5539, 5541, 5544,
5553, 5560, 5562, 5568,
5571, 5576, 5578, 5813,
5814

妹弟 9-6176,6181

妹兒 6-4101, 4111; 8-
5554,5555,5557,5559,
5560, 5562, 5813, 5814;
9-6056,6074,6176

妹妹 1-211,436,479,591,
593, 613; 2-914, 975,
1023, 1066, 1068, 1076,
1087,1093,1099,1224;5-
2891,3423;6-4100,4255;
7-4714, 4724, 4726,
4985; 9-6434; 10-7281,
7307

妹屎 8-5553

妹倩 8-5544

妹孫 9-6303,6454,6459

妹婿 1-214,482;2-976

妹崽 8-5810,5812,5813;
9-6303,6454,6459

妹婿 2-1069

妹 8-5416

姑娘 7-4387,4450,4636,
4807

姑婆 3-1516,1537,1615,
2072,2081

姑 1-428;2-1049, 1103,

1353;6-3960,4255,4341;
7-4623, 4716, 4717,
4720, 4741, 4743, 4758,
4763, 4782, 4788, 4789,
4837;8-5829;10-7302

姑丈 4-2643;5-2894;6-
3710,3717,3897,3960

姑丈己 7-4806

姑丈公 5-2897

姑丈母 7-4431

姑子 1-160;7-4706

姑夫 1-549;2-1048,1299,
1300, 1353; 3-1823; 6-
3749;7-4430,4714,4716,
4717, 4726, 4741, 4743,
4788,4789,4800,4806;9-
5970,5973;10-7281

姑太 4-2223, 2353; 6-
3951;9-6457,6513

姑太公 9-6457

姑少爺 9-6085

姑父 7-4758;9-5886,6057

姑公 8-5823,5829,5837;
9-6016

姑公姑太 9-6303,6429,
6454,6459

姑奶 7-4726

姑奶奶 1-168, 436; 7-
4430,4716, 4717, 4741,
4743,4788,4789,4806

姑奶倈 9-6121

姑母 7-4806;8-5823,5837

姑老子 3-2015

姑老娘 2-1102;7-4430,
4727,4743

姑老爺 7-4430,4727,4741,
4743;9-6304,6455,6459

姑老孃 7-4741

姑阿家 10-7285

姑姊 8-5811

姑表兄弟 9-6513

姑表姊妹 9-6513

姑耶 9-6177

姑固 7-4453

姑固翅 7-4461,4638

姑姑 1-149,151,168,394,
436,591;2-876,900,916,
1023,1068,1195,1272;7-
4430, 4527, 4706, 4714,
4726,4986;9-6134,6185;
10-7178,7281,7286

姑姑子 7-4455

姑姑筵 9-5912

姑姑敦 1-247,517

姑姐 8-5413

姑姥姥 1-614

姑婆 3-1991,1993,1995,
1998,1999,2002

姑都 1-133,156

姑都著 1-24,370

姑都着 1-159,181,183,
642

姑爹 7-4822, 4823; 8-
5823,5829,5837;9-6303,
6305, 6454, 6459, 6513,
6589,6591,6627

姑爹姑媽　9-6457

姑爹爹　10-7179

姑翁姑婆　8-5665

姑娘　1-137,160,386,394,
397, 401, 436, 694; 2-
1224,1300; 3-1533,1825;
4-2467, 2643; 6-3710,
3717,3951,4379;7-4385,
4386, 4395, 4799, 4806,
4992,5020;8-5481,5544;
9-6219, 6434; 10-7094,
7178,7179,7307

姑娘子　1-168;8-5065

姑猪　10-7168,7169

姑婆　3-1533; 5-2897; 7-
4992;8-5291,5823,5829;
9-6016,6181,6273,6419

姑婆婆　1-386

姑婆媽　4-2223, 2353; 6-
3951

姑娻　9-6514

姑奢　9-6219

姑爺　1-214,386,394,417,
437, 482, 591, 648, 692,
734; 2-856, 1299, 1300,
1353;7-4716,4717,4726,
4741, 4743, 4788, 4789,
4806,4963,4969;9-6016,
6057, 6181, 6247, 6305,
6513,6591;10-6956,7179

姑爺姑媽　9-6429

姑爺爺　7-4430

姑就　1-732;2-769,915,

1046

姑婿　8-5791

姑舅　2-1123,1125,1273;
10-6936,6941,7286

姑婆　7-5020; 8-5837; 9-
6434

姑媽　1-168; 5-2894; 6-
3951; 9-6121, 6303,
6305, 6454, 6459, 6513,
6591,6627

姑媽媽　10-7179

姑闌　2-1121,1156

姑攏　2-1233

姑孃　6-3897; 9-6056,
6177,6513

妬　1-191,457

妬忌　3-1786

姐　10-7116

姐　1-371, 385, 613; 2-
1078, 1126, 1300; 3-
1719, 2207; 4-2661; 6-
3641, 3750, 3903, 3951,
4257; 7-4720, 4729,
4735, 4739, 4741, 4743,
4758, 4806, 4817, 4820,
4824, 4891, 4926, 4955,
4957, 4958; 8-5297,
5316, 5350, 5353, 5360,
5400, 5407, 5478, 5508,
5543, 5671, 5751, 5810,
5812, 5813, 5823, 5829,
5837; 9-6074, 6077,
6219,6419;10-6956

姐丈　1-437,591;9-5970,
5973,6072

姐丈妹丈　7-4806

姐子　6-4103

姐夫　1-398,402,437,591,
593; 2-1048, 1125, 1169,
1179,1353;7-4714,4716,
4717, 4741, 4788, 4789,
4800,4963,4969;8-5370,
5371,5373,5400;9-5887,
6434, 6589; 10-6955,
6958,7179,7281,7307

姐公　8-5292,5478,5481;
9-6181

姐妹　8-5787;9-6016

姐姐　1-152, 168, 211,
397,398, 401, 436, 479,
591, 593, 693; 2-768,
782, 798, 856, 914, 916,
974, 1023, 1049, 1066,
1068, 1076, 1087, 1093,
1099, 1112, 1144, 1169,
1273, 1300; 5-3423; 6-
4100; 7-4714, 4716,
4717, 4724, 4726, 4741,
4788, 4789, 4799, 4841,
4982, 4984, 4985, 4992,
5020; 9-5886, 6056,
6076, 6176, 6513; 10-
7179,7281,7294,7307

姐姐妹妹　7-4684

姐哥　7-4824

姐家　10-7111

姐婆　8-5292,5478,5481;
　9-6181

姐媽　8-5428

妯門　2-1302

妯們　2-1273

妯娌　1-185,212,436,439,
　451,481,591,693,735;2-
　875, 900, 1049, 1068,
　1135;3-1533;4-2691;5-
　2897;6-3669,4103;7-
　4431,4450,4459,4738,
　4827;9-5887;10-6941,
　7178,7281

妯娌們　2-1024,1103;7-
　4727,4742,4744

姎　6-4317,4318;10-6734

姎徒　7-4828

姎夥　9-6214

妗媽　6-4190

妳　5-2961;6-4307,4321

妳子　3-1978

妳姆　6-3897

妊子　2-1125

妮　5-3176;7-4705,4726,
　4741,4743,4801

妮子　1-367;2-782,799,
　975,1024,1068,1135;3-
　1787;5-2891;7-4479

妮歐　7-4739

始　3-1544,1623

始花　3-2148,2151,2180,
　2187;4-2469,2503,2528

帑　7-4655;8-5756

帑子　5-3081

弩父　7-4829

孥　3-1488,2149,2152,
　2180

孥兒　3-1538,1558,1573,
　1617

姆　4-2642;6-3710,3716,
　3746, 3897; 7-4756,
　4983; 8-5063, 5317,
　5511, 5581, 5823, 5829,
　5837;9-6077;10-6951

姆公　8-5823,5829,5837

姆姆　3-1810;6-4380;7-
　4974;9-6219

姆爹　8-5823,5829,5837

姆婆　8-5823,5829

姆潰　8-5837

姆媽　3-1533, 1610; 4-
　2340;5-3392;6-3951

岤　8-5413

迢　6-3986

迦　7-4737

肝　6-3773

肝斑　6-4125

[一、]

坴　3-1667,1736

坴斗　4-2258, 2433; 6-
　3954

坴灰　3-2129

坴箕　6-4132

劺　1-3,125

[一一]

帠　10-6740

䭾　2-1169;4-2354;6-
　3745, 4098, 4352; 7-
　4957, 4958; 8-5374,
　5480, 5543, 5570, 5785,
　5814

䭾䭾　7-4837,4897,4953,
　4958,4959

糾　9-5978

糾糾纏纏　9-6133

糾酸　9-6065;10-7117

紉秧子　1-178

劼　6-3815

九畫
[一一]

耇　4-2284,2423;6-3962,
　3966

耇刺　3-2194

耔　7-4963,4969

契大人行　8-5751

契子　8-5830,5837

契仔　8-5052,5361,5365,
　5375, 5402, 5406, 5479,
　5504, 5539, 5541, 5544,
　5824

契交　8-5588

契金　10-6766

契幛　8-5317

契契子　10-7022

契爺　8-5787

3143, 3252, 3304, 3332, 3346;6-3714,　　3720, 3809; 9-5970,　6024, 6063, 6195, 6264, 6279; 10-7139

挑大的扔　2-1348

挑水　1-389

挑皮　3-1754

挑花　4-2702;6-3678,3857

挑 擔　2-1123, 1169; 9-6247; 10-6956,　6958, 7040, 7093, 7201, 7202, 7301,7302

挑枋　9-6062

挑事　1-195,451,463

挑事牖　2-1200

挑軍拿營　7-4796

挑換　9-6072

挑唆　7-4401,4430,4449, 4636;8-5582

挑帶　2-915

挑眼　1-138;7-4388

挑過　7-4962,4968

挑修　7-4585

挑淤　7-4963,4969

挑擔　1-588;2-876, 901, 1121,　1156;　3-1925, 1931,　1935; 10-6941, 6947, 6951, 7120, 7171, 7175,7180, 7257, 7261, 7263, 7285, 7286, 7305, 7310,7320

挑鋼　10-7132

垛　3-1687,1897;6-4039

垛口　2-1011

垛子　9-6175

垛門　1-558

垛兒　2-1190

垛落　2-1188

挼　5-3261

塊　9-6113

拘　5-3281

指　3-1719;6-4277

指山賣磨　7-4694

指不上　2-863,887

指手　1-22,181,182,369

指方向　9-6132

指末頭　5-2963

指甲　9-6195

指甲花　7-4461, 4992, 5021;9-6265,6281

指甲草　7-4731

指拇頭　5-2963

指東劃西　2-761

指使　2-755

指指奪奪　9-6134,6171

指脢頭　4-2237,2365

指望　1-533;2-786;3-2063, 2067,2077,2085

指清　2-1225

指殼　2-1131

指窮　8-5588

指頭　1-205,474;2-1057; 3-1731

垙　3-1937

垎　3-1898

垎坴　7-4670

垎刾　7-4439,4442,4447, 4635,4678

垎塝　10-6954

挀　5-3270

挣　4-2619;5-3290,3301; 6-3819;7-4403,4431;9-6210

挣扎　10-7121,7180,7199, 7251, 7258, 7303, 7312, 7321

挣扎着　10-7286

挣理　3-2107,2113

挣脱　3-1679

挣撤　5-3078

挣錢　2-1230;9-6061

挍打　10-7180

挍哩　4-2218

挍　8-5091,5241

坑　7-4957,4958

拼　8-5172,5699

拼命　1-538;9-6060

拼揍　3-1918

拼湊　3-1682,1744

拵　9-6209

拵胡盧頭　7-4389

垞　10-6792

挖　2-1230;3-1990,2042, 2050, 2193; 4-2616; 5-3169, 3263; 6-4368; 7-4435;8-5409;9-6023

挖人　10-7271

挖土　9-6175

挖地　9-6056

挖抓　9-6074

挖苦　1-172,435,582;2-866,890;9-6163

挖枯　9-6131

挖起　6-3987

挖掘　3-1875

挖搓　10-7267

挖棒棰　2-1278,1337,1340,1344

挖痛瘡　4-2298;6-3957

挖窟　7-4430

挖眼　7-4446

挖鋤　9-6074

按　3-2042,2049,2107,2113,2118,2124,2141;5-3268;8-5697;9-6028,6209;10-7098,7201,7203,7252

按股子　9-6128

按然　6-4339

按較　10-7040

按摩　2-952,1073

挃　6-4026,4178

挪　1-163;4-2612;5-3268;6-3713,3719,3898;7-4431;8-5172,5357,5362,5367,5370,5371,5373,5376,5403,5405,5479,5504,5540,5542,5545,5571,5691,5693,5696,5697,5699

挪橫條　9-6036

垠　8-5552;9-6113

挭　3-1970

挭格　3-1970

拯拐　9-6253,6257

翂　3-1699,1752

欨　6-3786

捗　3-1664,1734,1988;6-3817;8-5247

捗勁　10-7288

某　1-29;3-1923

某二哥　9-6120

某二爺　9-6119

某人　7-4399;8-5077

某人家裏　2-917

某三哥　9-6120

某大　2-1178;10-7118

某大姐　7-4807,4897

某大哥　7-4795;9-6120,6273,6303,6454,6459

某大哥大嫂　9-6457

某大娘　7-4807;9-6303

某大娘二娘　9-6454,6457,6459

某大爺　9-6119,6273,6303

某大爺二爺　9-6454,6457,6459

某大嫂　9-6303,6454,6459

某大管事　9-6119

某小伙子　9-6120

某女子　10-7201,7202

某太太　7-4807;9-6120

某毛　7-4807

某氏　5-3394

某氏哥　10-7284

某兄　9-6559

某四哥　9-6120

某丘　3-2208

某仔　6-4379,4380

某老　8-5348

某老二　9-6120

某老三　9-6120

某老大　9-6120

某老先生　7-4807

某老起起　9-6120

某老姪　9-6120

某老漢　9-6120

某老頭　9-6120

某老總　9-6119

某地娃娃　1-135

某先　10-7284

某先生　7-4807;9-6304,6455,6460

某先生娘　9-6120

某花　6-4379,4380

某伯某叔　10-7118

某弟　9-6523,6536,6559

某長櫃　9-6120

某長櫃娘　9-6120

某叔　8-5793,5794;9-6523,6536,6559

某叔娘　9-6016

某果　9-6180

某的　6-4361

某舍　8-5335,5339,5340,5344,5348

某狗　7-4992,5020

某官　　6-4361，4362；7-4697；8-5824，5829，5837

某官頭　　9-6304，6455，6460

某郎　　8-5348

某妹　　7-4807；9-6070，6434

某姑娘　　7-4807，4821；9-6457

某姑爺　　9-6523，6536，6559

某姑孃　　9-6260，6273，6428

某姐　　9-6523，6536，6559

某姐夫　　9-6523，6536，6559；10-6957

某姐姐　　10-7179

某某　　9-6536，6559

某某家　　2-1229

某相　　6-3960

某相公　　2-1178；7-4807；9-6120；10-7179

某香　　6-4379，4380

某俚　　6-4361

某娃　　2-1169

某娃子　　2-1169

某姥　　6-4361

某哥　　9-6041，6523，6536

某師　　9-6120；10-6930，7104，7105，7106，7284

某師父　　9-6120，6304，6455，6460

某師兄　　9-6119

某師甫　　9-6119

某師弟　　9-6119

某參　　8-5335，5339，5340，5344，5348

某家　　10-6936

某家底　　3-1539，1618

某娘　　8-5335，5344，5824；10-7118

某區　　3-2208

某處某事的頭等第一　　7-4411

某婆　　8-5414

某崽　　7-4992，5020

某爺　　8-5348；9-6120

某爺爺　　9-6120

某嫂　　7-4795；8-5414

某嫂嫂　　9-6120

某幾女　　9-6016

某幾哥　　9-6016

某媽　　7-4807；9-6119

某管事　　9-6119

某管家　　9-6119

某稿　　9-6304，6455，6460

某稿公　　9-6304，6455，6460

某頭　　9-6119，6120，6304，6455，6460

某嬸　　8-5793，5794；9-6120；10-7118

某孃　　8-5829，5837

某蠻　　9-6273

甚　　6-4292；8-5414

甚毛　　6-4292

甚也没　　10-6936

甚不好　　10-7179

甚生　　6-4339

甚冷　　10-7112

甚東西　　7-4986

甚事　　10-7112

甚會兒　　10-6941

甚麽　　1-148，418，647；2-1072；6-4339；7-4400，4953，4973；9-6075，6201

甚麽玩意　　2-1302

茸　　8-5081

茸母　　1-321

茸闒　　6-3931

革　　7-4832；10-6759

革了怎麽啦　　1-452

革拔拔　　10-7154

革針　　1-240，510

革朗　　9-6293

茦　　1-40，119，328；2-1243；6-3869

茜　　2-1075

茜草　　9-6252

茬　　7-4405

茬下回贖　　10-7204

茬子　　7-4757

茬地　　10-7317

茬麥　　7-4757

莕　　7-4828

巷　　1-380；7-4433

巷子　　2-1102

巷牌　　4-2242，2436

茮薄　　3-1693，1749

茉　　10-6746

茈草　　7-4453

茫　　5-3154

草　　2-879，903，1179；3-2065，2080，2106，2111，

茶婆娘 8-5413

茶提 8-5783

茶落 7-4813；9-6268，6298

茶筵 4-2705；5-3382；6-3681

茶斟 7-4898

茶碗 7-4730

茶虜 3-1955

茶餅 2-1148

茶甌 8-5346

茶箬 9-5989，6421，6462

茶鋪 9-6063

茶鋪子 9-6182

茶橙 9-6064

茶橐 9-6186

茶頭 5-2915

茶館 9-6063

茶鷄蛋 1-138

荅 10-6747

荅口乾 7-4956

荅卦嘞 10-7282

荅颯 1-648

荅葱 9-5961

茭 2-1135

茭白 3-1728

茭筍 4-2463；6-4161

茭媞 7-4832

茭塘鮠 8-5192

茨 6-4317，4318

茨萊 7-4722

茨頭 1-557

荒 3-1871；6-3871，4382；7-4564，4572，4579；8-

5735，5758

荒忙 2-939，1027，1069

荒坪 7-4961，4967

荒坡 9-5969，5971，6071

荒唐 1-196，421，447，464，532，648，683，731；2-759，786，932，1073；3-1528，1787，2070，2077，2085；4-2296，2368；6-3991；9-5865

荒章 1-418

荒場 1-613

荒疏 9-6062

荒偉 1-421，648，683，731；2-1045；9-5865

荒裏閟 1-160

荒鷄 6-3984

荓蜂 6-4087

茫 1-635；6-3884；8-5255

茫茫 8-5709

茫茫到到 9-5975

茫動 3-1874

故 6-3795，4232，4364；7-4583，4650；8-5242；10-6762

故工 6-3752

故而 5-3371

故的 10-7028

故故 1-396

故裏 6-4246

故意 2-758；5-3209；6-4082

故障 6-4342

胡 1-45；3-1989，2033；6-

4025，4382；7-4644，4959，4974；8-5738，5762；9-5977；10-6739，7177，7181，7187，7205，7247，7256，7287，7299，7305

胡二馬月 7-4725

胡子 2-1269，1309

胡云 10-7024

胡不拉 1-169

胡爪 9-6194

胡打海摔 2-1308，1320，1324

胡打愿 7-4671

胡失鬼 10-7290

胡瓜 4-2463

胡圯 10-7109，7110

胡同 1-127，138，155，167；10-7231

胡弄 1-418，648；2-834，1177

胡豆 9-5958，6050

胡里胡塗 4-2300；6-3958

胡拉麻 10-7290

胡俏 2-1334

胡油 2-1226

胡胡 1-702，739；2-1158；10-7292

胡咧咧 2-1319，1337，1340，1344

胡鬼 2-834；7-4683

胡洞 1-131

胡都 7-4543

相　2354,2664;5-3232,3332;
　6-3776,3904
相干　6-4094;10-7272
相上看　10-7142
相公　1-136,181,182,
　370,397;2-1066,1087,
　1093,1099,1109;3-
　1825,2191;4-2471,
　2693;5-2903;6-3670,
　3912,4106;7-4714,
　4727,4742,4744,4800;
　8-5066;9-6057,6076,
　6304,6454,6459;10-
　6994,7039,7094
相打　3-1596,2188;7-
　4962,4968
相仉　7-4832
相因　9-5997,6188,6429,
　6458
相交　7-4728
相好　1-418,638,671;2-
　757,869,894,1103,
　1112;5-2899;7-4386,
　4800;9-6061,6179
相好的　2-782;7-4784
相別　9-5983,6032
相良鬆　3-1663
相拍　6-4312
相佮　7-4946
相於　6-4111;8-5811
相面的　1-168
相思　2-977,1069;3-2191;
　4-2470

相思鳥　7-4454,4638
相喚　4-2639,2655,2709;
　6-3722,3884,3915
相倗　8-5236
相通　10-6859,6860
相偏你　9-6126
相假　6-4255
相訬　4-2402
相婆　9-6304
相惜　8-5346
相跟　2-1227
相跟著　2-1076
相與　4-2707;5-3382;7-
　4744
相煩　4-2709;5-3296;9-
　6199
相婆　9-6454,6459
相媾　10-6779
相端　10-7142
相諒盞　5-3010
相憚　10-6926
相窨　2-1345
相罵　3-1597,1844,2191;
　6-4312
相幫　3-1497;6-3960;9-
　6132;10-7142
相應　9-5979,5983,5997,
　6033
相類　10-6780
相嚷　9-5970,5972,6072
相贏　2-1228,1260
相籠鬆　3-1609,2074,
　2081,2087

枵眇　10-7136
柍　3-1970,1977;7-4830;
　8-5756
枴　3-1988
枴杖　5-3032;6-3840
枴枴　5-3154
柛　10-6749
柞　5-3338
柞刀　4-2260,2449
柭頭　5-3056
柂架　9-6186
柂櫃　9-6186
柎　7-4833
柏　7-4607
枸杞頭　3-1731
枸簍　10-6928
柵　7-4657
柵迯　4-2438;5-2988;6-
　3833
柵廁　5-2988
柵欄　1-617;5-2988;7-
　4456
柳　2-1064,1085,1092,
　1098;5-3093
柳串　3-1981
柳柯　2-1131
柳柳　10-7275
柳倒　9-6129,6132
柳倒鬧　9-6165
柳啦　2-1347
柳隆慶　5-2925
柳葉子　10-7180
柳搖金　4-2477;5-3422;

厖兜　6-4279

厖疙疼　6-4063

威　8-5554,5555,5557,
　5559,5561,5563,5566,
　5576, 5578; 10-7117,
　7205

威威　9-6264

威風　2-1002,1071;6-4342

威迷　8-5554,5559,5561,
　5563,5813,5814

威雅　9-6074

歪　1-410;2-1148;3-1610;
　5 -3154, 3419; 7-4978,
　4979, 4981, 4982; 8-
　5287; 9-5977, 5978,
　6074, 6078, 6290; 10-
　6856,7251,7306

歪二看三　2-844

歪三扯四的　2-1348

歪三扭四　2-844

歪瓦　4-2241,2435

歪芽　7-4638

歪呀　1-396

歪的狠　10-7180,7308

歪歪　7-4428

歪歪斜斜　9-6133

歪乔　7-4449,4458,4635

歪個歪　10-7290

歪氂覊角兒　1-706

歪辣骨　1-30,127

歪嚏　10-7287

歪賴　4-2634,2650,2716;
　5 -3387; 6-3892, 3916,

　3963

歪鰭　3-2140

甬　1-170

歪歪　10-7098

研　7-4404,4434

頁　10-6930, 6955, 6956,
　7031,7109,7110

頁子　2-1342

頁的蓋　2-872,897

頁落蓋　1-418,649,710,
　745;2-1056

頁順　10-7101

厘等　8-5276

厚甸甸　10-7144

厚沓沓　6-4061

厚敦敦　6-4064

厚道　3-1920

厚蟄蟄　6-3933,3945

厚臉皮　9-5902

厚擾　9-6084

研　2-1019;3-1519,1673;
　4 -2275, 2409, 2622,
　2682; 5-3354; 6-3656,
　3852, 4286; 7-4597,
　4813; 9-5990, 6189,
　6268,6299,6422,6463

研石　6-4137,4266

砧　7-4397

砧子　1-187,596

砌末　1-562;7-4692

砌花臺　4-2477;5-3422;
　6-3896

砌道　7-4459

砂銚　10-7292

斫　3-1990;5-3338;6-3811,
　3927;8-5788;9-6249;10-
　7201,7203

斫木刀　7-4792

斫頭郎　2-1075

砭　10-6946,6950,6953

砍　7-4404

砍刀蟲　7-4730

砍山　2-1228

砍不　7-4977,4979

砍肉　1-389

砍剁　2-836

砍柴　7-4892

砍護郎　2-820

面　5-3085

面子　3-1656; 6-3772,
　4092;7-4815

面子事　2-1278

面孔　3-1550,1562,1576,
　1594, 1629, 1639, 1646,
　1762, 1770, 2057, 2063,
　2069, 2079, 2090, 2097;
　5-2958;6-3772

面目可憎　4-2727;6-3701

面白醿醿　3-2135

面皮　6-3772

面皮厚　3-1709

面皮墩　8-5414

面光　3-1492,1780,1783

面衣　9-6228

面架　5-3031

面珠墩　8-5485

面般　4-2237,2365
面靤子　6-4116
面橄欖　8-5264
面覥　3-1918,1921;7-4578
面頰巴　5-2959
面權　6-3773
面顴骨　8-5264
耐　3-2171;8-5099
耐久　5-3146
耐可　3-1516,1529,1553,1632,2073,2077,2086,2147,2150,2179,2187;4-2284, 2383, 2423,2469,2477;5-3372;6-3962,3966
耐何的　10-7270
耐面　6-4115
耐時猴　9-6060
耐會兒　10-6941
耐煩　4-2370;7-4775;9-5871
耐煩人　7-4762
耐實　7-4735
耎　6-3878
耎飽　3-2133
耏　7-4611
耍　1-531;3-1918,1989;6-4238, 4240, 4243;7-4722, 4814, 4841;8-5540; 9-5975, 5977,5992,6056,6083,6089,6162,6208,6229,6271,6276,6302,6425,6435,6465
耍一陣　9-6173
耍人　2-1469
耍人的　1-405;2-1339,1349
耍了　10-7267
耍子　7-4892
耍也　2-918
耍手藝　2-1042,1192
耍皮子　2-1324
耍尖　9-6033
耍舌頭　9-6129,6163
耍奸　9-5983
耍把　9-6417
耍把戲　2-1193
耍里　6-3957
耍東西　6-3957
耍門坎漢　9-6131,6163
耍耍　2-1298;9-6134
耍耍答答　9-6134,6171
耍骨頭　1-158
耍紅拳　2-1104
耍馬流　2-1339
耍馬蓮花　10-7316
耍笑　2-1227
耍球　2-1325
耍貨　4-2238,2361,2591
耍達流失　10-7274
耍雄　2-1339,1344
耍脾氣　2-1302
耍猴頭　2-1320,1325
耍豪　9-6164
耍辣子　10-7173
耍熊　2-1269,1317,1319,1322,1337
耍標　1-411
耍潦倒　2-759
耍頻嘴　1-412
耍嘴　2-1106
耍錢　2-1308,1317
耍黠　2-1255
奎裡　6-4378
奎臀　6-3827
奄拉　1-176
奄落　4-2291,2425,2509,2535
奃　3-1946
剢　5-3334
奓　7-4454,4638
奓　5-3150;7-4642,4813;9-5853, 5992, 6106,6270,6276,6302,6424,6435, 6465; 10-6998,7026,7099,7168,7169
奓口　9-6058,6178
奓女子　10-6994
奓個　3-2106,2113,2118,2124,2140
奓達　10-7017
奓詑　1-412
奓嘴　9-6187
奓黎飛　7-4672
牽子　6-4109
虺爐　3-1985,1991,1993,1996,1998,2000,2002;6-3963

癹　9-5995,6065,6184

癹黃腫　9-6179

迸　4-2272,2613;5-3342

殃强病　2-1309

殃爛　7-4458

牲　10-6721

珍　2-838

殘　2-1136;3-1690,1747,
　　1883；5-3339；7-4437,
　　4453,4638;9-6291

殆　7-4643;8-5737,5760

殆毛　9-6126

殆半是　4-2306

殆吃　10-7130

殆到　10-7130

殆晌午　7-4735

殆幹　10-7130

［一乛］

匭　8-5210

陂　6-4178;7-4561

勁　1-151;8-5082

勁大　9-6060

勁打鴨子上架　1-186

勁空　4-2341

勁氣大　9-6179

勁幫　7-4842,4843

［丨一］

韭牙　3-2082

韭菜　9-5960

背　2-1227;3-1676,1741,
　　1990,2193;4-2682;5-
　　3252,　3335；6-3846,
　　4049,　4238,　4240；7-
　　4431；8-5241；9-5982,
　　5990,6030,6088,6188,
　　6190,6256,6268,6276,
　　6299,6419,6422,6435,
　　6463,6493,6516

背大刀　5-3315

背山　2-1228

背木梢　5-3300

背心　1-219,488;2-1135;
　　5-2992;7-4396,4432;8-
　　5466,　5494,　5548；9-
　　5914,6137,6169

背心子　2-1170

背呂　6-4276

背坎　9-6056

背尾婆　8-5553

背拐　6-4238,4240

背命　5-3413

背姓　2-1229

背風　1-200,468;9-5879

背前　10-6995

背時　5-3199；9-5979,
　　5983,6031,6061,6085,
　　6261,　6279；10-6857,
　　6894

背時的　9-6057

背脊　4-2696;5-2960;6-
　　3673,3953

背脊骨　6-3799

背陰　1-200,468;9-5983,
　　6031

背陰兒　1-390

背娘舅　3-1685

背晦　1-586

背脢　8-5438,5485,5546

背搭　4-2258,2457,2640,
　　2656,2701；5-3383；6-
　　3914,3955,4140

背搭子　2-1170

背殼殼　9-6059

背惑　1-682,731

背單　5-2992

背答　5-2992；6-3855；7-
　　4766

背隔垃兒　1-589

背褡儿　6-3985

背霉　10-6857

背蝎　7-4899

背鍋子　2-1131;10-6936,
　　7019

背囊　8-5179

背籠　9-5936

肯褢　3-1945;7-4551

咠　7-4401,4644

胃腸　2-1022；9-5992,
　　6190,6271,6302,6425,
　　6466

娄　6-4277

貞　6-4295;7-4834,4835

貞文　2-1330

貞婦　1-551

战　3-1669,1737;4-2615;
　　6-4036;7-4603;9-6291

战弄　7-4404,4431

战操　3-1535；4-2269，2405，2499；5-3298
战掇　1-604
战瞉　1-531；2-1002；3-1857，1875；4-2282，2422，2485，2546；5-3298；6-3891；7-4404，4431，4451，4663，4692；10-6953
点者　1-410
卣　6-4026

[丨丿]

尜東　1-145
尖虫　5-3068
省　8-5056，5337，5348；9-6067
省不得　10-6936
省省　10-6929
省得　10-6936

[丨丶]

削　1-630；6-4165；9-6253

[丨乛]

哐　9-6249
昧　1-141；7-4625；9-6009，6046
昧下　10-7147
昧有　2-769
昧爽　5-2881
昧得　9-6131
咻　5-3244
眄　2-1119；10-6736，6922
盹　3-1917，1978；7-4629；8-5414，5496
眒　5-3233
是　1-447，453；3-1732；6-4001；10-7280
是了　1-186
是那一流的人　10-7237
是那樣　9-6304，6455，6458，6460
是但　8-5711
是非　9-6181
是哎　2-774
是物鬼　8-5780
是則個的　9-6429
是則箇了　9-6305，6455，6458，6460
是玆没　10-7290
是莫兜　10-7121，7287
是格　6-3956
是個上　3-1732
是旁裏　6-3976
是無等等呪　5-3420
是蓋　3-2078，2105，2116，2122
是箇裏　6-3976
是麽　6-3956
是麽歹　10-7290
是麽的　10-7282
是麽兜　10-7167
旻　4-2316，2415，2614；5-3297；6-3776
眇視　8-5246
眊　2-1227；7-4758
眊子　6-4117；9-6196
眊眊　2-1107
眊矂　10-7173
眦　7-4438，4441，4447，4635，4678
眅　3-1698
眅白　5-3159
眅白眼　6-4118
眅睞　7-4403
盻　6-4288
則　2-1177；8-5344；10-6785
則可　9-6212
則摹　1-177
則劇　8-5045，5048，5050，5355，5357，5359，5365，5370，5371，5373，5375，5405，5691，5696，5697，5699
則聲　1-724
盼不得　10-7025
眨　3-1523；5-3232；6-4219，4232；7-4402，4438，4441，4446，4612，4635，4677，4813；9-5900，5976，5982，6026，6109，6178，6493
眨眼　1-710，745；7-4408；8-5381；9-5990，6189，6268，6299，6422，6463
眨眼睛　9-6041
喊喊　6-3895
昳　5-3297

毗 10-7140
肥肥錐兒的 1-587
朒 7-4613
愳 6-4012;10-6788
哇 2-1046;9-6138
哇子 10-7168,7169
哇哇 10-7302
哇崴 7-4974
咭咭 2-1252;5-3123
咭咭呱呱 1-153
咭咭笑 4-2609
咾 3-1714,1755
曻曻 7-4553
曻曻訕訕 8-5255
曻曻話 6-4066
曻曻嚓嚓 6-4066
曻曻錯錯 3-1876
曻曻矗矗 6-4366
曻督 2-1251;7-4666
哔哔 5-3231
哄 1-686,732;2-864,889,1040;3-1917;7-4702;9-5860,5977,6249,6627
哄哄亮 9-6418
欨欨 5-3124
欨欨哭 4-2609
冒 2-1227;3-1668,1736;5-3048,3240;7-4574,4834,4835,4836,4839,4841,4842,4843,4844,4910,4956,4958,4959,4973;8-5054,5286,5287,5298,5300,5301,

5348,5349,5350,5352,5353,5504;9-6046,6262
冒日鬼 10-7172,7180,7251,7321
冒水 9-6056
冒火 9-6173,6179,6187,6261,6278,6426
冒失 1-418,461,586,592,615,648,687,726,732;2-762,867,892,1042,1259;3-1514,1925,1930,1934;6-4080,4245;7-4401,4430,4731,4759,4762,4788;9-5867;10-7120,7172,7257,7261,7303,7305,7310
冒失鬼 1-197,436,450,464;7-4960,4974;10-7315
冒充 5-3413
冒昧 7-4636
冒冒失失 9-6133,6171
冒信實 7-4962,4968
冒得 7-4962,4968
冒蜜 6-4297
冒實 6-4178
冒頭 7-4396;9-6232
冒闖 10-7026
咺 1-13,118,262;8-5754
閂 3-1476,1491,1677,1741,1797,1800,1803,1806,1810,1814,1845,

1847,1851,1971,1973,1975,2022,2025,2029,2081,2088,2105,2112,2117,2123,2135,2159,2178,2192,2196;4-2487,2595;6-3989,4308,4320;8-5171,5366,5376,5403,5406,5409,5454,5490,5520,5542,5545,5553
閆 3-2081,2088,2135
映 3-1923;7-4613
映山紅 7-4453,4900;9-5968
映壁 1-616;7-4636
映壁牆 7-4459
禺 6-3758;7-4643
星 7-4435;8-5783
星月照爛土 4-2636,2652
星秀 10-7281
星星 1-167,198,390,466,613,736;2-769,783,814,881,905,915,1025,1051;7-4714,4729,4757,4785,4790,4801
星星草 1-612
星星散 2-1341,1346
星星點點 2-1072
星亮 4-2339
星飛過度 6-4343
星宿 2-1130,1151,1169,1224;4-2342;6-4154;9-5878,6055,6174,6626

星宿子 9-6272
星離寞 6-4270
昨 6-3732
昨天 9-6055,6174,6246,
　6273
昨日 2-1298；5-2878；6-
　3949；8-5552
昨兒個 1-395
昨個 2-1351；7-4797
昨晡日 8-5223
昨晡夜 8-5223
昨晚夕 9-6055
昨晚西 9-6174
昨隔 1-164
昨暗 8-5583
昨裏 2-1069
昨箇 3-1877
哦 哦 4-2647,2718；5-
　3125；6-3713,3719,3916
咱 8-5177
唒 6-4287
咵 1-399,403
咾 3-1533；9-6196,6249
咾他 9-6058,6178
曷 6-3793；9-6244
曷弗 5-3373,3414
曷里 5-3110
曷若 6-4339
曷曷 6-3956
曷等 6-3956
咧 1-577；2-1130；5-3374
咧咧 7-4407
咧奢 7-4429

咧隔 1-578
咧遺 1-410
咦 3-1492,1500,1533,
　1717,1756,1780,1783,
　1839；4-2266,2382；5-
　3228；6-3962,3966；7-
　4416
咦來 6-4252
咦的 7-4953
咦咦 6-3964
咦猛 10-6957
昭 6-3796
昭昭 7-4775
咥咥 5-3123
咥咥笑 4-2609
畏首畏尾 2-1012,1072
毗劉把刺 1-719
毗劉杷刺 1-664；2-1035；
　3-1876；9-6236
毗劉剺滴 9-6236
毗劉暴樂 4-2610；5-3137；
　6-4068；8-5223；9-6188
訂 3-1674,1740
趴 7-4739
趴匍子 10-7315
呲呲 4-2717
胃 2-1177
胃脘 4-2586；5-2960
胃腕 4-2219,2362,2586
胄 3-2040,2048,2198
胄干 3-2027,2031,2175
販 5-2873；6-4156；7-4803,
　4805

界 9-6435
界比 1-145
畍臺 7-4974
虹 2-784,814；3-1493,
　1779,1783,2134；4-
　2248,2509,2535,2686；
　5-2861,3290；6-3726,
　3769,3950,3967,4014,
　4152,4270；7-4393,
　4435,4464,4662,4714,
　4785,4801；8-5222,
　5751；9-6055,6174,
　6272；10-6859,6860
虹漏 6-4343
虻 1-274；2-1134；3-2088；
　4-2216,2350,2598,
　2659；5-2865；6-3640,
　3739；7-4388,4439,
　4442,4447,4466,4678
虻岸 3-2167
虻頭 3-2082
虻頭地 3-1659
蚔蛄 3-1971
虼蚤 1-649,712；2-753；
　7-4708；9-6067
虼蚍 2-1136；7-4455,4462,
　4638
虼蜒 7-4455
虼蟟 1-369,384；10-6932,
　6933,6942
思 7-4831
思鄉馬 4-2477；5-3421；
　6-3896

骨頭拔筋　1-180,411

骨縫　9-6248

骨殖　5-3186

骨露子　10-7172

幽　5-3111；6-3966,3978；
　10-6930,7109,7110

幽幽咽咽　6-3965

［丿一］

卸　1-269；4-2672；6-3658,
　3886；7-4435,4734

卸車　1-702,739

卸侯　10-7299

缸　1-186,374；5-3025；6-
　4344；7-4813；9-6418

缸面春　5-3011

缸面酒　4-2637,2654,2723

缸面清　5-3011

缸缸　9-6134

拜天地　7-4791,4798

拜允　2-1201

拜石　2-1123；10-6941

拜兄拜弟　7-4763

拜白公　8-5543

拜年　7-4459

拜交　7-4386

拜把子　2-1339

拜把則　2-1137

拜見錢　4-2724；5-3016；
　6-3697,3918

拜身　10-6947,6951

拜門子　2-1301

拜帖匣　2-1200

拜客　9-6085

拜席　2-1193

拜乾達　10-7222

拜堂　2-754；4-2230,2704；
　5-3319；6-3680；8-5478；
　9-6198

拜跪　9-6181

拜經道人　6-3710

拜壽　1-168

看　3-1488,1489,1714,
　1778,1783；5-3378；6-
　3647, 3775, 3798；8-
　5555,5557；10-7102

看人下菜碟　7-4809

看人眉頭眼下　4-2635,
　2652

看三色　4-2721；6-3696,
　3765

看山色　4-2309

看不上　1-410

看水鴨子　9-6085

看手　9-6137

看牛匠　9-6274

看牛孩　5-2909

看司　9-6274,6292

看死　7-4962,4968；9-6057

看好　1-462

看好响　1-616

看花容易繡花難　7-4809

看你那神　2-1349

看佛爺　1-145

看希罕　1-448

看門頭　9-6274

看看　1-532

看香　2-1264,1308

看風使柁　4-2726；6-3702

看風使船　7-4675

看客　10-7308

看財奴　7-4790；9-6293

看財童子　3-2133

看笑神　9-6129

看笑順　9-6164

看笑繩　9-6173

看笑攤　10-7316

看着　10-7001

看期　9-6055,6175

看想　5-3292

看碰着　7-4728

看熱鬧　9-6084

看嘴鼻　3-1556, 1634,
　2148,2151,2179,2187；4-
　2493

看臉勢　10-7315

看囊　1-563

毡窩　7-4432

毪　7-4436,4454,4638

粘　3-1903, 1925, 1928,
　1930, 1934；4-2658；6-
　3715, 3722, 3901, 3910,
　4382；7-4814, 4900；8-
　5146, 5188, 5326, 5535,
　5547；9-5982, 5991,
　6030, 6066, 6088, 6185,
　6269, 6300, 6423, 6426,
　6435,6464,6494

粘牛　4-2321, 2459；9-

5945,6252,6264,6281

牯猪　4-2601；5-3058

牯頭　9-6557

怎　1-151, 660；7-4645, 4752,4755,4772；9-5859

怎干　3-1979

怎子　8-5712；9-6257

怎生　4-2284, 2424；6-3967

怎地　2-1130

怎作　7-4761

怎耶　2-1230

怎兒馨　6-3967

怎們咧　1-435,582

怎們着　1-435,582

怎個　9-6589

怎能　3-2201

怎著　1-371；2-1107,1110, 1113

怎著謀　7-4764

怎勒　6-3931

怎麼　1-716；2-789,1031, 1033, 1094, 1100；7-4639,4899,4958,4959；9-5969, 5972, 6071, 6227,6522,6535,6559

怎麼好　1-396

怎麼爲　5-3373

怎麼樣　1-185,396

怎樣　7-4820；9-6075

牲口　9-6032,6066,6136, 6169；10-7121, 7172, 7181,7258,7303,7306, 7313

牲少　3-2106

牲羊架子　10-7172

牴　7-4461,4638；9-6249； 10-6920

牱　6-4165

牳　7-4461；8-5188

𪘆　6-3782

臿　3-1880,1977；4-2638, 2649；5-3337；6-3714, 3720,3899；7-4597,4830

臿白　7-4506

秎　5-3097

秕　3-1969；5-3147；6-3869；9-6091；10-6746

秕子　6-4371；7-4523

秕殼　9-6050,6066

秕穀　9-6010

秒麥　7-4762

香　1-375

香几桌　4-2257；6-3953

香兀桌　4-2448

香瓜　6-4159；9-6184

香式　6-3986

香芬芬　6-4063

香附子　3-1731

香油　1-388；9-6065

香油果子　1-388

香茶　6-4202

香荷包　7-4898

香料虫　5-3067

香烘烘　5-3138

香菜　1-161,577

香婆　8-5568,5571

香棒棒　9-6132

香猴子　9-6282

香童　2-1224

香圓　7-4992,5021

香蕈　7-4453

香噴噴　7-4410

香頭　2-769,915；7-4706

香薛薛　3-2140

香蓋　6-3985

香馥馥　9-6494

香橼　7-4453；8-5202

香樂　4-2465

耗子　1-394

秔　6-4305

秔稻　6-4162

秋　3-1534, 1609, 1989, 2074, 2080, 2087；7-4612；8-5048,5050

秋天　1-167

秋厄伏　5-2884；6-3733

秋水了　7-4809

秋田　2-1226；7-4460

秋白　3-2107,2113,2119, 2124,2141

秋老虎　4-2213, 2346, 2517,2543；5-2884

秋奔日　8-5118,5531

秋隶　5-2861

秋侯子　3-1871

秋根　3-2083,2089,2107, 2113,2119,2125,2141

秋涼　1-84

1934, 2046; 4-2271, 2406, 2516, 2543, 2649; 5-3352; 6-3714, 3720, 3835, 3901, 3924, 4130, 4273; 7-4753, 4773, 4774; 8-5239; 9-5923, 6427, 6516; 10-6777

修行 2-936, 1073

修促 3-1973, 1975

修差 10-7256

修媞 3-1479, 1491, 1504, 1507, 1513, 1529, 1540, 1559, 1574, 1593, 1619, 1643, 1663, 1744, 1758, 1768, 1797, 1806, 1843, 1971, 2019, 2021, 2024, 2028, 2036, 2037, 2038, 2046, 2052, 2055, 2063, 2069, 2077, 2085, 2092, 2099, 2104, 2111, 2116, 2122, 2138, 2152, 2154, 2156, 2173, 2177, 2181, 2186, 2195; 4-2288, 2373, 2469, 2502, 2527; 6-3889, 3931

修理 2-1012, 1072; 3-2190; 4-2708

俏 1-678; 2-755, 864, 888; 3-1492, 1686, 1745, 1779, 1783, 1826, 2133, 2205; 4-2480, 2602; 5-3113; 6-3646, 3942; 7-4643, 4810, 4815, 4943,

4981

俏皮 1-390, 411, 434, 581, 587, 615; 2-1075, 1351; 6-4249; 7-4759

俏式 1-142

俏扮 7-4899

俏梭 7-4557

俏倈 9-6130

俏醋 7-4557

俏瞥 7-4550

俔 6-3797

俚邊 3-2046

保 6-4058

保不住 1-666, 721; 2-1037

保比 5-3305

保公 9-6119

保肋 9-6065

保庇 5-3305

保保 3-1820, 1824, 1921; 6-4242; 9-6177, 6259, 6273

保俀 7-4670

保娘 9-6514

保辜 1-544

保爺 9-6082, 6120, 6514

保爺保娘 9-6016

保窩 9-5979, 5984

保嬋 9-6046

保護 5-3305; 9-6034

俜 8-5174

促 9-6589; 10-6930, 6942, 6955, 6956, 7003, 7031, 7109, 7110

促促 7-4730

促恰 3-1570, 1585, 1606, 1609, 1775, 1918, 1985, 1991, 1993, 1996, 1998, 2000, 2002, 2074, 2080, 2087

促狹 3-1535

促掐 6-4241

促搭 3-2194

促壽 2-800

促織 1-85, 334; 2-880, 905, 1075, 1090, 1096, 1105, 1196; 7-4462, 4530

俋 5-3284

俄 6-4020, 4055

俄吉 10-7296

俄頃間 10-6723

俄頭 3-1874

俐伶 2-867, 892

侮 2-1115, 1119, 1153, 1180; 6-3761; 10-6922

侮希 10-7267

俙 7-4644

俗 1-46

俗物 3-1985

俗道 7-4458

係 6-4382; 8-5401, 5403, 5406, 5695

信 1-671, 737; 2-927; 3-1820, 1838

信天 8-5181

信馬由韁 2-1309, 1325

信馬由韁的 2-1323

信聖　6-4290

信箸子　9-6136,6169

信實　7-4759

俍　5-3181;9-6244

俒　7-4565

皇帝老官　9-6176

皇帝娘孃　9-6176

鼻　4-2587;5-3071

泉昂　2-854

泉風　7-4464

鬼　1-256,584,615,627;
　2-912,934,1058,1073,
　1074,1079,1089,1095;
　3-1567,1581,1601,
　1609,1640,1646,1720,
　1773,1778,1781,1797,
　1990;4-2661;5-2935;6-
　3641,3910,4009,4239,
　4241,4293;7-4540,
　4642,4722,4943;8-
　5443,5487,5581,5750;
　9-5851,5991,5992,
　6088,6270,6301,6424,
　6465;10-7285,7293

鬼公　8-5408

鬼火　6-3744

鬼扯筋　9-6516

鬼妻　7-4981

鬼門關　2-934,1073

鬼兒　8-5414

鬼挑擔　9-6516

鬼鬼祟祟　2-844;7-4682;
　9-6133,6171;10-7175

鬼鬼搗搗　9-6133

鬼洞哥　9-5980

鬼眉賊眔眼　2-844

鬼馬　8-5331,5403,5406

鬼針　1-323

鬼脈　8-5380

鬼推磨,人頂缸　1-536

鬼魃　8-5055,5400,5408,
　5416,5418

鬼混　6-4251;7-4810

鬼婆　8-5435,5484

鬼張　1-581

鬼猫　8-5436

鬼婢　8-5408

鬼搭啦　10-7291

鬼貴陽　9-5980

鬼詐營　7-4671

鬼畫符　3-2132;4-2723;
　5-2945;6-3918

鬼媒人　3-1820

鬼登科　9-6228

鬼魂　10-7121,7303,7312

鬼搗皮　2-1200

鬼嗇嗇　5-3201

鬼鼠　8-5403,5406

鬼愧　6-4095

鬼魃魃　6-4064

鬼話　1-534,578;2-761,
　934,1073;9-6201

鬼頭　1-395;2-801

鬼頭刀　10-7021

鬼頭鬼腦　5-3191

鬼頭鬼腦的　2-1317

鬼頭風　4-2339

鬼頭蛤蟆的　2-1340

鬼頭蛤蟆眼　2-1280,1338

鬼頭蛤蟆眼的　2-1320

鬼頭蝦蟆眼　2-1345

鬼曉　6-4377

鬼邀伴　9-6516

鬼燈哥　9-6252

鬼臉　2-753,783

鬼擘口　4-2303;6-3900

鬼嚙牙　2-1344

鬼點　8-5085,5234,5529

鬼歸　1-622

鬼難拏　2-802

鬼覃覃　6-4224

鬼蠱　8-5181

鬼孻子　9-6492

鬼鑽子　10-7290

侵　7-4456

侵犯　9-6207

侵早　1-570;3-2166;5-
　2880;7-4776

侯　10-7276

侯速速兒　10-7158

侯棠人　7-4761

偪促　3-1612

帥手　9-6137,6170

帥里　9-6193

帥怪　6-4251

追　6-3826;8-5243

追山狗　9-5985

追央子　2-1341,1346

追往　10-7040

追追　1-154

俊　1-142;2-864,888,1005,
1075;7-4406,4722;10-
7316

俊子　10-7257,7261

俊俏　10-6948,6952,7280

［丿丿］

盾　10-6928

待　1-151;5-3303,3320;6-
3798,3884

待一會兒　1-389

待召　7-4450;9-6260,6274

待見　2-833,1107,1130

待你　7-4974

待你賣　6-4358

待筵　5-2947

待詔　3-1819,2083,2107,
2113, 2119, 2124; 9-
5896, 6086, 6191; 10-
7039,7201,7202

待會　1-647

待會兒　2-758

待慢　4-2298;6-3957

佮　1-256;2-1119;10-6919,
6920

祥祥混混　10-7175

炮　5-3266;6-3900

衍　6-4042;7-4545;10-
6918

律　1-166;7-4740

很　4-2302,2369;6-4008;
8-5233;10-7269

很了　9-6060

很不錯　7-4759

很好　7-4759;9-6060,6179

很坦泊　9-6128

很些　2-1124

很肥　9-6130

很相因　9-6164

很相陰　9-6129

很眉目　1-411

很射　9-6129,6173

很嗍得住　9-6127

很够頭　9-6127

很嗍得住　9-6164

很隨　9-6127,6164

很闊　9-6131

很皺　7-4383

很麚　9-6164

很囊　7-4759

後　1-164;3-1871;5-2867;
7-4742,4744

後一年　6-4343

後人　10-7179,7307

後下　10-6998

後上　1-613;7-4754

後子　3-1725

後天　2-1225;9-6055,
6219,6246,6273

後日　5-2879;6-3949,
3960; 8-5223, 5552;
10-6997,7031,7033

後生　3-2190;4-2467;5-
2905, 3146; 6-3754,
3961, 3985, 4358; 8-
5294,5402,5406

後生家　4-2226,2353

後代家　2-1087

後半上　7-4752,4754,4771

後半晌　1-184;7-4742,
4760,4764

後半晌兒　1-593

後老　7-4782

後老婆子　1-433,580,593

後年　1-433;2-823,1029,
1069;5-2880

後走　2-1152

後把啦　1-396

後坐臀　5-3069

後阿　7-4739

後來　10-7098

後來居上　3-2191;4-2470

後到兒　1-588

後門貨　5-3017

後兒　2-1052;10-7172

後兒個　10-7316

後底婆　8-5414,5553

後斫斫　9-6275

後背　10-7000

後後年　2-823

後姨娘　10-7017

後晌　1-395, 413, 433,
580; 2-763, 823, 1029,
1069, 1112, 1225; 7-
4386, 4728, 4744; 10-
6997, 7039, 7097, 7112,
7201,7202

後晌介　7-4759

後個　7-4790,4797

後脊梁　1-168

後娘　9-6056

後啄啄　9-6177

後婆　7-4450

後婚　1-418,614,647；2-
750；7-4387,4706

後婚婆子　7-4795

後婚婦　2-1193,1201

後婚嫂　9-6293

後隔　7-4728

後跟　1-649,711；2-1134

後園　10-7021

後腦勺　1-168

後腦勺兒　1-595

後腦啄　9-6058

後裏　7-4701；10-6997

後窩　7-4431

後煩　8-5381

後箇　1-433

後輩　3-2191；4-2471；8-
5294

後燕兒窩　2-1233

後頭　1-194,460；2-1030；
9-6173；10-7180

後頸窩　7-4898；9-6058

後鞴　7-4398,4436

後蹬　7-4436

後孃　7-4782

舡　3-1857；5-3355

舢板　5-2933；7-4398,4436

舣　6-4288；9-5935

舨　7-4591

舩船　3-1968

［丿、］

俞　3-2033；6-4001

弇　4-2662；5-2981

翁　6-4179,4225

逃　8-5362

逃失　7-4450

逃仙　3-2194

逃席　6-3677

逃猴　1-172

剗　4-2419；6-3853,4047

卻　6-3986；7-4977

卻是　7-4414

卻薄　9-6162

卻簿　9-6126

郤薄鬼　6-4086

爰　7-4830

爯　6-3807

采　6-3929

食　6-3955,4282；7-4981；
8-5544,5566,5691

食三牲　8-5610

食公事　6-4357

食早　6-4282；8-5568,5570

食花　7-4961,4967

食具　7-4961,4967

食肬　1-90,339

食夜　8-5298,5691,5693

食夜宵　8-5568,5570

食面　5-3005

食素　8-5137,5268；9-6084

食眠　6-4308,4312,4322

食晏　8-5691,5693

食酒　6-4284,4382；8-
5134,5533,5819

食菜　8-5691

食晚　8-5350,5353,5568,
5570

食蛇飯　8-5183

食晝　6-4282,4308,4312,
4322；8-5298

食朝　8-5298,5350,5353,
5691,5693

食飽算街路　6-4358

食煖房飯　8-5405

食閤　7-4832

食餉　8-5691,5696,5697,
5699

食彎　6-4282

食籮　8-5466

夑　5-3279,3368；6-4035

盆　1-228,497；6-3860,
4317,4318；9-5927；10-
6924,7103,7104,7193

盆盆　9-5877

盆梗　7-5013

盆礶　7-4798

［丿ㄧ］

胚　5-2969

胚丈　2-1124

肝疍　5-3075

胆　6-3873；8-5789；9-
6014；10-6788

胆　6-4317,4318

急須 3-1473,1475,1482,
　1484,1486,1490,1543,
　1622,1850,2019,2021,
　2024,2028,2057,2069,
　2135;4-2259,2449
急須壺 4-2503,2528
急湫湫 8-5206
急慌三星 7-4801
急惶 1-684
急鼓鼓 5-3151
急溜 6-4245
急趓子 2-1350
急繃繃 5-3151
急頭忙臉 7-4736
急頭躁腦 7-4676
急竄 1-171,409
急蘇壺 4-2262,2452
急簫 8-5212
急趨 6-4080
急躁失瓦 10-7318
觥 7-4405,4436
梟 5-3362;9-6250

[丶 一]

計 7-4590
計嶒 9-6189
計較 1-673;2-930,1073;
　3-1679;7-4815;8-5139;
　9-6199
哀 8-5056,5257,5349,
　5354
哀姐 8-5260;10-7117
哀愡 6-4245

亭 6-3834;7-4489;8-5271
亭子 9-5923
亭分 10-7029
亭公 7-4829
亭半 10-7029
亭柱 7-4469
亭當 1-531;2-1334;3-
　1699,1873;6-4068;7-
　4670
亮 1-378;3-1923;4-2256,
　2432, 2596, 2659; 5-
　3031, 3110; 6-3639,
　3902, 4059; 8-5735,
　5758;9-6077,6419,6434
亮了 10-7180
亮兀 3-2033,2208
亮子 10-6859,6860
亮月 3-2042,2050,2208
亮火蟲 9-5950, 5985,
　6034
亮旭旭 10-7145
亮爭爭 9-6132
亮赤赤 3-1696
亮亮 5-3424
亮晌午 10-7023
亮堂堂 10-7147
亮眼 4-2234, 2359; 5-
　2925
亮停 2-1321
亮寅時 1-433
亮喬喬 3-1695;5-3110
亮晶晶 4-2377
亮傖 3-1972,1975

亮楅 6-3668
亮蜢蟲 7-4808
亮藍亮藍的 10-7027
亮豁 10-7147
亮穤穤 9-6208
度 1-294;3-1517, 1570,
　1584, 1603, 1609, 1774,
　2074; 5-3089, 3091; 6-
　4218
度量 3-1985,1992,1994,
　1996, 1998, 2001, 2003;
　5-2970;7-4451
奕 7-4828;10-6920
迹 7-4828
迹迹 6-4366;7-4831
庭澤 4-2599;5-2865
庭糖 4-2599;5-2865
庤 3-1689,1746;5-3148;
　8-5330
庥羹 5-3027
疠 9-6516
疠痒子 9-6493
疠瘍子 9-5903,5989,6087,
　6267, 6276, 6298, 6421,
　6427,6462
疲 3-1668,1736;4-2440,
　2623;5-3240;7-4643
疲性 7-4450
疥 6-3766
疥毒河媽 1-581
疥癵 5-2981
疥癩 5-2981
疥癴 10-6737

疢　7-4557

疫　6-3768

疢　4-2247,2441,2589;6-3768

疤　3-1648,1720;9-6179

疤子　2-1231;9-6060

疤疤子　10-7019

㾿　3-1925,1928,1930,1934

垩　5-3103;6-3888

咨　7-4416

咨咨　1-84,153,360;7-4416

姿娘　8-5056,5337,5347

音汉　9-6087

音信　1-699

咅　9-6112,6215,6244

彦　10-6733

帝　3-2118

盍　6-4176,4178;9-6099

盍子　9-6012,6188,6262

施　6-4124

施食　6-4187

[丶丿]

差　1-143;3-1791;5-3033,3149;6-3884,4011;7-4829;8-5784

差一嗎　2-847

差人　9-6056

差不多　1-157;7-4415;10-7168,7170

差不離　7-4445

差老　8-5793,5794

差池　3-1918,1985,1991,1993,1996,1998,2000,2002

差黑些　1-184;7-4760,4764

差遠　9-6083

差路　3-1477,1488,1489,1500,1797,1800,1803,1815,1852,1858,1971,2092,2098,2195;4-2492;6-4328,4335

差頭　5-2952

美　7-4775;9-6041

美人椅　6-3953

美的太　10-7108

美美　2-1106

美赫格　7-4984

姜亨　3-2081

姜姜　3-2140

姜姜個　10-7275

姜礤　6-3835;7-4451,4473,4636

姜纔　3-1974,1976,2106,2113,2118,2124,2196;10-7128

羑　3-1894

迸　9-5978,6207

迸情　7-4451

翃　6-4238,4241

叛　3-1517,1568,1582,1608,2073,2123

叛草　5-3077

送　6-3648;8-5238,5401,5404,5464,5494,5521,5547

送人事　4-2639,2655

送人情　3-1779,1783,1810;9-6198,6419

送三朝　6-4193

送上橋　10-7181

送太太　3-2016

送年　5-3318

送好　7-4722

送空頭情　2-1281

送神福　6-4236

送埋的　10-7308

送財神　9-6035

送條閑肺榕　8-5054

送娘　5-2917

送娘子　4-2359;5-2917

送娘婢　5-2917

送張　8-5581

送喪　10-7282,7308

送飯　2-1193

送寒衣　2-1193,1201

送禄　7-4459

送粥米　7-4798

送媽媽　4-2234

送嫁婆　8-5478,5483

送盤纏　7-4451,4459

送禮　6-4311

送竈　6-4186

粃　6-4162

粃粍　7-4396

迷　3-1990;7-4600;8-

5737,5761

迷勿 8-5710

迷胡 1-142

迷迷 3-1921;9-6281

迷迷忽忽 1-606

迷迷活活 9-6172

迷迷藏 1-587

迷迷癡癡 6-3969

迷活迷活 9-6133

迷暗鬼 4-2271,2355

迷路 3-1609,2074,2166

迷溜 7-4569

迷赫格 7-4984

迷齊 6-3961

迷糊 2-1233;4-2340

迷瞪 7-4728,4742,4744

迷瞪蟲 7-4759

迷竅鬼 10-7165

迷蹬 7-4724

迷膠 6-4296

迷露 3-1534,2050,2082,
  2088

迷驢的 1-387

粞 10-6932,6933,6942,
  6947,6951,6955,6957

籽兒麵 2-1226

前 5-2867;7-4742,4744,
  4751,4754,4771

前三後四 2-1228

前天 9-6055,6174,6219,
  6273

前日 2-774, 787, 822,
  1029, 1225; 5-2879; 6-

3949, 3960; 7-4386; 8-
  5552

前日個 2-763

前日箇 2-1052

前功盡棄 2-930,1073;3-
  2191

前去 10-7098

前世爺 4-2282,2547

前半上 7-4752,4771

前半晌 1-184;7-4742

前半晌兒 1-593

前年 2-763, 822, 1029,
  1069;5-2880;9-6174

前年個 2-1112

前年箇 1-433,580

前把啦 1-396

前奔日 8-5118,5531

前兒 7-4739

前兒個 1-413;7-4786

前兒箇 1-580

前夜格 2-862,887

前夜隔 7-4724,4728

前後 9-6177

前前日 2-822

前前年 2-822

前晌 1-395;2-823,1112,
  1225;10-6997,7097

前晌後晌 10-7023

前個 7-4797

前晚西 9-6174

前隔 1-164;2-1076,1093,
  1099

前路 5-2907

前裏 2-1069

前窩 7-4387,4431,4450,
  4459

前箇 1-433

前輩 3-2191;4-2471

前擁後呼 7-4676

前頭 1-194,460;2-1030,
  1130;3-1534;9-6204

前頭子 8-5414

前頭日 8-5223

酋 1-264, 680; 2-1060,
  1080

首 10-6734

首名 9-6056

首作 10-7130

首尾 3-1985,1991,1994,
  1996,1998,2000,2003

首爺 9-5975

首飾 1-617, 706; 2-959,
  1074; 4-2701; 6-3678,
  3853;9-5913

逆歪 1-435,461

逆婦 2-1115,1153

逆膈 1-186

兹塊 6-4271

兹達 10-7197

兹疏 3-1587,1776

炫 6-4283

炯 5-3363;8-5357,5362,
  5366,5405,5479,5491

炯也 8-5053,5375

炯 7-4792

炯炯 6-4368

炸　　4-2630；5-3363；9-
　5910,6207,6298,6301,
　6306,6591,6627

炸雷　　2-1188；9-5974,
　6227,6416,6588

炸會　7-4796

炮　5-3362,3364

炮毛　10-7117

炮仗　5-3020

炮炆　5-3020

炮炸　9-6419

炮玠　5-3020

炷　5-3101

炫紅　6-4142

炤　2-1151,1201

煼畑　3-1692,1749

剃腦殼　9-6173

剃頭　2-952,1073；5-
　2913；9-6058

[丶丶]

洼　2-1225；5-2874

洪　3-1534

洪洞　5-2864

洒垮土　7-4435

洿　6-3899,3947；7-4467

湏　6-3780；7-4489

洸洸　9-6493

洩肚　2-1103

洩脈氣　2-1189

洩脊梁　2-1103

洩腳　2-1103

洞　3-2027,2031,2175,
　2182,2197,2201,2202；
　6-4282；7-4961,4967,
　4976,4979

洞宕　7-4540

洞房花燭　4-2727；6-3702

洞洞　9-6064

洗　3-2020,2153,2181；8-
　5554,5555,5557,5559,
　5561,5563,5578

洗月　8-5267

洗生老娘　4-2340

洗帚　4-2596；5-3023

洗洗　1-154；6-3692

洗湢　10-6779

洗澡　5-3405；9-6228

洗臉帕　9-6136,6169

洗鑼子　2-1170

活　3-1923,2107,2113,
　2118,2124

活人　10-7120,7302,7310

活水溝　6-4158

活手　4-2234,2359

活世　2-1137

活出離　5-2899

活出類　5-2899

活死人　4-2721

活把戲　9-5985,6036

活佛　2-1192

活物　7-4670

活訂　3-2193

活計　3-1515,1528,1550,
　1562,1577,1629,2060,

　2064，2070，2079；4-
　2488；6-4326,4333

活活獨獨　9-6133

活絮頭　4-2360

活閃　9-6259,6272

活菩薩　9-6428

活脫　1-398,402；4-2506,
　2530；6-3674,4329

活脫過　5-3162

活絮頭　4-2235；5-2899

活絡　3-1492,1704,1780,
　1783,1984,1991,1993,
　1995,1998,2000,2002；
　4-2370；5-3180；6-3674,
　3894,4241,4245

活絡門閂　3-1498

活揭過　5-3162

活路　9-6180,6278,6427

活像　3-1708；7-4816

活猻屁股　5-3119

活該　2-1106,1268,1308,
　1317,1319,1323,1325,
　1337,1344

活辣子　9-6264,6282

活潑潑　7-4410

活窨　2-1341,1345

活閻王　2-1104,1193

活靈　3-1611

涎衣草　1-317

涎茶　5-2957

涎茶水　5-2957

涎唾　5-2957

涎兜　5-2993

涎褔 4-2455

派 5-3083,3304;9-5977

派刺貨 3-1611

派氣 9-6261,6278

派賴 3-1844;4-2637, 2654;8-5318

洽 1-272;2-769

洮 3-2171;5-3357;6- 3868;7-4596

洮米 4-2698

染 1-141

染房 9-6063,6182

染指紅 4-2464

涬 1-410

涬嘴 1-412

洛泗油 5-3012

洛科 2-1469

洛科兒 1-389

洛裏去 3-2182

洛薄 5-3184;6-3890

洛幫子 2-1301

净 3-2083,2088,2107, 2113,2119,2124,2141, 2196;5-3208

净火燎毛 7-4809

净净的 2-1200

净猫 2-911

净善 7-4410

净窮 7-4742

净縫 7-4766

洋 3-1846,1855;4-2659; 5-2874,3366;6-4011, 4178;7-4660

洋火 1-387;9-6137,6169

洋生 5-2947

洋芋 4-2320,2466;10- 7293

洋行小鬼 5-3394

洋花 5-2947

洋車子 1-387

洋取燈兒 1-387

洋版書 9-6137,6169

洋油 1-387;9-6137,6169

洋洋昏昏的 10-7027

洋氣 10-7172

洋紗布 9-6066

洋貨 1-387

洋鳥 7-4461

洋章京 1-137

洋裁縫 9-6137

洋葉 8-5195

洋筆 9-6137,6168

洋發燭 10-6894

洋盤 3-1498,1611;5- 3395;10-7164

洋錢 1-161,169,387, 618;2-1055

洋錢票子 1-387

洋燈影 9-6136,6168

洋戲 9-6136,6168

洋鑪 6-4203

洋氈 8-5195

洴 3-1899

洴澎 6-3691

津酸 7-4898,4956

泇叉叉 6-4358

恼 8-5737,5760

恼憚 9-5992,6271,6302, 6425,6466

恒起 9-6132,6163,6173

恒順 10-7292

恒慨 7-4829

恒慨 3-1970

恢恢儱倲 3-1980

恍恍 9-6089

恍恍的 1-408

恍恍忽忽 6-3901

恍恍活活 9-6133

恍恍惚惚 3-3965,3969

恍惚 9-5870,6059,6179

恍頭甜 2-1107

恍嚴口 9-6131,6163

恬恬 1-153

怵 3-1689,1746

恰 7-4597,4598,4631

恰似菖蒲花難見面 6-3920

恰的 10-7255

恰恰 2-1016

恰恰然 10-6787

恰當 9-6061

恰調 6-4299

恂 1-267

恨 9-6089

恨虎 7-4808

恨姑 6-4249

恨真 8-5710

宣 7-4455,4637,4659

宣髮 3-1941;4-2221,2363, 2588,2695;5-2975;6-

[、一]

冠子　6-4262

軍衣　9-6250

軍師　4-2470

軍師消搖　3-2190

㞆　6-3830

扁　3-1476，1491，1810，1815，1845，1847，2032，2045，2165；4-2296，2427，2487；5-3249，3419；6-3876，3989，3991；9-6024，6186

扁子　5-3079；9-5975

扁巴巴　6-4060

扁豆　6-4162

扁担　2-1105；7-4397

扁面孔　3-1499

扁食　1-137，186；2-804，1106，1159；6-3962；7-4385，4386，4460，4517，4730，4734，4748，4762，4767，4774；9-5989，6267，6298，6421，6462；10-6952，7019

扁逋逋　3-1980

扁塌塌　10-7162

扁箕　5-3031

扁僻　7-4559

扁擔　1-131

扁擔星　5-2859

扁嘴　7-4461，4730

扁蟲　6-4370

扃　5-3046

衲　6-4138；7-4404，4432

衲褓　4-2264，2457

衿　7-4677，4739，4743

衿子　7-4741，4789

衿戶　9-6085

衿婆　8-5823

䘰　9-6190，6270，6301，6424，6465

祒　2-1135；4-2682；7-4589

祖　6-4316，4317，4318；8-5362；9-6074，6219，6303，6454，6459；10-6929

祖太太　10-7190，7307

祖太爸　7-4805

祖太爺　10-7178，7190，7307

祖父　1-428

祖公　6-3744

祖旦　7-4977

祖奶奶　7-4714，4799

祖母　1-428

祖先堂　7-4961，4967

祖宅　7-4756

祖阿婆　10-7039

祖姑母　7-4806

祖祖　9-6015，6121，6176，6259，6273，6419，6426

祖孫　7-4895

祖婆　9-6303

祖爺　10-7039

祖嫛　9-6454，6459

神　6-4250

神不俊傯　9-6006

神光退了　9-6127，6166

神官　10-7039

神氣　9-6516

神佴　2-1224

神通廣大　9-6516

神婆　7-4450，4459，4636，4735

神媽媽　7-4387

神經　10-6857

神榜　9-6062

神燈　6-3744

祝　6-4316；8-5284；9-6257

祝英臺　3-1535

祝祝　3-2015；5-3231；6-3716，3722，3902；9-6264；10-7319

祝蜒　1-101，121，338

祝福　5-3295

祗節　5-3168

祗管　5-3372

祠　2-1139；3-1988

祠堂　4-2242，2436；6-3833；7-4756，4763；9-5920

㞕食　10-6754

[一一]

退　3-1742；4-2687；6-3661，4047；7-4436，4632

退後　8-5333

退班　5-3208

孩兒戲　5-2950

孩們　7-4720,4727,4741,
4744

孩提盌　2-1170

弄頭　3-1656;4-2546;7-
4815

艴　3-1977

除　7-4734,4829

除串　7-4742

除非　5-3372;6-3797;7-
4415

除茬　10-7268

除鞿　8-5387

院　6-4272

院子　1-186;2-1193;6-
4130;7-4433

院長　9-6086

院兒　2-1130;10-6995

院前　2-1124

院哩　2-1469

院場　10-6894

院墻　9-6246

[一丿]

娃　1-634;2-1115,1120,
1154, 1157, 1195; 3-
1970; 7-4828, 4833,
4899; 9-5896, 6090,
6211; 10-6930, 6947,
6951, 7017, 7032, 7033,
7039,7093,7104,7105,
7106,7109,7110,7116,
7201,7202

娃子　2-1125,1169,1178;
7 -4763,4838,4896;10-
7171

娃仔　6-4361,4362,4379,
4380;7-4895

娃兒　9-6074

娃洱　9-6247

娃娃　1-394;2-1046;9-
6056, 6136, 6177, 6426;
10-6854, 6856, 6955,
7111, 7120, 7171, 7176,
7180,7300,7301,7310

娃娃西西　9-6133

娃娃乖　10-7316

娃娃兒　9-6138

娃娃蛇　10-6894

娃娃魚　9-5957

姥　2-1178;3-1566,1580,
1601, 1609; 6-3960; 7-
4791;8-5790

姥姥　1-48,151,181,182,
184,369,393,433,437,
580,591,613,694,735;
2-781,1049,1066,1087,
1224, 1271; 3-1978; 7-
4783,4795

姥娘　1-694,735;2-1049

姎　8-5791

姨　1-185, 213, 428, 433,
481, 613; 2-1023, 1049,
1068, 1103, 1353; 3-
1533; 4-2643, 2660; 6-
3641, 3710, 3717, 3746,
3897, 3903, 3951, 3960;
7-4395, 4677, 4685,
4716, 4717, 4718, 4727,
4737, 4741, 4743, 4756,
4758, 4788, 4789, 4806;
8-5413; 9-5892, 6056,
6513; 10-6930, 6947,
6951, 7093, 7103, 7105,
7106,7109,7110,7116

姨丈　4-2643;5-2895,
2896; 6-3710, 3717,
3749,3897,3960

姨丈公　5-2897

姨丈母　7-4431

姨子　1-160, 168, 386; 2-
915,1353;7-4431

姨夫　1-439,451;2-1048,
1076, 1103; 3-1823; 7-
4430, 4716, 4717, 4718,
4727, 4741, 4743, 4789,
4790, 4806; 9-5892,
6513; 10-7039, 7093,
7109,7110,7281

姨夫姨娘　10-7171

姨父　2-976,1069;7-4758;
9 -5890, 6057; 10-6930,
7103, 7105, 7106, 7178,
7218,7300,7307

姨兄　7-4763

姨兄弟　1-213, 481; 2-
1102;9-5891,6273,6303,
6454,6459;10-7220

姨奶奶　7-4430

姨台 9-6273
姨母 1-213，437，481，591；4-2224；6-3951；7-4806；9-5890；10-7178，7286,7300
姨老娘 2-1102；7-4430，4743
姨老爺 7-4430,4743
姨伯 9-6260
姨弟 7-4763
姨姊妹 1-213，481；2-1102;9-6303,6454,6459
姨表兄弟 9-6513
姨表姊妹 9-6513
姨叔 9-6260
姨妹 6-4107
姨姑 7-4763
姨姑耶 9-6177
姨姑孃 9-6177
姨姨 1-168；2-876，900，916；3-2081；5-2888；6-3951;7-4430;10-7039
姨爹 7-4822,4823,4897；9-6016，6057，6177，6260,6273,6513,6589
姨娘 1-168；2-1353；3-1533，1876，2081；4-2643；5-2888；6-3710，3717；7-4714，4799，4806,4897,4956,4992，5020；9-5885，6015，6074，6219；10-7216，7219,7281,7307
姨婆 5-2897
姨婆姨公 4-2225
姨甥 6-3952
姨爹 9-6219
姨爺 7-4897,4956
姨爺爺 7-4430
姨媽 3-2081；5-2895；7-4806；9-6177，6305，6419,6513,6589,6591，6627
姨孋孋 1-613
姨孃 6-3897；9-5974，6247,6273
姪 1-212，480；3-1533，1823，1988；4-2226；7-4756，4837；9-5887，6219,6303,6454,6459；10-7201,7202
姪子 2-917；7-4716，4717,4788,4789
姪女 1-211,479；2-917；9-6056，6177，6303，6454,6459,6513
姪女兒 10-7307
姪少爺 9-6085
姪男 1-211,479
姪兒 9-6056,6177,6513；10-7307
姪兒姪女 7-4806
姪兒媳婦 7-4716,4717，4788,4789
姪郎 7-4963,4969
姪孫 7-4756;9-6513
姪孫女 9-6513
姪孫媳 9-6513
姪婿 9-6181
姪婉 1-591
姪嗣 9-6181
姪新婦 7-4963,4969
姪媳 9-6513
姛 7-4555
姻丈 7-4806
姻兄 7-4806;9-6514
姻伯 9-6514
姻弟 9-6514
姻叔 9-6514
姻侍生 7-4806
姻姪 7-4806;9-6514
姙 8-5823,5829,5837
姝 1-25，119，256；2-1058,1079;5-3399
姡 4-2602；5-3173；6-3760；7-4642；9-5978，5992，6271，6302，6425,6465,6492
姡人 4-2357
姡毒 9-5870
姚婆 7-4790,4795
姚婆子 2-1121,1125
姶 6-3713,3719
姼姼 3-1505,1506,1511
姣 8-5052，5177，5325，5361,5365,5375,5403，5406,5409,5443,5479，5487,5500,5544,5557，5578,5782;10-7285

姣嬈　8-5582

姘　3-1498,1500,1785

姘人　8-5248

姘頭　5-2899;9-6236

姹　4-2590;8-5793,5794

娜　1-453；8-5559,5560,
　5562,5577

娜妭　6-3952

娜娜　2-1301;10-7260

娜孫　5-2893

拏　3-1792,1970;5-2891；
　6-3806;8-5135;9-6083,
　6210,6305,6589,6591

拏土瘟　1-409

拏不下來　9-6130

拏不起　9-6130

拏切　9-6128

拏文作酸　7-4674

拏卡　2-1254

拏卡兒　1-370

拏法　1-409

拏歪　1-409

拏殃　6-4093

拏則個做　9-6429

拏則簡做　9-6460

拏捏　1-409

拏蚊帚　9-6034

拏堂　1-175

拏訛頭　4-2722;5-3314；
　6-3697,3764,3918

拏準兒　1-413

拏摹　1-413

拏簡　8-5829,5831

挈謳頭　6-4225

怒　8-5751

怒吽吽　6-3944

架　3-1923;5-3093,3094,
　3257;7-4588,4963,4969

架子　5-2939;7-4398,4436

架杆　7-4791

架杆的　7-4797

架豆　2-881,905

架架　9-6137

架架骨　2-1169

架秧子　1-140

架案　7-4389

架裕　10-7292

架雲　7-4899

架窩子　10-7021

架閣老　6-3958

架橋　7-4790,4793

飛　2-1117,1120,1155,
　1182；6-4303;9-6305,
　6456,6461

飛子　2-1341;9-6060

飛天之綠　7-4989

飛天棒　9-6035

飛抓　7-4809

飛來牡丹　6-4162

飛來福　1-673;7-4704

飛風　3-1473,1475,1482,
　1484,1486,1490,1554,
　1598,1633,1780,1783,
　1832,1850,2026,2031,
　2046,2072,2078,2086,
　2162,2175,2182,2185；

　4-2491

飛飛　9-6134

飛娘　7-4976

飛黃騰踏　3-2191;4-2471

飛眼　7-4429

飛揚浮躁　7-4673

飛鼠　8-5583

飛管　2-1299,1301

飛蝗　7-4389

飛薄　5-3143

飛機　9-6173

飛檐老鼠　6-4369

飛蟲　2-1159

飛蟲子　2-1170

飛鹹　7-4956

飛豔之紅　7-4989

盈　6-3950;10-6778,7163

勇　5-3157;6-4022

瓵　7-4774,4827;9-5988

炱煤　6-3742

怠　3-1738

怠慢　2-926,1072;9-6097,
　6198

怠嫚　4-2376

癹　3-1912

柔　2-837,1126;6-4294;7-
　4758,4762

柔揹　7-4387

柔雪　7-4961,4967

柔涷　5-3159

敊　1-3,125

矜　2-1114, 1118, 1153, 1180；7-4831；10-6919, 6922

矜子　2-915

[一一]

毑　8-5047, 5049, 5051, 5326, 5356, 5359, 5360, 5404, 5408, 5409, 5478, 5480, 5549, 5553, 5556, 5559, 5560, 5562, 5812

紅　3-1788；6-4291

紅丁香　4-2464

紅下頦　7-4461

紅口白牙　2-1280

紅口白牙的　2-1323,1338, 1345

紅山　9-6067

紅火　10-7175

紅石骨　9-6175

紅百合　4-2464

紅丟丟　5-3114；6-3698, 3895, 3933, 3944；7-4410,4760;10-7147

紅血血　4-2377；6-3964, 3969

紅朵朵　5-3114

紅旭旭　5-3114

紅扯扯　9-6132

紅豆　9-6066,6184

紅彤彤　4-2607；5-3113

紅苗穀　1-355；2-1091, 1097

紅英英　4-2380

紅苕　9-6050,6251

紅東東　9-5985,6035,6132

紅兒　1-86

紅金鯉　8-5192

紅降白降　9-6249

紅姑娘　1-321,394,645；2-1136

紅姑娘兒　1-434,581

紅契　8-5209;9-6060

紅菨菨　7-4734

紅活　2-1233;9-6096

紅紅各　10-7127

紅紅兒　10-7127

紅紅綠綠　4-2729;5-3119

紅格噹噹的　10-7027

紅翅　7-4462

紅粉細白　5-3119

紅朗朗　9-6246

紅袍柑　9-6281

紅堂堂　10-7147

紅堂堂兒的　10-6999

紅眼把皮　2-1320

紅船客　9-6086

紅紒紒　5-3113

紅葉　9-6177

紅雲　9-6174

紅單　9-6060;10-7317

紅黑　1-531

紅黑帽　5-2916

紅烛烛　6-4058

紅鉗蟹　4-2461

紅腳梗　5-2931

紅粱　1-354;2-913

紅稑稑　5-3113

紅裣裣　3-1696,1750

紅綵纏酒壺　1-546

紅靛　1-160

紅靛兒　2-1132

紅禛禛　3-1696,1750;5-3113

紅腵腵　5-3113

紅薯　2-1131;9-5960

紅頭阿三　5-3393

紅頭髮　7-4898

紅磚　7-4701,4728,4742, 4744,4762

紅霏霏　9-6035

紅瞳瞳　4-2283;6-3958

紅錢　9-6275

紅糖打底　2-1348

紅糖糖　3-1696,1751

紅赪赪　5-3114

紅穀穀　4-2607

紅鯹鯹　5-3113

紅霞霞　6-4059

紅瞳瞳　4-2380

紅甕甕　5-3113

紅臉　2-1302

紅邊邊　10-6856

紅纓帽　8-5401

紂　6-4045；7-4398,4436, 4655;10-6928,7265

紂不了　10-7266

紂不來　10-7266

紂咎　10-7266

班首　8-5052,5365,5375
班雄　7-4454
班鳩　9-5939
班鳩沙　9-6259
班頭　1-418
班鴿兒　2-1132
敖　6-4033
素　6-3880;9-6209
素子　5-2969
素食　6-3864;9-6065
素珠　1-646
素素　1-646
素起哦　9-6131
素醬　10-6783
匿毛草子　7-4963,4969
兩　9-6099

［一丨］

匭　6-4292
挨挪　3-1703,1753
挾　5-3354;7-4646
恚　7-4577
恚惡　4-2281,2421,2624;
　5-3294
抓　1-615,682;3-1546,
　1566,1580,1625;5-
　3257;6-3806
抏　9-6248
栽　3-1918,1989;6-4048,
　4238,4240;9-5977;10-
　6998
栽乖　10-7317
栽咧　1-175

栽觔斗　1-615
栽格子　1-409
栽秧　9-6063
栽倒　2-1121;10-7025
栽帳　10-7317
栽跟頭　1-178;2-1042,1350
捄　6-3814
挬牢　10-6951
垺土　7-4439,4442,4447,
　4458,4467,4635,4665,
　4678
埔娘　8-5292
捕公　9-6304,6455,6460
捕欺　10-7112
捕翼　6-3985
埂　4-2217,2351,2598;5-
　2865;　6-3921,　3934,
　3935,　3950;　7-4439,
　4442,　4447,　4678;9-
　6081,6515
埂子　9-6272
埂岸　3-1534
埂埂　9-6246
梗　4-2280,2411,2615;5-
　3368
捂　7-4635
馬　3-1795,1983;4-2321,
　2459;5-2919;9-6026,
　6078,　6261,　6277;10-
　7293
馬二騙三　2-1320
馬刀　10-7021
馬力　1-409;7-4639;9-

6252
馬大姐　2-1138
馬大頭　1-86
馬上　1-723;6-4211;7-
　4408,4808
馬勺　1-617;2-877,901;
　10-7021
馬勺兒菜　1-581,596
馬勺菜　1-236,506
馬子　9-5979,6239
馬子桶　4-2265
馬天　10-7023
馬不停蹄　1-438,452
馬牙散　2-1341,1346
馬六嬸　2-1138
馬札　1-245
馬甲　5-2992,3398
馬吉了　2-880,905
馬耳丁　9-6282
馬邪　6-3964
馬回　10-7172
馬舌子　1-160
馬那來　2-1317
馬批　7-4531
馬杌　2-813;3-2079,2093,
　2100
馬旱蟲　2-821
馬告告　7-4456
馬利　1-434,581,615,648,
　678,729;2-861,886,
　1038;7-4406,4703,4724;
　10-7108,7112
馬皂　10-7193

馬韁　6-3844

馬籠頭　8-5708

馬蠭翅　7-4735

振　1-192,459;6-4024;9-5855

振工　9-6131

振工東西　9-6173

振不得　10-7180

振我的魁魁　9-6128,6166

振非經　9-6061

振酒　9-6193

振冤枉　9-6129,6164

振得住　9-6128,6165,6173

振得稀溜　9-6173

振顛　10-7317

挾　5-3254;8-5247;9-5974,6026

挾打把事　7-4974

挾斯　7-4829

赶　6-3825,4009;7-4633

趀晃趀晃　7-4760

趀動趀動　7-4760

趀搖趀搖　7-4760

趀擺趀擺　7-4760

趄　9-6031

起　2-1229;8-5540

起九　4-2348

起火　2-1124,1137;5-3361

起母　6-4345

起老繭　9-6493

起早　6-4343

起早攤黑　2-1323,1338,1340,1345

起交　3-1877

起坋　3-1981;6-4094

起花頭　4-2297;6-3957

起求過　10-7025

起身　7-4976;8-5401

起來　9-6056

起居你　9-6061

起牀　9-6056

起草　1-542;7-4814;9-5989,6087,6189,6252,6298,6421,6462,6494

起面　10-7285

起屋　7-4892

起起　7-4756,4762

起响　2-823,1052

起動　6-4233

起欸　10-7002

起款　8-5610

起場　2-1228

起開　7-4977,4979

起蛟　6-4158

起筵　9-6277

起復　6-4193

起發　7-4977,4979

起結　2-1230

起絳　1-390;2-1130

起臺　2-842

起醇　9-5992,6083,6088,6190,6271,6302,6425,6465

起霖　9-6081

起夥　2-1124

起麭　2-1135;7-4514

起踝　2-1136

起課先生　4-2232

起憤　3-1983

起褯褯　9-6183

起頭　7-4976;10-7101,7202

起頭兒　10-7001

起講　9-6137

起翻煏　10-7166

起騍　9-6104

起灘　9-6008

起齔　8-5455

起欄　9-6494

起鱃　1-587

赶　2-1020

赶　9-5853

捎　2-865,889;4-2403,2615;5-3349;6-3809,4045,4142

捎母角　7-4455

捎莊　5-3017

捎帶　1-535,579

捎貨　9-6043,6262

捎脾　6-3986

捎種　2-1228

捎筥　9-5933,5976,5990,6082,6182,6269,6300,6423,6464,6494

埊　5-3025;6-3846

捏　5-3251

捏　2-1229;3-1989;5-3098,3257;8-5172;9-6291;10-6947,6952

莧菜　9-5962

莖　10-6932,6933,6942

荷　1-325;2-1131,1156;4-2688;6-3662

荷包　1-707,743;2-962,1074;7-4898,4956

荷花　9-6252

荷惠　8-5055,5357,5363,5368,5377,5405,5478,5544,5691,5693,5696,5697

莜　1-78,136,326

荻芒　6-4161

荻苔　1-70,122,328

莝　6-3870

莘　7-4592

莣　1-357

莏　6-4027

莞　8-5362

真人　9-6086

真不大利　2-1338

真不錯　1-396;2-1076

真正　3-2134

真正王道　2-1338

真正田　8-5318

真可矣　2-1279

真在行　1-434

真行　1-435,461

真牡　2-1067

真知焯見　10-7147

真是儍蚰　10-7233

真俊真醜　7-4410

真亮　7-4452

真真是　10-7180

真哥　10-7121,7168,7170,7234,7258,7305

真哥嗎　10-7250

真個　10-7286

真書　10-6759

真痛快　1-723

真寒慘　2-1340

真幹　10-7277

真歌　10-7311

真箇　2-1002,1071;10-7261,7320

真瞎子　2-1192

真踢動啦　2-1338,1345

真露臉　2-1322

屺巳　7-4832

尅他　2-1312

莊　1-149,376,572;2-999;5-2918,3101;6-4291;7-4468,4595;8-5048,5050;9-5978,5990,6008,6081,6087,6268,6299,6422,6463

莊上　1-167

莊子　3-2167;10-7324

莊不錯　2-1317

莊戶人　2-1151

莊戶人家　10-7018

莊戶老　3-1873

莊戶孫　2-1349;7-4688

莊主　1-387

莊家　2-1139;5-2918

莊家戶　2-1192

莊家老斗　7-4481

莊家漢　9-6057

莊窠　7-4385

莊稼　1-187;2-1228;7-4460,4784

莊稼人　1-168,207,436,475;9-5894

莊稼老二　1-436

莊稼迆子　1-410

莊稼孫　7-4693

莊稼漢　10-7018

莊嚴　9-5975

框　10-7172

框宋　5-2939

梆　1-374

梆鬼腳　8-5207

梆梆油　1-587

桂　9-6252;10-6728

桂花　3-1499;4-2464

桂花魚　4-2322,2462

桂花蒸　5-2885;6-3694

桂魚　5-3063

栲栳　1-132;2-877,902,1170;3-1657;10-7096

桓扯斤　9-6128,6166

桓桓糾糾　6-4346

桓順　9-6128,6166

桓靈　3-2101

栖皇　2-1126,1229

栫　7-4657

桃　1-576;2-783,813;6-4134;8-5096,5276;9-6112

桐子 9-5966

枏 7-4833

株 5-3078,3100,3143；6-3869

梃 4-2596；5-3091；7-4437

梃礙 7-4830

栝 4-2613,2677；5-3349；6-3652；10-6767

桯 1-290

桁 8-5294

桁竿 4-2453

桁條 3-1653,1727；7-4814

栓 4-2595；6-3850

桃 5-3006；6-3863,4305

桃之夭夭 5-3420；9-6131

桃花溜溜 8-5048,5050

桃兒 1-388；2-1131

桃柳 2-1135

栚 6-4377

栚厚 8-5387

桅杆 9-6064

栙 6-4137

格 3-1547,1561,1575,1591,1626,1715；5-3094,3245,3348；6-4004,4113,4232,4236,4378；10-6771,6781,7316

格子 3-1960

格子門 9-6062

格什敢 6-4233

格爪 2-1121,1156

格末 3-1532,1713；5-3414

格他點 9-6126,6163

格外 1-674；2-862,886；5-3209；6-3888；9-5873

格成成的 2-845

格扭 1-410

格里糊塗 3-2144

格呀 3-1716

格佷 2-979

格你 9-6126

格周周的 2-845

格郎 3-1980

格是 2-995

格保 9-6130

格都 3-2193

格挌 2-1120

格兜 9-5979

格搭 3-1663

格硬 1-413

格就一塊 10-7137

格搞 2-836

格業 1-588

格夥 2-847

格麼 6-3948

格篤化 3-2182

格篤場化 3-2182

格篩 4-2261,2450

格撐 2-835

格闌 2-1121,1156

格點 3-1663

格擤 6-4178

格繩 6-4133

格攔 2-809

格攦兒 1-413

栟 5-3078

栟枝 5-3078

桅 7-4439,4442,4447,4678

校書 3-2190

核 3-1724；5-3079；8-5179

核桃 9-6281

核桃肌膌 7-4742

核桃骨 7-4458

核桃蟲 2-1132

根 5-3094；6-3869

根生土養 5-2922

根兒個 1-413

根底 10-6935,6936

根柢 7-4523

根株 5-3078

根格 7-4828

根納 6-3987

根腳 2-1075；5-2940；7-4756,4763

根頭 5-3078

栩栩然 10-6787

桫 3-1521

索 1-60；5-3268；6-3848；8-5732

索子 10-7172

索豆 10-7277

索妻 2-1116,1120,1154,1181

索性 1-688；3-1492,1701,1780,1783,1832；4-2283,2309,2423,2429,2500,2524；5-3372；6-3801,

4329,4336;7-4816

索哉　3-2080,2087

索食　9-6184

索婦　2-1196,1198,1199

索繩　10-7172

索鐸　3-1980

軒谿　10-7147

軑　7-4831

軸子　7-4397,4434

連　7-4500,4538,4626

連二桿　9-6059

連二骭　9-6275

連日　3-2190;4-2689;5-2885

連手　2-1121,1156

連向子　10-7317

連忙　3-1492,1495,1706,1779,1783,1798,1817,1831,1846;4-2300,2427;5-3172;6-3958

連利　2-758

連底凍　3-2129,2168;4-2219,2345,2719;5-2865;6-3694,3730

連宗　9-6514

連枷　3-1657,1892;6-4132;9-6082;10-7286

連衫　2-1135;7-4677;10-6936

連架　9-6074;10-7193

連兼　6-3714,3720

連展　1-566;6-4150,4178;7-4396,4433,4445

連陰　2-1124,1137

連陰雨　1-390,598;2-1011,1188

連枷　7-4397,4814;9-5926,5990,6088,6190,6212,6268,6299,6422,6463,6495;10-7121,7306,7312

連枷棍　10-7226

連械　9-6191

連帶　7-4413

連牽　3-1514,1529,1708,2026,2030,2046,2080,2087,2112,2117,2123,2139,2144,2174,2182

連喬　2-1300;7-4459

連飲三杯　2-988

連袂　3-1981

連蓋　9-6183

連精　3-1877

連撚轉　7-4506

連頭夾腦　5-3164

連檐　7-4765

連塞　3-1708,1833;4-2499,2524

連襟　1-168,185,417,436,440,452,648,692,734;2-856,915,976,1048,1066,1069,1087,1093,1099,1112,1273,1300;3-1533;4-2224,2692;5-2896;6-3669,3749,3952,4106;7-

4431,4450,4724,4784,4788,4789;9-6513

連簷　7-4746,4774

專八　5-2963

通　8-5553

通峭　3-1885

哥　1-136,181,182,184,211,369,479,600,613;2-972,1077,1126,1144;3-1533,1604,1718,1758,2090,2097,2207;4-2483;6-3641,3960,3991,4255,4341;7-4475,4716,4717,4719,4729,4738,4741,4743,4751,4771,4788,4789,4820,4824,4838;8-5370,5400,5408,5413,5416,5554,5565,5576,5577,5793,5794,5823,5828,5829,5830,5837;9-6015,6039,6074,6077,6219,6523,6559,6627;10-6947,6951,6956,6994,7017,7034,7036,7039,7093,7118,7191,7201,7202

哥大　8-5824

哥子　9-6273,6417

哥子人　9-5974

哥子們　9-6057

哥兄　7-4895,4896

哥老官　9-6056,6176

哥弟　6-4100

哥兒　1-138,181,182,369

哥哥　1-149, 152, 211,
397, 398, 401, 402, 436,
479, 591, 593, 691；2-
768, 797, 914, 1023,
1047, 1066, 1068, 1076,
1087, 1093, 1099, 1112,
1130, 1224；3-2039；4-
2223；5-3423；6-3951,
4379, 4380；7-4387,
4475, 4714, 4726, 4782,
4799, 4806, 4839, 4841,
4962, 4968, 4974, 4983,
4985, 4986, 4992, 5020；
9-5877, 5886, 6041,
6056, 6076, 6121, 6176,
6303, 6419, 6425, 6434,
6454, 6459, 6513, 6536；
10-6957, 7178, 7179,
7278,7281,7294,7307

哥哥兄弟　7-4684

哥嫂　8-5370,5400,5408,
5415

哥憎　10-6930,7031

速　6-4026,4317,4318

速子　10-7040,7097

速速齊　8-5710

速朗　5-3412

速祿颭拉　6-3945

速鞏鞏的　10-7143

速醒過來　10-7180

豇　1-374

豇豆　6-4162

逗　3-1698,1752；4-2628；
5 -3355；10-7108

逗人　9-6419

逗耳朵　9-6261,6426

逗哏　1-174

逗屋　6-4273

逗遛　3-2191

逗榫　9-6183

逗譁　1-679,726

逗羅　9-6127

剸件　7-4637

栗子　3-1729

栗跗　6-4163

栗蓬　7-4437,4638

栗蓬殼　7-4453

要　3-1669,1737；5-3416；
6 -4044

惡　2-1226

敕　7-4650

酎　10-6752

酌　7-4637

酌獻　3-1492,1780,1782

配辦　5-3413

[一丿]

辱　4-2614；5-3245,3353；
6 -3722

唇了　10-7317

厝　6-4272, 4308, 4312,
4318, 4320；8-5056,
5335, 5337, 5344, 5347,
5349,5350,5354

孬　4-2602；5-3165,3419

孬東西　9-6060

孬孬　6-4215,4231

孬孬骨　6-4086,4235

厚大　5-2924

夏　2-1114, 1118, 1153,
1180；3-1723, 2133；9-
6175；10-6919,6920

夏天　1-167

夏布　9-6066, 6184；10-
7294

夏田　2-1226

夏生　1-308

夏至數九　6-3736

夏侯惇　9-6034

砝實　3-1924,1927,1929,
1933；4-2378, 2644,
2717；5-3145；6-3690,
3711,3717,3880,3900

砝碼　4-2260,2450

砢　9-6239

砢台　2-1075

砢臺　7-4756,4763

砸　7-4405；10-7135

砸孤埪　2-826

砸鍋賣鐵　7-4673

砵　3-1518

砰砰　5-3424

砰磅　3-1985,1992,1994,
1997, 1999, 2001, 2003,
2194；8-5120

砧板　4-2260,2449；5-3024

砟　3-1677；5-3338

砗　4-2684;5-3129;6-3659;
　　7-4814;9-5992，6081，
　　6088，6270，6301，6424，
　　6465

砗頭　6-3986

砅　4-2684;6-3659

砅砰　3-1493,1779,1784;
　　5-3129;9-5989，6189，
　　6253，6257，6267，6292，
　　6298，6418，6421，6462，
　　6494

砣　7-4460

砣臺　7-4434

础　7-4393

破　6-4295

破土　2-1189

破天荒　2-1279;4-2638,
　　2654;6-3693

破五　1-569;9-6272

破五兒　1-391

破斗子　10-7040

破打神舟　2-1306

破地錐　1-308

破拉颯　6-4224

破苗　7-4755,4762

破背性　2-1231

破除去　1-145

破柴　10-7021

破家屋鬼　10-7319

破袴纏腿　2-1302

破落戶　2-1104

破開説　10-7141

破費　1-648,673;3-2190;

　　4-2713;6-3689;7-4586;
　　10-7180

破損　5-3147

破靴　5-2920

破靴幫　6-3963

破靴黨　4-2722;5-2920;
　　6-3697

破煩　10-7317

破鞋　2-800

破頭楔　2-1230

破篷　8-5552

破甃　5-3147

破爛　5-3177

破罐破摔　1-409

悪縮　3-1703

原　10-6997,7098

原上　7-4764;10-7024

原來　5-3210

原做　10-7132

原幹　10-7132

原淬頭人　4-2357

原寫字　10-7132

原讀書　10-7132

套　5-3089;6-3991

套上　10-7281

套子　3-1919,1926,1931,
　　1935;7-4981;10-7020

套車　2-1067,1094,1100

套哄　2-1124

套客　10-7236

套袴　1-222,490;4-2457;
　　7-4396，4746，4766，
　　4898,4956;9-5915,6183

套項　10-7021

套間　7-4433

套閒　1-413

套褲　2-803;4-2265;6-
　　4141;7-4774;9-6065;
　　10-7020

套繩　10-7172

套籠　10-7025

秦　3-1508,1510,1522

剞鷄　8-5547

脤　7-4638

逐　5-3207

逐魂　5-3061

逐遲　9-6264

逐隱　3-1971

剥　3-1880

剥破　4-2401

烈　1-263;2-1118;10-6918

烈苦　7-4899

烈風　2-1011

烈帝廟　3-1983

殊迷鬼　10-7168,7169

盍　6-3860;7-4439,4442,
　　4447，4452，4678;8-
　　5278;10-6764

盍頭　5-3025

剗　3-1989;4-2604;5-3158,
　　3339;6-3817;8-5239

剗瓦房　7-4719,4723

致大大　10-7282

致名　1-541

致忙 10-7282

致哥伽 10-7282

致達 10-7266

致蓋 10-7253

致意 3-2190；4-2469,
2473,2474,2707；5-3209

致嗻 10-7227,7251,7258,
7287

致嗻務嗻 10-7321

致颩 10-7104,7105,7107

貣 3-1879；4-2627；5-3325；
6-4290

迻 8-5413,5458,5492,
5547,5552

[丨一]

鬥 8-5365,5367,5376,
5544,5545

鬥根 1-130

鬥湊 1-615,677

鬥樂 1-435,462

鬥頭 9-6130

鬥鑬 9-5979

攱 6-3865

肴 5-3415

柴 1-404；2-911；6-3871,
4281；7-4588；9-6019

柴子 4-2465

柴木 1-564

柴火 2-1341,1346

柴火篷 1-617

柴百花 4-2464

柴活 10-6998

柴捆子 10-7204

柴際 3-2082,2088

柴瘦 4-2284,2371

柴燼 6-4281

柴槩 6-4281

柴積 3-1587,1776

桌 3-1723；5-3036；7-4774

桌子 9-5929

桌腳糕 5-3010

桌凳 5-3036

帤 7-4497

虗 3-1976

虗 1-15,118,262,680；2-
1117；3-1870；6-4373；7-
4829；10-6919

[丨丨]

峷 3-1963

[丨丿]

蚩 7-4957,4958

[丨⌐]

眛 8-5566

時乜東西 8-5781

時乜惹 8-5781

時作 5-3327

時雨 4-2343

時時來 7-4410

時時刻刻 5-3204

時氣 5-2976

時值估價 5-2947

時症 5-2976

時習 5-3182

時景 5-3161

時道 5-3161

時新 8-5268

時髦 3-1596,1691,2130；
5-3161；6-3682

時鴉戛 9-6186

時頭八節 10-7023

時興 2-1229

時鮮 3-1693

貼 3-1977；7-4832

貼貼 3-1680,1743

逞 3-1970,1976；7-4829,
4833

逞凌 9-5982,6031

畢 3-1970；7-4831；8-
5461；10-7027,7099

畢了 10-7108

畢畢剝剝 4-2340

畢羖 6-4370

剝 4-2274,2409,2622；5-
3338

晒 3-1926,1931,1935

晒晾 9-6067

晒寒地 7-4723

胅 5-3234,3292；6-3777

眣 6-3777

財主 1-418, 648, 695,
727；2-799, 869, 894,
955, 1042, 1067, 1073,
1094, 1100, 1107；3-
1492, 1495, 1538, 1559,
1573, 1592, 1609, 1617,

哼興　6-3714,3720

哓　2-1114,1118,1153,
1180;5-3289;6-4012;9-
6217

哶叨　3-1918,1991,1993,
1995,1998,2000,2002;
6-4096,4239,4241

哶笫　8-5092

唧了　1-145

唧伶　1-404,587,615,637,
721;2-757,870,895,1038

唧咕　1-583;2-769,915

唧查　1-23,181,183,369,
678

唧唏　10-7168,7170

唧唧　3-1927;5-3132;10-
7111

唧唧梗　7-4454,4638

唧唧嘈嘈　5-3121

唧唧嘛嘛　6-4066

唧略　1-609

唧喳　1-155

唧嚹　3-1608,2065,2073,
2080,2087,2094,2101

唧溜　3-1699,1827;6-
3942

唧嘈　3-1856,1991,1993,
1995,1998,2000,2002,
2047;5-3121

唧嘹兒　1-418

唧噥　3-1918,1991,1993,
1995,1998,2000,2002;
6-4079,4249

唔口　4-2250,2444

啊　2-850,1130;3-1717;5-
3224;　7-4407,　4416,
4417,　4418,　4427;10-
7173

啊呀　5-3224,3226;7-4428

啊招招　10-7317

啊哈　7-4416

啊啊　9-6066

啊唷　5-3224

啊嘘　7-4428

啊嗦　7-4407

啊罷　9-6074

啊嚏　7-4635

唰口　4-2311,2430

唉　1-130,143,166,351,
435,582,585,637,661,
716;2-768,774,789,
859,883,918,947,1031,
1033,1073,1124,1136,
1231;　3-1533,　1589,
1717,1777,1838,1857,
1872,　1919;　4-2266,
2382,2504,2529,2611;
5-3225,3228,3241;6-
3712,3718,3785,3787,
3792,3956,3966,3977,
4002,4219,4297;7-
4645;　8-5707,　5749,
5785;9-5859,　5974,
6048,6107,6204,6215,
6262,　6279;10-7002,
7176,7195,7250,7321

唉有飯　9-6128

唉呀　1-585;2-1031;3-1718

唉呀呀　10-7250,7251,7321

唉咦　7-4428

唉唉　2-774,790,852,1031

唉詒　6-4349

唆　9-6215

唆角鬼　10-7018

唆使　8-5249

唆挑　7-4430

唆悚　8-5109

唆摯　9-6180

唆撥　7-4458

唆聳　8-5249,5546

唆擺　9-6427

歁　5-3249

豈有此理　1-528,578;2-
1007,　1071;　3-2191;4-
2471;6-3795;7-4808

帳　1-60,120,300

罟　1-126

冒斜　3-1549,1566,1580,
1605,1609,1628,1773;
7-4407

圂　4-2268,2404;5-3323;
6-3968

哭　5-3292

峭　5-3151;8-5159,5180

峭欠　10-7250,7251,7321

峭皮　6-4081

峭　3-1493,1500,1520,
1675,1741,1779,1784

峴　7-4393

2541;5-3083,3271

倒 3-2082,2088；7-4404，4434，4435，4941；8-5173,5454,5490,5547；9-6025,6077

倒不 1-156

倒失 1-383；2-1094,1100

倒地 3-2023,2025,2030,2094,2101,2106,2112,2117,2123,2178

倒有 3-1974,1976,2113,2141

倒舌 7-4736

倒竹 8-5161

倒竹筒 6-3959

倒弄 7-4434

倒材子 10-7018

倒灶 6-3986

倒青 1-145

倒拐 9-5983,6032

倒板 10-7200

倒肯 3-1974,1976,2113,2141

倒垂柳 7-4461

倒掛金鈎 7-4964,4970

倒茶 1-137

倒是 3-1713

倒鬼 10-6857

倒換 7-4434

倒針 7-4437

倒座 7-4756,4758,4763

倒眉 4-2312,2430；5-3296

倒過 7-4434

倒蛋 10-7125

倒落 6-3987

倒量 7-4666

倒跌跌 2-1132

倒湯瓶 4-2298；6-3957

倒運 3-2080,2087,2112,2117,2123,2139,2196

倒舂 7-4440,4442,4448,4679

倒塌 4-2303；6-3899；10-6941,7026

倒楣 1-587；5-3296

倒碗花 4-2465

倒頓 1-677；7-4829

倒號 10-6856

倒照 7-4435

倒煤 6-3931

倒瓶 4-2249,2243,2600

倒箇 3-2197

倒霉 1-435,616；2-1317,1349；6-4093；9-5979；10-6857,7294

倒瓢 4-2600

倒樹 8-5161

倒頭 7-4451

倒點 9-6126

倒斷串 2-1230

倒騰 1-587；9-6305,6429,6456,6458,6460

倒竈 1-195,405,416,463,688,723；2-1040；3-1492,1699,1780,1782,2136,

2168；5-3296；6-3964,3968；8-5403,5406；9-5869,6191,6197;10-7234

倒竈子 1-587

倒竈鬼 10-7018

倒黴 3-1535

倒盡和尚 5-2938

咎 4-2675；5-3352；6-3650,3907

倣手 8-5379

倣我 6-3986

倣儻 8-5117

條 5-3090,3091

條子 2-1345

條皮 7-4547

條串 7-4743

條直 3-1919,1985,1992,1994,1997,1999,2001,2003,2193；5-3163；6-4088,4239,4241

條帚骨苗 10-7134

條起額 9-6178

條耿 7-4508

條秩 5-3163

條條直直 4-2378；5-3163；6-3896，3902，3934，3946,3965,3969

條條秩秩 3-1885；4-2729；5-3163；6-3703,4225

條師 9-6129

條船 2-1076,1103

條橼 7-4758

條傳 7-4775

1087, 1093, 1099, 1102,
1112, 1123, 1125, 1130,
1137, 1144, 1178, 1191,
1249, 1298, 1300, 1343,
1353; 3-1506, 1512,
1536, 1557, 1572, 1589,
1614, 1638, 1646, 1718,
1758, 1766, 1886, 1981,
1983, 2039, 2207; 4-
2660; 5-2887; 6-3640,
3745, 3896, 3903, 3951,
3960, 4096, 4352, 4361,
4362, 4381; 7-4387,
4394, 4430, 4458, 4474,
4697, 4714, 4716, 4717,
4718, 4719, 4723, 4724,
4726, 4729, 4738, 4741,
4743, 4750, 4756, 4758,
4763, 4770, 4774, 4775,
4776, 4781, 4788, 4789,
4790, 4791, 4794, 4805,
4811, 4812, 4817, 4818,
4820, 4824, 4828, 4838,
4841, 4842, 4843, 4844,
4891, 4896, 4910, 4954,
4955, 4957, 4958, 4972,
4973, 4985; 8-5045,
5047, 5049, 5051, 5321,
5333, 5348, 5349, 5350,
5352, 5353, 5354, 5356,
5359, 5360, 5364, 5370,
5371, 5373, 5374, 5400,
5404, 5407, 5408, 5409,

5411, 5413, 5415, 5417,
5419, 5478, 5480, 5499,
5543, 5549, 5550, 5552,
5557, 5559, 5560, 5562,
5570, 5576, 5581, 5691,
5693, 5696, 5697, 5699,
5750, 5793, 5794, 5812,
5814, 5823, 5828, 5829,
5830, 5837; 9-5884,
5970, 5972, 6039, 6040,
6056, 6072, 6074, 6076,
6077, 6090, 6121, 6176,
6195, 6247, 6259, 6273,
6303, 6305, 6419, 6425,
6428, 6434, 6454, 6457,
6458, 6512, 6523, 6536,
6559, 6589, 6591, 6627;
10-6729, 6853, 6856,
6936, 6947, 6951, 6956,
6957, 6958, 7033, 7036,
7039, 7111, 7116, 7117,
7118, 7171, 7191, 7200,
7202, 7204, 7259, 7284,
7310

爹奶　8-5810, 5812, 5813
爹母　9-6070
爹吒　8-5810, 5812, 5813
爹兒　7-4430
爹某　8-5054
爹爹　1-417; 3-1533, 1587,
　　1610, 1809, 1813, 1821,
　　1845, 1847, 1876, 1925,
　　1930, 1934, 2090, 2097; 4-

2642; 5-3392; 6-3710,
3716; 7-4799, 4811, 4812,
4817, 4818, 4837, 4839,
4897, 4953, 4954, 4955,
4962, 4968, 4974, 4983,
4985, 4986, 4988, 4992,
5020; 8-5590, 5591; 9-
6121, 6134; 10-6854,
7039, 7178, 7288, 7292,
7294, 7307

爹娘　1-210, 436, 478; 2-
　　1068; 7-4683, 4727,
　　4741, 4743

爹媽　1-398, 402, 413,
　　451; 2-1299; 8-5665,
　　5671; 9-6015, 6070,
　　6303, 6454, 6457, 6459;
　　10-6958, 7305

舀　1-189, 450, 453, 455,
　　568, 615, 648, 681, 730;
　　2-759, 1017, 1044, 1330;
　　3-1500, 1519, 1667,
　　1736, 1837, 1927, 2081,
　　2087, 2106, 2111, 2117,
　　2122, 2139, 2144, 2206;
　　4-2269, 2294, 2405,
　　2514, 2540, 2622, 2648,
　　2671; 5-3355, 3356; 6-
　　3658, 3714, 3720, 3812,
　　3899, 3960, 3968, 4037,
　　4288, 4344; 7-4432,
　　4435, 4439, 4442, 4448,
　　4594, 4636, 4649, 4678,

討口子　9-6058,6074,6136,6169
討佬媽　6-4311
討相罵　7-4962,4968
討要鬆　2-918
討便宜　1-528,681,722;2-1040;3-1684,1811,1817,1834,1846,1921;4-2722;5-3306;7-4815;10-6857
討氣　1-586
討淹咨　3-2140
討惹厭　3-2140
討喫子　2-1224
討飯　1-552;5-2917
討厭　1-421;3-2193;5-3292
討親　7-4837,4981;9-6429
訌　4-2624;5-3243
訕　1-534
訕搗　6-4088
訕談子　9-5975,5979,6035,6131,6163,6228
訖力　3-2140
託　6-4055
託大　3-1701,1831
託夢　1-672;8-5245
訓　2-833
訓孤　5-3061
訓搭一頓　10-6957
這　1-151,380;2-860,885;7-4400,4755,4761,4764;10-7000,7028,7100,7123,7124
這一股勁　9-6127
這一塘　9-6047
這一夥仔　1-433,580
這才那才　7-4413
這户兒　10-7124
這打兒　10-6941
這可咱著　1-405
這可怎著　2-1094,1100
這可怎樣　2-1107
這圪塔　1-370,405;2-1110
這地方　2-1112
這向　9-6130
這行廂那行廂　2-1130
這交得　10-7319
這克怎們着　1-582
這克怎著　1-371;2-1067,1088,1110,1113
這汪　7-4712
這努　10-6941
這些　2-1129;6-3957;9-6304,6455,6460
這迭　10-6941
這兒　2-1130,1238
這河　2-915
這郎　3-1973,1975
這是那葫蘆子藥　1-396
這是怎麼説的　1-587
這是偺　1-434
這活兒　2-1238
這哩　2-769
這哩呢　10-7200
這個　1-185,380;3-2195;10-7200
這個歹毛　9-6131
這個物　2-919
這個物件　1-608
這般前後　10-7028
這款　6-4292
這搭　10-6930,6947,6952,6955,7028,7031,7033,7039,7098,7107,7108,7109,7110,7112
這塊　1-145
這達　10-6997
這達達去　10-7294
這跲　9-6194
這等　4-2297;6-3957
這傢夥　1-434
這就那就　7-4413
這就走　1-158
這裡　10-7313
這當兒　1-412
這會子　9-6457
這會兒　10-7000
這裏　1-370,405;2-765,1030,1067,1088,1094,1100,1110,1112;10-7121,7306
這算是　2-849
這箇　1-526,587,662,717;2-762,1033;3-1480,1488,1489,1818,1971;6-4216;9-6039
這搭　10-6957,7103,7105,

7106
這點　6-3957;10-6854
這邊　1-526;6-4291
這黨　10-7123
這纔離然哩　2-919
訊　6-3790
記　1-556;2-960;5-3098;9-6059
記里鼓　4-2638,2654,2721;6-3696
訍頭　5-2952
訍嘴　9-6201
凌　9-6259,6272,6292,6305,6434,6522,6535,6559,6588,6591
凌冰　9-5969,5971,6031,6056,6071,6175
凌雨　9-5974,6227,6416
凌孤椎　7-4456
凌綴　1-599
凌錐　7-4755
凌霜　10-7321
淞　3-1896
凍　6-3950;9-6246
凍子　1-390
凍包　9-6059,6276
凍冰　7-4755
凍冰冰　6-4271
凍米　5-3003
凍苞　9-6262
凍冽　10-6997
凍凌　2-1137
凍着了　9-6060
凍鈴璫　3-1877
凍瘃　3-1531;4-2245,2247,2440,2496,2521,2588,2696;5-2979;6-3673,3913
凄蟲　6-3985
衺　6-4027
衺骫　7-4429
衺覎　7-4612
衰　6-4349
衰鬼　8-5544
衰惰　3-1795
衰頭敗腦　7-4736
衰頹　3-1702,1753
衰儓　8-5318
畝　1-62;2-1075;3-1722,1723;4-2547;6-4272;7-4755,4762;9-6515
高　6-4293;7-4566,4737;8-5208,5299
高兀兀　9-6248
高山　9-6071
高也　2-839
高抗臉兒　1-411
高長長　9-5985
高佬　8-5544
高底鞋　4-2724;6-3698,3918
高咧　2-1200
高骨堆　10-7160
高亮亮　7-4410
高亮亮的　7-4428
高客　7-4900;9-6137,6169
高埌　8-5413,5499
高桌　2-813
高高　10-7316
高高山頭　6-3700
高高低低　9-6133,6171
高高長長　9-6133,6171
高高的　1-186
高高擎　7-4410
高桿桿　9-6060,6179
高設　8-5384
高梁　2-784
高帽　1-533
高帽子　4-2722;5-2945;6-3697,3764,3918
高帽笠　8-5554,5555,5557,5559,5561,5563,5813,5815
高敦　3-1653,2167
高粱　1-161,168,234,354,503,592,596;2-914,1065,1075,1086,1091,1097,1104;6-4161;7-4731,4963,4969;9-5957
高塹窪掘　7-4673
高熊熊　9-6132
高談闊步　3-2191
高墻　6-4342
高橇　5-2951
高頭　2-824;3-1978;6-4178
高興　1-447,615,675,728;2-755,869,893,1010,1043,1072;3-1492,1705,1780,1782;6-4297;7-

酒貢　2-1224
酒歆　4-2260,2450;5-3047
酒席　9-6066
酒海　9-6064
酒娘　5-3012
酒務　10-7031
酒乾窩　9-6275
酒船　6-3861
酒料　3-1652,1726
酒混頭　2-1193
酒渦　6-4117;7-4489
酒揭　6-3985
酒插　7-4898
酒落　9-6268,6298
酒斟　7-4898
酒幌　7-4385
酒腳　4-2698;5-3012;6-3675
酒話　7-4986
酒窨　5-2959
酒榼　9-6186
酒漊子　6-4146
酒箈　9-5989,6421,6462
酒醢　9-5992,6270,6301,6418,6424,6465
酒皻　6-3673
酒皻鼻　5-2973
酒曇　2-1149
酒錢　5-3016
酒鍾　7-4730;10-7164
酒鰲　6-3985
酒糟　6-3864
酒糟鼻　5-2973
酒鏾　10-7096
酒簦　3-1955
酒墁　1-563
酒孃　4-2698;6-3675,4284
酒孃糟　6-4284
酒囊飯袋　3-2189;4-2237,2360,2470,2640,2655,2727;6-3785,3919
酒釀　5-3012
酒癲子　9-6057
酒鼈　1-562
酒籭　8-5210
酒齇鼻　4-2247;5-2973
浹　5-3359
消　5-2978
消夜　8-5403,5406;9-5975,5979,6056,6161,6169,6173,6228,6261,6277,6417,6419
消息　2-963,1074;3-2190
消息子　4-2597
消停　9-5865;10-6998,7026,7099
消搖　4-2470
消滅　10-7252
消黎花　4-2477
涅　1-102,121,268
涅涅　8-5709
浞　4-2629;5-3359;7-4439,4442,4447,4678
涔　1-32,122,300;8-5694
浬頭　9-6006
浩　9-6081，6089，6266，6425
浩浩兒　9-6246
浩然子　1-143
海　2-859，884，1189；3-1923；6-4011；7-4507，4660；8-5053，5366，5375，5402，5405，5504，5540，5545；9-6048，6262，6279；10-7293
海子　1-572;2-1225,1298;10-6836，6839，6840，6859,6860
海外　3-1535;5-3123
海老　4-2476
海老鷹　5-3062
海米　7-4462
海折　7-4535
海利　2-1230
海沙　6-4151
海青　3-2035;4-2264,2457
海拉虸子　1-610
海來子　2-1302,1320,1322,1325
海來這　2-1277,1309
海味　1-565
海味行　9-6086
海爬　9-6280
海昧有　10-7306
海洋　4-2352;6-3740
海紅花　4-2477
海垻　10-6836
海貢　2-1230
海蚆　9-6051,6264

海倒　10-6936

海盌　5-3026;10-7163

海訌　7-4430

海海　2-1131

海麻互　7-4448

海着哪　1-164

海椒　9-6136,6169

海蛇　7-4455,4535,4639

海湯　2-1104

海蓋　1-663,718;3-1832;
6-3665,3931

海菾　1-169

海螵蛸　7-4455

海螺　7-4455

海蘇　1-319

海簸箕　2-821

海蠣　7-4455

浜　3-1479,1487,1489,
1500,1512,1569,1584,
1603,1608,1646,1721,
1778,1781,1797,1813,
1845,2027,2031,2065,
2074,2094,2101,2163,
2175,2182,2192,2197,
2199,2201,2202

浜兜　3-1660,2082,2088

浜集　3-2195

泡　4-2629;5-3357;7-4452

埑　3-1927,1932;4-2596;
5-2866;6-4220

洰　3-1924,1929

浮　3-1742

浮土　7-4437

浮休　6-4074

浮炭　1-612;5-3019

浮屍　5-2934

浮華　1-169

浮菜　6-4373

浮萍　7-4461

浮梢　7-4455,4639

浮假　6-4340

浮梁　3-1977

浮薈　7-4454

浮槎　7-4436

浮筩　6-4351

浮裏起空　4-2310

浮薔　3-1899

浮頭　10-6936

浮頭兒　1-588

浮瓢　5-3029

浮藻　9-5964

浮燥　8-5346

浮鮹　7-4462

浮躁　7-4429

浮瀾瀾　3-1493,1780,1784

流　6-4271;8-5052,5361,
5540

流二行三　7-4674

流水　3-1503,1504,1506,
1511,2078,2092,2099

流化王　9-5984

流勾王　9-6034

流年　5-2948

流休　6-4210,4230,4235

流周　2-811

流氓　3-1498,1534,1658;

5-2920;10-6856

流宕　3-2168;4-2276,
2368;6-3968

流哄　1-412

流星　3-1535;5-2860

流神　9-6187,6305,6456,
6461

流神痞子　9-6429,6458

流流馬　9-6136

流虛　1-405

流眼　7-4429

流淩　2-1225

流達流達　2-1323,1324

流落　1-683;3-1530,1551,
1563,1577,1595,1630,
1764,1770,2073,2077,
2085,2189;4-2469,2473,
2474;7-4909

流軸　1-617

流番語　2-1197,1198,
1200

流滑　1-172

流寅　7-4763

流窩　7-4727

流鼻血　9-6060

流餂　2-1229

流精　10-7274

流離　1-87,133,410

流蘇　3-2042,2050

況　7-4539

涕歆　2-1131

浣酸　9-6126

浪　1-620;3-1818,1990,

2107, 2113, 2118, 2124, 2140；7-4982；8-5735；9-5978, 6194；10-7108, 7252

浪—浪　10-7172,7251,7316

浪人　8-5248

浪人子　8-5248

浪口　8-5553

浪斤斤　9-6133,6164

浪而　8-5726

浪汪　9-6194

浪們　9-6128

浪們多　9-6163

浪個　9-6074

浪浪　10-7261,7306,7312

浪奢　9-6194

浪張貨　7-4450

浪筋保　10-7117

浪費　8-5246

浪語　6-4344

浪麼　10-7258

浪蕩　1-585,648,684；2-1260；3-1534, 1918, 1992,1994,1996,1998, 2001, 2003, 2193；7-4762；8-5246, 5559, 5561,5563,5813,5814；9-6427

浪蕩鬼　7-4759

浪蕩幫子　7-4384

浪頭　1-204,472

浪爛多　9-6131

浪轉　10-7287

浚　6-3775

浚從肚裏落　4-2635,2652

浑　5-3360

涓　4-2318,2431,2629；5-3349,3360

浸　4-2629；5-3359；9-6175

浸死鬼　10-7176

洩　7-4595

淀　9-5991, 6081, 6088, 6270,6301,6424,6465

涩　8-5391

涌　6-3960；8-5053,5357, 5362, 5366, 5375, 5405, 5545,5552

涌水　8-5403,5406

涌湯　4-2307,2429

盐　1-284

盐緣　5-3028

馘鰓　7-4832

悖　5-3199；6-3761

悖晦　1-418,616

悖惑　1-648；7-4543

悑　6-3800

悚動　5-3307

悟　8-5048,5050

悢赣　2-1017；9-5991,6082, 6269,6300,6423,6464

悢戀　5-3196；9-5870,6493

悭　6-3802

悭　7-4581

悄不聲的　1-412

悄末聲　2-826

悄没聲　1-177

悄悄　9-5975,6059,6178, 6229, 6249, 6417, 6427；10-6948,6952,7154

悄悄米米　9-6133,6172

悄悄者　10-7180

悄悄個的　9-6130,6165

悄悄聽　9-6429,6457

悄麻雀　9-6138

悄默　1-141

悄寶　9-6169

悝　2-1331

悒悒聲　8-5555,5557

悆懁　4-2423

悔氣　3-2080,2087

悗　4-2509,2534；5-3127；6-3647,3791

害　2-1177

害死人　6-4357

害冷　10-6936

害呵　10-7101

害怕　9-6060,6435

害怕不來呀　9-6075

害怎　10-7030

害俚　7-4744

害活　2-1158

害哩　7-4742

害病　7-4728

害羞　9-6435；10-6936

害唅叨　3-1939

害貨精　6-4357

害痧　3-1681,1744

害懆　2-1256

害臊　1-395；2-762,1308,

1319,1322,1324

害癲了 9-6060

家 2-1121,1156;3-1723;
8-5829,5830;9-6016

家人 7-4956;10-6936

家小 3-1649

家口 4-2691;5-2903;6-
3912

家中 10-6856

家什 7-4723

家父家母 10-7208

家公 6-4104,4188,4227,
4234, 4255; 7-4811,
4812,4820,4822,4823,
4960; 8-5051, 5293,
5322,5361,5365,5374,
5402,5408,5409,5417,
5419,5426,5478,5481,
5510,5543,5552,5556,
5558,5565,5568,5570,
5812, 5814; 9-6041,
6219,6228,6259,6273,
6426

家公家婆 8-5404;9-6016,
6057,6177,6247,6419

家火 2-1021, 1159; 7-
4385, 4386, 4814; 9-
5925,5992,6077,6083,
6089,6182,6271,6302,
6418,6425,6427

家兄 2-916,975,1069

家兄家弟 10-7211

家生 3-1513,1534,1569,

1583,1605,1608,1651,
1726,1774,1841,2023,
2025,2030,2046,2065,
2074,2081,2088,2094,
2101,2106,2112,2117,
2123,2139,2160,2178,
2192,2196,2198,2201,
2202; 4-2259, 2289,
2449,2503,2527,2703;
5-3056; 6-3680, 3836,
3914;8-5566

家生子 3-1516, 1826,
2071,2079,2086;8-5838

家生布 10-7020

家生仔 8-5052, 5361,
5365,5375,5409,5504,
5539,5553,5557,5566,
5568,5571,5824,5830

家生兒 3-1539,1617

家生婆 8-5566

家主翁 3-1860

家主婆 10-6820

家主遭 6-3751

家母 7-4822,4823

家先 9-6062

家伙 1-741;2-1025,1053,
1072;3-2023,2025,2030,
2160,2178,2192;7-4434;
9-5978, 5983, 6063,
6251, 6264, 6435, 6466;
10-7112

家走 7-4386

家里 2-1149;7-4751,4771

家私 3-1492,1655,1780,
1782; 4-2308, 2429; 5-
3056; 6-4278, 4309,
4312, 4323, 4344; 7-
4815;9-5983,6031,6033

家弟 2-1327

家君爺 8-5578

家長 4-2640,2656;6-3752

家長里短 2-1280

家事 5-3056;9-5925,6063

家具 9-5924,6063;10-6936

家門 6-4107

家使 5-3056;7-4434;10-
6955,7032,7033

家兒 2-1145

家況 4-2482

家官 8-5061,5260,5293,
5525

家帑 3-1876;4-2599;5-
3015;7-4503

家信 1-699

家計 5-3015

家活 10-7032,7033

家客 8-5824

家神 6-4358

家財 5-3015

家俱 2-783

家翁 8-5824,5829,5837

家家 7-4822,4823;9-5974,
6016,6134,6259,6273

家娘 8-5061,5260,5293,
5525

家務 1-677

家雀　1-248,437,518;2-
　819
家雀兒　1-389;2-1132
家堂　4-2242,2436;6-
　3666,3833
家常　1-566;2-996,1071;
　4-2708;6-3915
家常便飯　5-3006
家常飯　3-1840;6-3697
家貨　5-3056
家眷　5-2903
家婆　6-4104,4255;7-
　4811,4812;8-5051,
　5260,5293,5322,5361,
　5374,5402,5408,5413,
　5426,5478,5481,5504,
　5510,5539,5541,5543,
　5552,5556,5565,5568,
　5570,5578,5693,5780,
　5812,5814,5824,5829;
　9-6219,6259,6273
家婆肥　8-5554
家婆娘　8-5691,5697
家婆嫻　8-5699
家道　3-1843;4-2708;5-
　3015
家裡人　10-7281,7307
家嫂　1-693;8-5478,5482
家當　5-3015;8-5255
家賊　1-447;9-5898
家裏　1-185,735;2-761,
　914,1024,1049,1068,
　1121;3-1588,1777;7-

4395,4431,4478,4738,
　4788,4789
家裏人　6-4102
家裏的　2-1130
家婆　7-4960;8-5837;9-
　6228,6426
家婆娘　8-5696
家塾　7-4745,4765
家廟　7-4763
家鵝　7-4454,4638
家譜　1-544
家孃　7-4980
家鶬　1-160
家屬　4-2692;5-2903
家釀　6-4201
宵夜　9-5912,6136
宵賣　6-4344
宴　10-6917
宴晝　8-5287
窄　2-1020
宗　5-2968
宿　3-1586,1776,2047
盍　1-274;5-3337
窄　1-43;6-3876,4364;9-
　5982
窄了了的　7-4428
窄條條　9-5985,6035
窄狹　2-861,885,1013,
　1072
窄狹狹地　2-1132
窄楞子　10-7315
窄褊　10-7280
窄皷皷　6-4301

窄癟　1-168
窊　5-2874;6-3743,3961;
　7-4428,4467
窊利　2-1120,1128
窊脈　7-4403
窊愁　7-4551
窊睞　7-4429
容　8-5254;10-6734
容易　1-527,592,669;2-
　861,885;3-1492,1783;
　5-3170;6-3892;7-4691;
　9-5875
容容易易　5-3170
容盛　10-6926
容情　1-539;3-2191;4-
　2471
窈羞　6-4296
宿　7-4436,4454,4461,
　4638
窈　2-1118;10-6920
剗　2-1022;5-3263
剗田狗　6-4173
剗朘　10-7292
宰　7-4959;8-5300,5301;
　9-6250
宰把手　9-6177
宰宰　9-6255
宰賊　7-4740
宰蘭　2-769
宸康　4-2278,2605;5-3111,
　3156;6-4363;7-4549;8-
　5159
案　6-3837,3986;10-6924,

6920

婚陋　6-4301

娩娥　3-1548,1627

娣　7-4807;8-5512

娣仔　8-5478

娣妹　7-4782

娘　1-168,375,385,417,
433，436，591；2-748,
768,773,781,797,855,
875,899,914,916,917,
1023,1076,1077,1093,
1099,1102,1112,1122,
1137,1144,1157,1178,
1191，1353；3-1610,
1876；4-2642，2660；5-
2888；6-3640，3710,
3716，3951，4097；7-
4387,4458,4574,4685,
4697,4714,4716,4717,
4718,4723,4724,4726,
4729,4738,4740,4741,
4743,4758,4763,4774,
4776,4781,4794,4799,
4805,4824,4838,4839,
4891,4896,4910,4955；
8-5400，5407，5411,
5413,5415,5543,5552,
5576,5577,5691,5693,
5696,5697,5699,5780,
5793,5794,5823,5828,
5829,5830,5836,5837；
9-5970，5972，6015,
6039,6056,6072,6074,

6076,6077,6090,6121,
6175,6259,6273,6303,
6305,6428,6434,6454,
6457,6458,6512,6523,
6591，6627；10-7034,
7036,7111,7116,7117,
7118,7200,7202,7260,
7278,7289,7300

娘子　1-126,353,394,
641;3-1481,1483,1485,
1490,1533,1538,1558,
1573,1592,1610,1617,
1649,1758,1767,1780,
1782,1850,1860,2040,
2207;4-2643;5-2900;6-
3710，3717，4345；9-
5897,6086

娘仔　8-5430,5544

娘母　7-5006

娘花　7-4388

娘兒　7-4430

娘兒們　1-588;7-4714

娘姆　7-5041

娘待　8-5414

娘姨　3-1501,1533,2082,
2083，2089；5-3393；6-
3960

娘們　2-910,1050,1319；
7-4431，4720，4727,
4742,4744

娘娘　1-690；2-797,1121,
1123,1125,1130,1135,
1137,1156,1169,1178,

1224，1238；3-1492,
1533,1780,1782,1822,
2207；4-2223，2643；5-
2888，2896；6-3710,
3717,3951,4099,4184；
7-4430，4957，4958,
4978，4979；9-6180,
6419；10-6936，6941,
6957,7288

娘娘吆　10-7290

娘娘廟　2-1190

娘舅　3-1533;5-2894

娘媽　9-6419

娭　9-6101

娭她　7-4962,4968,4974

娭姊　7-4983

娭姐　7-4897

娭膱　9-6253

哥　1-191,457;9-5850

哥翀　7-4751,4771

皰　2-1241；3-1944；4-
2222,2364,2588,2664；
5-2979；6-3773，3898,
4278，4376；7-4814；9-
5982,5990,6030,6083,
6179,6268,6276,6299,
6422,6463,6493,6516

脅孔　9-6261,6275

脅肋胳　6-3827

脅肋窩　7-4898

脅閾　1-260;3-1870,1970；
7-4828

[一、]

畚　7-4830

畚斗　5-3045;6-3954

畚箕　3-1981;6-3985;9-6185

畞畞　5-3132

通　4-2675;6-3650,4293;8-5362

通共　3-1704,1840,2134

通局　2-842

通相唤　4-2230,2355

通書　8-5384

通通匠　9-6275

通勝　8-5420,5493

通融　2-1001,1071

通廳　7-4540

能　2-863,888;3-1715,1755;6-3990

能子　6-4317,4318

能打能跳　7-4736

能可　4-2712;5-3372;6-3684

能行　10-7286

能行的狠　10-7180

能亨　3-1480,1488,1489,1500,1778,1783,1814,1828,1847,1854,2032,2044,2164;6-3990

能奈　1-409

能耐　1-602;6-4075

能哼　3-1605,1638,1697,1752,2145

能就　10-7159

能觳　9-5868

能幹　1-638,669,727;2-757,1001,1043,1071,1074;3-1701,2131;4-2484;6-3760;7-4816;8-5138;9-5868,6058,6061,6096,6179

能踭　8-5503

能魏　3-1874

能蹬住　10-7180

盎　3-1670;6-3846;9-6251

盎盌　5-3026

盎碗　2-998

務　6-4312;10-6779,6930,7109,7110,7265

務大大　10-7282

務不了　10-7266

務不來　10-7266

務必　9-6304,6455,6458,6460

務各家　10-7266

務忙　10-7282

務空白白　5-3215

務呇　10-7266

務活　10-7025

務素　7-4580

務哥伽　10-7282

務哩　10-7292

務搭　10-7039

務達　10-7266

務答　10-7201,7202,7206,7292

務蓋　10-7253

務噠　10-7251,7258

桑　1-376;2-1121,1156

桑根　7-4808

桑棃　7-4453

桑楒墩　7-4638

[一一]

盟子　7-4389

純　5-3332;9-5915

純氣鬼　9-6130

純邊　6-4278

紕　2-1119;4-2266,2457,2681;8-5276;10-6927

紕紕輕　5-3189

紕輕　5-3189

紕絆　8-5273

紕薄　5-3205

紃緊　3-2140

紗　3-2082

紗帽椅　6-3953

紗篩　4-2261,2450

納　1-219,487;3-1979;5-3272;6-4289;7-4656,4752,4756,4772;8-5275,5707,5752;9-6049,6263

納者氣兒　1-410

納料子　2-1201

納納　7-4567

納黑錢　10-5996

納頭　2-1000,1071

絓　5-3157

絞黃　7-4568

紛怡　7-4832

紛箕　3-1983

紙　6-4279

紙水　5-3021

紙札　1-563

紙老虎　8-5557,5568,5570

紙吹　5-3020

紙馬　2-935,1073

紙烘　6-4279

紙捻　5-3020

紙捻子　9-6136

紙捲子　10-7019

紙紮　5-3021

紙張　1-232,501

紙桥　6-4279

紙筋　6-3679

紙牌　1-708

紙畫老虎　5-2933

紙煤　5-3020

紙劄　5-3021

紙撚　5-3020

紙糊頭　5-3021;8-5182

紙糊壁　7-4671

紙薄　7-4411

紙錢　2-935,1073

紙簍　1-617

紙鷂　6-3985;8-5157,5211

紉　7-4460

紡　1-218,487;2-1117,
　　1120,1155,1183;6-3858,
　　4031;7-4607

紡花鷄娘　4-2462

紡車　1-596,617

紡專　6-3858

紡綫婆　7-4808

紡線婆　9-6252

紡績娘　3-2082

紃　5-3334;6-3901

紃蘭　4-2465

紐　7-4605;9-6290

紐子　9-6065,6183

紐歹　10-7290

紐襻　5-2998;8-5466

紓徐　5-3170

盔　8-5389

十一畫
[一一]

彗星　7-4463

劃　4-2685;5-3135;6-3659

耡頭　3-1571,1585,1606,
　　1609,1726,2075,2082,
　　2088;4-2261,2451;5-
　　3042

稯　6-4305

春　3-1785;4-2618;5-3338

春杵　6-3838

春箕　1-89,122,333

責　6-3882

責備　2-1014,1072

現　1-151;5-3235

現世報　2-1279

現相　9-6095

現前日　2-1225

現銀　2-1226

現薩　4-2476

現錢　7-4911

理性　7-4986

理論　9-6084

琉球　6-4245

琉璃　7-4776

琉璃扰指　10-7283

琉璃球　2-1312,1349

琉璃蛋　7-4810

琉璃傢伙　5-2927

琉璃燈　5-2933

琅湯　4-2283,2423,2497,
　　2522

琅場　2-941

琅璫　7-4428

勞　4-2621;5-3339

彞　4-2275,2410,2626;5-
　　3097,3335;6-4135;7-
　　4659

棄　5-3097

規一　9-6127,6166,6173,
　　6188

規矩　5-3179;7-4406;10-
　　7120,7180,7257,7286,
　　7301,7303

規規　6-4065,4266

規規一一　9-6133

規規一的　9-6129,6164

規規矩矩　5-3179;9-
　　6133,6171;10-7311

規貽的　9-6131

[一丨]

埤堄　3-2047

捧塵 4-2598;5-2867

捧 1-681;2-833;4-2667;
5-3082;6-3803,4344;7-
4431,4683;8-5239;9-
6249,6276

捧心掉膽 7-4673

捧卵抛 6-3987

捧香 9-6129

捧線 6-3987

捧頭 7-4954

捧瘸腿 1-165

搽 3-1522,1588,1777,
1820,1845,1857;4-
2268,2404,2613,2650;
5-3335,3349;6-3939,
3955,3963,3968

甌 1-54,120,286

掛 5-3094

堵 1-664,719;5-3090

堵水田 9-6272

堵賴 8-5111

撥 10-7304

埡 7-4842,4843

埡口 9-5974,6228

埡壪 3-1534

掟 3-1500,1669,1738,
1786,1919,1926,1931,
1935,2041,2049;4-
2300,2315,2414,2613;
5-3300;6-3649,3821,
3924;7-4449,4635;9-
6291

掫 2-1136;7-4650

掀天撘地 7-4672

措 7-4830

措付事 2-1317

措諸 2-1196

搐 3-1924,1927,1929,
1932

描 8-5546,5566

搽 5-3257

淋 5-3336;7-4405,4828;
10-6919

撾 5-3274

捱 2-1245;4-2316,2398,
2415,2615;5-3300;9-
6210,6263,6277,6291

捱打 9-6063;10-7161

捱捱朝朝 6-4349

捱痛 10-7161

捱朝 6-4349

捺 1-135;2-1177;3-2049;
4-2416,2647,2667;5-
3272;6-3713,3719,
3804,3898,3905,3961,
3991,4344;8-5055,
5357,5362,5367,5370,
5371,5373,5376,5405,
5409,5451,5479,5545,
5557,5567,5571;9-5977

捺呆 10-7288

捺個 10-7173

擠 4-2273,2407,2616;5-
3344;9-5849,5976,
5988,6087,6266,6278,
6297,6420,6427,6461,

6495

埼 5-2873

椅 10-6778

掩 4-2588;5-2981;7-4431,
4432,4829

掩人 2-1319

掩耳盜鈴 3-2189

掩壁賊 5-2921

掩邊賊 5-2921

掾 4-2616;5-3272,3274

掾掾 5-3134

捯 5-3338

排 5-3050,3085,3153,
3256;6-3808;9-6197;
10-7163

排子 1-413;10-7117

排日排夜 10-6776

排列 9-6264,6279

排行 9-6197

排制 10-7266

排扇子 9-6138

排排 5-3156,3427

排常 8-5695

排釵 4-2264

排場 2-1043,1075;4-2311;
6-3986;7-4406,4459,
4759,4775;10-7116,
7121,7163,7172,7199,
7258,7261,7303,7311,
7321

排擠 9-6200

排甌婆 8-5414

排攤子 9-6063

推活輪船 7-4809
推屎爬 9-6264,6282
推屎婆 9-5953
推垸 9-6241
推推 1-154
推鉋 9-5933,6064,6494
推穀杷 9-6183
埠埠 5-3427
埠埠鵝 5-3060
埠鵝 5-3060
頂 1-647;2-1341,1345;5-2867, 3087, 3208; 7-4404,4431,4572,4639,4961,4967;10-6998
頂工調 7-5013
頂大 7-4759; 9-6061,6180
頂天 2-1341,1345
頂瓦 7-4437
頂牛 1-145
頂反供 3-2083,2088
頂公 4-2690; 5-2982; 6-3666
頂他 9-6128
頂他鑽圈圈 9-6128
頂卯 2-1226
頂尖 6-3672,3710
頂尖上 1-396
頂你去 9-6128
頂住了 10-7144
頂角 1-186
頂兑 2-1229
頂沙鍋 1-136
頂泛供 3-2074
頂門 2-1124,1134,1229
頂門囟 6-4116
頂門則 2-1138
頂缸 1-722; 2-1039; 4-2637,2653;7-4581
頂重 10-7144
頂宮 5-2982
頂神的 1-168
頂真 3-1704;4-2341;6-4092;7-4952;9-6257
頂倒 9-6128,6131
頂頂 5-3208
頂頂子 10-7019
頂頂董董 9-6134,6171
頂得 2-1302
頂替 8-5331
頂棚 1-186
頂隔 1-616
頂腦 7-4734
頂樑 4-2306,2428
頂碴 7-4636
頂幔 2-1120,1127
頂頭風 1-199,436,467
頂戴 3-2135
頂鐀 9-6074
頂鋮 4-2262,2452
埤爐 6-4284
捭 5-3256;8-5055,5479,5500,5504,5566;9-6210
埠 7-4436,4842,4843
埠子 7-4445
埠頭 4-2218;5-2869
掀 1-554;2-1194;3-1923,1927,1929,1931,2041,2048; 4-2273, 2408,2616, 2647, 2667; 5-3388; 6-3713, 3719,3807, 3905; 7-4403,4431; 9-6059, 6082,6178,6187,6210
掀起來 8-5239
掀格 3-2140
掀格喇 3-2081,2107,2113,2118,2124,2196
掀轟 5-3137;6-3892
耈 10-6739
耈鮐 10-6919
捨五 3-1812
捨物 9-6292
捨官 7-4445
捨屋 9-6136,6168
捨得走 9-6075,6084
捨塗 3-1811
捨撇 2-837
捨麼 10-7278
揿 6-3807
逵 3-1778,1781
掄 5-3092;9-5882,5988,6029,6266,6297,6420,6461
掄眼皮 3-2083, 2107,2114,2119,2125,2142
採 3-2041,2049,2182;4-2672;5-3295
採紬 9-6190

接過 10-7276

接路 8-5055,5358,5363

接腳 7-4636

接親 9-6077

接觀音 9-6180

執 8-5695

執一 5-3201

執㘴 4-2309,2367,2429

執事 1-186;2-1105

執固 7-4762

執壺 10-7021

執鼓掌板 7-4672

執意 5-3201

捲 1-370,405,586,647,
673;2-758,1066,1087,
1094,1100,1109,1113,
1137,1156;3-1990;5-
3097;7-4438,4702;9-
6028

捲人 1-172,435,582

捲子 1-186,618

捲捲 10-6995

捲乾 10-6995

捲簹 2-1350

捯 2-1018;3-1924,1928,
1930, 1933; 4-2400,
2616,2648;5-3286;6-
3713,3720,3821,3899,
3924;7-4405;9-5981,
6021,6078,6115,6185

捯近兒 1-408

捯搕 3-1682,1744

捯頭 8-5403,5406

埫塲 4-2217,2351

掞 9-5854, 5976, 5982,
5989,6030,6249,6256,
6267,6298,6418,6421,
6462,6516

掮 4-2273,2408,2616;5-
3263;6-3806,4285

掮打 4-2398

控箕 9-6495

捥 3-1545, 1565, 1579,
1604,1624,1637,1663,
1733,1764;5-3262

掠 3-2041,2049

捐 3-1846;4-2615;5-3254;
10-7098

捐木梢 3-2183,2197

捐客 3-1497;5-3393

探 2-1228; 4-2398; 5-
3322, 3357; 6-3816; 8-
5136,5237,5559,5561,
5563;10-6772

探缸 2-1324

探探匠 9-6237

探鈎 7-4512

探親 9-6084

探籠 6-4266

捷 3-1521, 1545, 1565,
1579,1600,1624,1637,
1663,1732,1765,1772,
1811,1817,1835,1856,
2047,2061,2068,2077,
2085,2091,2098,2104,
2110,2116,2121,2138,

2171,2195;4-2615,2669;
5-3254; 6-3645, 3799,
3942,4344;7-4438,4441,
4447,4678;9-5937,5989,
6083, 6267, 6298, 6421,
6435,6462

捷木梢 3-2083, 2089,
2119,2125

埭 3-1972,1975;5-2870,
3091

埭頭 5-2976

摄 5-3258

埽帚 6-3849

埽帚星 7-4448

埽帚菜 1-357;2-914,1065,
1086

埽星 7-4463,4635,4729

掃 3-1990

掃天婆 9-6130

掃不瓦瓦 9-6126,6132

掃田下 7-4384

掃把 9-6064,6136

掃把星 8-5221;9-5879,
5974,6416

掃的 9-6128

掃帚 1-187,617,644;2-
784,812,1004,1071;9-
6183

掃帚星 1-200,390,436,
598; 2-854; 5-2860; 6-
3731; 7-4388, 4393,
4457,4714,4790,4801

掃帚菜 2-1092,1098

掃哧子 9-6126
掃籽籽 9-6062
掃眉 6-4095,4239,4241
掃除 7-4730
掃除苗 7-4731
掃崽 7-4956
掃箒星 1-468
掃興 4-2476，2712；6-3685;10-7258,7261
掃塵 9-6186
堀 8-5225
掘 1-647；3-1787，2042，2050；4-2418；5-3287，3368；6-3809；7-4509，4633;8-5391
掘子 2-813
掘巴 1-621
掘地三尺 7-4736
掘地皮 1-573
梨 9-6251
掇 3-1527，1568，1582，1602，1608，1734，1884，1973，1975，2022，2025，2029，2041，2049，2065，2073，2077，2085，2093，2100，2105，2110，2116，2121，2138，2144，2178，2192，2195，2200，2202；5-3252，3255；6-3808；8-5239;10-7134
掇上 10-7134
掇文 7-4794
掇弄 7-4430
掇物 3-2171
掇皴 2-1127
掇墮兒 10-7134
掇齪 2-1128
堊 3-1742
堊口 9-6417
堊壁 10-6726
基 3-1532;5-2872;8-5402，5405
基基抓抓 9-6133
基基渣渣 9-6171
基基媽媽 9-6133,6171
基錧 10-6765
聆睛 7-4552
斟 1-259;10-6763
斟斟 6-3894
勘兒 6-4255
勘乘 10-7268
聊 1-142;10-7173,7304
聊蕩 4-2294,2426,2517，2543
聄 1-260;2-1059,1079
聀 7-4452
娶妻生子 1-447
娶新媳婦子 10-7308
娶媳婦 1-185
娶媳婦子 10-7179
聈 3-1586,1776
菁 3-1510
著 1-665，720；2-1046；3-1716；5-3361，3379；7-4700;8-5455,5491,5547
著力 3-1708;5-3171
著水膏 6-3957
著代 8-5581
著衣 7-4590
著忙 2-1002,1071
著里 2-1126
著奇 4-2311
著的 2-807
著底 3-1498
著衫 8-5665
著急 1-727;2-758,1043
著落 1-528；3-1679；7-4796
著意 3-1597
著實 3-1702
著實的 1-578
著聲兒 1-587
菱斜 3-2047
菴 1-102;3-1979;8-5409，5410，5461，5493，5553，5557，5558，5576；9-5977，5990，6087，6189，6256，6268，6281，6299，6306，6422，6427，6463，6523,6536,6591
菴房 9-6051
菴宮魚 8-5463
菴門 8-5545
菴蛋 9-6051
菈菈攋攋 6-3969
菈攋 5-3135;6-3894,3943
萁萁 10-7187,7248
萁蓆 10-7306
菘 6-4160

董　3-1898

靪　4-2682；6-3655；7-4656；
　9-6185

勒　3-1712,1715；5-3342,
　3377；10-7116

勒子　9-6250

勒火　9-6261

勒尿　9-6429

勒首巾　7-4730

勒索　8-5582；9-6061

勒特　2-1319

勒揹　7-4401,4429,4449,
　4458,4636

勒勒　1-388

勒馱子　10-7025

勒頭　7-4730

黃　1-322,376；3-1787,
　1790,2033；5-3071；7-
　4564,4892,4959,4974；
　8-5208,5781；9-6089

黃八郎　9-6252

黃了　1-157；9-6128

黃土地　2-1151

黃子　2-806

黃犬　5-3058

黃六　1-127；2-932；3-1479,
　1491,1495,1779,1782,
　1798,1808,1811,1815,
　1828,1854,1877,2032,
　2044,2094,2100,2131,
　2164；6-3958

黃心　7-4460

黃代付　7-4977

黃瓜　1-66,161,309；2-
　913,1132；5-3074；9-
　5963

黃瓜魚　7-4462

黃瓜綠　7-4776

黃瓜盧　10-7097

黃瓜鷺　7-4735

黃老鴉　7-4899

黃地老殼　9-6138

黃光光　6-3969

黃竹筒　7-4900

黃向了　10-7271

黃爭爭　9-6132

黃米　1-65,134,302,303,
　592,630；2-1063,1084,
　1092,1098,1105,1112

黃花　3-1906；7-4462；9-
　6252

黃花白草　1-625

黃花郎　2-1302

黃花魚　1-241,511

黃豆　9-5958

黃沙　9-6081

黃果　10-6894

黃兒　1-86

黃金入櫃　3-2130

黃昏　2-983,1070,1076,
　1139；6-3950；7-4738；9-
　6246

黃昏子　9-6172,6187

黃昏頭　5-2882

黃昏曉　5-2860；6-3959

黃狗　5-3058

黃狗狸　7-4964,4970

黃泥　7-4964,4970

黃泥疆子　6-4156

黃姑　7-4455

黃胡魯兒　1-389

黃枯枯　5-3115

黃骨魚　1-341

黃骨頭　9-5955

黃風　1-390；10-7034,7036

黃帝腦殼　9-6170

黃蚕　8-5716

黃栗留　1-394；2-1132

黃晃晃　3-1695；6-3933,
　3944

黃虵　8-5198

黃秕　6-4382

黃陸　3-1845

黃焉　3-1959

黃黃　5-3426；6-4142

黃黃子　10-7019

黃黃各　10-7127

黃黃兒　10-7127

黃梅天　5-2884

黃爽爽　9-5985,6035

黃雀　1-394

黃堂　1-560

黃眼　7-4952

黃貨　9-6137,6169,6495

黃鳥　1-108,122,344,
　632；9-5941

黃脰　3-1730

黃脰雀　9-6264,6282

黃魚　4-2461

黄葛　9-5967

黄落　3-1535;5-3400

黄覎　5-3067

黄道日　4-2215,2348

黄蒼蒼　4-2608;5-3114

黄蒸　2-1139

黄祀祀　6-4059

黄蜆　5-3064

黄蜂嘴　4-2313

黄鼠狼　1-115,160,169,
251, 388, 437, 520; 2-
1136;6-4166;9-5947

黄粱　6-4161

黄赭赭　5-3115

黄撰　3-1543,1622,2019,
2021, 2024, 2028, 2054,
2062,2069,2156

黄黇黇　5-3115

黄虤虤　6-3964

黄魯兒　1-418

黄瑩　7-4776

黄澄澄　5-3115

黄頯　8-5193

黄嬌嬌　4-2283,2380;6-
3958

黄薯　10-6894

黄橙橙　4-2377;5-3115;
7-4760

黄頭刁　6-3987

黄頭雀　4-2460

黄盧盧兒的　10-6999

黄黇黇　5-3115

黄龍　4-2300,2374;6-3958

黄甑　9-6067

黄鼃鼃　3-1980

黄蘇蘇　3-1696,1751

黄蟝　8-5281

黄蟫　8-5784

黄錫　7-4520

黄雛　3-1730

黄鼬　1-115, 363, 437,
647;2-752,819,913

黄蟻　5-3067

黄鮉　3-1908

黄顙魚　9-6252

黄糯　1-303

黄霸　2-918

黄鷖　1-107

黄蠟棒　7-4454

黄蠟膽　1-240,510

黄蠟鶊子　1-248,518

黄鶯　1-122,344

黄鯉　9-5956

黄鱔　5-3064;8-5193

黄鸝　1-632

黄鶲棒　7-4638

猷　7-4827

莉　9-6066

莉芭　9-6184

菡　6-3877; 7-4660; 8-
5380,5413

菡緊　3-1680,1743

菡竈子　3-1873

菡攤　3-1885

莤　8-5499

菴子　7-4445

萋菲　4-2470

剝　8-5171

菲薄　4-2607; 5-3143,
3205;7-4569

菽兒　6-3985

菖蒲花　4-2305

萁　7-4774

菌　6-4370;9-5964,5989,
6087, 6267, 6298, 6418,
6421,6462

菌子　9-6066,6184

萵苣　6-4160

萵蕢　8-5199

菱　4-2603; 5-3146; 6-
4044; 7-4654; 9-5977,
6028

菱荻　3-1918,1991

菱睢　6-4239,4241

菱粃　6-4298

菱蕻　3-1985,1993,1996,
1998, 2000, 2002, 2193;
10-7293

菱聳聳　9-6557

萑瓢　1-73

菜　3-2141;6-4233;7-4986;
8-5296, 5401, 5404,
5406;9-6186

菜户　1-127

菜瓜　3-1875;5-3074

菜包　7-4791

菜虎子　1-615

菜籽油　2-1226

菜基　6-3987

菜飯 10-6995

菜湯 2-1139

菜粥 1-595；7-4758

菜疏 6-3676

菜園笆門 5-2932

菜蔬 3-2083，2107，2113，2119，2124

菜蕻 3-1924，1928，1930，1933

菜頭 4-2463；6-3985；8-5584

菜鮓 7-4981

菜繮 2-1106

芰 7-4638

芰草 7-4461

芰菜 7-4454

菊 7-4502

菊花菜 6-3985

菩 7-4986

菩菩 5-3424

菩薩 2-1159；3-2083，2089，2107，2119，2124，2196；5-2859；6-4191；7-4854；8-5333；9-6075，6516

萩 3-1687，1925，1928，1930，1933；5-3112；6-3714，3720，3870，4243；10-7164，7177，7247，7257

萡 3-1670；6-4147

萡菜 10-6754

菠菜 1-74，161，168

菠羅菜 10-6750

萁 1-322

乾 2-1119；6-3735

乾人 9-5983，6032

乾之廉之的 10-7027

乾女 9-6514

乾父 7-4677

乾巴巴 2-949，1073

乾巴蛤蜊 2-1138

乾打雷 2-826；7-4681

乾兄弟 1-386；7-4807

乾汁 7-4748，4767，4774

乾奶奶 7-4431

乾母 7-4677

乾束 10-7320

乾估 9-6429

乾估渾嘆 9-6457

乾没 6-3882

乾固 2-1319，1324

乾兒 6-4108；7-4636，4992，5020；9-6057，6514

乾兒子 1-386；9-6273

乾疙瘩 9-6179

乾疙瘩 9-6035

乾疙閘 9-6060

乾疙癆 9-6627

乾法事 9-6132

乾妳媽 6-4190

乾骨頭上榨油 10-7228

乾净 1-418；2-861，885，1137；3-1984，1991，1992，1995，1997，1999，2002，2192；5-3168；6-

4088，4239，4241

乾净 7-4451

乾都 7-4832

乾格潦 9-6418

乾笑 2-933；3-1699

乾爹 1-386；7-4431，4807；9-6273

乾爹乾媽 10-7171

乾病 9-6060，6179

乾娘 1-386，549；6-3952，4108；7-4459，4807

乾黄鱷 9-6035

乾黄鱔 9-5985，6138，6170

乾乾净净 6-3964；9-6133，6171

乾乾燥燥 9-6133

乾蛄 3-2082

乾得起灰 9-6130，6165

乾脯 10-6752

乾散散 9-6426

乾酢 1-186；7-4747，4767

乾睄 3-2140

乾焦焦 9-6132

乾爺 4-2227；6-3952，4108

乾爺乾娘 9-6057，6177

乾爺爺 7-4431

乾飯 1-437，595；7-4396，4755

乾絳 1-315，631

乾雷 6-4343

乾園潔净 1-568

乾粮 10-7303

乾媽 7-4431；9-6273

敗善　10-7270

敗蕭何　10-7294

敗賴　10-7293

敗興　2-869,893

敗興鬼　10-7169,7170

敗壞　10-7139

販　3-1786;7-4404

販子　6-3753

販仔　8-5052,5361,5365,
　5375,5409,5478,5504,
　5539,5553,5571

貶眼　2-1056

眊　3-1976

眊瘠　8-5383

脎　3-1983;5-3233;7-4394,
　4458,4488

睜　3-1666;7-4402;9-5977

睜眉和眼　10-7099

睜眼睛　10-7161

睜眼瞎　10-7317

眯　5-3233;7-4613

眯茫　2-1130

眯覷眼　6-3952

眯露　3-2033

眼　7-4474,4494

眼力　1-553

眼下　2-1002

眼子　7-4963,4969

眼支毛　7-4488

眼不見爲净　4-2308;6-
　3778

眼中刺　1-553

眼中釘　2-942,1073;4-

2305,2374,2720;6-3917

眼水　6-4118

眼火　5-2955

眼孔　5-2955;6-3775

眼孔大　4-2308,2719

眼孔小　4-2719

眼孔淺　3-1507,1514,
　1531,1554,1599,1633,
　1640,1763,2072,2078,
　2086

眼巴巴　3-1709;7-4816

眼可(殼)可　10-5996

眼皮　9-6178

眼仰　7-4585

眼色　7-4612

眼汝　10-7127

眼沿　5-2954

眼茸　4-2646,2695;5-3382;
　6-3672,3712,3718

眼曼　7-4612

眼眨毛　2-873,897

眼胞皮　5-2954

眼珠　9-6182

眼珠子　1-552;2-942,1073

眼框子　5-2955

眼烏珠　5-2955

眼害　10-7261

眼紮毛　10-7173

眼眶　6-4117;8-5070;9-
　6058,6178

眼眶大　1-135

眼眵　1-552;3-1609,1656,
　1727,1924,1927,1929,

1932,2074,2081,2088;9-
　6261,6275

眼睜毛　2-1169

眼眼　3-2182;9-6064

眼閉　9-6083

眼圈　5-2954;6-3775

眼圈子　6-4118

眼側毛　9-6041

眼麻　10-7288

眼麻㗂　3-2064

眼望　7-4697

眼淚汪汪　4-2608

眼睞毛　5-2954;9-6004,
　6261,6275;10-7126

眼黑　10-6930,6955,6956,
　7003,7031,7033,7099,
　7103,7105,7106,7109,
　7110,7317

眼睛　6-3952,4117;9-
　6058,6429,6457

眼睛人子　2-1131

眼睛羞　10-7205

眼睛澀　9-6202

眼睫毛　2-1131;5-2954

眼屆　7-4488

眼微　8-5782

眼裏説話　1-444,453

眼窩　2-1156;10-6995

眼媳婦　10-7317

眼熱　3-2044

眼臁者　1-411

眼膠矢　10-7173

眼緣　5-2954

眼鏡　9-5931

野　8-5347

野巧子　2-1158

野白茄花　5-3077

野老公　5-2899

野地　1-202,470

野角　2-1195

野咋咋　2-1125

野呼　6-4072,4264

野狐臉　5-3054

野狗　7-4992,5020

野草子　4-2301;6-3932

野畈　4-2349

野扁豆　10-7097

野菜　3-1728

野猫　1-145,147,160;3-2034;6-3984;9-5947,6066,6185

野宿則　2-1125

野蕎麥　7-5013

野講　6-4287

野鵝　3-1510

野鵲　2-1105,1201;7-4385,4386;10-7206

野鵲子　2-1152

野霸　7-4429

野鷄　1-249,519;2-819,1158;3-1497,1984,2034;4-2733;5-3394;6-3709,3920;7-4454,4638,4808,4992,5020;9-5940,5975,6228,6282,6417

圍塘　10-6766

啦　1-577;2-1130;5-3375,3417;7-4686,4690,4737;10-7002,7102

啦啦哇　10-7319

啐頭　5-2952

啞　2-947;4-2266,2382;5-3226;6-3786,3793,3961,3962,3966;8-5054;9-5861,6262,6276

啞子　6-3952

啞子吃黃連　4-2299

啞子疙瘩　5-3193

啞子嘎兒　1-138

啞巴　9-6042,6058

啞吡吡　6-3711,3717

啞吧子　4-2228;6-3952

啞雨　3-1877

啞啞　5-3425;7-4408,4428;9-5989,6189,6268,6298,6422,6462

啞啞嚇嚇　9-5875

啞咪　9-5979,5984

啞獐子　7-4900

啞穀　2-855

啞穆悄的　2-1317

啞鵲　9-6252

啗啗　5-3131

啴　5-3229

喏　5-3226;6-4255

喏里喏呵　10-7291

喏連　10-7117

喏唆　10-7261,7320

喵　7-4787

唻　3-1950

閈　7-4833

閉　5-2967,3343;9-6009;10-7025

閉口沙　9-5985,6036

閉眼抓　7-4809

閉閉　5-3127

閉飯　6-4149

閉齋　9-6085

閆　7-4439,4442,4448,4679

覔　5-3226,3427

問　3-2033;6-4287;7-4513

問水　7-4977

問到底　3-1556,1567,1581,1607,1635,1640,1765,1775

問鬼婆　8-5414

問客殺鷄　4-2313

問問兒　10-7157

喊　1-661,716;2-1033;5-3240;6-3926

喊喊　5-3132

婁　3-1567,1581;5-3264

婁丘貨　3-1874

婁空　3-1693,1749

婁匽　9-6237

婁婁　2-1231

婁塘　3-1726

婁羅　6-4070

曼　5-3212;6-3797,4364;9-6027

曼灰子　9-6137,6169

曼頭　5-3007

哇　7-4416

晧　8-5456

晦　3-1698,1751

嘟　5-3240

崇兒　10-7002

崇哇　10-7100

睎　1-35,119,264

唵　3-1532,1881；6-3781；

　7-4402,4428,4433,4439,

　4442,4447,4599,4637,

　4678,4686；10-7292

唵映　7-4407

唵唵　10-7181

唵嚷　7-4428

晚　4-2686；6-3660,3733,

　3910；7-4824，4834，

　4978,4992,5020；8-5728

晚了　9-5969,5971

晚下　9-6071

晚上　1-390

晚天　9-6273

晚田　1-187

晚生　3-2191；4-2471

晚些　9-6273

晚秋　7-4757

晚焰　2-1188

晚响　7-4701

晚造　8-5550,5551

晚爹叔　5-2898

晚娘　5-2898；6-3951

晚飯　8-5665

晚飯少喫口，活到九十九

6-3861

晚頭　5-2878；6-3960

晚燒　2-1137

晚嬰　7-4958

啄　4-2272,2407,2615；5-

　3367；6-3874,4050,4371

啄子　9-6067

啄木官　7-4808

啄木冠　9-5942

啄木鳥　1-249

啄匠　9-6067

啄斧　9-6494

睄呦呦　5-3147

眼　3-1507,1512,1518,

　1539,1564,1578,1604,

　1618,1643,1663,1733,

　1757,1772；4-2630；5-

　3367；9-6185

眼衣墩　5-3042

眼竿　5-3041

眼椏杈　5-3042

睫　4-2625；5-3239

嘍　9-5977

嘍咕　1-370；2-1109,1113

啡　2-1020；3-1533,1838；

　5-3227；6-3785,3928；7-

　4814；9-5990，6030，

　6082,6088,6190,6194,

　6257,6269,6276,6299,

　6422,6435,6463,6492

畦　7-4405

畦埂　10-6935

異天　9-6213

異各　1-367

異見的　1-145

異晚　9-6213

異稀罕　7-4700

趼　3-1524；4-2222,2363,

　2588，2670；5-2981；6-

　3646，3824；9-5902，

　5976,5982,5990,6268,

　6276,6291,6299,6422,

　6463

趺　8-5240

蹄蹄　5-3154

跂　6-4317,4318；10-6920

趾　9-6211

啃　5-3237

啃孩草　2-1346

啃海草　1-145

啃影壁牆　7-4706

跋　9-5978

跐　5-3291

跊　2-1228

趹　7-4389，4436，4454，

　4461,4638

耙　2-1020,1072；3-1925，

　1931，1935；4-2648，

　2669；5-3275；6-3646，

　3713,3720,3900,3905；

　7-4722，4753，4773；9-

　6059,6178,6188,6211

耙二哥　9-6177

耙坡　9-6077

耙砢　7-4557

耙鷦　8-5583

過明年　9-6174

過明晚西　9-6174

過河　9-6077

過河拆橋　1-396,447；2-774,789,1031

過房　5-3321；7-4431,4450,4459,4636；9-5888

過哄　2-1229

過後天　9-6174

過後年　9-6174

過後晚西　9-6174

過庭　2-808,1075；7-4745,4763,4765,4774

過耕田　9-6294

過晌　7-4408

過晌午　2-763

過酒　9-5975,6417

過書　5-3318

過堂　5-2910

過堂學生子　5-2910

過過　10-7282

過過場場　9-6134,6172

過得傲　9-6131,6163

過婚嫂　9-6274

過堰　2-1189

過場　9-5979,5984

過喜事　10-7282

過喜酒　9-6076

過期　9-6055,6175

過硬　9-6131,6188

過雲雨　4-2339,2719；5-2862；6-3693,4270,4307,

4320；8-5120,5222；9-6174

過飯　3-1703；4-2698；6-3676,3914

過道　2-1102；7-4469

過歇兒　6-4256

過路　5-2984

過路拆橋　2-1072

過路郎中　4-2232,2358

過路濕　2-1188

過嗣　2-1124

過節　1-569；6-3664

過詫　9-6189

過窩　6-4178

過攜　10-7118

過標　2-1226

過鬧熱年　9-6075

過劍門　6-3696

過溶　8-5173

過橋拔橋　5-3309

過橋拆橋　2-1008；3-2191；4-2471

過頭　3-1608,2065,2074,2080,2087,2094,2101

過頭過腦　5-3164

過劍門　4-2722

過濫茶　9-6008

過聲　2-1324

過謫　6-4363

過斷　3-2094,2101

過繼　5-3321；7-4387

過癲　10-7308

過廊　9-6250

捒　4-2242；6-3898

悃牛　2-911

缽頭　5-3025

狉　5-3143

毪　6-3858

毪子　2-1270,1317,1323,1337,1344

覝　6-4287；9-6235

覝準　9-6235

犄　3-1925,1928,1930；9-6300

犄牛　1-370,522；2-1109；3-1981；10-5996,7022,7096

犄牢　10-6947

牾　6-4053

犌　7-4638

犌牛　1-252,522；2-816

犌犍　7-4454

牾草　7-4764

甜　6-3784；8-5503

甜子　9-5979,6137,6169

甜旨旨　6-4062

甜食　10-6936

甜迷迷　3-1695

甜桃稽　7-4731

甜酒糟　9-6183

甜菜　8-5204

甜敏敏　9-6132

甜飯　7-4758；10-6936

甜塞塞　7-4570

［丿丨］

傑 1-532；7-4545,4620

傑佟 1-7,118,139,261；
4-2318,2432；5-3307；9-
6110,6232；10-7197

偺偺齊齊 6-4083

偺新 5-3112

偺齊 4-2304,2374,2711；
6-3888,3915；9-5876

偼 7-4980

做 1-149；5-3310；6-4312；
7-5041；8-5446,5488,
5546

做人事 8-5137,5253

做人家 5-3302；9-6305,
6456,6461

做工婆 8-5566

做工獠 8-5566

做大志 6-4358

做大爐生意 9-6067

做小生意 5-2911

做匹帛 3-1684

做日喫日 4-2314

做手勢 3-2191；7-4815

做月半 4-2231

做功果 9-6057

做功德 3-1492,1780,
1782

做田 7-5006

做生活 3-1685,2135；5-
2913；7-4404

做生理人 6-4357

做生期 9-6076

做生意 9-6076；10-6856

做失好的 2-918

做他 3-1974,1976

做伙的 2-769,915

做弄 3-1678；7-4815

做何路 9-6128

做作 1-133；10-7204

做忌 5-3297

做事 6-4216；7-4976；8-
5327

做事體 3-2135

做伴意子 7-4899

做舍 3-1732

做牀 5-3320

做甚麼 2-1031

做喺子 9-6253

做鬼 6-4382；7-4892

做風水 4-2344

做活 2-918,1067,1088,
1094,1100,1158,1342；
7-4725；10-7180

做活的 1-370,433,580,
593；2-749,782,1024,
1109,1112,1158；7-
4387,4706；10-7293

做活得 6-4255；10-7294

做活路 9-6056,6098,
6166,6192,6261,6293

做莊家 9-6057,6515

做莊稼 2-1158；9-6076

做時做樣 9-6305,6456,
6460

做俖 7-4712

做針線 3-1921；9-6062

做酒 7-4962,4968

做家 5-3302

做啥呢 10-7317

做啥起 10-7168,7169

做過場 9-6035

做得生活 9-6218

做得是 9-6062

做産 5-3320

做情 7-4962,4968

做喜酒 9-6228

做嗟 10-7255

做買賣 2-1158

做飯的 2-749；7-4706

做道場 9-5975,6057,
6277,6417

做零活路 9-6060

做嗦哩 10-7200

做嗄 7-4755,4761,4764

做嗄家 10-7262,7292,
7320

做嗄啦 2-1094,1100

做煞 2-1067,1088

做廈 1-371；2-1110,1113

做新婦 6-4274,4309,
4311

做福事 7-4962,4968

做夥 7-4386

做盤子 7-4434

做熨貼 7-4836

做薑酒 8-5478,5483

做營生 2-825

7-4691,4816;10-7166

停腳 7-4962,4968

停罷 10-6942

停澤 4-2688;5-2865

偛 8-5324,5390

偦 7-4652

偦子 10-7261

俊 1-267

俊臭 9-6083

偏 1-155

偏子兒風 10-7019

偏手 6-4238, 4240; 7-4899,4957

偏手錢 9-6085

偏耳 9-5979,5983,6032

偏東 9-5974,6416

偏東雨 9-6034,6426

偏東偏西 7-4410

偏房 2-1327;3-2190;4-2692;6-3670,3751,3912,4274

偏枯 3-2191

偏凍雨 9-6088,6271

偏通雨 9-6055

偏偏子 10-7027

偏得 9-5877

偏凍雨 9-5879,5990,6174,6187,6259,6269,6300,6423,6463

偏道 7-4444

偏慶 9-6062

偏氂 9-5899

偏鞭 9-6275

䑰䑵 1-155

舳閣 9-6179

舠 9-6248

梟鳥頭 2-1103

鳥 2-1230;3-1724,1796,2034;4-2687;6-3662,3910,4123;7-4662

鳥子瘭 4-2246

鳥羽 4-2266;6-3985

鳥羽星 6-3986

鳥投彎 6-4270

鳥雀 6-4302

鳥鳥 5-3427

鳥蘭草 3-1959

兜 3-1672,1739,2182;5-3349;6-3955,4246,4350;7-4591, 4963, 4969,4976;8-5504,5540,5542;9-6092;10-7266

兜子 9-5935

兜不來 9-6126,6164

兜有唎 1-413

兜你嚇子 9-6126,6164

兜肚 1-222,491;7-4981

兜災星 9-6419

兜要 9-6126

兜耍 9-6162

兜是 9-6126,6164

兜針 6-3775

兜兜 3-2143;7-4707

兜搭 3-1492,1779,1782,1919,2080,2087,2094,2101,2106,2113,2118,

2124, 2140; 6-4090,4239,4241

兜搭不成 4-2370

兜捜 3-1925,1930,1934

兜達 2-1228

兜答 3-1925,1930,1934

兜睛 5-2971

兜搭 6-3968

兜搭不成 4-2277

兜蕩 7-4792

兜褲 2-1139

兜羅梭 9-6589

兜攬 1-450,592,638,671;2-872,896

皎 8-5053,5357,5361

餅白 7-4568

假 1-256;2-1119;3-1987;6-4247; 9-6227; 10-6775, 6919, 7119, 7166,7297,7301,7310

假二橫子 2-1348

假八叔 4-2235,2359

假公 9-6228

假行 9-6083

假如 3-1713

假里 6-3957

假使 3-1713

假兒哥 10-7117

假沽 8-5175

假怪 6-4293

假指桃花 7-4453

假哥 9-6137,6138,6169,6253;10-7118

斜條　5-2999

斜料　5-2999

斜順　10-7001

斜鮮　7-4491

釫　2-1018;3-1676;4-2683;
　5-3047,3353;6-3657;9-
　6182

釫屑　5-3018

鈣　2-1135

缸　10-6929

釦　5-3032

鈘　3-1872;4-2375;5-3113;
　6-3759;7-4943

釦巧　6-4363

釧臂　4-2254,2456,2593;
　5-2992

釣　5-3341;7-4606,4610

釣坎　7-4616

釣紅　5-3076

釣梁桶　5-3030

釣窗　7-4470

釣緇　8-5210

釪　2-1119;10-6928

釵　6-3845;7-4621

剡　7-4650

盒　5-3031

盒子桃　7-4453

盒商子　6-4112

盒碗　2-1071

欷歔　3-1918,1985,1992,
　1994,1996,1998,2001,
　2003,2193

欷哈　6-4239,4241

龕　3-1895,1961

悉下　2-1121,1156

悉不下　2-1156

悉呀不悉　10-6957

欲　1-11

覡　1-20,124;5-3280

覡相　1-266

覓　2-1124;5-3419

覓汗　7-4725

覓格　7-4984

覓漢　2-1067,1088,1094,
　1100,1103;7-4459,4636,
　4714,4727

覓頭　1-370;2-1109,1112;
　7-4723

飦　7-4974

飥釘　3-1924,1928,1930,
　1933

飥餷米湯　2-1139

飥饉子　10-7019

飥子　7-4747,4767

飥飥　9-6219

飥餅　3-1652,1726

畬　9-6099

貪　7-4828

貪臟　7-4388

貧相　7-4810

貧縈寡舌　7-4674

亂　5-3292

[丿一]

膃　8-5055,5363,5367,
　5370,5377

脛　2-1021;7-4813;9-5992,
　6270,6301,6424,6465

脛子　9-5912,6065,6184

脉　6-4296

脖子　1-168,418,649,710,
　745;2-873,897,1105,
　1233;7-4729;10-7288

脖項　2-1131;10-6995

脖腔骨　2-1233

脖頸　7-4394

脖臍　7-4493

脖臍窩　10-7040,7094

脖臍窩兒　10-6995

脯　6-4283;7-4949

脯子　2-1131

脬　3-1871

脬頸　5-2959;6-3773

脆　5-3144;7-4550

脆開　4-2509,2535

豚　6-4165,4294;7-4830

豚子　3-1877

脛青　8-5414

脛獨濕不條　1-383

胼　4-2252,2445

胠　8-5789

胎　8-5789

脢　3-1923

胸條　8-5149

脫　3-1924;4-2647

胞　5-3152

脎　3-1888;6-4297

脛碎　6-4368

脬　4-2221,2363,2587;6-

3827, 4378; 7-4813; 9-
5992, 6031, 6088, 6190,
6233, 6270, 6301, 6424,
6465; 10-7133

胕胕　5-3424

脸脸　8-5414, 5485

脂　3-1546, 1561, 1575,
1591, 1625, 1741, 1765,
2019, 2058, 2061, 2068,
2077, 2091, 2098, 2104,
2110, 2181; 4-2470

脂嘴　3-1951, 2153, 2181;
4-2470

脂縫　3-2022, 2024, 2029,
2046, 2144, 2153, 2157,
2177, 2181, 2186; 4-2470

脫　3-1923; 5-3089, 3155,
3325; 7-4432, 4591

脫下　2-1341, 1345

脫下頦　3-2189; 4-2469,
2472, 2474

脫白　9-6085

脫形　4-2696; 5-2976; 6-
3674

脫肛　6-3768

脫空　3-1703, 2191; 4-
2469, 2473, 2475

脫空祖師　3-2131

脫衫　9-6186

脫俗　9-6061, 6096, 6179

脫活　1-126

脫條　2-1341, 1345

脫脫　8-5709

脫單　3-1920

脫滑的很　10-7180

脫褪　8-5785

脫熟　3-1846, 1855

脫頭弄卯　10-7122

脫韝　1-569

脫懶　5-3411

脫籠把戲　6-4330, 4337

脫孅　5-3411

脘　6-3828

脚臟　6-4077

腠　4-2586; 5-2966; 6-4277;
8-5072, 5179; 9-5989,
6101

週年　2-1104, 1193; 5-2948

週歲　5-2947

匐　5-3275, 3285; 6-3822;
9-5977

覘嘴　3-1949

魚　1-596; 3-1720, 1790,
2082; 8-5282

魚口　8-5053, 5479, 5494

魚子　1-242, 512; 2-1229

魚毛子　9-6188

魚米之地　7-4814; 9-5882,
5989, 6087, 6267, 6297,
6421, 6462, 6515

魚刺　2-1010, 1072

魚春　8-5366, 5376, 5414

魚秧　6-4170

魚脊梁　2-1190, 1201

魚屑　5-3073

魚魚　2-1226

魚腊　5-3073

魚腥草　5-3077; 6-4160

魚膔　5-3073

魚蒢　6-4283

魚鱗　1-199, 467

魚鱗斑　5-2862

魚鱗雲　8-5222

魚鯆　5-3073

魚鷹子　1-169

象　1-588; 7-4565

象夫　7-4898

象象　3-1972, 1975

夠　1-44, 181, 183, 369,
442, 588, 664, 719; 2-
860, 884, 966, 1036,
1074, 1116, 1120, 1155,
1182, 1184, 1186, 1196,
1198, 1199; 3-1492,
1687, 1780, 1782, 1785,
1839, 1919, 1925, 1928,
1930, 1933, 2189; 4-
2469, 2472, 2474, 2483,
2504, 2528, 2637, 2651,
2675; 6-3649, 3715,
3721, 3875, 3898, 3906,
3928, 3937, 3963, 3966,
3977, 4029, 4220, 4293,
4325, 4332, 4344; 7-
4444, 4567, 4699, 4814,
4899; 8-5055, 5357,
5362, 5367, 5370, 5371,
5373, 5376, 5403, 5405,
5448, 5479, 5545, 5566,

5571，5691，5693，5696，
5697，5699；　9-5846，
5976，5988，6009，6067，
6077，6087，6107，6185，
6189，6193，6216，6253，
6257，6267，6297，6417，
6421，6427，6435，6461，
6516
够了　2-1138
够不上　9-6127，6165
够不够　8-5113；9-6495
够豆　9-6130，6164
够逗　9-6127
够哦　9-6128
够秤　9-5979
够强　2-1317
够餞　1-173
够整　9-6083
逸　7-4984
猜　4-2398；5-3295；6-3762
猜子　9-6277
猜任　6-3986
猜你丁　5-3420
猜枚　7-4512
猜神仙　9-6277
猜着　10-7180
猜微　7-4512
猪　1-637；4-2321，2459；9-
6045，6260，6274；10-
6853，7023
猪口　8-5053，5479，5494
猪牙郎　8-5568，5570
猪毛菜　2-1112

猪仔　8-5553
猪耳朵　10-7097
猪肉　5-3058
猪交　3-1877
猪肝蘇油　7-4900
猪尿胞　5-3070
猪尿脬　5-3070
猪兒子　10-6937
猪馳　8-5547
猪哪　3-2034
猪盆子　9-6042
猪客　10-7018
猪娃　10-7022
猪娃子　2-1152
猪朏　8-5462，5494
猪哥　8-5191
猪婁　3-1658，1728
猪猪　1-368，384；10-6932，
6933，6942，6953，6957，
7003，7040，7111
猪婆　10-7287
猪媒人　9-6057
猪窝　2-808
猪媽媽科　1-581，596
猪槽　6-3844
猪踐　3-1798，1808
猪廚　8-5148
猪潤　8-5420，5493，5687
猪頭　10-6857
猪頭三　3-1497；5-3399
猪猳　8-5285
猪嘴　7-4451
猪濕　8-5493

猪蘭　6-4261
猪欄　8-5148
猪玀　3-1497，1499；5-3058
猪玀玀　3-2082，2088
猪癲病　5-2977
猫　3-1544，1560，1575，
1590，1623，1637，1646，
1720，1795，1978；4-
2688；5-3059，3226；6-
3662，3910；8-5191
猫下　2-1301，1322
猫女　6-4166，4176，4178
猫公　9-6186
猫耳朵　1-187
猫兒　2-1231；10-7281
猫兒眼　10-6995
猫兒頭　7-4454，4808；9-
5942，6066
猫性虎　1-382
猫咩　9-6188
猫娃　7-4735
猫娃子　10-7131
猫豹子　1-611；2-819
猫狸　8-5191
猫猫　5-3232，3426
猫猫頭　1-389
猫蓋屎　7-4451
猫貉狸兒　10-6997
猫頭　1-394；7-4451，4636
猫頭雕　8-5190
猫頭鷹　1-110；3-2082；5-
3061；6-4168
猍孫望丐　4-2277，2370；

麻力　7-4544

麻大　10-7112

麻子　1-601

麻子眼　9-6273,6293

麻打　10-7181

麻札　1-132

麻札兒　2-1132

麻皮　5-2981

麻竹　8-5202

麻花　1-618;2-805;6-3985

麻花子　10-6935

麻花餲子　7-4518

麻車　4-2256,2448;6-
3953,3985

麻豆　1-161

麻利　2-1231;7-4788,
4835,4842,4843,
4844,4899;10-7117,
7118,7268,7286

麻利尖鑽　10-7314

麻利點竄　10-7291

麻虎　1-611

麻呼來　2-1305

麻泡　6-4159

麻郎　1-394,404;2-855;
10-7111

麻姑油　7-4638

麻某　8-5552

麻茶眼　7-4466

麻胡　1-382,602,713;2-
840,982,1070;7-4398,
4406,4709

麻胡子　2-1121,1148;6-

4188,4226;7-4809

麻柳　9-5967

麻眨眼　3-1936

麻曷剌　6-3943

麻俐尖鑽　10-7122,7200

麻食子　10-7019

麻亮子　10-7316

麻核桃　7-4744

麻唧了　7-4730

麻個　6-4155

麻奚　10-7291

麻唐　2-856

麻浮子　10-7023

麻流　2-1319,1324

麻流的　2-1308

麻陰　2-1225

麻雀　3-1730;6-4167,4371;
7-4992,5021;9-6051

麻眼　10-7099

麻野俏　7-4730

麻野鵲　7-4776

麻啄頭　9-6035

麻袋　1-618

麻麻　2-1132;9-6176

麻麻疙疸　2-1067

麻麻亮　9-6246,6492

麻麻糊糊　7-4682

麻達　10-7108,7261,7271

麻菓　10-7095

麻葛剌　4-2285,2380;
6-3961,3969

麻椒　2-1179

麻嗦　2-950;3-1827

麻嗦眼　1-556;7-4693

麻集了　7-4728,4744

麻滑　7-4544

麻絡兒　2-1232

麻鼓　7-4900

麻鼓袋　7-4900

麻搗　1-618,706,742

麻煩　1-142,592;2-866,
890,1039,1250;7-4459;
9-5996;10-6936

麻溜的　2-1277,1302,1322,
1340,1344

麻螂　1-163;2-821,1075

麻餅　4-2733;6-3709,3920

麻辣辣　5-3142

麻漫不分　2-1304

麻褡　10-7257

麻撞逆料　2-1200

麻撒撒　9-6557

麻穀莠　7-4454

麻噴　7-4808

麻蝦　6-4171

麻餈　4-2248,2599

麻糊　7-4798

麻糍　4-2599;5-3007

麻糖　1-595;2-805;7-4758;
9-6065

麻餷　5-3007

麻顠顠　9-6248

麻醬牌　9-6137

麻繩繩雨　2-1130

麻黲　1-238,508

麻纏　2-1230;6-4091;7-

4724,4725,4760

庮　5-3283;6-4285

庵　6-3835;7-4763

庵窩　2-1225

廗　5-2870

庀　5-3150

庫庑子　6-4127

厠　5-3042

痔　6-3770;9-6060,6179

痑　9-5901

痌　6-3800

痲子　5-2980

痲痲　9-6134

痲瘫痫　4-2246

痎　6-3770

痎痓　2-1179

痎瘑　1-262

痒　6-3769

痒子　9-6060

疵　6-3757

疵卵　5-3197

疵亂　5-3197

痕　8-5439,5486

廊場　7-4854

廊廈　4-2240,2434

康　7-4560

康白陀　5-3405

康居蝸　8-5194

康健　9-6033

庸　6-4364

庸生　3-1534

鹿舶　1-291;3-1970;7-4830

鹿轆　10-7143

浚　5-3195

逡　4-2672;6-3647

章　1-166;3-2035,2052,
2199, 2201, 2202; 5-
3101;6-3889;7-4459

章京　1-141

章柳　1-318

章桿　4-2461

章量　7-4451

竟　2-1118;10-6927

竟故意　1-418

產　7-4633;8-5082,5247,
5362

產子　2-979

產業　6-3688

產新　2-1133

竫　7-4654;8-5082,5247

商　6-4287;7-4740,4751,
4771, 4774; 8-5711; 10-
6785

商户　10-7258,7261

商量　1-639,673;2-867,
892; 3-2190; 4-2469,
2473,2474;6-3792

商量盞　5-3010

崩　3-1937

崩偯　4-2318,2432;5-3196

族古　7-4976

族長　2-1298;4-2228;6-
3747

族們　2-1322

旋　2-1118;4-2621;5-3048,
3277;10-6927

旋門　1-223,437,492;9-
5922

旋風　1-199,436,467,598;
2-956, 1073, 1076; 7-
4464, 4714, 4760, 4790,
4801;9-5974,6416

旋風兒　2-1130

旋風風　1-390

旋渦　4-2352

旋頭風　9-6055,6174

望　3-1516, 1608, 1733,
1742, 1973, 1975, 2022,
2025, 2029, 2033, 2045,
2065, 2073, 2080, 2087,
2105, 2111, 2117, 2122,
2139, 2158, 2177, 2192,
2196, 2200; 4-2672,
2686; 5-3211; 6-3648,
3660, 3734, 3777, 3910;
9-6077;10-7140

望子　2-1117,1155,1182;
7-4505

望日蓮　1-237,506

望門　5-2903

望門寡　5-2903

望眙　6-4091

望娘盤　5-3010

望望鄰　2-1121,1125

望節　4-2305,2428

望潮　4-2461

率性　6-4294

牽　2-1004;4-2676;5-3051;
6-4137

牽夫　8-5365,5375

牽牛　7-4814；9-5992,
6088,6271,6302,6425,
6465

牽牛安安　9-6264

牽牛郎三星　2-854

牽牛郎郎　9-6282

牽扯　5-3347；9-6106

牽枝帶枒　4-2282,2546

牽連　3-2026,2030,2174

牽菜牛　8-5183

牽常　3-1794

牽强　10-7040

牽絲　5-3193

牽絲扳藤　3-1499

牽絲雨　6-4343

牽絲攀藤　5-3193

牽窠　9-6252

牽網網　9-5985

牽線　8-5195

牽線木頭孩　5-2950

牽藤　9-6064

牽翻　9-5979,6074,6417

[、丿]

剗劖　4-2496,2521

着　5-3379；9-6243；10-
7001,7030,7101

着月　8-5543

着克　6-3987

着衫　9-6186

着急　1-616,648,669；2-
866,891；10-7279

着氣　10-7098,7279,7285

着落　6-4340

着港　3-1795

着篰　6-4255

着實　9-6211

着魔　3-1785

羏　5-3284

羘腷　7-4758

羘翔　10-7315

脊　5-2903

盇　1-53,120,284

秦　6-4303

秣粥　7-4637

秣饆　7-4519

粘　5-3019

粭　8-5350,5353

粔飯　7-4396

粘　1-370；2-1109；5-3343；
7-4977

粘脂　4-2306

粘粥　7-4396

粘絮　2-1250

粘瑣　1-24,181,183,369

粗皮先生　6-4345

粗坯　6-4298

粗花大葉　5-3163

粗坯　3-2193

粗拉　2-861,886

粗苴　2-1133

粗枝大葉　10-7122,7271

粗革革　9-6061,6180

粗草　1-185

粗茶淡飯　4-2728；5-3013；

6-3702,3919

粗㸑　3-1991,1993,1995,
1998,1999,2002

粗笨　6-4342

粗鄙　9-6060

粗筭　9-6063

粗魯魯　4-2377

粗糙　1-725；2-840,1041；
5-3157；6-4294；7-4684

粗糠　9-6184

粗繰　4-2702；5-3157；6-
3679

秨　4-2627；5-3337；7-4396,
4439,4442,4448,4637,
4679；9-6065

粕　10-6755

粕士　6-4378

粉兒　10-7019

粒　5-3092

粒屑　3-2042,2050,2081,
2087,2117,2123,2196

剪柳　3-1854

剪絡　5-2921；9-6062

剪綯　6-3915

㸭　6-3872

㸭落　6-4299

敆　6-3816

敉族　6-3669

烁烁　1-46,181,183,369；
3-1924,1928,1929,
1933；4-2651,2718；5-
3130；6-3715,3722

焐　1-535；3-1520,1667,

1736;5-3362

焊　4-2540,2630;5-3364

焙　5-3362;6-3735;7-4404,
　4433

烰　5-3362

烰炭　5-3019

烱　4-2546;5-3365

煜纊　7-5013

[丶丶]

清　7-4393

清皮混的　2-1104

清早　5-2880;7-4754,
　4759,4760,4764,4961,
　4966;9-5969,5972,6055,
　6071, 6136, 6168, 6174,
　6522,6535,6559

清早些　1-413

清早起　2-1225;10-7235

清早飯　7-4742

清快　10-7180

清良良　10-7146

清到　7-4740

清炎炎兒的　10-6999

清香　5-3138

清泚　4-2644, 2717; 5-
　3168;6-3711,3717,3879

清客　3-1609,2074,2081

清起來　7-4700

清氣　8-5346

清爽　5-3168

清晨　7-4635

清甜　7-4898,4956;9-6065

清脫　3-1587,1776

清清亮亮　9-6133,6171

清清净净　9-6133,6171

清清爽爽　4-2341

清清楚楚　4-2341

清清碻碻　6-3964

清鈔　2-1230

清減　3-1609,2074,2081,
　2088

清楚　2-861,885;8-5582

清熬　7-4798

清潔潔　8-5227

清鍋冷竈　7-4675

清霜　9-6174

添　1-169;5-3335;6-4022

添人公添人婆　7-4980

添妮子　2-917

添按　3-2022,2025,2029

添孩子　1-546

添翅龍　3-1877

添箱　7-4450,4636

添鹽加醋　7-4674

凌譁　7-4564

凌橋　7-4761

凌錐　7-4457,4761

滓　3-2197

淖　4-2352;6-3741

淋　6-3743,4124;7-4975,
　4979

淋尖踢斛　4-2503,2527

淋尖踢解　4-2289

淋澤　3-1797,1925,1928,
　1930,1934

淋頭雨　4-2343;6-3727

淋糞　9-6063

淋證　9-6179

淅淅　7-4408

淅淅索索　6-3964

淅颯　6-3943

淅瀝　7-4408

淞白　7-4899

淹　2-1017,1229;3-1922;
　7-4814;8-5161;9-5884,
　5991, 6088, 6190, 6269,
　6276, 6300, 6423, 6464,
　6516

淹心　2-1228

淹纏　1-603,616,689,732;
　2-870,894,1046;3-1844

淹纏病　2-1277

渝　3-1519,1955;4-2268,
　2404, 2513, 2539, 2546,
　2629, 2680; 5-3356; 6-
　3654, 3867, 3908, 3926,
　3941, 3962, 3968, 4046;
　7-4404, 4433, 4439,
　4442, 4447, 4595, 4636,
　4678;8-5175

湾　4-2303

涿　6-3744,4378;7-4662;
　8-5326

涿雨　8-5223

淒水　9-6495

淒皇　2-1137

渠　3-1471, 1506, 1536,
　1557, 1572, 1614, 1778,

涼刷刷　10-7155

涼哨　2-1225

涼棒　1-383

涼棚　4-2438

涼帽　1-221,437,489;9-5913;10-7020

涼飯　9-6194

涼粽子　2-1158

涼滲　7-4388,4448

涼篷　6-3678

涼颸　7-4457

涼颸颸　3-1694;7-4410

涼鞾　10-7121

涼襪子　2-1131

淳　6-4288

液　10-6753

淬　6-4369;8-5110

淤　6-3640;7-4977,4979;10-6929

淤地　7-4755,4762

淤泥　7-4761

淤泥坪　7-4755,4764

淤柴　7-4665

湴　4-2622;5-3279;7-4982;8-5402,5405,5694

湴河　3-1588,1776

淡　3-1918,1989;5-3142;6-3766;8-5267

淡口　5-3179

淡瓦瓦　9-6132

淡打拉　10-7175

淡白　7-4410

淡泊泊　9-6035

淡烤茄　5-2926

淡描盌　5-3026

淡菜　5-3065

淡親家母　7-4900

淡饎饎　5-3142

淀　1-63,124,125,273;8-5735,5758

涫　3-1895;5-3188;6-3866;7-4575;8-5226

涫水　8-5385

浣　6-3744;7-4814;9-5982,5990,6030,6189,6257,6268,6276,6299,6422,6463,6495,6516

浣濁　9-6032

湋　6-3714,3720,3899

湋斗　9-6064

湋篷　9-6183

深庚半夜　3-1751

深陡陡的　7-4428

深根固柢　3-2191;4-2470

深兜兜　7-4410

深黑　7-4410

深腳田　9-6272

涮　2-1136;3-1924,1927,1929,1933;7-4451,4506,4637,4657

涮達　10-7273

塱　7-4932

湢　7-4405,4436

涵　7-4831;8-5205

渚　1-8,125,139,261;2-1242

渚觜子　1-580;2-912

婆　1-599;2-1137;3-1637,1646,1719,2107;6-3745;7-4735,4738;8-5321,5509,5576,5823,5829;9-6056,6175,6195,6259,6273,6419;10-6947,6951,7039,7093,7111,7117,7118,7257,7260,7280,7292,7301

婆大　8-5060

婆子　2-875,900,1049,1103;7-4478,4782,4789,4790

婆太　8-5258,5291,5525

婆奶　8-5408,5556

婆母　7-4807

婆伊　10-6952

婆名　6-4148

婆低　8-5051,5322,5408,5418,5543,5549,5550,5556

婆兒　2-1130

婆底　8-5400,5408,5416

婆某　8-5054

婆祖　8-5556,5576,5577

婆姨　10-6936,6941,6955,6994,7201

婆爹　8-5051,5411,5413,5565

婆婆　3-2040,2048;9-6110

婆家 7-4677

婆娘 3-1860；4-2638，2654，2692；5-3381；6-4108；9-5897，6057；10-7017，7039，7093，7103，7105，7106，7263

婆娘不要本男人 10-7240

婆娘伯伯 7-4962，4968

婆娘嘴 9-6058

婆梭 7-4603

婆筍 8-5210

婆婆 1-152，168，212，386，428，436，439，451，480，591，613，694，735；2-856，917，1024，1066，1068，1076，1087，1093，1099，1144，1157，1272；3-1822，1876，1920，2039；4-2224，2643；5-2894，2896；6-3710，3717，3897，4102，4380；7-4394，4395，4431，4478，4717，4718，4724，4807，4817，4818，4926，4962，4968，4980；8-5365；9-5889，6076，6176，6177，6195，6247，6260，6273，6512；10-7033，7034，7036，7039，7120，7175，7204，7260，7286，7300，7305

婆婆丁 2-855

婆婆英 1-434

婆婆蟲 2-1132,1136

婆絲 7-4992,5020

婆絲窠 7-5013

婆媽 6-4102

婆緊 2-1123

婆羅揭諦 5-3420

婆孃 9-6177

梁 1-371,375；2-1225；4-2437；5-2997；8-5171；10-6932，6933，6935，6942，6953，7003，7023，7032,7033

梁山伯 3-1535

梁子 2-1225；9-6259,6272，6588；10-6837

梁洞 10-7157

梁華 10-7157

梁梁兒 10-6997

淄牙 4-2476

情面 1-532

情被 5-3018

情願 10-7279

情願 1-538；6-3801

悵歹歹 10-7318

悵悵狂狂 10-7175

悵惘惘的 10-7318

悷 1-12,118,259,627；2-1059,1079,1119

悷悷 3-1886

悼功 9-6130

悼哚子 9-6130

惜 8-5173

惜尸還魂 3-2108,2114,

2119,2125

惜咎 8-5098

惜惶 10-6999,7027,7099

惜費 2-995,1070；7-4548

惜滿子 8-5065,5527

惏 6-4052

悆 1-258

悼 2-1114，1118，1153，1180；7-4828，4833；10-6919

悃 2-1241；3-1970；7-4832

惕 7-4623,4831

忱 2-1119；3-1970；7-4830，4833

悸 7-4579

惟獨 1-527,579

愉 4-2318,2431；5-3292

惇 1-2,117,267

惦記 1-169

悴 3-1871

恢 4-2626

悚 3-1879

慨 6-3766

寙奈 3-1979

寄 7-4982

寄子 3-1534；7-4992,5006，5020,5041

寄居 3-2189

寄拜 5-3321

寄食 6-3676

寄莊戶 7-4756,4763

寄庫 4-2705；5-3322；6-3681

2025,2029,2034,2045,
2065,2073,2080,2087,
2093,2100,2105,2111,
2117,2122,2139,2158,
2177,2198,2199,2200,
2202；5-3103,3232；6-
4291；7-4573,4624,4639

張三李四　2-933；4-2229,
2355；6-3753；8-5323

張口結舌　2-1281

張子　10-7018

張王李趙　2-934

張甲王乙　8-5323

張主　3-1608,2065,2073

張花李實的　9-6429,6458

張狂　1-420,687,732；2-
867,892,1045

張取　3-2206

張到　8-5052,5361

張挑　3-1510

張冠李戴　2-959,1031,
1074

張覓　4-2275,2410

張倒　9-6557

張覔　4-2623

張張巴巴　9-6134,6172

張張皇皇　7-4407

張落　2-1227

張脧　3-1568,1582

張開　10-7157

張羅　1-128,194,442,462；
3-2190；4-2713；6-3688,
3881；9-5863

戙　5-3281

弸　2-863,887；6-4029；7-
4655；8-5140；9-6078

弸棱　7-4665

弸硬　3-1691,1748

弸鞕　7-4571

強　4-2255,2403,2510,
2536,2594；5-3046,3351；
6-3852,3898,3963,3968

[一丨]

痖　7-4820；8-5788

痖団　7-4841

痖犴　3-1599,1638,1697；
5-2901；7-4897；8-5186

痖犽　4-2238,2483,2590

痖犴　3-1537,1616；4-2492

奘　6-3967

奐　1-566；3-1501,1671,
1738,1820

奨　3-1938

將　1-5,117,254；3-1979；
6-3796；7-4582,4583,
4754,4757,4760,4764,
4828；8-5711；10-7269

將才　6-4155

將即就即　2-1192

將其　6-4292

將果了兒　1-589

將軍　2-1195

將息　2-923；3-1679；4-2420；
5-3290；3-3770；9-6200,
6279

將剝　6-4292

將惜　9-6262

將將　9-6240

將將朵朵　4-2485

將將就就　9-6074,6134

將黑了　10-7316

將爺　9-6120；10-7039,
7201,7202

將就　1-723；2-1040,1302；
3-1701；6-4342；7-4815,
4835,4899,4956；9-6097,
6191；10-7118

將養　2-995,1027；3-1875；
5-3290；6-3770；10-7155

將樣　6-4292

將範　6-4292

將頭噶兒　10-7278

將嘴　1-174

將講　6-4292

將攝　4-2710；5-3290；6-
3686,3915

蛋　1-136,138；3-1721；6-
4205,4382；8-5404,5691,
5696,5697,5699；9-6066,
6184

蛋家　8-5569

蛋家仔　8-5569

蛋家妹　8-5569

蛋家婆　8-5569

蛋清　9-6066

蛋蛋　5-3425

蛋殻　9-6066

蛋腐　3-1725

4832；8-5228；9-5990，
6030,6107,6190,6204,
6215,6269,6300,6418,
6423,6464,6493；10-
6789,7002

欸乃　10-7279

欸誒　3-1508,1515,1549,
1628,1637

參秀　7-4891

參兒　2-854

參差　3-2020,2022,2025,
2029,2057,2144,2153,
2173,2177,2181,2187；
4-2470;6-4346

參條　3-2082

參們　7-4681

參得有水　9-6127,6165

遜　6-4021

[一一]

毆　3-1943

剟　3-1949;7-4631

貫　7-4576

貫小兒　7-4986

貫習　9-6203

鄉下　1-167;6-4131

鄉大爹　10-6856

鄉大媽　10-6856

鄉巴老　9-6136,6168

鄉老　10-6856

鄉地　1-696

鄉邑　10-6726

鄉長　10-7201,7202

鄉來　6-4342

鄉風　3-2190

鄉愚弟　8-5838

鄉臺　9-6176

鄉廣廣　9-6132

鄉意　3-1691,1748,1785

鄉親　1-209,436,477,549；
3-1825;6-3670;9-5898

鄉黨　10-7017

鄉壩老　9-5984,6034

紺紫　7-4568

紺馨　8-5414

緥子　9-6063

組　7-4589

組　8-5387

組馬　6-4374

紳衿　5-2939

紬緞　9-6066,6184

細　6-3722,4317;8-5299；
9-6192

細人　8-5323

細人仔　8-5312

細子　8-5588,5751

細太　8-5500

細水長流　2-1282

細文仔　8-5782

細左　8-5787

細仔　8-5052,5312,5361,
5375,5504,5539,5541,
5544,5553

細民　8-5429

細民仔　8-5323,5482

細民兒　8-5482

細尕　10-7287

細老　8-5793,5794

細作　1-684

細雨　9-6055

細的　10-7107

細氓崽　8-5383

細妹　8-5312

細姐　8-5293,5317

細相　2-861,886

細柳柳　7-4760

細娃　9-6060

細娃兒　10-7118

細高軸　7-4387

細娘　3-2039

細菜　9-5962

細婆　8-5544

細細碎碎　4-2341

細嫂　8-5500

細齒　9-6557

細嫋嫋　10-7136

細僚　8-5694

細儂　8-5559,5560,5562,
5565,5568,5570,5812,
5814

細儂兒　8-5555,5557,
5560,5562,5812,5814

細撩　8-5401,5402,5406

細膩　6-4297,4344

細緻　4-2376;5-3157;6-
3877

細糠　5-3079

細簡裙　4-2724;6-3698,3918

細嬙　8-5500

3966,3977,4286

彭亨　3-1529,1549,1562,
1576,1597,1628,1764,
1770,2072,2077,2085；
4-2490,2507,2532

彭朋　3-1552

彭越蟹　5-3064

彭彭　10-7151

彭彭魄魄　4-2310,2378；
6-3896,3945

彭蝛蟹　5-3064

揣　2-1228;5-3261;9-5981,
6018;10-6947,6952

揣皮　6-4095,4239,4241

揣摩　2-871,895

揞　6-4367

揞揞　3-2058

揞道　7-4664

揞搭　7-4663

插　3-1987;5-3242;6-3809;
7-4594,4633

插子　10-6894

插尺　2-1121

插把　1-579

插花界　9-6293

插香　9-5975,6417

插華界　9-6259,6272

插旆子　2-1346

插盆　7-4609

插黃腳　9-6085

插袴　7-4396,4432

插黑　2-769

插黑兒　1-737

插蓬　2-1341,1346

插旗子　2-1341

插標　8-5610

插褲　2-803

插嘴　2-847, 933, 1028,
1069；3-1786, 2196；4-
2482；9-6201

堀　4-2218,2351

堀塓　9-6032

揪　5-3340;9-5978,6059,
6178

埨　6-3942

搜　9-5982,6209

搜括　3-2190

搜搜鬼　10-7317

被　2-1115,1153;10-6921

揑　6-3806

塊　2-1124,1137;5-3096;
7-4986;8-5174;9-6213;
10-7181

塊磊　2-1226

塊頭　5-2969

煮　8-5691,5696,5697,
5699

煮矢　9-6128,6166

煮煮　1-154

煮窩窩　10-7019

煮夠　1-217,485

揌　3-1676;4-2617;5-3272;
7-4405,4432;8-5237;9-
6059,6178;10-6948

揳　5-3267,3275;6-3645,
3818

揢　6-4296

捭　2-1136;5-3358;6-3923;
7-4404

堬　10-6929,6934

揄　8-5132

揄鋪　7-4829

搖兀　3-1744

援書　8-5210

搕　3-1501,1785;9-6249

掏　5-3281

掏出去　1-177

揸　5-3260;7-4403;9-6209

揸勁　9-6033

揸拳頭　1-411

揸梯息　1-177

揸筋　1-411

蚤　3-1971

蚤忮　3-1970

捭　4-2274,2409,2620;5-
3342

捭撞　4-2715;5-3309;6-
3685

裁　1-219,487

裁方　7-4481

裁敷　4-2592

裁縫　1-418, 614, 648,
696, 736；2-750, 952,
1051, 1073；3-1534,
1945；4-2705；7-4432,
4481；9-5895,6186,6274

揎　3-1501, 1522, 1589,
1777, 1927, 1951；4-
2272, 2407, 2419, 2617,

6421,6462,6495

斯木　3-1540,1619

斯文　5-3160;9-5979

斯文人　8-5346;9-5894

斯文得很　9-6458

斯沙　8-5110

斯撓　7-4562

期迷　2-1130

期期　7-4974

欺人　10-6857

欺負　1-195,414,463,539,
579,640,682,726;2-930,
1026,1042,1073,1137;3-
2022,2025,2029,2159,
2178;7-4458;9-5868,
6077;10-6936

欺夯　2-1124

欺欺投投　9-6133

欺魄　2-1133

欺頭　9-5979,5984,6127,
6165;10-7264

㷍　2-1115,1119,1153,
1181;5-3364;6-3862;7-
4659;10-6928,7287

尌　3-1902

葉　9-5978,6048,6262,
6279

葉子　5-3078

葉子菸　9-6066,6184

葉子麻　10-7314

葉子夠　9-6208

葉子潮　10-7314

葉爿　5-3078

葉兒蓋　2-918

葉落歸根　2-1281;4-2728

葉裏藏　7-4461

葉褕　1-52,119,282

葉辦　5-3078

葫蘆　3-1609,2065,2075;
9-6066,6184

葫蘆提　3-2108

葫蘆頭　7-4388

軏軻　2-1298

乾　3-1890

靸　4-2287,2372,2498,
2523,2681;5-3404;6-
3655,3880,3908;7-
4623;9-5989,6189,6200,
6250,6268,6298,6422,
6462

靸鞋　4-2636,2653,2702;
5-3383

靸鞵　3-1958

靭　4-2681;6-3655,3909

散　3-1990;8-5287;9-5991,
6269,6300,6423,6464;
10-7268

散子　8-5286

散仔　8-5045,5052,5355,
5361,5365,5375,5402,
5406,5504,5539,5541,
5544,5782

散坦　10-6998

散昀　8-5384

散秋香　4-2477;5-3421;
6-3896

散恬　10-6942

散座　9-6060

散着　10-7276

散腳　5-2918

散誕　4-2638,2654,2710

散撒　9-6458

散穀　9-6429

散蕩　8-5479,5484

散談子　9-6108

散績　3-1534

斳　4-2419;5-3338

斳螂　3-1984

萺　7-4833

葳葳蕤蕤　8-5245

葳狓　3-1974,1976,2113,
2118,2124,2141

葳蕤　3-2107

惹　3-1970;5-3234,3292,
3309;6-3930;8-5076

惹人嗔　4-2305

惹氣　10-7040

惹厭　5-3292

蚕　3-1971,1977;7-4832

葬　2-1225

葬狗　9-6114

葬笨　9-6130,6163

遾　7-4653

貰　6-3882;10-6790

蒇頦　6-4299

萠　10-6747

募　6-3885

蕒　10-6774

葺理　3-1745

萬　3-2033;6-3954

萬一　2-764,1012,1072;
　7-4416

萬戶　8-5184

萬全　2-764

萬里雲南　1-571

萬到　9-6032

萬家生佛　9-6428

萬萬　5-3223

萬萬千千　2-1008,1072

萬無一失　5-3223

萬蓮班　4-2236

萬試萬應　5-3223

萬寶全書　5-2926

葛巴　7-4449

葛達　7-4502,4523

葛答　2-1022,1072

葛渣　10-6936

葛絡　7-4397

葛褯　7-4498

葛覥　7-4395

葛藤　1-575;2-990,1070

葛轍　10-7267

菡　6-3830;7-4659

菡科蜋　1-245,515

菁葵　7-4398

蕃　9-5909,5988,6029,
　6087,6266,6297,6420,
　6461,6516

蕃料　9-6083,6249,6278

耗菜　6-3985

董　9-6217

董首　9-6086

董家　7-4759

董乾　7-4798

董亂　6-4317,4318

葆　10-6917

莀　10-6921

葩　9-6306,6591

葩耳朵　9-6515

葖　1-332

葡萄　2-1131

敬奉　1-168

蔥　6-4305

蔥子　9-6184

蔥白　1-709,744

蔥蔥　9-6134

蔥管　8-5199

蔥綠　7-4411

蒽　6-4297;8-5386

蒂　6-3870

蒂紅　5-3076

蒂頭　5-3078

落　1-22,150;3-1677;4-
　2316, 2415, 2613; 5-
　3312, 3361; 6-4272; 7-
　4435,4815;9-6101;10-
　6930

落刀　1-602

落下　1-532

落牙不落牙　8-5277

落水　3-1497;8-5298,5312,
　5350,5353,5521,5547,
　5552

落手　5-3276

落月　4-2237;5-3320

落欠　10-7318

落托　5-3184;6-4297

落地　6-3664

落沙鷄　7-4899

落尾子　10-7040,7101

落拓　4-2283,2423,2500,
　2524;5-3184

落直　5-3199

落雨　6-3950;7-4802,4804,
　4961, 4967; 8-5547; 9-
　6055,6071

落沓　7-4722

落舍貨　5-3017

落昏曉　6-4154,4263

落底　5-2942

落泊　5-3184

落肩或　3-2193

落某　8-5054

落度　3-1530,2071,2077,
　2085;6-4215,4230

落洋　5-3323

落索　3-1991,1993,1996,
　1998, 2000, 2002; 4-
　2606;5-3174;6-4211

落連　10-7318

落唆　10-7180,7181

落氣了　9-6060

落倒　1-589

落著　5-3199

落雪　7-4802,4804

落堂　5-2863

落圈套　7-4808

落貨　3-2193;6-4244

軸轤　10-7171

軸　1-379；10-7194

軸子　1-438

軸頭　10-7194

軹　5-3268

軫　3-1970

報　6-3961；7-4655

惠　10-6930,7032

惑　9-6022

剺　7-4604

粔　3-1521,2047；4-2671；
　　5-3251；6-3658,3906,
　　4178

逼　4-2623；5-3277,3365；
　　9-6027,6207

逼直　5-3148

逼迫　8-5445,5488,5546

逼馬　10-6894

逼項眼　2-1323

掔　4-2417；6-3806

罤　6-3659

罤屋　7-4758

粟　6-4317,4318；7-4892

粟米　9-6186

粟稭　6-4162,4262

棗子眼　8-5171

棘　7-4829；10-6749

棘人　8-5100

棘針科　1-575

酣睡　1-389

酢房　9-6063

酢菜　8-5212

酥　3-1990,2193；9-6250；
　　10-7146

酥酪　1-595

酌　10-6755

酦　5-3357

傝婆　10-6941

傝爺　10-6941

覂　5-3419

歪　5-3419

歪鑼　5-3053

鼻　3-1668,1736,1953

硬　2-1000,1071,1225；6-
　　3878；7-4964,4970

硬口嵓　8-5368,5377

硬巴巴地　2-1132

硬冬冬　6-3964

硬邦邦　2-949；6-3945；7-
　　4410；9-6205

硬扛　1-409

硬扠杠　2-919

硬拍　1-409

硬雨　2-1117,1120,1155,
　　1182；9-6055；10-7034,7037

硬雨洌子　2-1196,1198,
　　1199

硬奔子　10-7290

硬郎兒　10-7040

硬格陬陬的　10-7027

硬圓　6-3898

硬健　9-6458

硬朗　1-173,410；8-5584

硬剝剝　6-3945

硬弸弸　5-3180

硬硬　9-5979,5984

硬硬低　6-3987

硬喉　9-6058,6178

硬稽稽　6-4302

硬楞　1-390

硬嗆　3-2140

硬漢　4-2232

硬綳綳　3-1694,1750,
　　1781；4-2286,2377,
　　2481；5-3180；6-3895,
　　3901,3933,3945,3964,
　　3969,4321

硬橛橛　7-4410

硬頸　8-5052,5069,5178,
　　5365,5375,5440,5479,
　　5484,5544,5818

硬僵　3-1919,1923,1927,
　　1929,1932；4-2370,2646；
　　5-3145；6-3712,3718,3898

硬幫　6-3963；7-4844

憂　4-2614

慂　9-6082

硜　7-4581

硯瓦　1-562；2-1121,1126,
　　1152,1238；5-3038；6-
　　3845；10-6859,6860,7315

硯田　1-501

硯兄弟　7-4800

硯弟　8-5838

硯臺　1-232,501,562；2-
　　1201；9-5931,6136；10-
　　7315

4760，4785，4801；10-
6839,6840,6859,6860

雲彩話　7-4742

雲腳　1-199,467

雲裏日頭　4-2344

雲瀹起　10-6723

雲遮霧罩　7-4676

雲端　8-5222

雲端跑馬　4-2299

雲頭　6-3950

雲頭喝馬　3-1607,1754

雲磨　7-4681

雲磨光　10-6935

雲霙　7-4448,4457,4635

雲羅羅　10-7149

雰　8-5736,5759

雰魯　7-4448,4635

雰靋　7-4457

[一丨]

甄　3-1914;6-3839

雅　6-4317；7-4595；8-
5074,5346

雅雀　10-7097

雅達　10-7033

雅緻　9-6061

晳　5-3416;6-4007

殢　5-3227;6-3795,4003;
7-4619

[丨一]

悲　1-621；2-1114,1118,
1153,1180;10-6919

齒　3-1924,1928,1929,
1933；4-2649；6-3714,
3720

棠　5-2956;6-3781

棠巴　9-6041

棠輔　3-1954;6-4376

啙　5-3208;7-4832

裻　7-4658

紫　1-272

紫股出　7-4760

紫荆　9-6136

紫菊　1-317

紫棠色　5-3114

紫答答　4-2341

紫鈴　8-5201

紫蜩　3-1535

紫糖色　5-3114;6-4276

紫糖糖　4-2607;5-3114

毆　6-4017;9-6007,6291

劇　6-3872;8-5326

勴　4-2615;5-3254

[丨丶]

削　5-3352

敞車　7-4434

敞格　7-4984

敞棚　1-413

殼　4-2620;5-3342

掌　4-2512,2538;5-3290;
6-3649;7-4429;8-5451,
5545

㨗　5-3090;7-4651;9-6236

掌　7-4590

掌刀　7-4807

掌子棹　7-4986

掌斗　7-4807

掌尺的　7-4395

掌包　7-4807

掌匠　10-7018

掌作　1-207,476;7-4714,
4785

掌作的　1-387,436;7-4785

掌杷　7-4807

掌兒根　10-7318

掌科　7-4807

掌倒　9-6059

掌案司　9-6260

掌陰教　9-6261

掌教　9-6260

掌桿桿　9-6062

掌掌　10-7264

掌腰眼　1-409

掌匱　7-4480

掌綫　7-4807

掌賑　7-4714

掌墨司　9-6260

掌墨師　9-6274

掌線哩　7-4801

掌壇　7-4807

掌壇師　9-6274

掌鞭　7-4807

掌鞭哩　7-4801

掌櫃　1-420,614;7-4451,
4459，4698，4706，4714,
4784，4800，4807；8-
5402，5406；9-5975,

喇喇　7-4428

喇喇叫　2-1104

喇裡　3-1972,1975

喇話　10-6954

喇嘛　1-142;3-2118,2123;
　7-4759

喎嗶　8-5582

遇　8-5299;9-6066

遇鬼　9-6085

喓喝　1-718;2-932,1035,
　1073;7-4401;9-5876

喓噎　2-1231

喊　2-830,1035;3-1664;6-
　4015,4382;8-5251,
　5414,5446,5546,5576;
　9-6215

喊人　8-5113,5531

喊叫　2-768

喊來　10-7260

喊呼　7-4793

喊破胡嚨　10-7236

喊皋子　9-6235

喊禮　9-6057

啀　10-7102

唝　3-1924,1927,1929,
　1933

遏密静寂　10-7154

暑　3-1567,1581

景夜　6-4345

晾　1-613;2-1016,1072,
　1233;5-3367;6-3926;7-
　4405;9-6185,6196

晾衣裳　6-3955

晾摺子　9-6129

晾褶子　9-6164

晬　6-3731

嗐　6-3873

嗐嗐　6-4361,4362,4381

尉　6-3798

趺　7-4625

跕　9-6006,6291

跁跁　1-168

跋　3-1516,2022,2025,
　2029,2065,2073,2080,
　2087,2105,2111,2117,
　2122,2139,2158,2178,
　2192;7-4627;8-5754

跋跋　5-3154

跋欒　3-2083,2089,2107,
　2113,2119,2125,2141

跋　6-3763

跕　3-1880;9-6077,6187,
　6462

跕下來　3-1684,1745

跕零子　9-6164

跌　2-1134;3-2020,2080,
　2094,2101,2106,2112,
　2117,2123;6-3823;7-
　4623,4958,4959,4973,
　4992,5020;10-7108

跌皮　2-1229

跌官司　10-5996

跌孤魯子　1-411

跌倒　3-1498

跌高　7-4974

跌落　5-2979

跌跌絆絆　9-6133,6171

跌跟頭　3-1980

跌臁　4-2318,2432

跌薄　6-4089,4239,4241

距　6-4042

跈　7-4635;9-6211

跨釘　3-2047

跑　5-3281;6-3826;9-6248

跑　1-169,370;2-1066,
　1087,1094,1100,1107,
　1109,1113,1131;3-
　1477,1482,1484,1486,
　1490,1535,1778,1783,
　1835,1852,1921,1975,
　2020,2039,2042,2050,
　2094,2101;6-3823;7-
　4402,4725;9-6077,
　6083,6188

跑了　9-6059

跑乏雲　1-613

跑車　2-1228

跑肚拉稀的　2-1323

跑快　9-6056

跑屁頭　2-1302

跑青　2-1228

跑坡　2-826

跑事　2-1121,1156

跑的歡　10-7131

跑狼　1-388

跑海　1-137

跑捐　1-174

跑探　9-6237

跑圈秧歌　2-1231

喑 3-1871
喭喭諺諺 4-2239
啼 6-4277;8-5735,5758
喨 5-3230;6-3874;7-4408,4428;9-6204,6216
嗟 3-2020;9-6259;10-7119,7181,7241,7253,7292
嗟生 6-3976
嗟留 3-1917
嗟嗟 10-7127,7181,7241,7253
嗁 10-6919
嗘嗘 9-5979,5984,6066
喧慌 10-7175
喀 5-3249
喀 5-3240;6-3962,3968,4287;7-4407,4989;8-5318;9-5861
喀巴 2-1317
喀尔 6-3987
喀里麻擦 10-7028
喀郎 10-7022
喀郎子 10-5996,7097
喀喀頭 9-6130
喀膝蓋兒 10-7094
喀螞 9-6066
喴 6-3874
嘅 6-3976
喔 6-3873
喔拉烏 3-2082
喔咿 8-5785
喔喔 1-152;2-917,1252;5-3131
喔喔啼 3-1612
喑笑 9-6173,6187
喤 2-1017,1072;4-2645,2666;5-3227;6-3711,3717,3786;7-4417;9-5990,6083,6088,6269,6279,6300,6423,6435,6463,6493
喙 2-1115,1119,1153,1180;8-5070,5263,5437;10-6922
喲波 7-5013
嵌 5-3351;9-5881,5991,6270,6301,6424,6465
嵌口 10-7205
幅 5-3085
幅杖 5-3039
剴 6-3883,4031;7-4652
凱 7-4841
崾嶮 10-6932,6934,6947,6955,6957,6997,7003,7023,7032,7033,7040,7098,7104,7105,7107
湍 4-2621;5-3277;6-4307;7-4626
幀 4-2596;5-3103
幀子 7-4509
買 7-4953
買不儲 9-6126,6163
買水 5-3322
買主 5-2911;10-7039,7094,7201,7203
買東西 1-434,581;9-6084
買官 7-4450
買郎巾 2-1149
買笑 8-5582
買斜 3-2074,2081,2088
買路錢 9-6198
買賣 1-195,463;2-1139;4-2713;6-3688
買賣人 1-168,207,436,475;2-1151,1192;9-5894;10-7179,7308,7316
買賣水子 2-1338
買賣坯子 10-7131
買辦 3-1497
罥 10-6738
罥人死蟹 10-6820
罥鱖 9-6243
帽 7-4730;9-6250;10-7266
帽子 1-221,437,489;9-5912,6065,6183
帽兒頭 9-6065,6183
帽柯婁 10-7135
帽帢子 2-1131
帽帶 1-220,489
帽盔 1-437
帽帽 9-6032
帽綎 4-2253,2456,2592
帽蓋子 10-7117
帽該 10-7112
帽墊 1-437,617;2-1024
帽橛 5-2991
帽瓢 10-7020
帽幧 6-3854

黑烏烏　7-4410

黑烏烏的　10-7027

黑浪　2-1238

黑家　1-370;2-1029,1069,
　1109;7-4731

黑眼　2-1231

黑眼窩　9-6172,6177,6187

黑貨　9-6292

黑得大苦　7-4735

黑魚　6-4170;7-4462

黑將來　2-1225

黑落　7-4409,4433

黑棒捶　9-6067

黑棗　1-79,161

黑間　2-1124

黑蛤蜊　7-4455

黑飯　4-2698;5-3008

黑道日　4-2215,2348

黑皴痂　2-1131

黑暗　1-417;5-2880

黑腦啄　9-6058

黑腦殼　9-6172,6177,6187,
　6260,6275,6427

黑煞神　2-1233

黑窣窣　3-1695,1750;5-
　3117;6-3969

黑𪩘𪩘　5-3118

黑漆皮燈籠　3-1846,
　1856,1877,2108,2114,
　2142,2189,2197

黑漆皮鐙籠　3-2119,2125

黑漆漆　4-2377;5-3117;6-
　3933,3944,3964,3969,

　4058,4261;7-4410,4760

黑緇緇　5-3118

黑價　1-390

黑粖盤　10-6918

黑錢　9-6275

黑趨趨　9-6132

黑壓壓的　10-7148

黑霜　10-7321

黑𪒫𪒫　5-3117

黑黝黝　6-4058

黑𪐢𪐢　5-3117

黑𪑝𪑝　5-3118

黑糟　2-1121

黑襪子　9-6137

黑闐闐　4-2283,2380;6-
　3958

黑黯黯　5-3117

黑朧朧　3-1534,2196

黑駿駿　6-4059

黑纂纂　5-3117

黑黷黷　6-4058

瓹竈　4-2259,2449

圍　3-1601,1742;5-3336;
　7-4468;8-5402,5405

圍巾　3-1654

圍子　10-7164

圍身　5-2995

圍身布襴　5-2995

圍前　5-3005

圍涎　5-2993

圍起　9-6060

圍裙　1-186;5-2995

圍腰　7-4747,4766,4774

圍嘴　6-4141;7-4432

圍羅　6-3715,3721

骱　4-2239,2366;6-3822

骱腿　7-4394

骷骸　9-6082

甥　2-1353;3-1533,2107,
　2113,2118,2124;6-
　4341;7-4806

甥女　7-4806

甥男　7-4806

無　1-44,124,270;4-2687;
　5-3328,3374,3416;6-
　3661,4293;7-4831;8-
　5325,5362

無二鬼　1-370,583;2-750,
　1067,1087,1094,1100,
　1109

無千帶萬　5-3223

無天理　9-6514

無分　6-3684

無公德心　1-435

無可奈何　1-579

無用　9-6058

無主張　3-2044,2105,
　2112,2139

無出息　9-6589

無出產　5-3202

無出頭　3-2137

無皮虎　1-396

無伊尹　10-7294

無伻儻　5-3202

無行伍　6-4348
無交涉　6-4348
無花果　1-74；7-4461
無皂白　3-2169
無没　5-3328,3413
無妒子　8-5201
無其奈何　10-7122,7181,
　7314
無奈何　1-527
無的當　5-3202
無毒　7-4908
無相干倪子　4-2235
無根水　2-1189
無根無蒂　5-3215
無時無節　4-2348
無徒　6-3963,3966,3978
無益　8-5346
無益因　10-7301
無朗　5-3412
無娘藤　9-6265
無能爲　1-196,435,443,
　464
無理由　1-158
無聊　6-4244
無帶鞋　7-4671
無常　1-531
無帳得算　5-3215
無偢保　5-3295
無商　10-7301
無情節　6-4348
無張主　3-2023,2025,2029,
　2105,2112,2178
無萬　3-1839,2189；4-

2284,2372,2469,2472,
2474,2504,2528；6-3963,
3967；8-5470,5496
無萬數　4-2723；5-3223；
　6-3697,3886；7-4909；8-
　5332
無落棠　4-2309；6-3764
無腳力　6-3695
無腳蟹　5-2932
無意成　10-6894
無意思　5-3178
無經　5-3202
無圖賴　6-4301
無慮　6-4076；7-4576
無數　4-2289,2373,2504,
　2529；6-3963,3967；8-
　5470,5496,5548
無數目帳　5-3215
無數没帳　5-3215
無影子　3-2081,2088,
　2112,2118,2123,2139
無影無蹤　5-3215
無寫　3-1705；7-4839
無寫寫　3-1753
無賴　1-196,443,464；4-
　2498,2523,2694；5-2920；
　6-3671,3755,3913；7-
　4757,4831；9-6000
無賴子　9-6098
無賴游　7-4671
無頭風　4-2216
無頭脱腦　5-3190
無頭無腦　5-3190

無頭路　6-4358
無雕當　5-3202
無謂　6-3684
無邊無尋　4-2728；5-
　3215；6-3835
無邊無岸　5-3215
無關係　1-438
弄手　5-2921
犇　6-3872
揵　4-2270,2516,2542；5-
　3271
揵曳　7-4665
揵閃　9-5878
尵　7-4813；9-5854,5976,
　5989,6087,6189,6256,
　6267,6275,6292,6298,
　6421,6462,6516
鉸　6-3849
掰啦　2-1347
短　2-1229；10-7136
短工　1-207,446,475,
　695；2-782,951,1024,
　1068,1094,1100,1104,
　1137,1192；4-2229,
　2354；5-2909；6-3671,
　3753；7-4725
短工子　10-6994
短子看戲　6-3755
短子子　6-4214
短見　5-2954
短苗苗　10-7133
短杵杵　9-5985,6035
短屈屈　9-6035

短矬矬 5-3144

短粗兒 10-7136

短黑 7-4975,4979；9-6273

短黜 6-4214

短黜黜 3-2205；5-3144；
6-4060；9-6046,6242；
10-7133

短褕 10-6923

短襖 6-3854；7-4931

短耀耀 6-4364

短辮子 7-4898

矬 1-209,477；3-1990；7-
4407,4549,4635

矬不郎的 7-4428

矬矬 9-5875

犌 9-5992,6271,6302,
6424,6465

毯 2-1017,1072；9-5990,
6189,6268,6299,6422,
6463

犍 1-399,403,562

犄角 1-161

甄 2-1115,1117,1153,
1180；10-6924

皺 5-3354

犗牛 6-4164

牮 3-1903

牮牛 3-1877；6-4164

犉 3-1903

犍 3-1903；6-4165；7-
4388,4461

犍子 1-252,370,388,
437,522；2-816,1025,

1109,1112；3-1877；7-
4389,4454,4638

犍子牛 1-449,452

犍牛 3-1877；10-5996,
7022,7096

剩 9-6427

趆躘 5-3177

補 7-4660

稍 6-3878；7-4679

稍瓜 4-2243

稍門 1-161

稍信 1-371

稍麥 1-130

稍遷 7-4461,4528

程 1-234,503；6-3870；8-
5154,5280,5463,5494

程 8-5174

稅 5-3097；7-4437

稇 5-3340；6-4040,4135；
9-6185

稍 3-1902

稀 1-342,615；3-1569,
1583,1603,1608,1818,
1846,2074,2081,2088；
6-3986；7-4519；9-6019；
10-7269

稀行 9-6084

稀罕 1-404,615

稀罕爾 7-4809

稀奇 9-5876,6061,6179

稀流花拉 1-435,582

稀貨 1-382

稀量胡塗 2-844

稀稀胡胡 2-844

稀稀疏疏 9-6134

稀飯 6-4149；7-4808；9-
6065,6074,6249

稀粥 2-1135,1139；7-
4755,4762

稀裏八叉 6-4236

稀裏八詫 6-4252

稀裏糊塗 1-452

稀溜光盪 2-845

稀溜花啦 1-180

稀煒爛碎 7-4675

稀撈稀撈 9-6495

稀閬 5-3156

稀調 4-2476

稀糟 2-1264,1308,1324

黍子 1-168

黍稷 1-596

稈 6-3870

稌米 9-5988,6266,6297,
6420,6461

黎 1-6,118,266；2-1119；
7-4963,4970

黎子 9-6186

黎地 2-1158

犂 1-187,227,495,596；
2-809；6-4316；7-4460；9-
5925,6063,6074；10-
7095,7256

犂刀 2-1194

犂田 9-6056

犂扣 9-6063

犂地 7-4734

犁具　7-4397

犁星　3-1897

犁輞　4-2261,2451

犁溝　2-1151,1201

犁頭　9-6251,6280

犁輈　9-6063

犁鑺　10-7172

犁鋳　9-6063

犁繂　4-2454;6-3848

犁麵刀　10-7021

犁鐴　6-3844

犁鑼　6-4281

稅　1-269;2-1060,1081

稀　7-4439,4442,4447,
4452,4636,4678

喬　1-381;3-1990;6-4042;
7-4660

喬喬桀桀　8-5129

喬遷嗎　10-7314

喬獷獷　6-4065

喬鬎子　9-6046;10-7134

筐　3-1874

筐筐　9-6134

筐當　3-1876

等　1-128,192,450,458,
461,617,664,719;2-
996,1036,1238;3-1492,
1780,1783,2134,2171,
2206;4-2397;5-2867,
3260,3303,3350;6-
3897,4036,4243,4301,
4366;7-4699,4960,
4962,4968,4974;8-

5448,5488,5519,5546,
5554;9-5850,5977,
6026,6060,6179

等一等　1-158;10-7180

等一會　1-418

等一瞬　8-5243

等下　10-7315

等子　1-461,700,738;2-
985;3-1842;7-4962,
4968;9-5931,6064,6183

等於卅無月亮　9-6173

等時　5-2886

等等　2-1071;6-4256;8-
5500

等想　2-1121,1156

等會些　9-6457

等輩　4-2692;6-3670

等輩人　5-2898

筘　8-5277

策　1-40,119,332;7-4520

筒　5-2997

筒瓦　5-2986

筒屋　7-4460

筒筒　9-6064

筒絹　6-4141

筅　4-2663;5-3236;6-3643

筅耳　6-3774

筅羽　6-3985

筅帚　4-2256,2447,2596,
2703;5-3023

筳　2-1053;4-2265,2453,
2677;6-3851,3858,
3907,3929;7-4830

筵子　2-877,902;3-1653;
4-2258;5-3039;6-3899

筵桿　1-703,740

筏　9-6251;10-6929

筏子　7-4436

筳桿　1-617

符簹　10-6925

答　7-4565

答白　9-6492

答訕　2-869,893

答博　8-5828

答博是也　8-5830

答答　7-4775,4802,4804

答煞　3-1535

答颯　1-682,731;2-1044;
4-2287,2372,2499,
2524;6-4073;9-5865

答臘　3-1493,1779,1784

答膺　1-193,459;9-6178

筬　8-5171

筋斗　5-2952

筋迸迸　9-6207

筋節　4-2467;8-5052,
5361,5365,5375

笼　9-6083

筍　2-1004,1071;4-2595,
2677;5-3048;6-4369;7-
4489

筍直　7-4411

筍頭　5-3048

筝筝　5-3133

筊　4-2597;5-3055;6-3843

筆　1-51,139;7-4385,4596

筆尖　4-2299,2381;6-3958

筆直　5-3148

筆套管　5-3038

筆硯　10-7121,7311

筆管椅　6-3953

筆鍇　6-4280

筆韜管　4-2724;5-3038;
6-3698,3845

頏顬　2-1131;10-7143

頜毛癬　6-4126

[丿丨]

傲　5-3242

傲得很　9-6164

傳　3-1532

傌俐　7-4731

債　8-5553

傓傛　7-4439,4442,4447,
4678

備　2-955;4-2674;5-3313;
6-3649;9-6205

備馬　1-128,444

健子　2-1115,1119,1153,
1180;10-6922

健傄　3-2140

傅　10-6781

傅近　6-4328,4335

傮袴　5-2995

傃慫　7-4451

㰌　4-2645,2666;6-3711,
3718,3780,3904

㰌㰌　5-3124

牌外　7-4456

牌牌場場　9-6134,6172

傲　2-1118;10-6920

蜑　8-5141,5461,5493,
5533,5545

蜑家　8-5409

順　8-5687;10-7271

順水推舟　2-1282

順手牽羊　7-4809

順手邊　5-3212

順序　3-1877

順風　5-3069

順風掣旗　2-1282

順旅子　2-1346

順流　4-2286,2372,2485,
2498,2522,2706;5-3183

順順　2-1125

順順遂遂　9-6133,6172

順順暢暢　9-6133,6171

順旗子　2-1341

順緒　8-5098

旹　7-4403,4429

條　3-1891

條子　1-220,488

堡　6-3738;9-6081;10-
6837,7306

堡子　2-1190;10-7021,7095

偈　5-3155

偈偅　2-1005;3-2205;6-
3893;7-4458,4545;9-
5992,6190,6270,6302,
6424,6465

偈溥　6-3765

偈偓　4-2644,2717;6-3711,

3717

傻傻娃　9-6192

傛陂　4-2546;7-4547

傞傮　4-2231,2356

傖　3-1536,1558,1572,
1614,1760,2017,2021,
2024,2028,2146,2147,
2150,2155,2179;9-
5981,6022

傖子　3-2145

傖夫　9-6109

傖促　7-4449

傖猾　1-176

傜　5-3292,3415

集　1-201,436,469,572;
7-4393;8-5492

集鳩　2-1201

雋　9-6240

焦　3-1917;5-2864;7-4433

焦巴巴　4-2725;5-3119;
6-3699;9-6205

焦苦　9-6065

焦黃　4-2379;5-3115;6-
3901;7-4568

焦乾　7-4451,4637

焦梢　7-4437

焦焦黃　5-3115

焦焦愁愁　9-6133

焦飯　6-3676

焦酸　7-4410,4898

焦餅　7-4460

焦膜膜　5-3119

焦燥　8-5582

舒泰 6-4085
舒倓 7-4668
舒徐 3-1706,1785;5-3170
舒梭 7-4547
舒舒服服 5-3170
舒舒齊齊 5-3170
舒塞 7-4668
舒齊 5-3170
舒遲 5-3170
舒蘇 7-4547
畬 4-2547;8-5224
畬地 7-4723
畲 8-5205
鈇 10-6760
鈍 3-2022, 2025, 2029, 2158,2178;6-4032
鈍市 3-1973,1975
鈍事 3-2022,2025,2029, 2045,2159,2178,2192
鈍悶 6-3686
鈔 3-1987;6-4045;8-5382
鈔老 4-2467
鈔粉子 9-6137
鈔袋 7-4898
鈔暴 3-1549,1562,1576, 1598,1628,2054,2062; 4-2488
鈔邊 1-175
鈔襲 1-542
鈲 5-3083,3271;6-3810
鈐 8-5783
鈐釘 3-1971
欽 3-1835,2022,2025, 2029,2065,2094,2100, 2158, 2178; 4-2617; 5-3268
欽欽 6-4301
鉤 3-1918,1989;6-3986, 4238, 4240; 10-6924, 6925,7150
鉤事鬼 7-4671
鉤刮 9-6293
鉤格 1-291;3-1971;7-4830
鉤釪鏝胡 2-1119;10-6928
鉤麻 2-1200
鉤鉤 9-6064,6134
鉤鉤摘摘 6-3902
鉤鐮 1-187
鈕豆 10-7265
鈕兜 10-7200
鈕襻 4-2253,2456,2592; 5-2998
翕人 8-5124,5252
翕忽 5-3176
翕葉 7-4829
翕翕 8-5709
番 5-3086
番三次五的 10-7027
番仔火 6-4358
番仔鰜 6-4358
番仔蠟 6-4358
番瓜 2-1132;3-1728;7-4453;8-5198
番竹 8-5202
番豆 8-5199
番豆藤 8-5199
番某 8-5054
番鬼 8-5052,5365,5375, 5403,5406,5540
番薯 9-6186
番樣 8-5201
番頭婆 8-5553
番鴨 8-5190
番藷 8-5198
番藷藤 8-5199
番騰 2-1010
釉 6-3654,3846,3939;7-4813; 9-5933, 5976, 5991,6082,6088,6256, 6269,6291,6300,6423, 6464,6516
釉子 7-4707; 9-6064, 6182,6251
釉水 4-2314;5-3028
爹 2-1125,1179;7-4794, 4992, 5006, 5041; 9-6219, 6434; 10-6729, 7034,7036,7111,7280
爹公 7-4974
爹母 7-4974
爹哉 7-4962,4968
爹爹 7-4978, 4979; 10-6936
爺 1-47, 144, 150, 181, 182,184,369,386,417, 599, 613; 2-971, 1046, 1137,1157,1169,1178; 3-1536, 1558, 1572, 1589,1610,1614,1637,

創造 8-5327

創倒 9-6061

創家兒 1-409

創喉 5-3240

飢 8-5756

飪 3-1872；8-5755；10-6752

飫 5-3237

飭力 6-3901

飯 1-33；6-3863,4282；7-4433；9-6186,6249

飯不拉 1-613

飯不捉 6-4224

飯戶 10-7138

飯米 9-6066,6184

飯米糝 5-3003

飯把槲 7-4635

飯豆 9-6184

飯盂 5-3028

飯來開口 4-2728

飯供 3-2034

飯波螺 7-4465

飯後 6-3950

飯桌 7-4434

飯時 2-1029, 1069；7-4735, 4744, 4754, 4760, 4764,4776

飯蚊 7-4992,5020

飯蚊子 9-6067

飯乾 4-2698；5-3003；6-3675,3864

飯桶 3-1497；5-3395；10-6857

飯匙 6-3985；8-5150

飯匙骨 7-4898

飯脯 5-3003

飯猪 8-5583

飯粘 4-2633；6-4149；9-6299

飯單 5-2995

飯焦 8-5546

飯焦水 8-5546

飯飯 5-3425

飯蒸 5-3022

飯碎 5-3003

飯筲 9-6185

飯滯 1-136

飯穀 9-6186

飯槀 5-3024

飯撥落 1-167

飯罋 7-4900

飯糙 5-3003；6-4372；8-5270；9-6049

飯樸槲 7-4448

飯箍 8-5757

飯黏 4-2643,2698；5-3003；6-3675, 3864；9-5990, 6268,6418,6422,6463

飯鍬 5-3024

飯鍬骨 4-2236, 2365；5-2962

飯糝 5-3003

飯濾 8-5708

飯蠓子 7-4949

飯蠅 7-4964,4970

飯鑊頭蒼蠅 5-2929

飲 1-141；5-3369；7-4981；9-6066, 6281, 6292, 6516；10-6751

飲水 6-3691；7-4814；9-5979, 5992,6184,6271, 6302,6425,6465,6495

飲包 9-6060

飲杯 8-5570

飲茶 7-4981

飲盃 8-5568

飲牲口 10-7131

飲食菩薩 9-6126,6164

飲飯 8-5546

飲湯 6-4146

飽 7-4956

飽飽 7-4898

攵 5-3257

[丿一]

脻 5-3144

腈 3-1689,1747；4-2251, 2252, 2444, 2679；5-3148；6-3867, 3908；9-5992,6270,6424,6465

腈肉 6-3677

腠子 2-977,1069；4-2230, 2304,2428,2695；5-2918；6-3755,3913

脹 3-1786；9-5902

脹氣 9-6435

脹膨 7-4450

腤 3-1648,1720

脛䏃 5-2967

道拉斯 5-3408

道明兒 2-1238

道姑 9-6057

道師 9-5896

道婆 3-1534

道喜 1-168,616;2-1230

道喇 2-1227

道悏 2-1124

道惱 2-1301

道腦 2-1322

道詭 3-1874

道煩 1-186

道壇 4-2240,2243,2434

道頭 5-2869

道謝 10-6857

道擾 7-4762

道聽 1-155

遂幾分 9-6131

粼伉 3-1612

曾 5-3416;6-3793;7-4831

曾干 3-1872

曾訾 6-4365

淹 2-828;6-4025

焯 3-1965;7-4452

煤 6-4344;7-4831

燗 7-4637

矮 4-2546;7-4452

矮煥 5-3187

焢 7-4452

焠 6-4288;7-4513;8-
5176;9-5976,5991,6030,
6269,6300,6423,6464;
10-6768,7155

焞兒 2-986

焙 2-828,1134;4-2269,
2293,2404,2513,2539;
5-3366;6-3968,4025;
10-7025

焱 5-3361;6-4025

勞 6-3963,4010;8-5366,
5376

勞乏 5-2976

勞切 1-412;10-7121,7172,
7180,7258,7261,7305,
7320

勞切難纏 10-7251

勞而無功 2-1011,1072

勞疼 5-2976

勞勑 8-5175

勞倒 10-7250

勞病 5-2977

勞動 2-945,1073

勞發 5-2976

勞駕 9-6084

熁 6-3867,3962

[丶丶]

渚 7-4448,4635

湊 2-1131;5-3214,3366;
6-4041;8-5414;9-6263

湊巧 2-847;3-1706,1973,
1975,2045,2139;5-3214;
6-4347;7-4816;9-6061,
6179

湊付 2-1339

湊付事 2-1339

湊他的意 9-6045

湊在一塊兒 1-392

湊合 10-6894

湊投 4-2633,2649

湊奉 3-1535,2088

湊活 9-6131

湊着 10-7136

湊隊 5-3304

湊趣 9-6083,6128,6165

湊趣兒 1-412

湊數 9-6045

湊膽子 1-409

湖 5-2875

湙 5-3185

湛 4-2629;5-3359;7-4596

港 5-2874,2990;6-3737

港套 7-4393

港溝 7-4439,4442,4447

渫 1-567

湝湝渧 5-3188

湖 2-1189

湖埏頭 4-2219,2351

湖蜞 8-5197

湳某 8-5054

渣 5-2866;7-4947

渣巴 6-4178

渣各 6-4380

渣渣 9-6134

渣渣哇哇 9-6133,6134,
6171

渣襟 10-6857

渤 5-2866

涷 4-2679;5-3159;6-3653

4177,4178;9-6028

絮叨 2-1028

絮瓜 8-5198

絮聒 3-1918,1984,1991,
1993,1995,1998,2000,
2002;7-4636

絮絮叨叨 2-933,1074

絮翻翻 9-6242

絮縷索絡 10-7175

婼 2-1126

嫂 1-211,428,479,580,
593,734;2-916,1049,
1077,1299,1300;6-
3951,4361,4362;7-
4719,4756,4763,4807;
8-5413,5565,5787,
5823,5828,5829,5837;
9-5886,5973,6513;10-
7034,7036

嫂子 1-397,401,433,436;
2-1023,1102;7-4782;10-
7178,7278,7281,7307

嫂鳥 10-7136

嫂嫂 1-591;2-1068;9-
5970,6056,6072,6176,
6303,6419,6434,6454,
6459;10-6955

嫂嬸 9-6514

媸 6-4361

媓 7-4830

婾 6-3884

媛 4-2590;5-2891;10-
6733

媛姪客 6-3985

媛婡 3-2168

嫏姐 7-4841

婙臟 5-3168

婙臟 1-399,403;2-994;
3-2046;4-2606;6-3948

媄猫 6-4166,4177

媛 3-1533;6-3746

媛嬙 3-1533

媥 7-4645

媚兒 9-5975

媚媚 10-7111

婿 3-1533,1719

嫋 3-1981;6-4039,4323

嫋性 6-4297

賀 6-3882;10-6928

賀位 8-5540,5542

賀喜你 7-4986

賀償 4-2306,2428

[一丶]

奢 5-3354

登 5-2867;9-6249

登布 8-5735,5758

登時 1-570,662,718;2-
1002,1035,1071;3-
1501,1707,1779,1782,
1919,2166;4-2347;5-
2886;6-3733;8-5332

登黃 9-6556

登登 10-7151

登登的 2-1318

登腦 2-1121,1156

發 7-4435,4436;8-5078,
5184

發水 2-882,906

發毛 1-142

發白 3-1921

發皮 1-616

發皮氣 7-4815

發行嫁 4-2312,2430

發利市 3-1973,1975

發作 1-530;3-1828;4-2283,
2423,2500,2525,2712;
6-3685,3764

發呪 4-2482

發咒 3-1828

發肥 1-187

發狗听 8-5582

發怵 1-141,173

發歪 7-4387

發背 4-2245

發冒揚 2-1350

發很 9-6217

發狠 6-3948

發迹 3-2193;4-2706;5-
3302;6-3684,4329,4335

發送 1-552;5-3318;10-
7179

發姣 8-5782

發紅 6-4265

發馬風 7-4820

發財 2-997,1071;3-2190;
4-2713;5-3303;6-3688;
8-5245;9-6033

發財人 5-2922;9-6057

發氣　9-6060,6240

發笑　3-1549,1562,1576,
　　1628,1762,1770

發酒風　9-5912

發販子　10-7316

發野　8-5553

發脫　2-1230

發達　5-3302

發惡心　9-6192

發畚　4-2245,2440

發脾氣　3-1685

發脾寒　9-6248

發愣　3-1983

發愣怔　1-389

發寒溓　4-2246

發寒噤　4-2441

發費　1-586

發婷　3-1703

發發氣氣　9-6133,6171

發夢沖　9-6056

發酵　4-2251,2651,2699;
　　6-3715,3721,3901

發酸　1-435,582

發夠　7-4637

發潮風　6-3957

發潮頭　4-2297

發搖　4-2306,2428

發麵　1-187

發霞　9-6055

發鬆　3-1794

發壞　1-616,732;2-1045

發壞發費　1-689

發癥　4-2245

發麵　7-4748,4768

發覺　3-2191;4-2470

發爐師　9-6067

發魘　4-2311

發闓　7-4946

發讓　1-142

皴　2-1022,1242;3-1687,
　　1746,1786,1925,1931,
　　1935;4-2627,2645,
　　2662;5-3250;6-3711,
　　3718,3766;7-4813;9-
　　5849,5976,5981,5988,
　　6029,6059,6082,6188,
　　6262,6266,6276,6291,
　　6297,6420,6426,6461,
　　6516

皴口　9-5983,6032

皴坼　5-2980

皴破　5-2980;6-3711,3718

皴皷　4-2645;5-2980;6-
　　3712,3718

婆　10-7116

婆婆　6-4189,4227

粮　7-4509

敪敪　6-4209

絫　3-1955

綁　2-1298;8-5247;9-6063

綁肉票　2-1103

綁脅　10-7025

綁票　2-916,1269,1309

絨花樹　1-169

絓　2-1118

絓佻　8-5253

結　6-3817;7-4737

結丩　6-4159

結子　3-1917;10-7261,7321

結巴　7-4552;9-6058,6493

結地　10-7040,7098

結把定　2-1230

結束　5-2942

結卓　6-4241

結果　5-2942

結呵　7-4762

結兒　10-6995

結咧　1-408

結拜　2-1125;5-3321

結記　1-381;2-1227

結案　6-4264

結著　6-4089,4239

結毬　6-4265

結殼　5-3158

結硬　2-1130

結蛛　5-3066,3411

結結實實　4-2341;6-3965

結業　9-5872

結誥　7-4830

結裹　6-3888

結實　1-168;2-842;5-3145;
　　6-4249;7-4566,4684;9-
　　6061;10-6941,7280

結實得很　10-7179

結髮　1-546;2-1116,1154;
　　3-2191;4-2470

結髮夫妻　4-2727

幾乎　1-527；3-1492,1780,
　1782；7-4691

幾乎兒　7-4795

幾奶　8-5565,5578

幾老　2-1125

幾把　1-391

幾伯子　7-4741

幾言　8-5824

幾弟　7-4986；8-5665；9-
　6303,6454

幾叔　7-4729,4741

幾叔爺　7-4986

幾呱　10-7181

幾爸　10-7179

幾姑　7-4741,4986

幾姑奶　9-6457

幾姐子　2-1178

幾坰　10-6935

幾相公　9-6304,6455,
　6459；10-7178

幾胆　10-7283

幾哥　7-4986；8-5665；9-
　6454

幾哥幾弟　9-6459

幾呤　8-5055,5357,5363,
　5367,5370,5371,5373,
　5376,5405,5552

幾條　1-391

幾個　6-3954；9-6130

幾個言　9-6165

幾爹　8-5543,5565,5578；
　10-7179

幾翁　6-4296

幾畝幾分　7-4802,4804

幾海　6-3976

幾娘　8-5543,5578

幾梳　8-5053,5362,5366,
　5376,5404,5406,5409,
　5410,5418,5420,5479,
　5504,5537,5545,5553,
　5557,5558,5566,5576,
　5578

幾許　3-1471,1699,1752,
　1849,2134

幾塊　1-391；10-7039,
　7201,7203,7206

幾舒　2-1227

幾爺幾娘　9-6015

幾遍　4-2304,2427；6-
　3901

幾嫂　7-4986；8-5400,
　5408,5416,5665

幾幾乎　3-1710

幾稜　10-6765

幾媽　10-6941

幾夥　3-1797,1800,1803,
　1806

幾管　1-391

幾頭　8-5053,5362,5366,
　5376,5417,5419,5479

幾薀　7-4992,5020,5041

幾嬸　7-4729；10-7281

幾韃　10-7281

幾籮　8-5504

十三畫
[一一]

耡地　7-4734

盍盍　9-6251

恚　6-3758；8-5234；9-6179

恚子　4-2357

項項能　3-1711,1754

瑞　1-43

瑕　8-5228

瑃　5-3294

瑃瑃　6-4346

熬　7-4803,4805

遨　10-7123

嫠　4-2367；6-3761

樊　7-4839

樊仔　7-4954

樊崽　7-4982

勢　4-2274,2305,2409,
　2419,2621；5-3339；6-
　3853；7-4621

熱　3-1672,1739,1954；7-
　4649

頑　1-399,403,686；3-
　1990,2065,2074；5-3195；
　6-3763；7-4818,4839,
　4841,4842,4843,4844；9-
　5851

頑了　10-7107

頑皮　1-539；3-1702；7-4816；
　8-5440,5486,5544；9-
　6074,6515

頑的　10-7298

頑耍 7-4899,4956;9-5996

頑格 9-5975,5979,5984,6227,6492

頑疲 10-6857

頑梗 8-5544

頑惡 9-6253

頑頑 9-6134

頑意帳 3-1874

頑禪 9-6128,6132,6166

頑闊 1-411

頑鵰鷹 1-138

魂亭 3-1917

魂鬧 9-5983

魂嘣 9-6034

[一丨]

揙 4-2295,2413,2517,2544

撒 9-6059,6178

搽 5-3258

壤子 5-2969

搆 7-4976;9-6434

搆駕 2-1171,1177

塄 7-4393,4436

髡 7-4437

髡腮鬍 9-6493

髟頭 5-3001

髦笀 1-413

肆 6-4002

挈飯 6-4382

挈輔 4-2709;5-3305;6-3683

損調 6-4241

搕 4-2280,2411,2616;5-3286;6-3812;8-5172;9-6044,6277

搕詐 9-6061

搕搥 3-1899,1924,1927,1929,1933;6-4075

搏不着 9-6127

搏拳 9-6261,6277

摸 1-381,628;2-912,1238;3-2042,2049;5-3269;6-3815;7-4828;9-5977

摸不着看不着 1-392

摸六株 5-3323

摸迁 2-1076

摸抾 6-4070

摸拉 1-370;2-1066,1087,1109

摸門不著 9-6294

摸夜友 5-2921

摸盲戲 6-3962

摸索 1-370,639,672,728;2-925,1069,1076,1094,1100,1109,1113;3-1918,1994,1997,2001;7-4459

摸魚 8-5784

摸着肯綮 1-633

摸棱 1-683

摸量 10-7000

摸摸 1-154,434,582;2-1107

摸摸糊糊 1-153

摸搽 3-1984,1991,1992,1993,1995,1998,1999,2000,2002,2003,2193;4-2303,2370;6-3899,4079,4239,4241;7-4403

摸稜 1-531

摸瞎 9-5869

摸壁鬼 5-2924

搓 1-733;2-1046

填 3-1785

填房 1-370,418,433,591,614,648,695;2-750,1067,1088,1094,1100,1109,1112,1227;4-2225,2238,2361,2590;5-2898;7-4387,4431,4450,4459,4636,4706,4724,4725,4782,4981

填房兒 1-580,588,593

填堂子 6-4197

填還 1-530;2-762,773,786,960,1027;7-4687,4692

搉 5-3268

搋 3-1515,1526,1545,1624,1973,2019,2022,2024,2028,2036,2037,2038,2041,2049,2052,2058,2069,2077,2085,2091,2097,2157,2177;4-2303,2416,2618;5-3253;6-3899;7-4404;8-5055,5357,5362,5367,

5370, 5371, 5373, 5376,
5403, 5405, 5409, 5452,
5479, 5489, 5557, 5691,
5696, 5697

載　5-3050；10-7292

載了　2-1124

載飯　8-5108,5268

搏　3-1609；5-3309

搏立　2-1127

搏刺　2-1127

搏風　3-1587

搏執　10-7205

搏棱　2-1120

搏策　2-1120,1128

搏稜　2-1128

搏壁　6-3832

摞　4-2418；6-3814；7-4403

摍　6-3819

馱　5-3251；6-3961,3976,
4286；7-4814；8-5414；9-
5855,5977,5990,6088,
6190,6252,6268,6276,
6299,6422,6463,6493,
6516

馱子　9-6293

馱叔　6-3986

馱捆子　10-7315

馱糞　10-7316

馱轎　7-4397,4434

馼　7-4654；10-6744

馳名　2-755

搲　3-1664,1735；7-4403

搣　5-3263；9-5849,5976,

5982, 5989, 6030, 6209,
6249, 6256, 6267, 6298,
6421, 6462, 6516

堧溝　4-2219

摮　4-2280,2411,2617；5-
3349

趑趄　5-3136；6-4285

趄　4-2623；7-4627,4653

趄步　1-679,730

趄勢　7-4449,4635,4668

翹　4-2407

翹翹　7-4775

趑　7-4652

越　4-2270, 2406, 2516,
2543

越越　5-3155

趀干　9-6060

趀婆　9-6179

趐　7-4653

趉　3-1943

趏趎　3-1948

摣　3-2041,2049；4-2615；
5-3254

塌　2-1014,1072；3-1880；
5-3147；6-3742；10-7162

塌地僕　4-2263,2452

塌是槏　10-7176

塌塌　5-3147

塌塌霫　3-1710,1754

塌颯　3-1820

塌僵　3-1991,1993,1996,
2000

塌橘　7-4963,4970

塌篿　4-2461

搨　4-2316,2415,2617；5-
3273,3343,3363；9-6210

搨皮子　3-1917

搨地　6-3664

搨僵　3-1998,2002

搨漿　3-2193

搨讖荒　2-1229

損　1-142；7-4643

損症　5-2977

損樣子　2-1349

遠　7-4830

遠水不救近火　4-2305；6-
3919,4331,4338；9-6098

遠死了　10-7129

遠近　9-6181

遠願　1-616

搰　1-681；5-3274；7-4646；
9-6209

搰頭搰腦　3-1949

塈塈　10-7095

鼓　3-1989；7-4428；9-5978

鼓子詞　1-544

鼓手　3-2081,2088；7-4450

鼓吹　10-6894

鼓肚馬蛇的　2-1347

鼓板正傳　7-4672

鼓姑兒　6-3987

鼓勁　10-7315

鼓堆　2-1171

鼓得著　1-583

鼓鼓丁　9-5980

鼓輪坳　7-4796

鼓鼕　6-3844
搤　3-1837;7-4405,4647
搤兜　3-2026,2031,2162,2175;4-2514,2540
搻　3-1925,1928,1930
㒗　6-3880
搗　4-2649;5-3338;6-3714,3720;7-4446
搗母　2-1148
搗臼　5-3045
搗鬼　1-412,588;3-2080,2087,2117,2123
搗蛋鬼　10-7018
搗蟚　9-6000
搗搗　1-154
搗幹　10-7180
搗亂　2-1268,1308,1325
搗齒　4-2453
塢　4-2217,2349;6-3951
塢壞　4-2217;5-2863
搥　6-3818
搥手　9-6243
蜇　2-1116,1120,1155,1182;3-1541,1620,2054,2061,2068;7-4455,4639
蜇口　6-4209
搋　2-1016;3-1912,1927,1929,1932,1949;5-3270,3273;6-3817;7-4621;8-5055,5357,5362,5367,5370,5371,5373,5376,5405,5479,5545,5571
搬　1-530;2-1025,1229;3-1665;4-2398;6-3819;7-4815;8-5691,5696,5697;9-6027,6210,6234,6589
搬不倒　1-169,562
搬門方　9-6036
搬起　2-1228
搬家　10-6856
搬場　3-1499;5-3402
搬椶頭　3-1874
搬漩頭　9-6126,6162
搬嘴　7-4388
搬親　7-4791,4798
勢　8-5125
勢反　10-7267
勢張　7-4401
勢耀家　10-7018
搬　5-3351
搬子　7-4510
搸　5-3257
搖　6-4026
搖兀　3-1683
搖旦　9-6235
搖玩　7-4725
搖虎撐　4-2595;5-3056
搖呼串　4-2255,2447,2595;5-3056
搖的很　10-7274
搖扇　1-16,118,268
搖脣鼓舌　2-1009,1072
搖暍　10-7267
搖搖　5-3154;10-7111
搖搖弗動　3-2140
搖搖擺擺　2-912;9-6134,6172
搖頭擺尾　2-981
搖懍懍　5-3144
搖闒　7-4433
搖籃　4-2703
搖鼗鼓　5-3054
搯　1-554;5-3348;6-4019;7-4432,4649
搯上　10-6998
搶　1-376;3-2041,2049;5-3345;6-3819;7-4649;9-6210
搶犯　5-2922
搶風　2-1225;5-3315
搶遺飯　7-4451
搶籬　3-2168
掾　3-1501,1516,1545,1565,1579,1600,1608,1624,1643,1733,1764,1772,2073;4-2270,2405,2419,2515,2541,2617;5-3268;6-3645,3804,3923,4047;9-6178
墶　3-1518;6-3922,3937
墶塵　3-1656,1727;4-2494,2520;5-2867;6-3742
摗　1-555;4-2617,2669;5-3254;6-3645,3821,3905,3924
趷趷然　10-6787

蓊　9-5977
蓬　5-3084;7-4831;9-5978
蓬婆鱝　8-5194
蓬蓬　8-5046,5052,5355,5361
蓬蓬孛孛　6-3896,3946
蓬蓬勃勃　4-2378
蓬蓬鬆鬆　5-3158
蓬蒿　3-1729
蓬僕　8-5710
蓬塵　3-2167;4-2598;5-2867
蓬薄　7-4830
蓬鬆　5-3158
蓬籠　1-702
蓑衣　3-1981;9-5918
蓑衣蟲　6-4173
蓑衣鶴　8-5190
蒿　7-4610,4631
蒿竿　9-6169,6194
蒿菜　4-2463
蓆子　9-6136
蔀　5-3330
蓄　9-6099
蒲　4-2463
蒲公英　6-4160
蒲兒　6-3985
蒲起蒲起的來　9-6127,6164
蒲得很　9-6127,6164
蒲窩　7-4432
蒲盧　7-4582
蒲錯　1-88,122,333
蒲鼇　3-1900
蒲韈　7-4455
蒲籮　10-5996
蒲鑹　8-5150
蒈　7-4829,4833
蒙　2-1153;3-1989,2193;6 -4295;9-6027
蒙冂冂　6-4242
蒙不清　2-843
蒙沙　8-5686
蒙事的　1-387
蒙猫猫伙　9-6129,6165
蒙飯　2-806
蒙童　5-3199;6-4246
蒙頭蒙腦　5-3164
幹　6-3869;7-4854;9-5978
幹力路　2-1340
幹子　8-5347
幹水功德　5-3302
幹什麼　1-578
幹忙　3-1811
幹事　1-551;10-7315
幹啄　9-6130
幹活　2-1319,1337,1340
幹架　2-1337
幹散　10-7180,7268
幹無實　8-5347
幹嗎　1-157
幹偺　1-434
幹廈　2-1113
幹麼　1-165,587
幹薊　2-825
蔭娘　4-2354
蔭涼　4-2606;5-3186
蔭孃　4-2227
蒸　5-3100;7-4658
蒸子　8-5151,5295
蒸食　7-4748,4767
蒸捲子　6-4151
蒸菜　2-1106
蒸炭　2-1019
蒸蒸　1-154
蒸饃　7-4734,4738,4758,4774
蒸籠　5-3022;8-5278
蒸饝　7-4730,4762
菇子　7-4453
楔　7-4404,4405,4637
楔子　1-453;9-6063,6065
楔頭　9-6251
椿凳　7-4397
椿樹　1-596
椹子　7-4507
椹板　5-3024;6-3859,4374
椹頭　5-3024
椹礅　3-1656,1727
楪　5-3027;6-3860;8-5466
楪子　1-701,738;2-1053
楠竹　7-4896
禁　5-3301
禁屠　9-5912
楂畝　8-5348
楷　8-5413,5499
楚　1-141;6-4318
楚倒　2-1230
楚葵　6-4160

狠皷 6-4178

殢 5-3185

殠氣 7-4758

殠殗 7-4665

殢 3-1525;6-3879

殟 3-1979;4-2602;5-3169,
　3199;7-4542,4643

殟孫 3-1874;5-3396;6-
　4071

殨殘 1-687;6-4071,4178,
　4353;8-5055,5318,5357,
　5362,5367,5370,5371,
　5373,5376,5403,5405,
　5691,5696,5697

尷尬 3-1587,1779,1829,
　1857,1947,2065,2094,
　2101;4-2605;6-4298;8-
　5141;9-5992,6083

殤 3-1970

[一丶]

匯 5-2874

匯地 2-1228

匯角 5-2985

匯鈔 5-3325

電閃 6-3663

雷 3-1792;5-3259

雷公 6-3727,3950

雷火 7-4961,4967

雷捶 3-1979

雷堆 2-1120,1128;4-2467

雷鼓 4-2339

雷鳴田 10-6839

雷暴雨 3-1877

雷響田 10-6859,6860

零 5-3207

零二八碎 7-4674

零丁的 2-1338

零丁瓶户 7-4675

零工 4-2340

零天天 9-6274

零不丁零不丁 2-1344

零外 5-3209

零店 9-6084

零星 1-599;3-1571,1585,
　1605,1609,1775,2075;5-
　3207;9-6253

零活路 9-5985,6035,6074,
　6228

零落 5-3163

零幾八星 1-383

零幹 10-7317

零碎 1-528,665,720;2-
　1039;5-3207;9-6129,
　6201

零零落落 5-3163

零零碎碎 4-2340;5-3207;
　6-3902, 3934, 3946,
　3965,3969

零頭落角 5-3163

雹 1-60;7-4393,4465

雹子 1-167

[一乛]

匭 3-1602, 1608, 1973,
　1975,2022,2025,2029,

2045, 2065, 2074, 2081,
2087, 2094, 2101, 2116,
2122, 2138, 2158, 2178,
2195

猵 6-3784

猵牙 4-2246,2440

頓 2-788;3-1507, 1513,
　1517, 1527, 1535, 1569,
　1583, 1602, 1608, 1642,
　1646, 1760, 1774, 1818,
　1924, 2022, 2025, 2027,
　2029, 2031, 2065, 2073,
　2074, 2080, 2081, 2087,
　2094, 2101, 2105, 2106,
　2111, 2112, 2117, 2118,
　2122, 2124, 2139, 2140,
　2144, 2159, 2162, 2175,
　2192; 4-2672, 2684; 5-
　3088, 3207, 3303, 3350;
　6-3647,3658,3906,3956,
　4209, 4281; 7-4592; 9-
　5910; 10-7119, 7166,
　7257,7297,7301,7309

頓子 1-707,742;7-4956,
　4961,4967,4981

頓食 3-1541,1560,1574,
　1594,1620,1768

頓時 5-2886

頓當 4-2711;5-3207;6-
　3688

頓慼 7-4832

盞 1-284;5-3026;6-3860,
　3953; 7-4537; 8-5735,

5758

盞處 9-6186

［丨一］

督 2-1119;6-4142;7-4612

甏 4-2268,2404;6-3963,
3968

歲 1-167;10-6722

歲假 4-2215,2348

觜 3-1989;5-2956;7-4489

觜輔 7-4489

觜頯 10-6735

訾 7-4644,4831

訾打 1-615

訾離 3-2140

綴 敠 1-622;2-1137;3-
2044;7-4458

粲粲新 10-7145

粲頭 9-6137

虞 1-295;2-1062,1083

虞 8-5076

戲 3-1673,1880;5-3270;
7-4678

［丨丨］

業 7-4742,4744

業已 1-527

業戶 8-5838

業倒 9-6129,6164

業業爾的 10-7158

業溜 6-4250

業樓 2-1159;3-1978;7-
4385

［丨丿］

瓾 9-5989,6267,6298,
6421,6462

［丨丶］

剿尖 7-4451,4637

剿 3-1888

當 1-189,378,455；3-
1608,1786,1835,2022,
2025,2029,2065,2073,
2080,2087,2106,2112,
2118,2123,2140,2144,
2158,2178,2192,2196,
2200；4-2674；5-2997,
3109,3251,3300；6-
3649,3883；9-6011,
6060,6179,6205

當一日和尚撞一日鐘
1-541

當一班人 5-3108

當人 10-7316

當人主 2-1229

當土 2-1130

當大六月 6-3733

當上了 10-7316

當子腰 1-396

當天 2-1130

當日 1-145;3-2190;5-
2878

當中 7-4409

當午兒 1-391

當手 5-2910

當方 4-2689;6-3665,3741

當方土地 4-2352;5-2923

當心 3-1680

當老欺 9-6293

當地 1-145,616

當地覆價 10-7295

當年 4-2688;5-2879

當件 2-1302

當吼班 9-5984,6034

當初意兒 10-7000

當即 6-3735

當郎下去 1-582

當草包 9-5984,6034

當院 1-613

當真 9-6129,6188

當莊 1-145

當夏六月 4-2726;5-2884;
6-3700

當時 6-3664

當值 5-2914;10-7026

當值做產 5-2914

當胸 7-4436

當家 1-207,449,475,551,
616;3-1843,1846,1856,
1876;4-2708;5-2914;6-
3687;7-4450,4954;9-
5893,5975,6514;10-6856

當家人 4-2358;5-2898;
6-3751;10-7039

當家子 1-614

當家的 1-160,386,413,
436,588,593,614,735;
2-1050,1068;7-4395

圓泛　10-7026

圓果都盧　10-7143

圓果盧都　3-1876

圓房　2-1227;3-2016

圓房酒　9-6277

圓活　2-1042

圓桌　6-3953

圓袞袞　3-1781;4-2286,
2376, 2724; 5-3150; 6-
3699, 3901, 3933, 3945,
3969

圓飯　9-6130

圓夢　2-951

圓滾滾　5-3150

圓廝　1-394

圓賒賒　6-4061

歆　5-3169;6-3781

骰子　1-707;4-2489;5-
3054;9-5937

骰子六　7-4434

骰盆　4-2488

骯骯髒髒　7-4407

骯髒　1-586;2-1076,1094,
1100, 1107; 5-3168; 7-
4406,4725,4810;9-5979,
6074,6494

[丿一]

犕牛　10-7022

矮　3-1990,2193;5-3419;
6 -4322;7-4841

矮子　1-209,477;3-1786;
6 -3952;9-6060,6187

矮子病　9-6179

矮屈屈　9-5985

矮匓匓的　7-4428

矮坌坌　9-6248

矮跐狗　6-3699

矮粟粟　7-4963,4969

矮烾烾　7-4813;9-5989,
6082, 6087, 6179, 6189,
6267, 6298, 6418, 6421,
6426,6462,6516

矮等等　9-6132

矮當盡禾　10-7136

矮矮等等　9-6133,6172

矮踔踔　3-1947;9-6294

矮奪獵　9-6493

矮鉒鉒　9-6257

矮窨兒　10-6995

矮矲倜倈　3-2189

雉　6-4303

雉鷄路　8-5225

媥媥　3-1925,1928,1930,
1934;6-3894

碿碡子　9-6034

犗鷄　8-5284

稞　4-2266; 6-3962; 9-
5990, 6269, 6300, 6423,
6464

歊　7-4654

稜　3-1646,1722;4-2648,
2660; 5-3092; 6-3640,
3714, 3720, 3903, 4306;
8-5711; 9-5992, 6270,
6301,6424,6465

稜子　1-581,592,596

稜吞　10-6930, 7109,
7110,7112

稜騰虎　2-1128

稘　6-3731

稙　1-577;2-994;3-1871;
7-4388,4757

稚子　5-3079

稞婁子　10-7135

稠　2-832

稬　7-4660

稬子　3-1958

稚子雨　7-4776

稗　3-1723

稗子　6-4238,4240

稗草　4-2319,2465,2600;
5 -3077

稤稤　7-4520

稔　8-5317,5414,5695,
5706,5755

稔瓜　8-5784

稔稔　8-5709

稝　3-1688,1746

稠　4-2679;6-3653;7-4563

稠人廣衆　3-2191;4-2470

稠米飯　7-4762

稠涷　5-3159

稠穀　6-3985

稤　7-4525,4660

擎　2-1118;3-1924, 1927,
1929,1932;4-2303,2416;
5 -3033; 6-3812, 3875,
3898;7-4405;10-6920

傷羊　4-2462

傷官　6-4344

傷音　10-7252

傷眼　10-7285,7320

傷臉　10-7225,7261,7292,7316

傷簡　6-4239,4241

傻　1-128,399,403,687,732;2-864,888,1045;3-1990;6-3646,3763,4297,4341;7-4387,4406,4438,4441,4447,4449,4458,4542,4678,4810,4981;8-5441;9-5852,6078,6114

傻子　1-135,601

傻瓜　7-4759

傻角　10-7288

傻兒瓜咭　2-844

傻貨　4-2591

傻傻糊糊　2-844

傻賣　9-6191

傻攘歹　10-7290

傯傯　3-1885

傯傯索索　6-3934,3946

傯宰　5-3137

傖保　5-3169

像　3-1533

像土地　9-6062

像個捉勿着　3-1611

像貨　10-7272

像獅頭　8-5123

像煞有介事　3-1499;5-3404

像樣　6-3986

傺　7-4830,4833

備　3-1797

備工　9-6084

僜　6-4052

傜傯　7-4544

姚　2-1116,1154,1181,1184,1185;4-2662;5-3143;6-3642;7-4549

姚子　2-1196,1198,1199

躲　3-1517,1535,1608,1917,1973,1975,2065,2073,2094,2101;4-2421,2621;5-3284;8-5582;9-6077,6305,6522,6535,6589,6591,6627

躲閃　1-671,727;2-946,1073;3-1493,1779,1783,2169;9-6173,6187,6203

躲倒　7-4962,4968

躲閉　7-4702

躲開　7-4962,4968;9-5970,5972,6072,6522,6535

躲漩　9-5983,6033

躲駡　4-2312

躲嬾　3-1921;9-5876

裊　5-3331

鳧　9-5977

鳧茈　3-1969

魃　3-1888,1923,1927,1929,1932

魁　3-1792

魁起　9-6128,6166,6173

魁梧　2-1116,1154

魁偉　7-4406

魁圓　6-3985

魁摧　8-5052,5361,5417,5419

歒歒　3-1965

歙歔　4-2280,2382,2611;5-3126

陛　4-2269,2405,2494,2520

峻　4-2220,2362,2586;5-2966;9-6267,6298,6421,6462

徜　7-4449

傮　7-4652

傪　6-4023

[丿丿]

衙　8-5829,5830

衙役　1-696

衙門　9-5919,6055

衙門人　5-2914

衙門老　8-5793,5794

衙蠹　7-4757

遞　6-3963,3966,3978;9-6248

遞點子　9-6261,6279

微　3-1788;5-3416;6-4295;8-5782

微末　10-7163

腨 3-1944

腫 2-864,888

腹 6-4277；10-6735

腹地 1-571

腹過 9-6292

腤 5-3145

腤猪 4-2606

腤腤 6-4301

腳 1-20；2-1232；5-3097；
6-4317，4318；7-4729，
4754；8-5185

腳卜袋 6-3986

腳力 5-2940,2966

腳丫子 2-856

腳子 3-1920；8-5185；9-
6057

腳叉 5-3071

腳手 3-1517,1608,1924,
1973,1975,2023,2025,
2030,2065,2074,2081,
2088,2160,2178,2192,
2198,2201；4-2702；6-
3678,4251；7-4815

腳爪 5-3071

腳仰肚 5-2965

腳色 1-550；3-2191；4-
2296,2471；5-2938；6-
3991；9-5898,6218

腳夾縫 5-2964

腳佔田地 10-7295

腳板 9-6195,6261,6275

腳門 6-4128

腳底板 7-4758

腳泥螺 5-3424

腳隸 5-2944

腳指 6-3822

腳挣 5-2965

腳挣撅頭 5-2965

腳背 9-6195

腳骨 5-2965

腳骨骼頭 5-2965

腳後根 10-7317

腳後跟 2-753；5-2966；7-
4758；9-6195,6275

腳胖 5-2964

腳前腳後 7-4408

腳挲挲 5-3424

腳核桃 7-4495

腳肮 5-2965

腳紗 5-2995

腳埭 5-2944

腳基 10-6995

腳梗 4-2585；5-2965

腳帶 9-5916

腳野 9-6292

腳趺 9-6195

腳船 6-3668

腳脛 4-2219,2362,2585；
5-2965

腳魚 6-4171；7-4900,4964,
4970

腳猪 7-4900；9-6066,6185,
6264,6281,6426

腳猪子 9-6192

腳着實地 3-2191；4-2471

腳㷨 5-2965

腳單 9-6060

腳骭 9-6275

腳番 9-6234

腳番底 3-1876

腳費 1-536

腳幹 9-6248

腳跟 8-5780

腳跟不着地 3-1855,1877

腳腸肚 4-2220,2362,2586；
5-2965

腳腳 5-3423

腳逨 5-2944

腳铜頭 5-2965

腳膀 5-2964

腳踝骨 7-4394

腳踏實地 2-1007,1072；
4-2728；6-3701,3919

腳骷骼頭 5-2965

腳膕頭 6-3986

腳瘴 8-5178

腳䫋 7-4734,4758

腳鴨兒 1-595

腳蹄 5-3070

腳錢 1-543；3-1658,1843；
5-3016；6-3690；7-4815

腳踝頭 4-2220,2362,2586；
5-2965

腳擘 5-2940

腳鹺 4-2245,2440

腳髈 5-2964

腳饅頭 5-2965

腳懷剌骨 7-4758

腳鐐 9-6063

[丶一]

裏邊　2-1030;8-5232

戠　5-3342

敦　4-2620

稟　2-1119；3-1987；7-4757,4830;10-6926

廒　10-7292

廒裏　10-7022

鳶　8-5385

敯　6-4028

敿　7-4605,4650

廚子　3-2081

廈　1-371,399,403;2-1110,1113；5-2983；9-5989,6081,6087,6189,6267,6298,6421,6462

廈子　1-413;7-4758,4774;10-7020

廈勾當　1-405

廈房　7-4756

斟　1-55,120,293

瘂　7-4554

瘄　6-3768

瘄子　5-2977

痲　4-2439;6-3767

痲子　4-2244

痲皮　5-2981

痲瘋　6-3768

痷　4-2603;5-3148

瘃　4-2587;5-2982,3071

痱　3-1888

痱子　5-2979

痱瘡　6-3768

瘈　8-5725

痹　6-4277

廓　1-626

廓子　5-2939

廓估　3-1875

廓馬　9-6238

廓落　5-2939;6-3890

瘑獸子　10-7259

痴瘕　10-7018

痴癲　10-7261

瘂　4-2439

瘂癲　4-2244

瘻　4-2603;5-3146

瘻頭瘻腦　5-3164

痹　10-6737

瘩　6-3766

瘠　8-5754

瘀　6-3769

痰　7-4937

痰包　6-4248

痙　6-3767

痙頷　5-3240

瘭瘡　2-1134

廉立　1-448

廉利　1-398,403,410,434,453,581;2-1087,1113

廉恥幾句　10-6930,7031,7033,7040,7103,7105,7106,7109,7110

廉薄　1-168

廉纖　3-2042,2050

頏衡　6-4361,4362,4381

廌直　3-1948

資本　1-676

誻　6-4054,4295

新人　8-5691,5693,5696,5697,5699

新八　6-4379

新大姐　10-7117

新子分　9-6127

新女壻　2-1201;10-7220

新女婿　2-1152

新年新歲　5-2884

新休兒　1-178

新肖　6-4379

新抱　8-5430,5482

新郎　5-2899;10-6730

新郎官　2-1193;9-6086

新郎官人　5-2899

新姑娘　10-7117

新姑爺　8-5483

新客　8-5483

新娘　4-2230;5-2899;6-4379,4380;8-5500

新娘子　5-2899

新婆　8-5350,5353

新婦　3-2039；5-2892；6-4103,4255;7-4963,4969,4980;8-5062,5259,5514,5526,5578,5817,5823,5829,5837;10-6730

新婦女　8-5544

新爺　9-6085

新嫂　7-4980

新媛妊　6-3985

新發戶　10-7121,7180,7200,7251,7261,7313,7321

準　4-2221,2587;5-3071;
　7-4567,4639
準啥　10-7030,7101
準頭　1-206,474
塗　5-3347;6-3852,4272;
　7-4611;8-5362;10-6725
塗附　5-3310
潡　7-4539
溪　8-5205,5294
溪溝　9-6272
溪溪出　6-4277
滄門　10-7179
溜　2-830,1230,1319,1324;
　3-1990,2193;4-2217;5-
　3230,3234,3277;6-3930,
　4023;7-4389,4594,4626,
　4637;9-5978,6003
溜子船　9-6275
溜不得　9-6457
溜打鬼　7-4992,5020,5041
溜光錘　2-1152,1201
溜冰　7-4755,4761
溜杵格念　1-138
溜哇　1-413
溜哄　1-174
溜亮　4-2467
溜球　7-4636
溜黃菜　1-138
溜甜　2-1238
溜得很　9-6131
溜達　1-185,382;2-1307,
　1308;7-4625
溜達溜達　2-1301,1317,

　1320,1338,1345
溜滑　1-726
溜溜　8-5709;9-6188
溜溜的　1-408
溜溜馬　9-6168
溜達　2-1267
溜蹎　1-163
滾　1-709;2-1233;3-1690,
　1820;4-2613;5-3188,
　3259,3332;7-4433,
　4575,4626,4815,4959,
　4964,4970,4974;8-
　5414,5455,5491,5547;
　9-6049,6083,6263
滾刀皮　10-7291
滾刀肉　1-176,387,433,
　580
滾子　7-4456
滾水　8-5151,5536;9-6008
滾出去　10-7320
滾多羅彈　10-7143
滾身　7-4898,4956;9-5975,
　6228,6417
滾的　2-807
滾都都　9-6132
滾倒皮　9-6074
滾唐　7-4763
滾蟴　3-1681;9-6002
滾湯　4-2699;6-3676
滾蓋　2-811
滾圓　6-3958
滾鞍掉韂　7-4676
滾鍋爛熟　7-4673

滾龍　9-6274,6292
溏　4-2277,2371,2603;5-
　3159,3357;6-4345
滂　6-4293;9-5978
滂硠　6-3943
滂頭　7-4552
溢瀼　3-1588,1777
溓　5-3343
溯昔年　6-4343
滓　5-2866
滓泥　1-202,470
滑　8-5460,5492,5552
溺　1-137;9-6059;10-7019
溺去　10-7019
溺鑹　9-6251
粱米　1-355,630
懈　5-3242
惬　2-1118
慎　1-260;2-1118;10-6919
愩　6-3986;7-4577
慆　7-4832
愉　5-3292
慊　2-1227;6-3802
憎　7-4580
塞　5-3351;6-4296;7-4489;
　8-5051,5276,5324,
　5360,5364,5374,5402,
　5406,5408,5430,5478,
　5482,5500,5514,5543,
　5553,5554,5556,5570,
　5576
塞子　6-4352;8-5066,
　5185,5293,5527,5818

搲　9-6210,6435

搗　3-1676,1740

揎　3-1686,1925,1928,
　　1930;4-2291,2425,2510,
　　2535,2675;5-3154;6-
　　3907,4295;9-5857

摺　3-1934

赫　6-4003;9-6241;10-
　　7289

截　7-4404

截河　2-1189

截號　2-1322

截頭　2-1194

截蟲　7-4455,4462

摕　3-1521,1669,1737;5-
　　3258;6-3644,3820,
　　3924;9-6196

搞　5-3338

抝　5-3349;10-7125

抝搭　3-1918,1998,2000,
　　2002

抝搭　3-1991,1993,1996

抝踏　4-2480

蒿　5-3132;7-4831

蒿蒿　5-3132

趕　7-4448,4635

趕本　3-2101

搏　3-1924

搋　4-2618;5-3272

搋大鑼　7-4389

搚　5-3266,3270;7-5006,
　　5041

搲　4-2623;5-3258

撪撪　5-3135

境　7-4986

撽　4-2318,2431

撽撽　5-3134

搾　6-3818

摘　1-38;2-832;5-3266;6-
　　3809,4018;7-4431,4734

摘嫌　7-4429,4450

墒好　10-7172

摔　1-615;3-1673,1740;7-
　　4403,4405,4432;9-
　　5854,6197

摔子　10-7096

摔瓦瓿　1-625

摔手子　2-1341,1346

摔交　1-411

摔拐　7-4759

摔條子　2-1341,1346

摔脆　1-409

摔旂子　2-1346

摔硬繮　2-1349

摔腔　1-688,732

摔碟拌碗　10-7099

摔旗子　2-1341

摓　5-3099

墊　3-1676;5-2870,3035,
　　3279,3350;7-4660;9-
　　6059

墊子　5-3035

墊戶　2-1229

墊背的　1-557

墊財　2-1230

墊墊　7-4683

撇　2-1244;6-4208,4229;
　　7-4405,4432,4451;8-
　　5409;9-6009,6210

撇邪　1-410

撇拗　1-163,436,465

撇家捨業　7-4674

撇著　10-6936

撇脫　5-3200;9-5863,
　　6193,6257

撇着　2-1225

撇開　6-4093,4261

撇腔撩調　7-4673

撇榭　6-4273

撇輕　1-173

撇霍　2-837

摟　3-2112,2118,2123,
　　2140

搯　7-4647

搯露　7-4667

穀　3-1903;9-5965,5990,
　　6268,6281,6299,6422,
　　6463

穀桑　1-81,123,330

穀穀　7-4725

穀樹仁　8-5200

穀　2-999

壽　1-267;5-3198

壽木　9-6012

壽比南山　4-2726

壽材　9-6207

壽枋板　5-3056

壽桃　4-2700;5-3006;6-
　　3677

蒲 2-1018

蒟 5-3226

蔗芋 8-5479,5492

蔴油 2-1226

蔴嗒 10-7319

蔴餐 6-3985

蔿 7-4828

蔽 3-1970；7-4830；10-6770

蔽子 7-4434

蔽心 7-4898

蔽風水 2-1189

蔽前 10-6756

蔽郤 10-6923

蔽膝 9-6250

蔓蘭 2-993；5-3076；6-3985

乾 6-4375

乾毛 5-2958；6-3828；7-4495；9-6004

幹 4-2674；5-3263；6-3649，3881,4021；9-6101

幹挑 2-1259

兢兢業業 10-7158

兢兢遨遨 3-1951

兢兢戰戰 9-6133

㪍 1-626；2-1114,1118，1153,1180；8-5707；10-6919

蔣 7-4986

蓼花 2-989,1070

構 7-4554,4979

構樹 9-6066,6184

檺 10-7289

槓 3-1896；5-3030；9-6081,6136,6168

椔 6-4132

樑 7-4831

樺皮臉 2-942

模 8-5350,5353

模子 9-6067,6251

模胡 9-6010

模特兒 5-3410

模量 7-4668

模模糊糊 5-3401

模樣 1-418，649，710，745；2-872，897，1003，1056,1071；5-3212

模樣子 10-7173

模糊 1-667；9-5866

模囊 10-7180

榻子 4-2438；5-2988

榻子門 9-6182

榹 7-4439,4442,4447,4452,4678

樉 5-3036

榻 7-4547

榻板 6-4273；9-5929

榻薩 7-4545

榾 6-3870,4051；7-4559；9-6111

樺 3-1520,1934,1964；4-2255,2438,2510,2536,2595，2651；5-3048；6-3715,3721,3850,3900,3929,3939,3963,3968；

7-4434，4440，4442，4448,4679

樺樺 9-6064

榾 3-1889；6-4127

蝫易 2-1118

剢 2-1117

瓵 3-1916

瓵㲄 3-1956

榣 6-3871

槍 6-4034；7-4599,4651

槍指頭 6-3986

槍笆 5-2988

槍桿 7-4437

槍籬 3-1658

榔 10-6925

榴 8-5752

槁不林醒 9-6166

槁忙了 9-6166

榜 7-4491

榜子 7-4388

榜身 2-1226

榜槌 7-4397

榡 1-703

橡 9-6082

榨 2-1135；3-1742；5-3047,3313,3358；6-3847,3939,3953，3968；7-4637；9-6064,6183,6251

榷 3-1919

榷駁 7-4810

榷駁嘴 7-4810

輒 1-266,451,453

輔 6-4116，4270，4307，

零黄土　4-2343;6-3727

霏　6-3728

[一一]

鳶窩　1-394

[丨一]

蜚蝱　3-1655

翡翠鳥　4-2461

裂角　3-1682

熗　9-6003

熗水　9-6003

熗皺　9-6003

雌　3-1990;6-3986,4049,
　4238

雌牡丹　4-2464

雌角　10-7286

雌黄　1-531

雌鷄　5-3060

頜口　5-3179

[丨丨]

對　1-589;2-859,883;3-
　1697,1747,2027,2031,
　2175;5-3088,3181;6-
　3797;7-4587;9-6263,
　6292;10-6856,7001,
　7099,7252,7282,7286,
　7308

對人　7-4981

對了　9-6061,6253;10-
　7179,7308

對子　3-1877;9-6136,6169

對叉口　1-410

對不對　1-159,578;9-6195

對手　3-2189;4-2471;5-
　2906;9-5898

對牛彈琴　4-2312,2635,
　2652,2729;6-3703,3919

對方　7-4735

對付　2-1302

對付事　2-1302

對弗住　5-3297

對吹　9-6067

對攸　6-3986

對者哩　10-7200

對岸　4-2491,2641,2657;
　6-3665

對勁　2-843

對食　1-127

對時　4-2340

對著當兒　1-412

對過　1-165

對着呢　10-7316

對窩子　10-7315

對對去　1-453

對蝦　7-4462

對罷　4-2340

對鏈口　1-178

對頭　3-1728,1874;7-
　4483;9-5898

對競　9-6131,6163

[丨、]

嘗　1-375;2-865,889;6-
　4009

嘗酒　8-5209

嘗新　6-4344;8-5268

嘗辣湯　4-2297;6-3957

蒙　3-1887

[丨一]

嘖烏　2-1075

嘖嘖　7-4428

瞍　2-1120

瞍則　2-1123

暖　6-4269

瞇　8-5177

瞎　9-6276

瞯　4-2439

瞯子　4-2244

暴　3-1882;7-4502

嘖人　9-5979,5984

嘖嘖　3-1981,1983;5-
　3120

夥　1-255,633,679;2-
　754,912,1022,1240;3-
　1870;7-4827,4828;9-
　5846,5974,6039,6048,
　6262,6279

夥伴　1-436;2-1116,1120,
　1154;10-6856

夥者　1-583

夥契　9-6045,6082,6261,
　6274

夥契眷　2-1200

夥巷　1-583;7-4458

夥計　1-160,394,402,413,
　433,436,580,593;2-773,

782, 857, 1024, 1068,
1103,1112, 1130, 1138,
1152, 1158, 1190, 1201,
1238; 3-1534, 1650; 4-
2227, 2693; 5-2910; 6-
3671,3952,4248;7-4395,
4698, 4714, 4727, 4744,
4790, 4800, 4801, 4810,
4814,4835,4898,4956;8-
5402,5406;9-5979,6218;
10-6856, 7116, 7118,
7121, 7171, 7172, 7258,
7293,7303,7305,7311

夥記　10-7180,7261,7320,
7321

夥結　10-7263

夥路　7-4388

夥裏　10-7024

夥種田地　10-7296

夥頤　1-443,633;4-2284,
2383; 6-3794, 4094,
4214,4230, 4235, 4245;
7-4752, 4772, 4820,
4835,4899,4956;9-6105

瞅　1-142,648;7-4458;9-
6089

瞅生　2-825

瞅紅滅黑　10-6999,7099

瞅睞　5-3295

瞅瞅　1-680

瞅睮　7-4407,4429

賒　1-442,537,676,729;
2-1044;3-1787,1791;4-

2306,2399,2428,2674;
6-3649, 3882; 7-4389,
4434, 4451, 4637; 9-
5857,6205

賒冒　9-6060

賒賒　6-4067

賒賬　9-5975,6179,6228

賒苦　7-4956

賒讐記　3-2182

睽　7-4832;8-5752

睁　5-3233

瞇　4-2626;5-3233;7-4403

瞇朒眼　3-1658

瞇瞇　9-6185

瞇臍眼　5-2972

瞄　4-2626;5-3233

唧嘈　8-5750

嘆望望　9-6589

嘆話　9-6457

嘞　7-4737

暢快　10-7261

閨女　1-160,184,214,397,
401,417,436,483,593;2-
875, 900, 1076, 1093,
1099,1224,1298;7-4394,
4430, 4479, 4697, 4716,
4717, 4726, 4741, 4743,
4756,4763,4788,4789

閨妮　1-168;2-773,1066,
1087,1102

閨　3-2033;7-4402,4613;
8 -5578;9-5977, 6077,
6249

閨信　9-6182

閧閧兒　6-4255

閤張　10-7162

閤　1-49, 150; 3-1797,
1800,1803,1806

閤牢　7-4758

閤板　5-2986

閤落　2-1134;7-4687

閤間　3-1977

閤閤　1-153

閤漏　6-4127

閤樓　7-4763

閤穰穰　10-7148

嘈　3-1918, 1989; 6-3791;
10-7304

嘈些　6-3714,3720

嘈咘　5-3122

嘈啐　5-3122

嘈嗶　5-3122

嘈腹　2-1341,1345

嘈嘈　7-4407

嘈嚌　3-1918, 1991, 1993,
1995, 1998, 2000, 2002;
5-3122

嘈踐人　2-1322

嘈雜　4-2288,2373,2500,
2525, 2606; 5-3122; 9-
6201

嘈囃　5-3122

嘈嘖　3-2170; 4-2606; 5-
3122

嘈嗽　5-3122

嗽　3-1981, 1983; 5-3239;

團爐　7-4962,4968

團邊　5-3044

團圞　3-1992,1994,1997,
　　1999,2001,2003,2191

嘍　1-636;8-5583

嘍嗖　6-4239,4241

嘍嘍　7-4428;10-7250

嘍囉　5-3122

嘓　3-1523;7-4407

嘓嘍子　9-5980

嘓嘓　5-3132;10-7168,
　　7170

嘓嘓由　1-382

嘓嘓噠噠　7-4810

嘓嚕　10-7201,7203

嘓嚕子　9-5985,6034,6260,
　　6427;10-7122,7200,
　　7251,7301,7306,7314,
　　7321

巽巽　5-3426

甝　5-3248;6-3785

甝鷄　9-6281

嘝正相　9-6126,6162

嘓　9-6215

嘓唆　6-4072

噭甜　9-6129,6165

鳴　10-6772

鳴公　10-7201,7203

喝詁　1-172

晏　5-3415

恩　6-3964

嘜耳　5-3121

嘜嘜　7-4408

嘜嘜耳耳　5-3121

嚛　3-1533

嚛弗　7-4982

嚛兒　10-7100

嚛就　7-4982

嘛　6-4038

嗹　3-1698,1752;7-4407

嗹嗹　5-3125

嗹嘴　6-4317,4318

嘀咕　1-142

嗽　2-769,830,915;3-
　　1918,1989;6-3873,3966,
　　4016,4175;8-5145;9-
　　5990,6082,6190,6268,
　　6299,6422,6463;10-
　　6774,7204

嗽支　3-2194

嗽弄子　9-6034

嗽嗽　1-152;2-1253

噉　7-4854;8-5737;10-
　　6752

嚼嚼　5-3125

嘐　6-4048

幘巾　1-279

嶄　6-4049;8-5205

嶄新　5-3112

獃　3-1478,1491,1502,
　　1504,1523,1785,1815,
　　1845,1847,1853,1971,
　　1972,1975,1978,1990,
　　2018,2021,2024,2028,
　　2035,2037,2038,2044,
　　2052,2078,2085,2105,

2110,2115,2121,2137,
2146,2148,2150,2155,
2172,2176,2179,2183,
2193,　2195；4-2282,
2368,2469,2602；5-
3196,3197；6-3989,
3991,4297,4321；7-
4406,4429,4981；8-
5338;9-5853;10-7175

獃子　2-1193;3-2017,2143,
　　2153

獃鄧鄧　4-2481

獃臉獃相　5-3192

幖　6-3848

罳　5-3323

罳泥　3-1681

罰三杯　2-988

罰酒三杯　2-1070

署　3-1965

僂筭　10-6924

慢則　2-1124

幘　3-1915

幘裂　7-4501

圖　8-5054

圖誣　5-3310

圖賴　8-5250

骷髏　10-7293

骷髏格　4-2638,2654

銅　1-553;6-3642;9-5855

銅頭　6-3821

銅髁　2-1134

銅髁蓋　8-5439,5485

骹　7-5041

催夥計 7-4435

鼻 3-1601,1719;6-4294;8-5177;10-6742

鼻子 7-4758;9-6058,6178

鼻子築 9-6627

鼻支 2-1135

鼻少 6-4294

鼻公 8-5069,5178,5262

鼻孔 9-6182

鼻相 3-2107,2113

鼻涕 2-1131

鼻樑 9-6063

鼻寠 7-4449

鼻頭 1-206,474;3-1534,1592,1608,1759,2074,2081,2088;4-2233,2358;5-2955;6-3779

鼻頭水 5-2956

鼻頭官 5-2955

鼻頭紅 4-2236

鼻頭管 5-2955

鼻頭樑 5-2956

鼻齁 5-2956

鼻齁泗 5-2956

鼻鍼 5-3040

鼻齆 8-5367,5370,5377

狼䝙 1-21,155,181,182,369,405;2-769,915,1250;3-1923,1927,1929,1931,1963;4-2646,2697;5-3387;6-3675,3712,3719,3913,4298;7-4635,4670,

4835;10-7118

餲餳 7-4520

魄 3-1547,1602,1626,1719;10-7145

魄尸 4-2591;5-2970

魄屍 4-2277,2371;5-2970

魄莫 5-3411

魅子 9-6275

魅 7-4486

歆 1-601;3-1915;4-2252,2401;5-3237;6-3785;7-4657

歆唈 3-1940

歆歆 7-4580

僪 5-3246

僪頭 5-2923

峪 3-1956;7-4657

觳 5-3330

鄭 5-2872

［丿丿］

衙 9-6058,6178

微徊 5-3167

觩 3-1889

槃 6-3861;9-6093

槃撥 3-1827

擘剝 5-3313

擘挐 7-4603

擘零 3-1785

［丿丶］

銍 1-235,505

銅 6-4280

銅子 1-169,618;2-1055

銅杓 4-2260,2450

銅柞子 9-6136,6169

銅盆 7-4434

銅硬 7-4410

銅絲 7-4460

銅銚 5-3024;6-3859

銅盤 7-4434

銅瓢 5-3024

銅鑊 6-3985

銖 7-4828

鋌 4-2596;5-3091;7-4829

鋌子 5-3039

銛 3-1522

銛鎖 3-1680,1743

鋋 7-4831

鈮 1-635,663;5-3271

鈮鈮 1-263;2-1059,1080

鈰 10-6932,6933,6942

銚 6-4135;7-4506,4654

鉸 6-3844;7-4611

鉸刀 4-2454;5-3043

鉸剪 6-3985

銃 4-2370

銃子 7-4982

銃手 3-1499

銃頭 3-1876

銃韄 5-2953

銃韄 5-2953;6-3894

銒 1-55,120,125,284

銀 6-4316

銀衣 7-4898

銀的 1-387

瘟孫　5-3396

瘷　6-4220,4232

瘴　6-3766

瘓　6-3767

瘦卡卡　9-6132

瘦西西　9-6248

瘦成一朵　7-4445

瘦怯怯的　7-4428

瘦查牙　7-4567

瘦削　5-3147

瘦馬　4-2694;5-2919

瘦莢莢　9-5985,6035

瘦掣　5-3147

瘦瘩　3-1508,1514,2047

瘦瘦筋筋　9-6133,6171

瘦寡寡的　7-4428

瘟病　4-2247,2589;5-2976

瘋　5-3165

瘊　3-1668,1737

瘊子　3-1919,1926,1931,
　　1935

瘋　4-2439;7-4461

瘋子　1-390;2-1193;4-2244

瘋手　5-2975

瘥　6-4278

瘅　1-687,732;2-1045;7-
　　4702;9-5853

瘕　6-3770

豪　8-5101

褒子　7-5013

塵　6-4040;7-4572;8-5228

塵土　1-202,470

塵千塵萬　2-1333;3-1980

塵蓬蓬　8-5228

塵糟　3-1686

廖敗　10-7268

辣　5-3200;6-3784

辣子　9-6265,6281

辣夫夫　9-6133

辣手　4-2308,2357,2429

辣角子　2-1145,1158

辣角角　2-1132

辣茄　4-2465

辣害　7-4429,4449,4458,
　　4635

辣椒　1-596

辣辣　8-5709

辣嘴　9-6184

辣燥　6-4083

辣豁豁　6-4062

彰揚　3-2193

竭　3-1959

竭力　5-3171

韶　6-4346;10-7117

韶刀　1-197,465

韶包　10-6894

端　7-4602,4832;8-5239;
　　9-6210,6249,6256;10-
　　6755,6770

端工　7-4705;9-5975

端午　3-1795,1798,1808;
　　5-2883

端午景　6-4187

端公　2-1112;6-4329;7-
　　4807;9-5896,6057,

6083,6177,6191,6228,
6260,6274,6417;10-
7201,7202

端方盤　10-7130

端正　5-3179

端者　1-413

端的　6-4340

端相　7-4402,4429,4636

端起　10-7130

端陽　9-6246,6272

端飯　10-7130

端端正正　4-2378,2729;
　　5-3179;6-3895,3901,
　　3964,3969;9-6133,6171

颯　8-5789

颯拉　4-2644,2717;5-3200;
　　6-3711,3717

颯荅　6-4297

颯颯　8-5709

颯颯聲　8-5555,5557,5559,
　　5561,5563

適　3-1871;7-4625;10-6918

適值　3-1833

適意　3-1703;5-3171

齊下火輪關　2-1306

齊心　1-555

齊邱　2-1195

齊峚峚　7-4569

齊唎囉喇　3-2140

齊唑之聲　3-2140

齊美美　3-1963

齊備　10-7157

齊楚楚　7-4569

[丶丶]

滿婄　9-6181

滿堂紅　4-2319, 2546; 5-3076

滿搭着　7-4416

滿桌聖賢　9-6193

滿嗣　9-6181

滿婆　9-6523, 6536, 6559

滿滿　7-4957, 4958, 4962, 4968, 4974, 4986, 4988; 9-6185

滿頭冒火　3-1876

滿頭滿腦　5-3164

滿嬸娘　7-4986

滿黨黨　10-7147

滿纏　3-1983

婁　7-4539

淌　6-3874

漆子米　9-6066

漆烏　5-3118

漆桶　6-3842

漆黑　5-3118; 6-3890, 3901; 7-4411, 4899

漆漆烏　5-3118

漆漆黑　5-3118

漆墨黑　9-6104

漸漸　8-5709

漕　3-1897; 5-2875, 3049

漕子　10-6837

漱　6-4375

溫　1-238, 508; 2-1018; 4-2320, 2458; 6-3948; 7-4814, 4827; 8-5499; 9-5852, 5992, 6089, 6190, 6271, 6276, 6302, 6425, 6466, 6494, 6516; 10-6776

溫雨　8-5413

溫氣　1-412; 9-6435

溫眼　2-1319, 1324

溫糞　2-1075; 7-4762

漂　1-137, 142; 4-2629; 5-3185, 3357; 7-4982

漂亮　1-142, 592, 615, 678, 729; 2-1039; 3-1703, 2130; 5-3399; 7-4406; 9-5983, 6033, 6061, 6096, 6180

漂洋子　2-1341

滑　7-4436; 8-5226

澳　9-6291

澳潲　6-4178

滷　3-1989

滷菜　5-3065

湟　7-4448, 4635

漊　4-2217, 2351

漊溲　9-5979

漫　2-1006; 6-4207; 9-5977

漫上不漫下　2-1122, 1150

漫天八大　7-4989

漫天八長　7-4989

漫到六處　5-3219

漫拿　10-7277

漫悠悠　3-1780, 1784; 6-3944; 7-4410

漫愁愁　3-1493

漫漫黑　9-6081

漫騰騰　6-3944; 9-5985, 6035

潲潲　5-3424

潲瑾　9-6495

漴　7-4595; 8-5228

漎　3-1928

漵　5-3356

滺　3-1648, 1722

潦　6-4009; 7-4659

潦朧　1-421, 686, 731; 2-1045

潷　1-189, 455; 5-3358; 9-6182, 6209, 6263

潷菜　9-6050

潷箕　7-4898

潷潷　9-6251

潷篩油　5-3012

潧　1-567; 3-1964; 4-2276, 2410, 2629; 5-3356; 7-4502; 9-6494

潧白白　5-3427

潧清　4-2305, 2421

滴　5-3087

滴水　1-186, 225, 493; 7-4636, 4931; 9-5922, 6264, 6280

滴水下　5-2985

滴水草　4-2464

滴拉　2-862, 886

滴沰　3-2048, 2206; 5-3136; 7-4575

滴星　7-4785, 4790

滴流　1-185

滴沰孫　7-4783

滴涸　5-3136

滴惜　3-2193

滴達　7-4575

滴疏　1-622

滴溜　1-181,183,370

滴滴答答　6-3964,3969

滴滴濩濩　9-6492

滴濩　7-4665

滴點　7-4785

滴蘇　3-1845,1855

滴瀝　3-1493,1779,1784

漩　6-3951

漩孔　9-6056

漩起　9-6131

漩渦　1-204,473;7-4814;9-
　5883,5991,6088,6270,
　6301,6424,6465

漩聱　9-6129,6165

漾　7-4615

漾葉　10-7264

漱　7-4590

漱清賣貑　7-4675

漱翠　8-5190

溶　8-5053

漸　5-3142;7-4439,4442,
　4447,4678

漸柿　7-4453

漏　3-1923

漏一鼻子　2-1302

漏天　9-6081

漏明　10-6997,7097

漏馬腳　7-4451

漏臉　2-1302

漏羅　3-2082

漲　1-378;6-3743

漲洋　9-6126,6162

漲個羊子來弔起　9-
　6126,6164

漲烹烹　7-4571

漲彭亨　7-4571

滲　1-189,455;2-829,1188;
　3-1898;6-3986,4029

憪兜　3-1884

憎憎了　10-7262

恒　7-4401

恒牙　1-410

恒氣　1-174

恒憸　3-1952

恒鞠　2-1228

慳　4-2367,2602;5-3201;
　6-3762;7-4401;10-6771

慳嗇　5-3201

慳慳嗇嗇　5-3201

慓愣　7-4683

慢　5-3172;6-3758,3958

慢台　2-1119

慢吞吞　5-3173

慢妥妥的　9-6429,6457

慢宕宕　5-3173

慢敠敠　6-4061

慢哼哼　6-4244

慢條失理　6-4251

慢條細理　9-6304,6455,
　6460

慢條細理的　9-6429,6457

慢紓紓　5-3172

慢哼哼　3-2047,2205

慢舒舒　5-3172

慢遠　4-2300,2374;6-
　3958

慢頓頓　5-3173

慢綎綎　5-3173

慢慢　5-3172;6-3964

慢慢的　9-6457

慢蕩蕩　5-3173

慢憂憂　9-6043

慢請　10-6857

慢綑綑　5-3173

慢點　9-6083

慢儚儚　3-1949

慢縵縵　5-3172

慢闌闌　5-3172

慷　6-4265

慷強　1-410

憀亮　7-4566

慘　8-5789

慣　7-4402

慣常　3-1607,1765

慣勢　9-6061,6180

慣勢子　9-6427

嗀羞　9-5869,6292

嗀羞　9-5992,6059,6179,
　6271,6302,6425,6466,
　6493,6516

寨　5-3044,3416;6-3834;
　7-4474;8-5413,5499

寨子　1-413;9-6055,6175,
　6419;10-7021,7095

寧願　6-4299

寧馨　3-1471,1472,1481,
1483,1485,1553,1632,
1849,2017,2018,2040,
2048,2053,2063,2146,
2148,2150,2172,2179;
7-4820;9-6196

寎　4-2521

寑　3-1495,1501,1524,
1547,1566,1580,1600,
1626,1644,1646,1734,
1763, 1772, 1835; 4-
2228,2267,2420,2496,
2546, 2622, 2662; 5-
3288; 6-3642, 3778,
3903,3925,3939,3961,
3967

寢　10-6776

寥天　5-2951

寥落　5-3184

寥寥落落　5-3184

寥寥無幾　5-3184

窨　3-1913

實　1-270;6-4245

實丕丕　5-3189

實在　5-3214

實在不善　2-1338

實在不錯　7-4411

實在在在　5-3214

實年　6-3736

實落　7-4429

實蓋能　3-1714,1755

實辟辟　3-1493,1694,1780,

1784;4-2285,2377,2508,
2533, 2724; 5-3189; 6-
3699, 3895, 3901, 3964,
3969

實箇　7-4560

實實在在　9-6133

實確　10-7026

實熟彼此　2-1121,1156

實彈　7-4560

實疊牆　4-2242,2436

[丶乛]

韎　4-2645,2662;6-3642,
3712,3718,3766,3903

韎足　5-2979

韎瘃　5-2979

褴　7-4433,4451

褓　3-1976;7-4829

褙裸　7-4746,4766

褙襠　7-4452

褯　5-3335

褯子　10-7096

褯答　7-4746

褯褡　4-2264;7-4452

褯褙　5-2992

褐衫　2-1135

褔縛　5-2993

複鳥　10-6923

褓　4-2455,2677;6-3651,
3853

褓被　3-1979;6-4139

褓裙　3-1542,1565,1579,
1594,1621,1660,1726,

1761, 1772; 4-2259,
2457,2502,2527;5-2994

褳　7-4558

褊短　3-1991,1993,1996,
1998,2000,2002

褪　2-1228;3-1795;4-2304,
2400, 2420; 5-3349; 6-
3900;7-4591;8-5785

褪缺　5-3355

褪頭脫腦　5-3164

褌　3-1970,1976;6-3879

褙　8-5542

褙子　6-4109

褙酒　8-5543

[乛一]

劃　4-2406;6-3902;9-5977

盡　9-6257

盡佳　10-7032

盡頭　9-6515

盡頭牙　6-4119

頤　4-2300,2414;6-3926,
3938

曁至　6-3795

屧　7-4753,4773

剮　2-1020;3-1954

屢屢　5-3204

屬　8-5055, 5357, 5362,
5367, 5370, 5371, 5373,
5376, 5405, 5540, 5567,
5571

劇　2-1136

彊　9-5978,6077

撦 5-3265;7-4651

撦子 1-410

撦拉 1-410

撦賭 1-411

撒 5-3251

墰 5-3025;7-4397

撢 5-3348;6-3819

撢子 1-161

駔 6-3753

駛 5-3230

駒 1-253, 437, 523; 2-879, 904, 1105, 1152, 1195,1201;10-5996

駒子 2-1232

駒驪 10-7107

駝 2-1126; 3-1988; 5-3251;9-6248

駝子 3-1917;4-2228;6-3953;9-6281

駘 10-6744

撅 2-1076,1230;3-1880; 7-4436, 4646, 4725; 8-5414

撅人 7-4445

撅包穀 9-6063

撅開 2-1262

撅撅 7-4429

撩垣 6-4130

撩 2-1227,1319,1324;3-1918, 1989; 4-2272, 2273, 2408, 2517, 2544, 2618; 5-3256, 3260; 6-3899, 4344; 7-4403,

4432; 8-5503, 5504; 10-6998,7108

撩干子 2-1308

撩天 5-2951

撩水 3-2027,2031,2175

撩拉 2-1302

撩的太 10-7108

撩是非 7-4949

撩理 2-871,895;4-2398; 5-3298;6-3816,4347;7-4581;9-6103

撩桿子啦 2-1340

撩啦 2-1321,1337,1344

撩載 7-4436

撩腳 7-4436

撩簹 4-2240,2434;6-3953

撋 1-411; 3-1545, 1624, 1639, 1764; 4-2419; 5-3260;6-3806

撋人 1-145

趣 3-2192;5-3399;7-4611

趣處 2-1139

趣異 9-6226

趣織 1-85,123

趙趙 5-3128;6-4301

趢 3-1525;5-3282;6-3824, 3927

趌 6-4285,4347;7-4653; 9-6216

趑 3-1646,1723;5-3090; 7-4402

趜 5-3282

趖 6-3825

趛 5-3287

趁 9-6059,6178,6188

趁田 2-1226

趖 9-5977

趙 5-3281;8-5243

趙逡 8-5488

趙趙 3-2047;6-4123;8-5445,5546

撲 3-1918, 1989; 6-3812; 9-6007

撲水 3-2064

撲克 5-3408

撲拉 1-370;2-1110

撲明 2-1066,1076,1087, 1093,1099,1107

撲剌剌 2-1009,1072

撲剌亮 7-4435

撲通 1-665, 719;2-1035; 3-1493,1703,1779,1784, 2129

撲楞 1-405,664,719;2-1035

撲嗤 1-724

撲涵 3-2140

撲漉 4-2636;7-4724

撲撲挨挨 9-6133

撲雲 10-7272

撲攎 7-4666

撲騰 3-1985,1992,1994, 1997,1999,2001,2003

撡 5-3342

撐 2-1351;3-1989;5-3102, 3290,3342;6-3813,4238,

賭鬼　8-5544

賭氣　1-418,648,688;2-760;7-4703

賭棍　4-2287,2424,2498,2523

賭彎兒　1-179

賭賽　3-1829

賭鱉兒　1-412

賤內　7-4952

賤皮　7-4759

賤囚　4-2547

賤忙　3-1811

賤性　7-4962,4968,4978,4979

賤骨頭　4-2308

賤哥　4-2547

賤累　3-1537,1558,1572,1616

賤買貴賣　2-1133

賤道皮　7-4760

賜施　7-4832

賜喜兒　1-362

賠　1-537,676,729;2-1044;3-1570,1584,1603,1609,1792,2074,2091,2098;4-2399;5-3313;6-3881

賠不是　1-418,648;2-759

賠党　9-6127

賠盒　9-6064

賠錢　2-1230

賠黨　9-6166

腕賺戶　3-1951

瞋　4-2664

瞩　7-4403

瞩空兒　1-409

瞎　6-3776;9-6082,6248;10-7099,7103,7105,7106,7107,7120,7172,7199,7251,7257,7273,7286,7301,7310,7321

瞎三話四　5-3218

瞎子　1-390;2-1075;5-2925;6-3952;7-4762;9-6058

瞎打把勢　3-2189;4-2727;6-3702

瞎正　1-435

瞎目男　4-2248

瞎白　1-411

瞎白流久　1-412

瞎先生　10-6936

瞎字也不識　1-540

瞎字不識　2-980;6-4330,4337

瞎好　10-7201,7202

瞎扯　2-1319;6-4250

瞎扯蛋　2-1337,1344

瞎吵　1-434,582

瞎吹瞎鎊　1-412

瞎虎　7-4725

瞎的很　10-7290,7298,7317

瞎的狠　10-7180

瞎的恨　10-7176

瞎胡嘩　2-1321

瞎查了　10-7271

瞎架　1-583

瞎氣鬼　10-7291

瞎眼　5-2925

瞎眼光棍　9-6058

瞎眼漢　9-6515

瞎眼蟲　7-4449

瞎帳　1-404;3-2194

瞎貨　10-7317

瞎張　1-461

瞎趕獐　1-405

瞎嘍嘍　1-434

瞎㿬　1-172

瞎説　1-461

瞎説話　9-6097

瞎漢　10-7201,7202

瞎鬧　1-410;9-5974,6227

瞎蝨　2-821

瞎嗑　3-1973

瞎蠓　2-1232

瞎攔　2-1322,1337,1344

瞎讕　2-1270

瞑　10-6736

膲　7-4449,4635

嘵嘵　5-3130

噴　6-4045;7-4616

噴豆芽　6-4148,4265

噴空　7-4791,4793

噴香　5-3138;7-4410,4570

噴臭　9-6207

噴涕　5-2967

噴壺　7-4760

噴筒子　10-6894

嘖嘖　8-5709
嘖頭　5-2952
嘖嘍　5-2967;9-6058,6178
嘻　3-1717;6-3792,4008,4015
嘻敖　7-4739
嘻嘻　1-605;5-3123;6-4067;7-4407
嘻嘻的　1-718
嘻嘻哈哈　2-1034;6-4346
嘻嘻笑　4-2609
噠　1-368,384;7-4959,4960;10-7294
噠吽哱囉　10-7244
噠噠　10-7278
噎　2-830;5-3241;6-3783,4152;8-5414;10-6926
噎斗飯　7-5013
噎弗　7-4984
噎骨　7-5013
噎貢得　7-5013
噎晝食　7-5013
噎就　7-4984
噎粲瑳　7-5013
噎緋得　7-5013
噁　5-3239
噁心　3-1697
噁嚦嚦　3-1612
嘶　5-3248;9-5976,5981,5989,6087,6189,6248,6267,6298,6418,6421,6462
嘶聲嚎氣　9-6042
噶古　3-1973
噶兒　10-7278
噶噠　7-4461
噶噠客　10-7262,7320
噶磂　2-1301,1319,1322,1324
嘲而廣急的　2-1340
嘲號　7-4428
畾　1-139,144,146,163
閙　4-2685;5-3135;6-3660,3831
鬧　5-3284,3415;6-4381;7-4910;10-6931,6933,6942,6953,6955,6957
鬧背賊　4-2236,2360;5-2921
鬧鬧　9-5975,6228
闐　4-2605;5-3156
闐闐　5-3156
闐曠　6-4079
鬭　5-3285
氀毼　3-2065,2073;6-4070,4325
氀毹　3-1517,1568,1583,1608
數　1-443;2-997;8-5448,5488,5546,5553
數一數二　1-453;5-3217
數石板　9-6137,6169
數布襴裀　5-3309
數白嘴　1-412
數見不鮮　2-927,1074;3-2190;4-2470
數沓子　10-7204
數珠　7-4742,4776
數剳　1-418
數落　1-195,412,462,540,579,615;7-4687,4692;10-7181
數説　1-648,670,724;2-1116,1120,1124,1125,1155,1182,1184,1186,1196,1198,1199;3-1473,1475,1481,1483,1485,1508,1515,1530,1548,1627,1850,1971,2019,2021,2024,2028,2057,2060,2068,2077,2085,2092,2098,2103,2110,2116,2122,2138,2156,2173,2177,2186;4-2490
數數落落　9-6134,6171
嘾　4-2317,2431;5-3237,3286
遲退　1-368,384;10-6932,6934,6942,6952,6957,7104,7105
嘶人　9-6419
嘹喨　9-6058,6178
嘹嘹　7-4408,4428
影　3-1990;6-4290
影身草　1-575
影要子　2-1233
影影響響　9-6134
影壁　1-704,741;2-1055;

2035,2037,2038,2052,
2054,2064,2076,2104,
2110,2116,2121,2137,
2145,2147,2150,2155,
2172,2176,2178,2183,
2195；4-2219, 2353,
2468, 2472, 2474；5-
3107；6-3947, 3956,
3986,4308,4322,4382；
7-4980；8-5047, 5049,
5408,5411,5413,5416,
5418,5554,5555,5557,
5559,5560,5562,5565,
5568,5570,5578,5791,
5812,5814,5824,5829,
5836,5837；10-6733

儂云　8-5407,5415,5420

儂仔　8-5824,5830,5838

儂兒　8-5782

儂兒　8-5555,5557,5559,
5560, 5562, 5578, 5694,
5813,5814

儂兒婆　8-5559,5560,5562,
5813,5814

儂熊　6-3984

儌　3-1504,1879；4-2314,
2602, 2632, 2643, 2672；
5-3194,3414；6-3759

儌人　4-2356

儌利　3-2019,2021,2024,
2028, 2035, 2037, 2038,
2052,2056,2069,2157

儌儌省省　9-6133,6171

儈　8-5581

偷　7-4450

偷偷　7-4458

儑弱　6-4088

儋　4-2400；5-3088；6-
3799；10-6764

儱儋　4-2295,2374,2518,
2544

億　10-7117

億萬噴秭　9-6239

億歇兒　6-4256

億箇　6-4256

儀　3-2134

儌　7-4830

儓了換　1-434

賤　9-5848,6423,6464,
6495

亂　8-5177

亂鼻　6-4118

躺　2-1126,1227；3-1925；
7-4402, 4635；9-5977,
6077

矮　5-3283

躬　5-3419

鄉嫌　7-4899

歔舌　8-5084

緜　1-268；2-1060,1081；8-
5080

緜緜　9-6264

晶晢清天　4-2215,2344

樂　1-12

樂人　10-7108

樂老　2-769

樂姐　1-586,698

樂科　2-1307

樂活　2-841

樂得　1-527；3-1492,1780,
1783；4-2287,2373,2500,
2524

樂樂　2-1125

樂頭棒子　1-394

僻流　1-410

僻脫　3-1702,2169；4-2269,
2310, 2369, 2484, 2498,
2523, 2715；5-3200；6-
3891

遝　9-6249

嶜　5-3240

頯門　2-924

嚻　5-2872

質　10-6771

質空　7-4434

衝衝　1-49,131,139,442,
616, 705, 741；7-4433,
4756,4763

德律風　5-3406

衝　8-5578；9-6023

衝口出　4-2482,2720

衝出口　5-3244

衝客　2-1227

衝殼子　9-6261,6279,6294

衝哽　8-5583

衝詫子　9-6000,6109

衝碰　5-2953

衝撞　3-1570,1584,1606, 1609,1683,1774,2074, 2080,2087;7-4815

氌　7-4830

懲　6-3986;9-6237

懲患　4-2282,2422;9- 6253,6428

懲慭　5-3307;7-4832;9- 6216

徝　5-3282

徦　7-4402,4627

徹　6-4293;10-7139

徹火　9-6129

徹呵呵　5-3142

徹夜　8-5223;10-6723

徹蒿蒿　5-3142

徹徹　8-5709

徹謨　10-7205

衛頭　5-2869

衛　5-3227

衛生　5-3406

衛睮　2-1179

衛瘟　6-4345

衛護　6-4299

徺　3-1526;4-2677

褭　7-4833

徥　6-3816

腜艏　7-4831

艐　3-1871,1890

瞀視　9-6234

盤　3-1609;4-2300;5- 3057,3084,3243,3256, 3282;6-4317,4318

盤口歌子　10-7141

盤川　2-783

盤子　3-1917

盤手果　5-3010

盤查　10-7141

盤幽　5-3326

盤活蛇　7-4810

盤根挖藕　9-6085

盤師　4-2233,2358

盤剝　5-3313

盤問　10-7141

盤散　2-805

盤費　1-648

盤駁　6-4287

盤算　10-7141

盤澆　7-4687

盤頭　5-3057

盤頭女　8-5582

盤糧　10-7141

盤簿　10-7134

盤籃　6-4350

盤辮　6-4115,4266

盤纏　1-536,616,648,676, 729;2-954,1043,1073;3- 1659,2136;4-2307,2429, 2714;6-3690,3852,4092; 7-4815;9-5873,6205;10- 7205

艖　7-4831

艣　8-5329,5453,5491, 5547,5753

艣頭　8-5135

艛　6-4220

鯿　7-4833

錚錚　5-3130

鋪　1-559,713;2-951;3- 1920;5-3034;6-4345, 4351;8-5271;9-6081

鋪上　9-5979

鋪子　9-5920

鋪地　7-4730

鋪位　5-3034

鋪其來孩的　10-7028

鋪的　7-4719,4723,4727

鋪牀　5-3319;7-4450

鋪客　8-5544,5566,5568, 5571

鋪陳　4-2704;5-2999;6- 3680,3851;8-5275

鋪排　3-2045

鋪雪　7-4961,4967

鋪場　5-3034

鋪蓋　1-565;5-3000;8- 5275;9-5917,5975, 6136,6169,6228,6250, 6417;10-6894,7260

鋪頒　6-4299

鋪窩　5-3034

鋪墩　1-608

鋪鋪　3-1979

鋪頭　7-4433

鋪頭蓋腚　7-4675

鋪襯　7-4389,4455,4637; 10-7204

羯羊　2-816,911;6-3901;
　10-6952,7315
羯狗娘　5-3059
羯羖　7-4900
羯猪子　10-5996
羯鷄　6-3691
羮　3-2020
甑　3-1520;5-3261;6-3644,
　3877,3900,3924;9-6179,
　6196
羕　3-1495, 1501, 1524,
　1609, 1639, 1663, 1733,
　1763,1799,1924,1927,
　1929,1932,2074,2081;
　4-2274, 2495, 2520,
　2622, 2648, 2670; 5-
　3279; 6-3646, 3713,
　3719,3824,3961,3967;
　7-4981
羕水　3-2128
羕本　3-1979
羕屑　3-1549,1562,1576,
　1598,1628,1770
羕晷　3-1501;6-4298
羕晷勿動　3-1712
羕晷弗動　3-1755
糚　4-2249,2243,2600
糚飯　3-1961
糊　2-1130;3-1990;5-
　3019;6-4238,4241;9-
　6026;10-7138
糊打粑　7-4808
糊弄拉　2-1302

糊馬橫　2-789
糊涂蟲　9-6275,6293
糊剝　2-1233
糊撈揀　10-7259
糊斯麻搭的　10-7028
糊裡糊塗　1-438
糊裏糊塗　1-452;5-3192;
　7-4808
糊塗　1-185, 196, 380,
　415,441,464,592,648,
　683, 725; 2-867, 892,
　979, 1041, 1070, 1113,
　1130; 3-1535, 1984,
　1991, 1993, 1995, 1998,
　2000, 2002, 2040, 2048;
　6-3991, 4244; 7-4763,
　4764, 4808, 4892; 9-
　5866,6061,6179
糊塗茄　7-4810
糊塗鬼　1-606
糊塗蟲　1-579;2-1116,1155,
　1181,1196,1198,1199
糊説　9-6227
糊鬧　10-6857
糊鬧鬼　2-1104
糊賬　6-4212
糊器　7-4776
糊臉子　4-2264
糊籠　7-4663
糉　6-3864
糉子　9-6065,6183,6249
糌　8-5553
糌粑　9-6162

糨水　9-6250
翦　7-4735
翦子　7-4509
翦艸除根　2-1072
翦草除根　2-1009
翦柳　3-1479,1491
翦腳　7-4472
翦絡　1-136
翦鄉　4-2705;5-2921;6-
　3681,3821
遵教　3-1844
導親　8-5129
瓢　5-3080
甓　4-2254,2446,2593;7-
　4397;9-5977
擎　2-1244;8-5172
熬　4-2276,2411,2631;5-
　3365
憋拗　1-197,534
憋氣　3-1952
憋悶　1-174;2-1256
憋鼓　7-4665
犟塵　5-2867
熰　7-4436
熯　3-1666,1735,1928;4-
　2630;5-3364;6-3929;7-
　4604, 4658, 4815; 9-
　5976,5988,6266,6297,
　6420,6461;10-7155
熯熯子　10-7155
熰　3-1924,1927,1929,
　1933
熚　7-4404

燸 3-1883；6-4029；7-4559,4659,4945

熰 2-1227

熛 4-2520

熼 3-2206；4-2445

熼料 3-1726

熯電 8-5119,5457,5491,5547

熒熒 8-5709

熜 4-2630；5-3362

熠 8-5362

熠令 8-5413

熮 3-1894

［丶丶］

潔 5-3370

潔清 8-5227

潔潔白白 9-6133

潔鷄 8-5147,5187

澆 3-1608, 1925, 1931, 1935, 1973, 1975, 2022, 2025, 2029, 2065, 2074, 2081, 2088, 2105, 2111, 2117, 2122, 2139, 2159, 2178, 2192；7-4433；9-5978

澆淫 2-1190

澆飯 1-136

澆園 7-4734

澆漓 8-5529

澆裹 1-536,616；6-4290；7-4692

澆濕 2-1201

澎湃 8-5121,5176

澾 4-2684；6-3659

澌 8-5380

潅 4-2315,2414,2612；5-3129；6-3659；7-4814；9-5992, 6081, 6088, 6270, 6301,6424,6465

潮 5-3103；7-4541,4824；10-7269

潮包子 10-7319

潮汛 4-2218

潮物 2-1311

潮沮沮 6-4064

潮風 10-7034,7036

潮道 1-370；2-1094,1100,1109

潮潞潞 3-1696,1750,2128

潮頭 7-4430

潮蟲 2-821

潭 3-2197,2201,2202；5-2864,2875；7-4833

潦草 6-4074

潦科 2-1319

潦倒 1-157, 420, 587, 616,648,683,731

潦嗑 2-1301

潦潦 10-7002,7111

潛 7-4831

糝糖 9-6209

潷 5-3359

潤 6-4271；8-5493

潤子 9-6494

潤斗 1-561

潤筆 3-2191；4-2471

澗溝 6-4158

潰 3-2065,2074

渾 2-1119；8-5413,5499,5552

澂 5-3359

潲 6-4371；7-4405,4435, 4440, 4442, 4448, 4457, 4574,4633,4635

潲水 6-4152；9-6013,6112

潯 3-1495, 1501, 1540, 1559, 1574, 1591, 1619, 1643, 1663, 1733, 1760, 1768, 1785, 1799, 1928, 1981, 2046, 2171, 2206；4-2294, 2413, 2514, 2541, 2629, 2649, 2680；5-3357；6-3654, 3714, 3720, 3866, 3899, 3908, 3923, 3941, 3955, 4023, 4178, 4284, 4368；7-4596；8-5753；9-5976, 5990, 6008, 6087, 6108, 6226, 6256, 6263, 6268, 6290, 6299, 6422, 6463, 6493,6516

潯清 3-2128

潐 3-1899；8-5227

潥 8-5460,5545

澳 4-2547,2679；5-2872,3356；6-3654,3814

澳斗 5-3029

潘 6-4283

潘潘敢　6-4233

潼潼　1-231,500

湆　6-4024

澈底清　3-2129

澇　6-4024;10-7164

澇科　2-1308

澇道幫子　1-410

澇嗑　2-1323,1324

潯　9-5981

潺湲　7-4408

潺潺　7-4408

潻　6-3934,3935

潰　4-2546

澄　5-3359;7-4567,4597

澄槽　7-4763

潑　1-681;2-865,890,
　1136;3-1989;7-4432,
　4636,4792;9-5856

潑小子　7-4801

潑皮　1-198,466;3-1650;
　6-3756;7-4429,4459

潑皮虎　7-4450,4636

潑的　10-7107

潑剌　7-4723

潑婦　8-5248

潑湯　7-4451

潑辣　2-1228;5-3177

潑賴　3-1471,1473,1476,
　1482,1484,1486,1490,
　1535,1701,1753,1797,
　1800,1803,1806,1849,
　1851,1858,2044;4-
　2500,2525;5-3177;6-

3894,4301

潑賴婦　8-5248

潑醅　3-1857

憤　6-3986

懂　9-5998

懂伴　9-5978,5983

憭　6-4009;7-4829

憪　5-3416

憚　3-1970;7-4830;9-6240

憚他　7-4584,4832

憮　1-258

慷　2-1115,1119,1153,
　1180;6-4053;10-6921

慷剌　3-2205;6-4214;10-
　7103,7104,7106

懊休　8-5749

懊惱　4-2524

懊悔　5-3294

懊惱　5-3294;6-3800;8-
　5093

懊嬈　5-3294

懊儂　4-2283;5-3294

懊憹　3-1535,1549,1566,
　1580,1605,1609,1628,
　1643,1697,1752,1762,
　1773,2074,2080,2087,
　2136

懊憹　3-1992,1994,1997,
　1999,2001,2003;4-
　2500;5-3294

懊糟　1-371

憐　3-1871,1976;6-4295;
　7-4828,4841

憐職　3-1970

憎　10-6778

憦切　2-1250

寮　5-2871;8-5550,5551

寫　2-1126;4-2680;5-
　3355;6-3654,4146

寫山　9-6067

寫字　7-4986

寫的光唐　10-7315

寫意　3-1498,1707;5-3171

寫管　2-1299

寫緣　4-2310,2429

寫頭　1-1229

寫嚇　1-399,403

賓　3-1518

窮　2-1067,1094,1100;7-
　4725;8-5246

窮人　2-1112

窮光蛋　7-4698;9-6074

窮忙　2-785,945,1073;3-
　1704,1817,1831,1846,
　1847,2133;4-2307,
　2429,2484;7-4816

窮坑　2-945,1073

窮到骨　1-685

窮骨頭　9-6059

窮鬼　3-2133;8-5436,
　5484,5544

窮家　2-1107

窮棒子　1-398,402

窮棒會　2-1302

窮寒　10-7294

窮寒家　10-7018

6270,6302,6424,6465

彈子　4-2492

彈胡　4-2461

彈愴　3-1970, 1977；10-7196

彈壓　10-7153

選　7-4981

[一丨]

槳　8-5175；9-6064；10-5996

獎　3-1989；7-4643；10-6925

漿　1-375, 663；3-1534；5-3019,3335

漿板　4-2444；5-3012；6-3859

漿糊　5-3019

險　1-149

險光　6-4348

險忽　10-6999

[一丿]

嬈　5-3244；6-3787；9-6263

嬈人　9-6045

嬈欸　7-4666

嬉　4-2420；6-3763,3881；7-4831

嬉客　5-2923

嬉頑　6-3948

嬉憨　1-410

嬉嬉　9-6012

嬉戲　4-2467

嬋　7-4576；9-6001

嬋價　9-6001

嫽　3-1872；6-4020；7-5006, 5041；9-5853；10-7026,7099

嫽釙　6-4213

嫽嫽　1-600,642；6-4104

嫚　8-5828,5830

嫚嫚　3-1533

嫘　7-4567

嬌　9-5978

嬌舌　7-4552

嬌客　2-781,856

嬌痓　4-2295,2374,2517,2544

嬌黃　7-4410

嬌滴滴　5-3161；6-3699；7-4410

嫶冥　10-6918

駕　10-7027

駕長　4-2694；5-3381；8-5052,5365,5375

駕鵝　5-3060

[一、]

翫水　10-6775

翭毛　2-994

戮千刀　10-6820

孟　7-4948

豫先　4-2707；6-3735

豫　4-2686；5-3368；6-3660

[一一]

尌　6-4140；7-4396

緤　7-4832

緔機　9-6186

練　3-2027,2031,2175；5-3080；7-4959

練把勢　2-762

練拳腳　7-4389

練塘　7-4976

練槌　5-3042

緘滿　4-2702

緬　10-6778

緬腆　2-786

緬覥　7-4406

緬緬覥覥　7-4407

綃　5-3335

緝　3-1896,1977；5-3334；7-4732

緝厲　7-4455

緝縭　7-4460

緝離　7-4389

緝纑　7-4637

緅　10-7194

縌　5-3103

緞　6-3851

纏　5-2999,3331；7-4753,4773,4774

線　8-5174

線麻　9-5960

線頭子　2-1341

線鷄　5-3060；6-3691

縋　4-2274,2409,2620；5-3341；6-3840；7-4604

緩　10-7098

緩一緩　10-7172,7316

擋　2-1018；3-1973，1975；4-2618，2619；5-3251，3300；6-4289；9-5988，6060，6267，6417，6420，6461

擋孩　5-2916

擋瞎眼　5-2916

攦　5-3268

操　1-369；7-4566，4639

操心　2-755，1227；7-4578

操剌　1-529，684；6-3991

操勞　7-4578

氁　3-1526，1798，1801，1804，1807；4-2258，2449；5-3025；6-3846，3901，3921

氁子　3-1926，1931，1935

擇　6-4286；7-4403，4431，4732

擇日　3-2190；6-3733

擇日子　9-6514

擇菜　3-2004；10-7293

擇道　10-7180

攖　3-1664，1734

捭　5-3309；7-4647

擉　3-2026，2030，2045，2144，2160，2174，2187；4-2273，2408，2618；5-3340；7-4603

墿　3-1669，1737，1924，1928，1930，1933

椵　3-1534

攃　4-2273，2408，2618；5-

3258

撤黃牛　9-6179

餮　9-6209

氂　3-1881，2047；6-4147，4378；7-4592

撿　7-4976；9-5969，5972，6071，6077

撿生婆　9-6136

撿拐子　1-165

撿菜　9-6275

撿得　9-6419

埨　8-5759；10-6946，6950

攪　3-1671，1738

擔　3-1981，2204；5-3088；6-4345；9-6027，6249

擔一擔二　6-4291

擔丈勾　1-581，596

擔子　1-233，502；9-5936

擔水　1-448

擔杖　1-575；2-877，880，902，904

擔杖鈎　7-4462

擔郎　8-5504

擔帚　3-2204

擔待　1-531；7-4692

擔索雨　2-1126

擔得　1-579

擔將　7-5012

擔鼓　7-4827

擔鼓星　6-4154

擔當　2-755

擔榜　1-548

擔閣　1-529，671，726；2-

755，1042；3-1701；4-2315，2431，2499，2523；6-3991，4084；7-4687，4691，4815；9-5863

擔褒　8-5056，5348

擔潤　8-5493

擔擔子　10-7168

擔擔鈎　1-434

擔褢　8-5337

擔濕　8-5784

壇　5-3090；7-4828

擁　5-3157；8-5726

擁本　7-4756

擁頸疏　6-4200，4228

搚臉　7-4449

彀濁　2-1227；9-5992，6082，6089，6257，6271，6302，6425，6435，6466

彀濁蟲　2-1122，1149；9-6192，6206

彀　5-3331

彀理　5-3298

穀　7-4452

攄　4-2615；5-3349

擗脫　9-6165

擗僕　3-2104，2111，2116，2122，2138

磬　3-1922

磬子　6-4364

磬頭　3-1873

氆　9-5976，5981，5989，6087，6189，6251，6256，6267，6298，6421，6462

頓洋洋 4-2377

頓軟黿 2-1342

頓熟 4-2369

輠子 7-4507

輸 6-3957

輸伏 5-3297

輸服 5-3297

輸要 1-411

輸贏 1-533

轂 10-6928

壂 1-618, 706, 742; 2-1054; 3-1898; 7-4398, 4426,4473,4707

輮 7-4605,4749,4769

蟲不倒 5-3054

整 8-5470;9-6018,6427; 10-6894

整治 1-370,418,648,667; 2-758,1066,1087,1094, 1100, 1109; 7-4725; 10-7120,7261,7311

整酒 9-6184

整買零買 7-4410

整頓 1-530;2-1003,1071; 5-3298

整齊 7-4764

整數 8-5548

整整 1-405;9-5877

賴 2-1109;3-1477,1491, 1517, 1527, 1570, 1584, 1603, 1609, 1663, 1734, 1771, 1778, 1783, 1798, 1801, 1804, 1807, 1812,

1818, 1838, 1846, 1848, 1852, 1858, 1971, 2032, 2044, 2074, 2165; 4-2287,2421,2487,2499, 2524, 2624, 2640, 2656, 2674; 5-3244; 6-3649, 3880, 3964, 3967, 3989, 4043, 4287, 4325, 4332; 7-4402, 4648, 4739, 4775, 4829; 8-5111, 5250, 5444, 5487, 5500, 5522, 5546, 5559, 5560, 5562, 5704, 5750, 5813, 5814;9-6199

賴人 9-6113

賴口角 1-370

賴子 1-446,453;3-1616; 6-4382; 8-5047, 5049, 5064,5259,5527

賴生 6-4192

賴仔 8-5549,5550,5557

賴皮薑 10-7283

賴地 7-4757

賴回子 9-6130,6165

賴兒 8-5554,5555

賴食侯 9-6034

賴時候 9-5984

賴時猴 10-7118

賴唉 1-616,686

賴個 9-6126,6128

賴崽 7-4986

賴薆 3-1875

賴獃 1-621

賴避 4-2308

賴戴 7-4445

橐蓋子 9-6186

劉 6-4027

融 1-255;6-4296

頭 1-154, 525, 551, 577; 2-969; 3-1716, 1719, 2170; 5-2868, 2991, 3091; 6-4114, 4275; 7-4467, 4729, 4892; 10-6859,6860

頭人 9-6062,6086;10-6894

頭大仔 8-5544

頭口 1-132,181,183,370, 712; 2-992, 1070, 1121, 1156,1158,1170;7-4708; 10-7306

頭巾 4-2701;5-3383

頭毛 5-2957;6-4115;8-5262;10-6734

頭毛鬐 5-2957

頭公 8-5052,5365,5375, 5409,5544

頭勾 10-7301,7313

頭戶 2-815,1121

頭户圈 2-808

頭布 7-4730

頭生 7-4986

頭半回 9-6226

頭弗種樹 5-3420

頭皮 10-6734

頭年 1-395;2-763,787;

[丨一]

瞙　7-4813；9-6029,6058, 6178,6188,6213,6256, 6266,6297,6305,6417, 6420,6435,6461,6522, 6535,6559,6589,6591

瞞　3-1673；4-2624；5- 3244；7-4815；9-6000, 6263,6277

瞞天過海　6-4262

瞞心昧己　9-6098

瞞襠袴　5-2994

縣　3-1790

縣長　1-440

縣尊　9-6304,6455,6460

膒　1-553

瞟　3-1512,2042,2045；4- 2495,2520,2627；5- 3234；6-4043；7-4403；9- 5900,5978

曉　6-3950；8-5446,5546

曉不的　2-1126

曉不得　7-4989,5013

曉事　8-5337

曉的　10-7250

曉得　3-1681；7-4815；9- 6458

曉得你的　9-6305,6455, 6460

曉得哉　3-1613

曉得嘍　9-6458

曉得儞的　9-6429

曀　8-5500

矗　6-3850

糜　9-5990,6088,6269, 6281,6299,6423,6463

瞠　4-2631；5-3233；9- 6178,6236

瞜　1-142

瞜睺　7-4429,4635

鴡　5-3235；6-3777,4043

鴡目　4-2317,2431

鴡榜子　5-3403

賊翁　3-1949

䏁　3-1493,1501,1779, 1784；4-2293,2412, 2512,2538,2619,2675； 5-3344；6-3649,3923, 3940

䐈　3-1884

踹　2-1019；9-5857,5976, 5989,6030,6087,6189, 6192,6268,6298,6421, 6435,6462,6493,6516

踹錢　9-6281,6293,6427

賒　9-6003

賒心　9-6003

暸　8-5052,5361

瞭　2-1017；3-1523；4- 2664；5-3233；6-3643, 3776,3928

瞭眼睛　10-7144

曇　2-1121

曇天　6-4343

瞰　10-6737

嘴　5-3225；6-3643,3785

噇　1-399,403,526；3- 1717；4-2637,2653,2666； 5-3227；6-3794；8-5333

噇喭　7-4407

噇喊　3-1872；4-2316, 2383,2546

嘸嘮　8-5785

鴨　3-1722；5-3060；9-5943

鴨口　8-5479,5494

鴨矢殌　5-3400

鴨母狀　8-5183

鴨屎臭　3-1499

鴨春　8-5366,5376,5504, 5540

鴨屎沙　9-6259

鴨倩　9-6281

鴨腳子　1-79

鴨腳草　4-2464

鴨鴨　7-4428；9-6134

嗓　4-2401；9-5977,6030

嗓口　6-3784

嗓斷　10-7025

嘁嗆　2-1229

闍　8-5738,5762

闍闍　4-2322,2460

噓力　6-3962

閽　6-4373；7-4982

閽猪　2-911

閽豎　6-4373

閽鷄　5-3060；8-5284

閽鑢　10-5996

閱霍　5-3176

閴閴霍霍 5-3176

閻 2-1121,1156

閻王 10-7179

閻王爺 10-7291

閻王賬 7-4389

闍 6-4028;7-4605,4652

噷 6-3784;8-5753

噷兒 3-1927

噷達達去 10-7294

歔 9-6081

顐 5-3408

鴞鶹 1-100,123,341

嘆麥 7-4757

蹟踔 1-724

蹀 9-5903,6211

蹀躞 3-1991,1993,1996,
2002;7-4407

蹀躞 3-1998,2000

踏 2-1118;9-5989,6189,
6267,6298,6421,6462;
10-6920

踏子 9-6493

踏仆跋 9-5980

蹭蹬 1-153

踴 6-3825,3826

踴踴 5-3128

噈 2-830;4-2402;6-3766,
3783,4038

踶 3-1954;6-3825;7-4623

踶跌 7-4405

踢 3-1493,1675,1740,
1779, 1783, 1835; 4-
2267,2403,2509,2534;

6-3826,3967;8-5239

踢將 7-4797

踢踢 6-4217

踹 1-540;6-4037;9-6006;
10-6948,6952

踹貨 2-801

踒 7-4839, 4842, 4843,
4844,4910,4958,4959,
4973, 4992, 5020; 9-
6077, 6262, 6276, 6291,
6427

踒子 7-4963,4969,4978,
4979;9-6059;10-7118

踒仔 7-4974

踒踒 9-6134

踵 6-3823

跟 9-6299

嘴 2-1131;5-2956;6-
4275;9-6419;10-6953

嘴巴 5-2956;7-4394,
4708;9-6248

嘴巴子 9-6058,6178

嘴巴丬 5-2956

嘴巴皮 5-2956

嘴巴瓣 5-2956

嘴甲 5-3070

嘴皮 9-6248,6261,6275

嘴尖 1-416,553,579;2-
870,894

嘴長 10-7024

嘴革 5-3070

嘴部 9-6195

嘴脣 5-2956;7-4758

嘴脣皮 5-2956

嘴硬 1-556

嘴勞讟辯 3-1940

嘴蕭 5-3070

嘴鼻 4-2479

嘴謞謞 3-1945

嘴顄 5-3070

嘴酺 4-2221,2363,2587;
5-3070

嘴臊的 10-7315

嘴臉 2-942,1073

嘴噴噴 9-5997

踱 3-1510, 1535, 1667,
1835, 1919, 1925, 1931,
1935; 4-2267, 2403,
2496, 2521, 2648, 2670;
5-3198, 3278; 6-3646,
3713, 3720, 3823, 3906,
3926,3961,3967;7-4402

踱索 4-2648;6-3713,
3720

踱頭 5-2924

蹄 5-3070

蹄胖 5-3069

蹁 4-2278,2368,2604;5-
3152,3281;6-3823

蹁躚 6-4346

跟 7-4700;9-5903,5990,
6006, 6268, 6276, 6422,
6463

蹂 4-2621;5-3280；6-
3825,4375;8-5133

蹂 9-6211

瘸子　1-390；2-856，874，
　898；6-4122；7-4407；10-
　7204
瘸腳　5-2975
瘳　7-4829
褒　8-5282
凝　6-4347；7-4989；8-
　5783；9-5848，5977，5981，
　5988，6029，6189，6266，
　6297，6420，6461
凝冰　9-5884
凝街　7-4989
親　1-151；5-2903，3181
親太　9-6303，6454，6459
親太公　9-6303，6454，6459
親太爺　9-6304，6455，6459
親公親太　9-6429，6457
親公親婆　9-6419
親兄子　7-4992，5020
親母　9-6077
親母親婆　6-3952
親老爺　9-6304，6455，6459
親自　10-7140
親血表　9-6419
親送　4-2232
親客　1-96，123，127，335
親爹　9-6513
親翁　7-4677
親家　1-140，417，440，452，
　601，648，692，733；2-799，
　856，973，1024，1047，
　1068，1112，1116，1120，
　1123，1125，1154，1181，

1184，1186；3-1860，1876；
　4-2692；6-3669，3749，
　3952，4106，4328，4335；7-
　4677，4806；9-5892，6016，
　6057，6177，6219，6247，
　6273；10-6856，7120，
　7171，7178，7219，7257，
　7261，7286，7301，7302，
　7305，7310，7320，7321
親家公　3-1824；5-2896；
　6-3695，4321
親家公親家母　9-6513
親家母　2-1076；4-2224；
　8-5793，5794；9-6247
親家老　4-2224
親家老表　8-5793，5794
親家郎　8-5052，5357，
　5361，5365，5375，5403，
　5405，5539，5691，5696，
　5697
親家姆　5-2896
親家爹　1-141
親家翁　2-1076
親家媽　1-141
親娘　3-2141；6-3952；9-
　6074，6273
親戚　2-976，1069；5-2903；
　7-4395；9-5892；10-7307
親戚哇　10-7281
親堂兄　9-6513
親堂伯太　9-6513
親堂伯公　9-6513
親堂弟　9-6513

親堂姊　9-6513
親堂叔太　9-6513
親堂叔公　9-6513
親堂妹　9-6513
親眷　3-1492，1780，1782，
　1825；4-2288，2501，2526，
　2692；5-2903；6-3669，
　3749
親婆　3-1533；7-4677
親爺　6-3952；9-6074，6076，
　6077，6273，6513，6559
親爺親娘　9-6016，6247，
　6419
親爺親媽　9-6303，6429，
　6454，6457，6459
親媽　3-1610；9-6513，6559
親嘴　7-4758
親孃　9-6076
辦　6-3885
辨　3-2198，2200；5-3316
辦人　7-4790，4795
辦下程　9-6589
辦生　9-6058
辦交代　9-6063
辦事務　9-6419
辦事情　2-1321
辦事筵　2-1238
辨的俏皮　1-389
辦夜場　9-6057
辦法講　10-7313
辦酒　9-6058，6066
辦會　9-6084
辦麯　10-7151

9 -5907

燒紙 1-617,699,737；2-918,1230；4-2705；5-3390；6-3681；7-4451,4459

燒麥 1-618

燒釬 9-6064

燒路頭 3-1498

燒衙日 4-2636,2653,2724；5-2882；6-3698

燒誄誄 9-6132

燒煙 1-598

燒箕 9-6049

燒餅 1-187,618,623,708,743；2-784,804,989,1054,1070,1134；6-3863；7-4518

燒臁 7-4521

燒熇 9-6292

燒賣 5-3009

燒靠 7-4521

燒糊塗了 9-6060

燒鍋 2-1308

燒鍋的 6-4102；9-6273

燒藥荐 6-4374

燒霞 9-5879

燒爛 8-5131

斯 7-4389

斯餡 7-4440,4442,4448,4637,4679

燀 4-2293,2413,2495,2513,2520,2540,2626,2649,2679；5-3366；6-

3714,3721,3861,3908,3962, 3968；8-5155,5454,5491,5547

燀火 8-5706

燎 6-4199；7-4433,4436,4460

燎乾繭子 2-825

燔 7-4827；8-5735,5758

燜 1-566；3-1519,1540,1604,1620,1640,1663,1733,1760,1820,1838；4-2251, 2269, 2404,2445, 2513, 2540；5-3185,3363；6-3962,3968

燜 5-3363；6-4026

燀 5-3366

燋 5-3363

燋 2-1188；3-1990

燋表 10-7096

燋麥 7-4396

燠 5-3356

燠休 3-1872；5-3224；6-3787；7-4619,4733

燠和 7-4435

燠烀烀 4-2279,2379,2608

燔 3-1895

燃板 2-1185,1186

燃蛋 10-7261,7321

燉 3-1666,2045,2182,2192；4-2630；5-3363；7-4404, 4433, 4452；9-6278,6291

燜 7-4659

燊 7-4592

歙吸 10-7280

營 10-6837

營子 2-1225

營生 2-871,895

㶷黟 3-1660,1925,1928,1930,1933,2081,2117,2123, 2192；4-2251,2376, 2644, 2715；5-3203；6-3687, 3711,3717,3892,3897,3916,4074；7-4409

縈 5-3335

燖 3-1927；6-3861；8-5578

燈 6-3986,4279

燈火蟲 1-394

燈花錢 9-6275

燈芯當拐杖 4-2313

燈杆人 9-6426

燈草星 3-1897

燈栝棒 5-3031

燈搌 4-2637

燈貓 9-6136

燈標 3-1926,1931,1935；4-2453；6-3714, 3721,3899

燈富 3-2136

燈絡 3-2082

燈盞 5-3031；6-4279；9-5931；10-7315

燈蛾 1-94

燈節兒 1-391

燈臺 9-5931

磽确　3-1937;6-4346
磽礅　7-4448,4635
磽薄　10-7258,7261
礑　6-3921
礄矾　1-410
壓　3-1738;5-3337;7-4437,4445,4595;8-5415
壓子　6-4101
壓水　2-1341,1345
壓申物　7-4992,5020
壓青　2-1228
壓根　1-142
壓密　2-1262
壓飯斷頭　5-3006
壓頭　9-6293
壓麵　10-6995
礁　5-2864;6-3737
磳硴　6-3740
磳礫　4-2241,2435
磺　4-2597;5-3052
礑洮　3-1761
窰　6-4009;7-4594
邇詒　9-6194
尷尬　3-1492,1501,1514,1535,1608,1642,1697,1783,1795,1820,1985,1991,1993,1996,1998,2000,2002,2027,2031,2045,2047,2074,2081,2088,2113,2118,2124,2140,2144,2163,2175,2182,2196;4-2290,2373,2506,2531,2605;

5-3201;6-3894,3898;9-6270,6301,6424,6465
懇　6-3878
殭　6-3770
殭硬骨粒　5-3186
劒　3-1905
劒刀魚　7-4534

[一、]
霎　4-2681;5-3144;6-3655,3886,4057
霎霎　6-4302
霜　1-376;7-4833
霜風　4-2339
霚　1-273;6-3727
霠　8-5759
霞　3-1601,1609,1722,1725,1789,2056;6-3730,3950
霞帔　4-2263
霞頭　1-568;2-959;4-2288,2425,2502,2527

[丨一]
齔　7-4833
齔　10-6737
鴛鴦　7-4454,4638
鷘　7-4832
鷙魚　5-3064
罷　9-6243
罷家　9-6243
壑　7-4594
戲　2-1123

戲子　7-4735;9-6136,6169
戲文　5-2949
戲泄　3-1970;7-4831
戲班子　5-2916;10-7126
戲授　8-5565,5568,5569
戲流胡淌　7-4675
戲臺撑　5-2922
戲謔　3-1505
勮　4-2303,2400;6-3900
虧　3-1604,1636,1778,1781,1797

[丨丆]
曉　3-1924,1927,1929,1932;4-2646,2664;6-3712,3718,3777,3904;7-4407;9-5899
曉眼　5-2971
曉睞　7-4438,4441,4446,4677
曉皵　4-2646,2697;6-3712,3718
曉嘍　7-4635
瞵　3-1927,1929,1932
瞭　8-5403,5406,5445,5706,5737,5761;10-7173
瞭客　10-7179
瞭望　7-4403
瞭睄　2-1228
瞭煙　10-7181
瞮　1-260
瞥怨　1-398,403,540;2-

濕　2-1114, 1118, 1153,
　1180；5-3155；6-3884,
　4222, 4232；7-4828；8-
　5493,5784；10-6919
濕夾陰　2-1225
濕納納　6-4062
濕渌渌　7-4410
濕浯浯　4-2278,2379
濕滋滋　3-2128
濕漖漖　3-1925, 1928,
　1930,1934
濕漲　7-4664
濕嗻嗻　9-6132
濕濕　1-556
濕濕蟲　7-4531
濕薑薑　2-949；3-1696,
　1750；7-4410；9-6205
濞　6-4271
濠溝　4-2218；9-6175
濟　7-4828
濟江　10-6789
濘　9-5977
澀　3-1919；8-5083
澀地　2-1225
澀拮　3-2193
澀家子　9-6127,6165
澀儙儙　6-4061
澀澀　8-5709
澀澀痠痠的　10-7028
濯　4-2629；5-3359；7-4590,
　4828
懞　5-3197
懞子　2-1002

憍　7-4387,4449,4458,
　4635
憍別　1-410
懍　7-4660
懦　4-2632,2643,2661；5-
　2891,3381；6-3641,4021；
　9-6083
懦仔　8-5782
懝　5-3196
憒憍　6-4214
豁　3-2081, 2087, 2107,
　2112, 2118, 2123, 2140,
　2196；5-3135,3354,3360
豁子嘴　1-390
豁水　5-3072
豁出去啦　1-164
豁洛子　10-7324
豁閃　7-4729；9-6419
豁拳　1-389,567；2-987,
　1070；3-1834；4-2268,
　2697；5-3326；6-3675,
　3913,3968
豁脣　7-4458
豁裂縫　4-2599；5-3033
豁間　4-2299, 2427；6-
　3958
豁腳袴　5-2994
豁歙歙　5-3326
豁豏　4-2599；5-3033
賽　2-1006,1071；6-3883,
　3886,3930；7-4432
賽牙巴　9-6129,6163
賽牙巴勁　9-6163

賽過　3-1707；5-3403
賽過如　5-3403
賽醯　2-918
賽願　1-541
蹇　2-1118；3-2147,2149,
　2152, 2180, 2187；9-
　6299；10-6926
蹇厄　3-2145
蹇巴郎　9-6178
蹇吧郎　9-5975
蹇郎　9-6417
蹇蹇澀澀　9-6134
謇　7-4813；9-5976,5990,
　6030, 6087, 6248, 6268,
　6276,6422,6463
謇八　2-842
謇可　2-842
豰　9-5977
劙　7-4405,4436,4454；9-
　6178
癁語　6-4300

鶬鶒　1-342
宸　3-1925, 1928, 1930,
　1934；4-2651；6-3715,
　3721
襪　7-4833
襇　4-2455；5-2998,3094
襇　6-3857
襌　6-3855
襌衣　10-6923
襌襦　1-281；7-4829

襖　1-148；2-784；7-4396，
　4432,4730,4774,4981

襖子　6-4139；8-5212；9-
　5914,6065,6250

襖歹　10-7290

襖豆　10-7265

襖兜　10-7200

襖婆　8-5212

襖爾　2-1230

襖襖　5-3425

襠裕　3-1970,1976；7-
　4829

襠　3-1970,1976；7-4829

襢　6-4341

襢喀　7-4989

襠子　7-4898

襈襖　10-6756

燛　3-1535,2081,2087

禮　10-6775

禮生　9-6057,6177

禮行　10-7179

禮物　4-2700；6-3677

禮金　9-6060

禮信　10-7308

禮當　10-7282

禮數　1-676

禮體　6-4079

覯髳　6-4164

[一一]

斀　7-4650

臀　7-4494

臀骹　4-2589；5-2981

屨　3-1493, 1525, 1779,
　1783；9-6065,6184

甓　1-229,498；4-2593

壁　5-3154,3278

壁桱　5-3396

臂　8-5178

臂褡　7-4898,4956

臂髆　9-6261,6275

擘　5-3271；6-4019；7-4607

擘雷　1-436

擘藍　2-1132

懕朴　3-2047,2205；8-5819

懕朴聲　8-5109

屧　10-6923

彌　2-1230；8-5376

彌逢　5-3156

彌縫　5-3156

蟊子　9-6186

蟊帳　9-6186

[一丨]

孺人　6-3897

孺子　10-6731

牆　1-375；10-7267

牆居　1-288；3-1970；7-
　4830,4833

牆埂　9-6250

牆基　7-4472

牆腔　6-3832

牆窟　10-7315

牆廚　7-4460

牆頭　1-226,495

薳　7-4992, 5006, 5020,

5041； 8-5048， 5050，
5286, 5300, 5301, 5324,
5348, 5349, 5350, 5352,
5353, 5357, 5359, 5365,
5371, 5373, 5375, 5402,
5404, 5408, 5416, 5418,
5549, 5550, 5554, 5556,
5578

薳子　8-5187,5287

薳仔　8-5479,5484,5576

薶　7-4625；9-5996

[一丿]

嬛　4-2277,2368,2602；5-
　3197；6-3928, 3936；7-
　4541,4642

嬛子　4-2244,2439

嫻　3-1487, 1798, 1807,
　1886；5-2961；6-3938,
　3947, 4098, 4273；7-
　4720； 8-5051， 5258，
　5316, 5360, 5364, 5367,
　5370, 5371, 5373, 5374,
　5499, 5570；9-6077；10-
　6947,6951

嫻母　1-591, 614, 697,
　736；2-1050

嫻花香　4-2311

嫻姑　8-5264

嫻娘　6-4107

嫻猫　1-253,437,522；9-
　5946

嫻婆　8-5323,5424

蝨蜞　3-1905

蝨蟣　3-1905

擺　1-529, 680; 2-754; 3-2093, 2100; 5-3154, 3256; 6-3814, 3899, 4367; 7-4637; 9-5977, 5978, 6250

擺小攤頭　5-2911

擺子　9-5983, 6032, 6060

擺布　2-1003

擺邪　1-435, 582

擺交　1-410

擺弄　2-870, 895, 1003, 1026, 1071; 3-1981, 1983

擺坐夜　7-4451

擺尾子　9-6264, 6282

擺的　7-4639

擺的了　1-435

擺治　2-1113

擺洒　7-4429, 4449, 4635

擺架子　3-1570, 1584, 1607, 1609, 1709, 1774, 1974, 1976, 2074, 2081, 2088, 2112, 2118, 2123, 2139, 2193, 2196; 7-4816

擺條　9-6077

擺酒　3-1497

擺浪子　2-1322

擺船的　1-387

擺脱　1-670; 9-5863

擺設　2-862, 886; 9-6067

擺淋　9-6059

擺渡　7-4398, 4436

擺割食　2-1102

擺當　1-616

擺圓房　7-4450

擺酸　2-1325

擺龍門陣　9-5975, 5979, 6075, 6085, 6161, 6228, 6261, 6279, 6294, 6417, 6419, 6493, 6557

擺樓　10-7315

擺轄　1-557

擺擺　5-3154

擺穎　3-1952

擺攤　3-2118, 2123; 10-6856

擽　6-3817

擼　7-4403

擷　3-1951

壏　10-6934, 6942

攄　4-2295, 2413, 2517, 2544

攄頭　5-2974

觳　9-6007

穀　5-3262

磬　8-5386

謦　5-3249; 6-3787

謦謦　5-3125

謦謦欵欵　6-4367

攄　4-2417; 5-3265; 6-3806; 7-4611

攄遏　5-3168

攄揙　2-1006; 3-1651, 1875, 2136; 4-2598, 2644; 5-2866; 6-3711, 3717, 3893, 3954; 7-4667; 8-5357, 5363, 5367, 5370, 5376, 5404, 5405, 5479, 5500, 5546, 5691, 5696, 5697

矗　6-3786; 10-6941

矗偏耳　9-6003

矗商　6-4366

矗矗　4-2383

藕　2-1158

瓆　7-4552

瑎　2-1018; 9-5981, 6029, 6267

職　1-139

簊　3-1939

簊食　6-4209

爇　8-5753

鞲布　6-3855

鞥　4-2604; 5-3144

鞧　7-4452, 4637

鞦　2-1019, 1072; 9-5990, 6088, 6268, 6299, 6418, 6422, 6463; 10-7172

鞭子　7-4436; 9-6063

鞭炮　5-3020

鞭桿流子　7-4435

鞭筒　5-3080

鞭趄子　2-1228

藠苴　1-621; 4-2287, 2500, 2524; 6-4331

藠薘　9-6192

藪　8-5144, 5534, 5578

藪箕　6-4374

蟗當　3-1557

蘷蘷　1-537

繭　4-2588;5-2981;6-3863

藠子　8-5200

藠頭　4-2319,2465,2600;
　5-3075;9-5961,6184

藥　1-75,139;7-4727,4892

藥材　1-575

藥藷　8-5198

蕦　6-4288

藤　9-6251

藤楄　4-2464

藤藤菜　9-6194

藷　8-5154

藁荐　6-3854

藁薦　3-1979

薼　6-4316

蘟　4-2685

蕴　3-1956

檯桁　5-2987

檮　5-3198

檮木　9-6012

檮杌　6-4176

檮柤　7-4665

櫃　7-4739

櫃上　2-1227

櫃子　9-6183

櫃台獅子　5-2932

櫃臺靠　5-2946

檻色　6-4128,4266

檻門　6-4273

欄　6-3858

蓻　7-4521;9-5909,5989,
　6087,6189,6267,6278,

6291,6298,6421,6462

鯥皮　5-3079

櫨　7-4636

檳　2-1135

櫂　3-1977

櫢　5-3037

鵒哥哥　3-2082

鵒鳩　6-4168

鵒鴿　5-3061

轉　5-3101;6-4232;8-
　5102,5247,5530

轉不的　7-4444

轉布　1-354

轉年　2-763

轉更　4-2348

轉身　7-4408,4460

轉肘　1-564;3-1919,1925,
　1928,1930,1934;4-2651,
　2700;5-3383;6-3715,
　3721

轉角　1-226,495

轉面兒　2-1302

轉背　5-3285;6-3674,3799

轉眼　7-4408,4435

轉場　1-409

轉葫蘆　9-6064

轉當局　1-140

轉閣　9-6062

轉彰壁　7-4388

轉影碑　1-178,410

轉影壁　2-1279

轉嘺　4-2281,2422,2624;
　5-3369

轉歡子　10-7131

轉彎趄角　2-1333

轉彎趄腳　7-4675

轉灣抹角　4-2306

轆力　8-5052,5361,5365,
　5375,5479,5484

轆牛之戲　8-5368

轆地　8-5706

轆年之戲　8-5548

轆轆　1-231,500

轆轊　8-5503

轆轤　1-596;2-783,877,
　902;7-4460

磬實　5-3145

轇轕　5-3309

轇轕　5-3309

櫟土　6-4157

擎　5-3253

擎來　9-6070

飄　3-1523;4-2402,2495,
　2520,2646,2664;5-3234;
　6-3643,3712,3718,
　3776,3938;10-7142

覆　6-4318;7-4429,4600

覆髮　1-279

醋房　9-6182

醨　6-3653

醪　8-5737

醪酒　5-3011

醪糟　6-4347;7-4813;9-
　5908,5992,6065,6083,
　6088,6183,6270,6301,
　6424,6465

[一丿]

醫生　1-168
嘒　7-4832
顑　4-2284,2366
顑頷　10-6776
躄　10-7140
躄咨　7-4831
躄眉頭　5-3403
磋　5-3286
礎蹄　2-1230
礳　4-2416,2667;5-3268;
　6-3899
礧礦　3-2117,2123
礧礦　1-616, 649, 704,
　741;3-1608,2065,2074,
　2081;7-4707
礧礦步　4-2243,2436
礧礦埠　4-2502,2527
礒　3-2105,2110,2116,
　2122,2138,2195
礐　4-2648;5-3259;6-
　3713,3720
礐子　9-6074
礐古　7-4982
礐堆　3-1918
鵝鵝兒　7-4454,4638
豵猪　2-817;7-4454,4461,
　4638
殯　3-1493, 1525, 1689,
　1747, 1779, 1784; 6-
　3880;7-4433,4452,4637
殯　9-6091

[一、]

劃　7-4661
霡　8-5736
霡霂雨　9-6034
雷　6-3830,4029,4128;7-
　4828
雷雷　9-6216
霖　7-4538
霓　5-2861
霧　3-1602;5-2862;6-
　3950,4270
霧昏　7-4435
霧罩　9-6246,6259,6272
霧露　5-2862;9-6174;10-
　6894
霧黴　7-4709

[一乛]

霭　10-6764

[丨一]

豐　1-6,117,265;2-1060,
　1080;6-4343;9-6039
豐人　1-5,117,265
豐庬　8-5073
豐稔　8-5317
閳閳霍霍　3-1588;4-
　2378;6-3896,3946
齕疣蟲　2-1136
鰲鰊魚　6-4169
覬　8-5174;10-7181
覯　5-3233;6-4275;7-4611

覰覨　7-4666

[丨丨]

懟　6-3986
叢　6-4306;7-4839,4896
叢雨　2-1151

[丨乛]

矔睐　3-1652,1726,1798,
　1801, 1804, 1807; 4-
　2213, 2344; 6-3947; 7-
　4402,4429
矇　6-3777
矇矇亮　6-3952
鵙鳴　7-4526
題　10-7142
題和　3-1979
矃　10-7173
瞼　6-3775
罋　1-285
瞍且瞍　9-6003
闖　3-1667,2074;5-3284
闖手　7-4429
闖白線　9-6180
闖到　7-4986
闖鬼　9-5979
闖將　1-127;6-4321
闖禍　7-4956
闖漢　3-1785
闖槽　2-1224
闖潮　9-6261,6278,6292,
　6427
闔廬　7-4734

闖　5-3155
闖馭　6-3711,3717,3893
闖壚　3-1939
闟　7-4830
闞　2-1233;10-7269
曤　3-1883;7-4539
顒顒卬卬　6-4346
曠　8-5736,5760
曠了　10-7205
曠曠　7-4802,4804
虤　7-4750,4769
蹣　7-4402
蹣皋　1-615,668,722
蹣高　7-4700
蹣踐　1-615
蹣踏　9-6077
蹣蹋　1-586;2-870,895;
　　6-4080;7-4608;9-6493
蹺跂　2-1345
蹺橋　2-1341
蹦　1-169;6-4035
蹦豆　2-1105
噬　5-3236
噬舌根　10-7273
蹠　7-4828,4833
蹤　7-4405
蹤騎　1-713
蹨　2-1249;9-6211
蹥　7-4625
蹥足　8-5582
壘　7-4404
壘堆　3-1985,1991,1993,
　　1996,1998,2000,2002,

2140,2193;6-4250
蟪蛄　7-4832
蟬蟲　9-5950
蠍蟮　9-6282
蟲　5-3285;10-7293
蟲豸　1-712;6-4168;8-5280
蟲殺　9-5992,6271,6302,
　　6425,6465
蟲蟲　9-6032
蟲蟣　8-5687
蟲蟻　6-4302;7-4742
蟬　2-1119;7-4828;8-5296
蟬涼子　7-4900
蟠　5-3084,3282
蟻蛹　1-121
蟻蟺　1-114,346
螃　3-1971
蟆蠦　3-1917
蟳鰉　7-4455
顋包子　7-4898
蟻　6-3873
蟻子　1-712;5-3068;6-4173
饑饑　5-3132
曝　5-3134
顎盤　5-2959
鞄　9-6175
囉唉　7-4449,4635
曀　10-7030
曀床　3-1985,1992,1994,
　　1997,1999,2001,2003
曀屎　3-1971
曀曀　9-6066
嚓　8-5699

噱　3-1687,1746;6-4146;
　　7-4571,4944
噬　2-1016
嚕　9-5977
嚕唆　3-1535,1570,1584,
　　1606,1609,2074,2080,
　　2087
嚕瑣　9-6305,6591
嚕蘇　3-1979
嚕囌　1-718;2-862,886;
　　3-1612,1771,1795,
　　1797,1800,1803,1806,
　　1973,1975,2042,2050,
　　2193;4-2606;5-3174;9-
　　5997,6627
嚕嚕　5-3133,3426
鵝子　7-4454,4461,4638
點　1-256,627;2-839,
　　1058,1079,1089,1095
點古　1-588
點孤　2-839
點詐子　1-687
點話　7-4728,4744
點閣伶俐　10-7250
點雜子　1-586
默　9-6066,6184
頷　6-3773
髂　4-2270,2405,2516,
　　2542;5-3257;10-6735
顄　3-1586,1776,2047;4-
　　2663;5-3159;6-3643,
　　3773,3904
顄面　4-2364

[丿一]

犪 7-4454
鐔鐔 2-1131
桑 6-3962
犤 2-1117,1120,1155,1182,1197,1198,1199
鵠卵子 2-1121,1148
鵝 3-1989;6-4302;7-4830;9-5943
鵝毛雪 1-390;4-2214,2345;6-3693,3727
鵝卵 8-5205
鵝春 8-5366,5376,5414,5504,5540
鵝黄 7-4411
鵝翎袋 2-1131,1226
鵝梨 7-4908
鵝寶子 9-6136
鵝寶石 9-6168
譚讕三四 4-2306
穫 2-1332
穫穀 3-1971
穘 4-2631;5-3365;6-4378
穪 6-3867,4284
穢 8-5279
穢涴 9-6278
馥 6-4284
穠 8-5279
邃 6-4285
邃邃崴 6-4302
穭 7-4660
簙 7-4830;10-6925
簙毒 3-1970
簦 3-1970
簦籠 1-297;7-4831
簰 4-2259
簠簋 6-4345
簟 8-5295;10-6925
簟子 5-3035;7-4501
簟匠 5-2912
簹條 9-6255
簪 6-3845
簪子 9-6250
簪錢鐨 9-6137,6169
斅 2-1018;7-4404,4439,4442,4447,4597,4650,4678;10-6761
斅粒 7-4434
簡 1-44,271;3-1990
簡直 9-6130,6163
簡直桿 2-1320
簡直趕 2-1317
簡婆 2-1120,1127
簡爺 2-1120,1127
簡慢 6-3957;9-6061,6084,6179,6198
簡騙 9-6129
簣 10-6759
簞 1-289;7-4830;8-5588,5757
簵丌 3-1654,1727
簵箕 5-3022;6-4136,4374;8-5819
簨 9-5989,6255,6267,6280,6298,6421,6462,6494,6516
簨頭 9-6251,6254
簱子 3-1889;4-2690;5-2988;6-3833
簸 3-1647,1721

[丿丨]

牘木 2-984,1072
牘器 7-4510
儓陋 7-4664
儢拒 6-3802
儵 5-3404
雙 1-374;5-3104;8-5735,5758
雙木 3-2199
雙生 2-913
雙生子 10-7217
雙州壓頂,獨縣當頭 3-1509
雙夾餅 4-2310,2375
雙身 5-2978;9-6096
雙身人 9-6274,6293
雙爽 8-5086
雙棒郎 1-394,402
雙飄帶 9-6137,6169
儭 5-3312
儱 7-4982
儱侗 2-990,1070;3-1554,1563,1577,1633,1918,1985,1992,1994,1997,1999,2001,2003,2046;4-2290,2374,2481,2507,2532,2711;5-3211;6-

翻啦　2-1322

翻張子　2-1341,1346

翻跟兜蟲　3-1981

翻亂　10-7180

翻經　9-5984

翻燒　9-6206

翻臉　1-411,688; 2-867,
892

翻臉啦　2-1319

翻騰　3-1985,1991,1993,
1996,1998,2000,2002

懇　2-1118; 3-1688,1746;
6-4218; 8-5234

簿辣氣　5-3139

饃　10-7019

饃糊子　10-6995

饃饃　2-856, 878, 903,
913,918,1227

餺飥　1-276

饀　7-4521

饀粉　5-3004

飆　2-1119

餿　9-6209

餚　3-1871; 10-6922

餾　1-484; 6-4284; 7-4594;
9-6209; 10-7132

餾籠　9-6111

餚　1-636

饌　2-1005; 6-3863

饌粑　7-4519

饌餾　9-6083

鎌　3-1942; 7-4402,4598

[丿一]

臟　1-376

臑　9-5991, 6088, 6213,
6270, 6278, 6301, 6424,
6464

臑頭　4-2251,2444,2700;
6-3677, 3868, 3914; 9-
5911, 5990, 6031, 6065,
6088, 6184, 6256, 6264,
6268, 6281, 6299, 6418,
6422, 6427, 6435, 6463,
6494

臑頭肉　5-3068

臘　6-3714,3720

臘臕　3-1915

臏　10-6921

聰　6-4290

騰騰　6-4067

鯁　3-1786; 5-3370; 6-4287

鯁頸　8-5361,5403,5406

鯁鯁塊塊　9-6134

鯉　1-241,511; 9-5953

鯉魚　6-4170; 9-6252

鮚　5-3072

鮚頭　5-3072

鮪　3-1906

鮫　3-2047

鯽　3-1724; 7-4927; 8-
5192; 9-5954

鯽令　3-1492,1780,1783,
2149, 2152, 2180; 4-
2284, 2372, 2423, 2471,

2473, 2475, 2476, 2635,
2652, 2732; 5-3412; 6-
3708, 3943, 3967, 4213,
4230; 7-4753, 4773; 9-
6196

鯽魚　3-1728

鯽跳　4-2476,2635,2652

鯽溜　3-1554,1633,2149,
2152, 2180, 2191; 4-
2471, 2473, 2475, 2476;
6-4300; 7-4753, 4773,
4824,4839; 9-6191

鯽鰡　4-2732; 6-3708

獲　7-4651

颷尾　8-5195

颷拉颷　6-4154,4264

颷颷　1-153; 7-4408; 8-
5709

颷颷　7-4408

鰭　5-3150

鰭沙　7-4409

獵出去　8-5708

蹟蹟　6-4065

雛　1-253,523; 6-3872

雛子　7-4454,4638

雛把　2-1340

[丶一]

謳　5-3242

謳個　10-7173

譖　10-6927

諸挈　6-4298; 9-6211

諸謾　6-4342

鬢 6-3873

鬀頭包子 7-4515

鼀 7-4565

鼀兒 9-6233

鼀周 3-1882

鼀鼀 10-6740

攦 3-1673,1739,2134;4-2294,2413,2515,2541;5-3253;6-3815,3941;7-4403;8-5111

攮 5-3251

驥 4-2658,2685;6-3715,3722,3901,3910;7-4398;9-5989,6267,6298,6421,6435,6462

驥羊 4-2321

驥狗 9-6104

驥猪 9-6104

驥鷄 5-3060

驥驢 2-816;7-4389,4454

駿毛 9-6185

駿剛 9-6066

駱馬 2-910

駱驛 2-910

騙 2-917;6-3760;8-5337

騙子 7-4482

騙子手 7-4459

騙函説 10-7108

騙賬 2-857

騷 5-3203;10-6779

騷毛 8-5414

騷羊 9-6066

騷虎 10-7022,7096

騷馬 9-5944

騷氣 5-3140

壓 8-5205

攉 4-2292,2412,2512,2539;6-3649

攉稀泥 7-4389

攉新婦 5-2902

趦 4-2420,2670;5-3151,3281;6-3646,3822,3986,4032;9-6187

趦胶 6-4277

趦趄 6-3891

趦趦 5-3155

趤 5-3151,3281;6-4304;9-6183,6248

趤子 9-6065

趤高匠 5-2912

趤趤 5-3155

趤趤嗎 10-7291

趤靈 9-6033

趦 5-3277

壚 2-1201;3-1990

壚土地 2-1189;10-7024

壚站 8-5757

攎 3-1924,1927,1929,1932;5-3253;7-4649

壞 5-3025;6-3845;7-4813;9-6266,6297,6417,6420,6461

攔 10-6927

磬皷 5-3052

攘 1-730

壞 3-1547,1626,1921;4-2602;5-3165,3419;7-4405,4433;9-5850

壞了 1-435,582;10-7179

壞旦 1-604

壞東西 2-1152

壞骨頭 1-390

壞鬼 10-7261

壞孩子 7-4396

壞傢 10-7134

壞蛋 2-800;7-4759

壞棗 2-800

壞蟲 9-6089

壞鏤 8-5324

壜 7-4961,4967;10-6929

攏 4-2274,2408,2510,2536,2619;5-3302,3379;6-3939,3954;7-4403;9-6261

攏身 9-6082

攏船 6-3954

攏袴 5-2994

攏窰 2-1341,1345

攏總 5-3211

攄 3-1870;7-4830;8-5753

觳 6-4044;7-4610

鵃兒 4-2483

藕草 7-5006,5041;8-5540,5542

誓誓 3-1924,1927,1929,1933

蘷 3-1952

難 8-5726;10-6941

難心 7-4725

鰕 8-5193
鰕米 1-712;2-992;9-5956
鰕舂 8-5414
鬐 4-2252,2445
觸 3-2182; 5-3340; 9-6086,6188,6277,6417
觸人 6-4348;7-4813;9-5988,6266,6297,6420,6461,6515
觸煤頭 5-3403
觸霉頭 3-1499
觸頭 9-6492
獠 3-2047

[丶一]

護 6-4285
護日 5-3367
護日護月 4-2215
護内你 9-6126
護月 5-3367
護弄 1-409
護身符 2-1009,1072
護居竹 3-1731
護孩 6-3710
護書 6-3842
護短 1-687;3-1831
護顆 10-7316
護攏 1-173
護犢子 1-588
譴 9-6217
譟 5-3245
譞 4-2602;5-3194
譝 4-2628;5-3243
譊 9-6002
譖譭 7-4430,4439,4442,4447,4636,4678
譠譾 7-4832
譨 1-269;9-6217
鞸 4-2621; 5-3284; 6-3870,4123,4367;7-4565;9-6067,6185,6516
鞸身 9-6032
鞸神 9-6082
鞸眼皮 9-6293
鏊 2-1136
魔 1-388
饜 9-6249
饜粥 7-4452
饜飱 4-2242;5-3007;6-3862
饜饜 2-988
麌 6-4289
膺 9-6058
膺許 6-3789
癧 6-3769;9-6179
辮 3-1785;6-3817
辮子 7-4961,4967
鶂 1-112,122,345
纇 4-2366;6-3757;7-4542
纇癡懵懂 5-3199
贏 6-3881,3957

[丶丿]

糒 7-4409,4433,4452,4460,4637
糨子 5-3014
糨碎 5-3014
糯 7-4930
糯米 2-1158;7-4755;9-6184
糰子 1-708
爓 7-4986;8-5176,5221
爓煎煎 8-5221
爐 7-4452
爐子 9-6136
爐巷 10-7095
爐食 2-856;10-7316
爐橋 9-6067
爋 5-3365;6-3867

[丶丶]

灌 7-4402,4433;10-7098
灌米湯 1-533
灌腸 1-708;2-856,988,1070
灌糞 9-6063
瀯 6-3743,3937
瀹 5-3364;7-4592
瀸 3-1893
瀺唾 5-2957
瀼 9-6266
瀼東西 9-6193
懽 1-265
懺 6-3802,3886
懺念 5-3295
懰 2-1021
寶局 2-1308
寶兒 9-6275
寶受 9-6275

聽聞 5-3235

聽聽 8-5500

蘱 9-6066,6184

韁繩 9-6063,6185

韂 9-5990,6268,6422,
6463

韂皮 9-6494

蘸 1-681,730;2-1044;3-
1667, 1735; 4-2252,
2627;5-3347;6-3744;7-
4814; 8-5753; 9-5856,
5991, 6021, 6088, 6190,
6256, 6269, 6278, 6291,
6300, 6418, 6423, 6464,
6495

蘸斤 9-6127

蘸紫 7-4568

蘿卜 1-169

蘿白 7-4453;8-5464,5494,
5547

蘿別兒 2-1131

蘿蔔 8-5199

蘿莎 7-4842,4843,4844

蘿葡 1-308;4-2546;8-
5153;9-5962,6066,6184,
6251

驚 2-1117, 1120, 1155,
1183;6-4295

驚天動地 9-6514

驚乳 1-555

驚動 1-670;2-760;3-1680,
1830; 4-2484; 9-5867,
6061,6179

驚鹿 8-5181

驚窘 5-3294

驚嚇 5-3294

蘸糟 3-1492,1501,1701,
1779,1782,1827,2136

欇殳 1-294

纇 2-1240

欛 9-6516

欒 7-4434, 4439, 4442,
4448,4637,4679

囊 6-4361,4362;7-4459,
4574;10-6759

囊子 10-7319

囊中 7-4835,4898,4956

囊包 2-1197,1198,1199,
1200

囊尾 8-5195

囊家 3-1616;4-2488;6-
4326,4333

囊飯 8-5209

囊飽貨 2-1121,1125

囊裡 6-4344

囊頭 10-6763

囊臧 10-7112

囊囊 10-7112

囊囊突突 10-6930,6956,
7103, 7105, 7106, 7109,
7110

[一丿]

龒 5-3379

龒統 5-3211;6-4245;9-
6045

龒總 5-3211; 6-3890,
4071;8-5246

礚磤 6-3728,4153

礔 4-2217,2352;5-2864

礦到 7-4989

爐螖 7-4663

爐櫨 1-711, 746;2-874,
898,1057;7-4407,4708

[一丶]

靐 4-2659;6-3728

靐靐 5-3129

霾 3-1896

霾汰 2-1258

霾態蛋 7-4449

[丨一]

齪撲 3-2192

[丨丨]

粲 4-2627

粲米糠 5-3079

[丨乛]

矑 3-1888;10-6926

矓 8-5055, 5357, 5362,
5367, 5370, 5371, 5373,
5376,5403,5405,5479

矊 5-3365

贖 5-3338

贖票 2-1103

贖藥 3-1587,1776

贗 6-3881

囇　2-1119
饕　7-4402,4433,4648
饕饞　7-4452
躂　2-1107
躐啦　1-176
躐垟路　4-2305
躐跋　7-4666;8-5754
躐踏　9-6293;10-7320
疊　2-986;5-3027,3092
疊地　2-1121,1156
疊墭磴　7-4755
疊溜　7-4633
蠦蠷　2-1118
蟪　8-5296
蟪公　8-5195
囉　3-1715,1755
囉呵　9-6261
囉哩　5-3121,3174
囉哩囉唕　5-3121
囉唕　4-2606;5-3121,3174
囉唣　7-4810;9-6261,6276,6292
囉唆　4-2301,2427;6-3931;7-4687;10-7180
囉個　3-2106,2113,2118,2124
囉唻　6-3962,3966
囉得　7-4982
囉喇　7-4982
囉裡　3-2106,2113,2140
囉嗩　4-2606;5-3121,3174
囉裏　3-2118,2124
囉瑣　5-3121,3174
囉嗻　3-1917;4-2606;5-3174;8-5786;9-6216
囉蕩　3-2140
囉顫　3-2140
囉囌　7-4429
囉囉　2-917;3-2016;5-3231,3426;9-5979,5984
囉囉唕唕　5-3121
巎　6-3814
巎種　7-4736
邏　6-3991;8-5048,5050,5105,5173,5256,5357,5359,5366,5375,5403,5405,5479,5485,5503,5504,5540,5544,5550,5554,5555,5557,5559,5561,5563,5566,5576,5578,5691,5695,5696,5697
邏沙　1-405,529,588,648,667,722;2-1039;7-4636,4691
邏棱　1-418
邏邏崽　8-5368,5377
巖　5-2872;7-4839,4842,4843;8-5226;9-5974,6416
巖洞　9-6056,6228
巖堂巖紀　10-6725
巖裏　7-4961,4967
巖頭　7-4838,4839,4896
巖鯉　9-5975
巖嚴　8-5709
巖巖井井　8-5206
髓　4-2293,2412,2512,2538;6-3879
圝　9-6589
驏　3-2047
體　8-5479,5566
體已　1-142,648;2-755,857,1307
體忲　4-2605;5-3169
體面　2-1075,1255,1303,1319;3-1921,2034;5-3183;7-4835,4899,4956;9-6074,6261,6278;10-7118,7120,7180,7199,7257,7261,7294,7303,7305,7311,7320
體恤　1-142
體泰　5-3169
體動啦　2-1320
體統　5-2939
體新　8-5691,5696,5697
體戲　8-5691,5696,5697

[丿一]

鑊　5-3025;9-6188;10-7193
黐　8-5279
黐黏　6-4301
穰　1-234,235,503,504;3-1901
穰晚　7-4727,4744
穰窩兒　7-4742

2035,2036,2037,2039,
2042,2050,2052,2075,
2082,2088,2146,2149,
2152,2155,2173,2177,
2180,2188,2194,2199,
2201, 2202; 4-2213,
2342,2471,2473,2475,
2659；5-2861；6-3707,
3903,3947,3950,3959,
3989,3991

鱟魚　7-4776

儴　3-1522,1954,1990；4-
2291,2425,2509,2535;
5-3208；6-3655,3879；7-
4639

鼱鼠　3-1968

臝　3-1989；4-2402；5-3250；
6-3779,3961；7-4614；10-
6754

黿　3-1501,1523,1785；4-
2664；5-3127；6-3643,
3779, 3904; 8-5357,
5363,5405；9-6058,6187

黿鼻　4-2227,2364；6-
3901,3952；9-6178,6202

黿鼻頭　4-2247

黿醜氣　9-6192

黿聲黿氣　2-824

顥　3-1976；7-4486,4828

戁　3-1904

[丿丶]

鱸銀　2-1262

鑭　2-1017

鑭刀　4-2256,2447,2597；
9-6063,6182,6251

鑛鍋　2-1022

玃　1-250,520

饞饞　1-137；2-751,805,
1134；6-4150；9-6183,
6206

[丿一]

馕　1-340

馕子　3-1981

儳床老　4-2235,2360

[丶一]

讕　1-13,118,261

讕　4-2624；5-3244；6-3787

讕讕　9-6252

讖　6-3789

讓　1-378；2-912,1125；3-
1947；5-3284

讓你法施　7-4793

讓過門　9-5998

讓腸　9-6137,6169

讞　3-1970；9-5853

讞巴郎　9-6005

讞極　7-4831

鷹　1-346

鷹打滑　2-752

鷹架　4-2242,2435

癲狗　8-5191

贛　6-3812；9-6189

贛貢　6-4317,4318

鷦鴂　10-6741

[丶丿]

羞牙　5-2973

鼉　4-2593；8-5582；10-
7269

鼉淡　7-4986

鼉殼　6-3960

鼉腳　8-5188

鼉騷人　10-7258,7262

[丶丶]

灝　9-6272

灝水　9-6013

[丶一]

襻　2-1019,1135；3-1526,
1647, 1721; 4-2510,
2536, 2677；5-2998；6-
3651,3856,3907,3940;
9-5916, 5990, 6256,
6268,6280,6299,6422,
6463

襻補　2-1136

襻新　4-2375

[一一]

鷉觝　7-4830

鷉鷗　1-341

鷉鶉　1-342

鷉鷉　7-4830

[一丶]

襻　3-1989；9-5933

二十五畫

[一丨]

鬢　9-5899,6256,6269

鬢頭　6-3772

攮　4-2294, 2413, 2516,
　2543, 2614, 2668; 5-
　3267; 6-3645; 7-4405,
　4432; 9-5854, 5976,
　5989, 6029, 6059, 6083,
　6087, 6178, 6249, 6267,
　6276, 6290, 6305, 6418,
　6421, 6434, 6462, 6493,
　6515,6535,6591,6627

攮忽　7-4388,4448

驤蹋　9-6189

驤驤　6-4294;7-4813;9-
　5988,6082,6087,6261,
　6267,6297,6421,6426,
　6435,6461,6494

壧　9-6084

欑　3-1916;4-2252,2445;
　5-3013

欑匕　7-4982

轣皮　9-6063

欐　7-4397;9-6495

欐柄　1-703;3-1661;4-
　2307, 2503, 2595; 5-
　2942;6-3887

欐欐　9-6064,6183

钀麥　3-1902

糜　7-4439, 4442, 4447,
　4637,4678

[一丶]

糜包　7-4388

纞　5-3111

纞觻　6-4343

[丨一]

鬮　8-5052, 5053, 5188,
　5362, 5375, 5406, 5409,
　5410, 5418, 5420, 5460,
　5493, 5500, 5540, 5553,
　5557, 5558, 5576; 10-
　6776

鬮木佬　8-5434

鬮午　7-4959

鬮牌　2-761

鬮鷄眼　4-2221

齈喥　2-1136

顱　6-4114

顱頭　2-1185,1186

[丨㇖]

曮　9-6291

嚷　7-4433

嚷咄　3-1991,1993,1995,
　1998,2000,2002

嚷嚷　2-1136

躝　2-1118;10-6920

躝到　10-7002

躞　3-1979

躝餕　7-4439,4442,4447,
　4678

歎　6-3798

[丿一]

歎干　9-6102

黵　7-4558,4659

籭　8-5210

籭公　8-5210

籮　1-290;5-2964;6-3839;
　7-4830; 8-5278; 10-
　7103,7104,7106

籮筐　9-5936

籮簹　9-6186

籮頭　2-1067,1088,1094,
　1100

籫　5-3044

[丿丨]

鱸　6-3779

[丿丿]

儾簹　3-1964

[丿丶]

鑰　10-6925

鑰匙　1-700,738;4-2258,
　2449; 6-3841, 3953; 9-
　5932

鑴子　5-3048

鑴頭　5-2923

鑲　5-3332;8-5274

鑲縫　2-1051

鑲籠空　3-1535

饞　1-215, 483; 2-838; 3-
　1697,1751;7-4387,4637;

8-5269

饞得來　3-1611

饞獠　4-2250；5-3203；6-3687

饞癆　5-3203

饞獤　3-1881；6-3784；7-4555

[丿一]

鱴　3-1905

鱴刀魚　6-4170

鱭魚　5-3064

鱔　5-3072

[丶一]

蠻　1-142，381；3-1533，1983，2080，2106，2111，2117，2122，2139，2208；5-3212；6-3986，4348；7-4932，4992，5020；8-5179，5365，5375，5417，5419，5544；9-5979，6093，6234

蠻大　7-4959，4973，4974

蠻子　1-142；2-1135；3-1873；8-5691，5693，5696，5697，5828

蠻女　9-6260

蠻切　2-1194

蠻皮　3-2196；8-5139

蠻圪塔　2-1169

蠻圪塔　2-1200

蠻团　3-1611

蠻好　3-2042，2050

蠻孜孜　3-2140

蠻果　8-5052

蠻門　3-1517，1609，1708，1754，2074，2080，2087

蠻兒　2-1130

蠻的　10-7258，7261

蠻法三千　5-3222

蠻笑　6-4348

蠻帳　3-2194

蠻雷　8-5569

蠻横　3-2041，2048

蠻澄鐌　8-5404，5417，5419

蠻澄銀　8-5047，5049，5357，5359，5365，5375，5403，5544

蠻頭　2-1106；5-3007

蠻聲　8-5047，5049，5357，5359，5404

蠻蠻　10-7111

蠻蠻子　10-7317

廯　2-1121，1156；7-4469；8-5271

廯下　7-4981

廯口　9-6031

廯太爺　9-6120

廯廈　8-5171

稟　6-4179，4225

[丶丿]

糣　9-6250

[丶丶]

灣　5-2874；6-3960，4178；7-4393，4613；9-6272

灣子　5-2999

灣子錢　9-6294

灣舌頭　5-2906

灣好　9-6293

灣角　8-5205

灣突　5-3149

灣酸　9-6162

灣頭　5-2874

灣嬢　5-3149

灣繞　5-3149

灣欒編旋　9-6163

灣灣繞繞　5-3149

鵑鳩　1-108，121，123，347；7-4454

[𠃍一]

饔　7-4645

[𠃍丨]

糶　4-2307，2414；6-3886；7-4404，4953

糶糧食　10-7316

[𠃍𠃍]

纘　2-1136

二十六畫

[一丨]

驢　1-150；3-1989；4-2688；6-3662，3910

驢年馬月　2-1283

驢嗥馬叫　7-4676

驢駒子　10-7022,7096
驢騾　1-437
趲　4-2613;5-3316;7-4625
趲子　8-5357
趲仔　8-5052,5361
趲草鷄　7-4454,4638
趲繢　3-1730
趲織　3-1658
虆　5-3420
蘁糟　9-6178
欛　9-6298
釃　3-1677,1741;5-3358;
　7-4452
釀　4-2679;5-3386;6-
　3653,4209;7-4409,
　4433,4562;8-5267;9-
　5911,6211,6250
釀茶　1-567,608
觀　6-4040

[一丿]

厴　1-555

[一、]

顳　3-1526,1569,1583,
　1890,1923,1927,1929,
　1931,1967,2105,2110,
　2191;5-3030;6-3652
顳妝　8-5467,5495
顳盌　3-1654,1727
顳粧　6-4279

[丨一]

齱齵　6-4078

轥　6-3845

[丨丨]

鬻　3-1966;4-2275,2410;
　5-3337

[丨一]

矚　6-4043
顴　10-7201,7203
躣　2-952;3-1918,1943,
　1989;6-4238,4240,
　4343;7-4813;9-5903,
　5982,5988,6030,6082,
　6087,6189,6226,6248,
　6256,6267,6276,6290,
　6297,6417,6421,6426,
　6435,6461,6493
躍踷　4-2644,2717;5-
　3389;6-3687,3711,3717,
　3827
躍蹀　7-4449
躓　9-5992,6271,6302,
　6425,6466
躓蹄　6-4358
蠻蟆　4-2601;5-3067
變　10-6933,6934,6942
圝　7-4834,4842,4843,
　4844,4910,4976;9-
　6305,6591

[丿一]

籯　1-287;3-1970;10-6760

[丿丨]

矕　6-4021;10-6789

[丿、]

鑷　6-4280
鑷子　9-6183
鑷子鉗　4-2256,2447,
　2597;5-3048
鑹　3-1957;6-3850;8-5388
鑹刀　3-1924,1927,1929,
　1933;4-2597;5-3043;6-
　3715,3722

[丿一]

鑺　4-2251,2444;6-3901

[、一]

讚　6-3789

[、丿]

糯　7-4981
糟醩　6-3859

[、、]

灤　1-397,401

[一一]

鸄　5-3364
鷿　6-3863

二十七畫
[一丨]

驥　10-7026

豔房　7-4460

麟　9-5901，5991，6088，
　6248，6270，6276，6291，
　6301，6424，6464，6493

齹　1-128

[丨丨]

鑿　1-163；4-2595，2627；5-
　2875，3049，3337；9-
　6100；10-6774

鑿子　9-5933

鑿木蟲　7-4462

鑿打鑿，木打木　4-2313

鑿鉤　1-187

鑿實　1-145

鑿傯　6-3986

鑿壁腳　5-3308

[丨丶]

鸚哥　9-5944

鸚鵡　9-6186

[丿丶]

钁　7-4509，4655；8-5756

钁頭　7-4962，4968；8-
　5160，5707

[丶一]

戀　3-1688；4-2366，2603；
　5-3195；6-3757，4033，
　4369；7-4541，4813；8-
　5084，5234，5529；9-
　5853，5990，6060，6179，

　6268，6276，6299，6422，
　6435，6463，6516

戀大　3-1499；5-2923

戀子客　10-7204

戀仔　8-5503

戀管　3-2145

[乛丶]

纘　5-3208

二十九畫
[一丨]

贙　1-643；2-751，1020，
　1024；4-2365；6-3900；9-
　5977，5991，6058，6088，
　6300，6423，6464

贙贙　9-6177，6275

蘸糟　3-1815；4-2400；5-
　3121；6-3791

鬱　5-3262；9-6028

鬱怫懫蒴　10-6769

鬱勃　5-3187

鬱勃勃　5-3187

鬱捄　3-2106，2112，2117，
　2123，2139

鬱悠　1-260

鬱炸　5-3187

虀糕　6-4203

蠢蠢　3-1984，1991，1993，
　1995，1998，1999，2002；
　6-4241

[丨一]

齾　2-1248

[丨乛]

鸛鵒　4-2321，2458

[丿丶]

钄　4-2623；5-3348

三十畫
[丿一]

籭　3-1895

[丿丨]

鸂　1-566；5-3363，3366；6-
　4209；9-6249

鸂戲　3-1834

[乛一]

鸒　8-5385

三十一畫
[丿丶]

羉蠱　5-3059，3137

三十二畫
[一丨]

攦　3-1674，1740；4-2614；
　5-3262

三十三畫
[丿乛]

鱻　5-3141；6-3873

[丶一]

麤　6-3872，4051；7-4829，

4833

鱹奘　6-4192

鱹鮨　10-6790

鱹笨　1-678;2-1001,1071;
　3-1984;6-3674,3943

鱹敱　2-1255

鱹愶　5-3157;6-3877

鱹糙　3-1984,1991,1993,
　1995,1998,1999,2002;
　4-2309,2376;6-4241

鱹擦　3-1918

鱹礚　6-4068

三十五畫
[丨一]

鬱　3-1523,1689,1746,

1928,1940,2078,2105,
2110,2116,2121,2138,
2140；6-4222；7-4398,
4513,4637,4654

三十六畫
[丿丨]

齉鼻　2-824

三十九畫
[一、]

鸝銃　3-1998

[、、]

齏　5-3420

五十二畫
[一、]

鱺　9-6081

鱺銃　3-1991,1993,1995,
　1999,2002;6-4241

無筆畫

□奶奶　2-915

□老娘　2-915

□老爺　2-915

□爺　2-915

附

集中的方音材料

如同一頁碼多次出現,表明該頁多個方志中均存在相應材料。

146,180,182,364—368,372—373,406,407,419,597,649—658,770,771—772,
772,774—775,776,790,790—791,792—796,852—853,853—854,857—858,907,908,
917—918,1061,1081—1082,1089,1095,1108—1109,1110—1111,1129,1140—1143,
1158—1159,1159—1168,1173—1176,1178—1179,1183—1184,1185,1197,1198,
1199,1232,1233,1286—1297,1299,1343,1488,1489,1493—1494,1499—1500,1509,
1517,1531—1532,1552—1553,1631,1766,1819,1820,1908—1911,1922,1982,1983—
1984,1986,2004—2015,2036,2037,2039,2043,2050—2051,2055,2066—2067,2073、
2075,2083—2084,2087、2089,2095,3101—3102,2108—2109,2114—2115,2119—
2120,2125—2126,2143—2144,2188,2197,2467—2468,2471,2473,2475,2518—2519,
2544—2545,2550—2584,2641—2642,2687,2742—2853,3429—3459,3661,3969—

3971，3978，3981，3996—4001，4247—4248，4254—4255、4256—4257，4259，4353—
4359，4419—4422，4427，4440—4441，4443—4444，4456—4457，4679—4680，4742，
4744，4752，4755，4759，4761—4762，4764，4772，4775—4776，4778—4781，4802，4803—
4804，4816，4817，4819，4820，4821，4823，4824—4826，4837，4838，4840，4841，4896，
4896—4897，4900—4901，4912—4925，4951，4957，4964—4966，4971—4972，4987—
4988，4989—4991，4993—5006，5007—5012，5013—5016，5017—5019，5021—5040，
5041—5044，5046，5054—5055，5167—5170，5214—5221，5286，5287，5288，5289，5298，
5300，5301，5334—5335，5337，5338—5339，5339—5340，5340—5341，5342—5343，
5343—5345，5347—5348，5348，5349，5350，5352，5352，5353，5355—5356，5392—5396，
5401，5409，5410，5412，5420—5423，5470—5476，5496—5499，5503，5505，5523，5551，
5555，5556，5557，5559，5561，5563，5576—5577，5578，5591—5592，5592—5593，5597—
5599，5617，5619，5627，5628，5649，5652，5665，5691，5694，5696，5698，5699，5715，5720—
5721，5746—5747，5748—5749，5763，5778，5793，5795，5813，5815，5822—5823，5825—
5826，5992—5993，5993—5994，6073，6089—6090，6125—6126，6135，6162，6212—
6213，6214，6221，6222—6225，6254—6255，6271，6302，6425，6466，6483—6484，6794—
6800，6822，6855，6902—6903，6937，6957，6959—6993，7032，7038，7104，7105，7107，
7108，7109，7110，7112—7115，7173—7174，7241，7288

集中的俗字材料

916，2027，2031，2175—2176，3429—3459，3982—3984，4314，4423，4427，4988，
5002，5004，5006，5040，5046，5048，5050，5298，5299，5300—5301，5302，5336，5337，5345，
5351，5354，5356，5358，5359，5372，5373—5374，5504—5505，5540，5548，5567，5571，
5587，5588，5646，5649，5657，5659，5672—5673，5692，5694，5721，5723，5739，5776，
5810—5811，5812，5814，6192—6193，6414—6415，6937

集中的話語材料

159—160，392，421—433，590，592，594，658—659，714，765—767，776—780，919—
921，1187—1188，1236—1237，1346—1349，1613，1972，1974，2322—2339，2385—2397，
2729—2732，3428—3429，3460—3637，3703—3707，3957—3958，3971—3975，3987—
3988，4314—4315，4423—4424，4688—4689，4695—4697，4759，5161—5163，5843—
5844，5986—5987，6036—6039，6068，6121—6125，6138—6161，6166—6168，6170—
6171，6514—6515，6944—6946，6948—6950，6952—6953

民族語材料

371—372, 1203—1221, 1232、1234—1235, 1283—1286, 1298, 1300, 1300, 1309—1311, 1312—1316, 1320—1321, 1335—1336, 1336, 1343, 1355—1467, 2547, 4844, 4845, 4846—4848, 4848—4849, 4850—4853, 4854—4855, 4855—4875, 4875—4888, 4888—4891, 4892—4895, 4901—4905, 4905—4906, 4907—4908, 4909—4910, 5303—5311, 5561, 5564, 5588, 5589—5590, 5594—5596, 5600—5601, 5603, 5604—5606, 5606—5608, 5610—5616, 5619—5626, 5627, 5628—5630, 5630—5632, 5633, 5633—5636, 5637—5639, 5641, 5642—5644, 5644—5646, 5647—5648, 5649, 5650—5651, 5652—5655, 5655, 5657, 5658—5659, 5661—5662, 5667—5668, 5669—5670, 5671, 5672, 5687—5690, 5700, 5701, 5702, 5702—5703, 5703, 5712—5714, 5717, 5717—5718, 5719—5720, 5722—5723, 5724, 5724, 5742—5743, 5744—5746, 5747, 5765, 5766—5770, 5771—5775, 5779—5780, 5791, 5795—5800, 5802—5810, 5829, 5831, 6052—6054, 6079—6080, 6220—6221, 6258, 6265, 6282—6289, 6290, 6306—6413, 6413—6414, 6430—6433, 6436—6443, 6443—6445, 6446—6453, 6466—6471, 6471—6483, 6485—6487, 6488—6492, 6496—6511, 6511, 6517—6522, 6523—6534, 6536—6546, 6549—6556, 6557—6558, 6565—6565, 6567—6575, 6576—6583, 6583—6587, 6592—6626, 6628—6636, 6641—6617, 6808—6809, 6811—6815, 6821, 6823—6826, 6827—6828, 6828—6832, 6833—6836, 6836—6839, 6841—6852, 6858, 6860—6864, 6868—6872, 6873—6877, 6877—6885, 6886—6891, 6892, 6897—6902, 6903—6906, 6906—6908, 6909—6912, 6916, 6937—6940, 7322—7324, 7325—7339

以威妥瑪式字母或國際音標記錄的方言詞條

387—393, 782, 786, 788—790, 798, 805, 809, 815, 822—824, 827—828, 837, 843—852, 1067, 1144—1147, 1159—1171, 4715, 4730—4731, 4800—4801, 4926—4949, 52, 215, 235, 6854, 6894, 6998, 7291—7292